中国社会科学院 学者文选

宋德金集

中国社会科学院科研局组织编选

中国社会科学出版社

图书在版编目(CIP)数据

宋德金集 / 中国社会科学院科研局组织编选. —北京：中国社会科学出版社，2008.6（2018.8 重印）

（中国社会科学院学者文选）

ISBN 978-7-5004-6954-4

Ⅰ.①宋… Ⅱ.①中… Ⅲ.①中国—历史—文集 Ⅳ.①K207-53

中国版本图书馆 CIP 数据核字（2008）第 073861 号

出 版 人	赵剑英
责任编辑	张小颐
责任校对	周　昊
责任印制	李寡寡

出　　版	中国社会科学出版社
社　　址	北京鼓楼西大街甲 158 号
邮　　编	100720
网　　址	http://www.csspw.cn
发 行 部	010-84083685
门 市 部	010-84029450
经　　销	新华书店及其他书店

印刷装订	北京市十月印刷有限公司
版　　次	2008 年 6 月第 1 版
印　　次	2018 年 8 月第 2 次印刷

开　　本	880×1230　1/32
印　　张	16
字　　数	383 千字
定　　价	99.00 元

凡购买中国社会科学出版社图书，如有质量问题请与本社营销中心联系调换

电话：010-84083683

版权所有　侵权必究

出版说明

一、《中国社会科学院学者文选》是根据李铁映院长的倡议和院务会议的决定，由科研局组织编选的大型学术性丛书。它的出版，旨在积累本院学者的重要学术成果，展示他们具有代表性的学术成就。

二、《文选》的作者都是中国社会科学院具有正高级专业技术职称的资深专家、学者。他们在长期的学术生涯中，对于人文社会科学的发展做出了贡献。

三、《文选》中所收学术论文，以作者在社科院工作期间的作品为主，同时也兼顾了作者在院外工作期间的代表作；对少数在建国前成名的学者，文章选收的时间范围更宽。

中国社会科学院
科研局
1999 年 11 月 14 日

目　录

自序 …………………………………………………………（1）

专题研究

辽朝正统观念的形成与发展 …………………………………（3）
辽朝的"因俗而治"与中国社会 ……………………………（14）
辽代文化及其历史地位 ………………………………………（27）
辽代的婚姻与家庭形态 ………………………………………（37）

正统观与金代文化 ……………………………………………（60）
金源文化的历史地位 …………………………………………（85）
金中都的历史地位 ……………………………………………（99）
金章宗简论 ……………………………………………………（116）
金代科举制度研究 ……………………………………………（136）
金代女真族俗述论 ……………………………………………（177）
金代女真的汉化、封建化与汉族士人的历史作用 …………（200）
刘祁与《归潜志》 ……………………………………………（218）
《夷坚志》中的宋金关系和金代社会 ………………………（229）

大金覆亡辨 ………………………………………… (241)

辽金文化比较研究 ……………………………… (259)
辽金人的忠孝观 ………………………………… (277)
辽金妇女的社会地位 …………………………… (293)
辽金文人与酒 …………………………………… (315)

双陆与民族文化的交流和融合 ………………… (327)
说"本命年" ……………………………………… (351)

吴兆骞和他的边塞诗 …………………………… (363)

读书札记

萧观音冤案与契汉文化冲突 …………………… (377)
读《龙龛手镜》札记(三则) …………………… (382)
"烧饭"琐议 ……………………………………… (394)
"跨鞍""捧镜"之俗源流 ……………………… (401)
谈桦木与东北古代文明 ………………………… (406)

善疑与求实
　　——从华罗庚对卢纶《塞下曲》的质疑想到的 ……… (413)
称谓的嬗变及尴尬
　　——以"同志"、"先生"、"小姐"、"师傅"为例 ……… (417)

评论·书序

构建理论体系　提高研究水平
　　——重读胡乔木致黎澍的联想 ……………… (427)

《历史研究》四十年 ………………………………… (432)
二十世纪中国辽金史研究(节录) …………………… (441)
佟冬与历史学 …………………………………… (446)
十年辛苦不寻常　东北史苑添新葩
　　——评佟冬主编《中国东北史》 ……………… (456)
读《金代政治制度研究》 ………………………… (461)
金代文学研究的新高度
　　——评周惠泉著《金代文学论》 ……………… (465)

《金代的社会生活》序 …………………………… (469)
《中国历史·金史》序 …………………………… (476)
序《20世纪中国历史学回顾》 …………………… (482)
序《宋金关系史》 ………………………………… (485)
序《北京辽金史迹图志》 ………………………… (487)

后记 ………………………………………………… (491)
主要著作目录 …………………………………… (493)
作者年表 ………………………………………… (498)

自　　序

　　这是我的一本有关历史学研究的自选集。全书分三个部分，即专题研究，读书札记，评论、书序。专题研究，是指一般意义上的学术论文；读书札记，是篇幅、题目较小，偏重实证的学术短文；评论、书序，是有关历史学研究的评论及应邀为别人撰写或为自己著作撰写的序言。

　　本书内容以我的研究方向和专长中国辽金史和中国社会史为主。辽金史方面，涉及辽金制度、文化、社会、民族、金宋关系等宏观与微观研究；中国社会史方面，则多是对于个案或微观的论述。

　　全书所收四十篇文章，是从1980年到2007年发表的一百多篇文章中选出来的，占近百分之四十的篇数，而实际字数，则超过这个比例。其实，在本书所收文章中，自己真正满意的并不多。然而，作为本套丛书的宗旨是展示本院学者在长期学术生涯中具有代表性的成就，自然就要多选几篇。鲁迅在《集外集》序言中说过："听说：中国的好作家大抵'悔其少作'的，他在自定集子的时候就将少年时代的作品尽力删除，或者简直全部烧掉。""悔其少作"也是许多学者在回顾平生研究成果时的常情，我在本书中却收入了第一篇独自撰写的学术论文《吴兆骞和他的边塞诗》。尽管当时我已并不年轻（这是我们这一代学人的悲哀，从中年起，才开始有了安心读书和从事学术研究的社会环境），今天看来，文章很肤浅，或许还有谬误，并且东北史也不是我后来研究的重点。然而，从20世纪50年代到我撰写那篇小文时，似乎尚无人关注这个问题。更重要的是，首篇论文的发表给了我作学术研究的信心。自选集中的其他几篇早期作品，也有类似的情况。

一个人的人生轨迹，往往是由许多偶然因素决定的，学术研究领域和方向的确定也是如此。我在大学后期，受金景芳教授的教诲，对先秦史产生了兴趣，毕业后因而被分配到研究机构。然而调到中国社会科学院《历史研究》编辑部后，编辑工作却需要我在辽宋西夏金元史及民族史方面下一点工夫，只好调整研究方向。由于编辑工作之余的时间不多，而且那时已到中年，在辽宋金元及民族史范围内，我选择了辽金和契丹女真史。究其原因：一是辽金留下的文献不多，可以大体读尽；二是辽金史研究薄弱，空白较多，有开拓余地；三是辽金地处北方，北方人从事辽金史研究或许更有亲切感和某些优势。我的研究方向就这么确定下来了。那是1980年。

20世纪70年代末80年代初，我们国家刚刚走出动乱年代，思想学术界空前活跃，处在一个反思、探索的新时期。在这一大背景下，社会史研究被提到日程上来。1986年初，冯尔康教授发表《开展社会史研究》[①]及同年10月由《历史研究》编辑部、南开大学等发起的第一届中国社会史研讨会的召开，标志中国社会史研究走向"复兴"。此前，我就把社会史作为辽金史研究的

---

① 《百科知识》1986年第1期。

切入点，于1982年在《历史研究》第3期发表《金代女真族俗述论》。继之，在此基础上，于1988年出版了我的第一本小书《金代的社会生活》。后来又出版了《中国风俗通史·辽金卷》、《中国历史·金史》。并同朋友合作主编出版《中国社会史论》等。二十多年来，基于个人兴趣，中国历史学发展大势及在《历史研究》杂志工作的方便，为呼吁、鼓吹、推动中国社会史研究和辽金史研究做了一点力所能及的工作，这是我虽然失去很多却又感到欣慰的。

长期以来，中国辽金史研究较为冷清寂寞，专门从事辽金史研究的人员较少，重大成果不多。近三十年来，随着我国社会发生深刻变化，学术研究取得很大进展，辽金史研究状况也有改观。在此期间，除已故的陈述、张博泉等前辈为辽金史研究作出了重大贡献之外，许多老学者笔耕不辍，中青年学者迅速成长起来，在断代史、专题史（如政治制度史、经济史、社会史、民族史）人物研究、文献整理等方面，不断有新成果问世。这种局面，可以说是前所未有的。

至于目前辽金史研究到底达到了一个什么水平？界内评说不一。几年前，我的两位同行朋友对此就各执一词。一位说，我国辽金史研究的总体研究水平，还没有超过战前日本学者曾经达到的那种高度，辽金史研究至今仍未走出萧条。另一位说，我们的目标就是要超过战前日本人所曾达到的"高度"，实在不敢苟同，并且指出我们所从事的工作，从总体上说，与他们的"辽金史研究"有本质的区别。我较为倾向后者的观点。除了战前日本人的所谓辽金史研究是有其政治目的之外（当然对他们所做的有价值的工作，也不应全盘否定），还在于，就三十年来中国辽金史研究的深度和广度而言，有许多方面是以往中外（包括日本）学者所未曾达到的。无视前辈学者的研究成就和否定我们所取得的进步都有失偏颇。当然，总的来说目前辽金史研究同一些断代史相比，仍然显得薄弱。要想改变这种局面，就要靠广大研究者、特别是中青年学者的不懈努力。去年我曾在一次辽金史研讨会上说过："如今的研究条件，比起前辈来，不知好了多少倍。充足的读书时间，快捷的检索手段，广泛的资讯来源，等等，是前辈学者想也想不到的。现在的中青年学者就其整体而言，没有理由不超越前辈。"中国辽金史研究的长足进展，寄希望于中青年学者。

最后，就本书的编辑事宜略作说明。一，对所收文章，原则上不作改动，保持原貌。仅据手头资料核对引文，校补错漏，恢复发表时原刊编辑的某些删改，统一注文格式，并对征引文献版本作了一些补充。早期文章刊出时征引的文献，如今有的已经查找不到，遂据手头或能见到的版本进行核对，就会出现所引版本晚于原刊时间的现象。二，书中所收文章，写在不同时间，适应不同需要，并且各有侧重，加之辽金文献匮乏，部分篇章征引资料偶有重复，在所难免。以上两点是需要说明的。

是为序。

2007 年 12 月

专题研究

辽朝正统观念的形成与发展

契丹自北魏见诸文献记载至辽朝建立之前,在政治、经济、文化上同中原王朝互相联系,时有往来。如唐朝时契丹经常遣使朝贡,受唐册封,互相通婚。在长期的交往中,自然会受到汉族文化的熏染。从契丹首领阿保机结束传统的大汗世选到称帝建元,无疑受了汉族士人与中原制度的影响。辽朝正统观念的形成与发展则在更深层次上反映了契丹对我国传统文化从吸收借鉴到汇为一体的过程。

一

契丹建国前,是一个落后于中原汉族的北方游牧民族。建国之初,契丹人对中原文化充满了羡慕和景仰。辽太祖阿保机曾问侍臣说:"受命之君,当事天敬神。有大功德者,朕欲祀之,何先?"侍臣都说应先祀佛。然而太祖说:"佛非中国教。"长子耶律倍说:"孔子大圣,万世所尊,宜先。"于是太祖大悦,"即建孔子庙,诏皇太子春秋释奠"[①]。我们在这里看到的是契丹统治

[①] 脱脱等:《辽史》卷七二《义宗倍传》,中华书局1974年版。

者对"中国"的无比仰慕。

自太祖朝至圣宗朝,契丹从建立国家,占据燕云,到与北宋签订澶渊之盟、实现南北和好,在辽同五代、北宋的往来中,辽一直称历代王朝、五代与宋为"中国",亦称宋为南朝。

太宗于会同十年(947年)入汴,改晋为大辽国。太宗着"中国冠服",受百官参拜,他对左右侍臣说:"汉家仪物,其威如此。我得与此殿坐,岂非真天子邪!"① 同样反映了他对汉族文化的景仰。看来此时他并没有称帝中原的想法和信心。由于生活习俗和环境差异太大,太宗不想在那里久居下去,他对晋臣说:"我在上国,以打围食肉为乐,自入中国,心常不快,若得复吾本土,死亦无恨!"② 太宗终于死在返回契丹本土的途中。述律太后也无意让太宗称帝中原,或在那里久居。当太宗屡次侵扰后晋之时,她对太宗说:"使汉人为胡主,可乎?"曰:"不可。"太后曰:"然则汝何故欲为汉主?"又说:"汝今虽得汉地,不能居也。"③ 从述律太后和太宗的言论,大体上反映出辽朝初年契丹统治者尚无要做包括中原在内的一统天下君主的意识。

辽称中原王朝和宋为"中国"。《辽史》卷二六《张砺传》载:会同初,翰林承旨兼吏部尚书张砺从太宗伐晋,入汴。张砺奏曰:"今大辽始得中国,宜以中国人治之,不可专用国人及左右近习。"此时辽人是将大辽(本土)与"中国"、国人(契丹人)和"中国人"(汉人)并列的。《资治通鉴》卷二八五开运三年关于这段话记载稍异:"今大辽已得天下,中国将相宜用中国人为之,不宜用此人及左右近习。"这里的天下包括了原来的

---

① 欧阳修:《新五代史》卷七二《四夷附录一》,中华书局1976年版。
② 同上。
③ 司马光:《资治通鉴》卷二八四,开运二年六月,中华书局1963年版。

大辽及"中国"。统和二十六年（1008年），北宋将祭泰山，乃命人至境上告谕，契丹回报说："中国自行大礼，何烦告谕？"①辽圣宗还说："五百年来，中国之英主，远则唐太宗，次则后唐明宗，近则宋太祖、太宗也。"②太平二年（1022年），圣宗听说宋真宗驾崩，集大臣举哀，对皇后萧氏说："汝可致书大宋皇帝太后，使汝名传中国。"③

从以上资料足见这时辽未以中国自居。

至于五代与宋在同辽的外事往还中，他们始终自称"中国"，而称辽为北朝，辽人对此也无异议。

后晋少帝嗣位，辽太宗以其擅自即皇位而派使谴责，后晋景延广对契丹回图使乔荣说："先帝（石敬瑭）为北朝所立，故称臣奉表。今上（少帝）乃中国所立……为邻称孙足矣，无称臣之理。"④北汉刘旻立，复书契丹称："本朝沦亡，绍袭帝位，欲循晋室故事，求援北朝。""契丹主大喜。"⑤

宋与辽的外事往来中，亦是如此。天圣五年（1027年），宋龙图阁待制孔道辅使契丹，对辽圣宗说："中国与北朝通好，以礼文相接。"⑥

宋在国内对辽则使用颇有侮辱性的称呼，称之为虏、为番。如薛映、宋绶等使辽后，分别有"上虏中境界"、"上虏中风俗"等。

有论者将重熙十三年（1044年）兴宗将伐夏，遣使告宋书

---

① 李焘：《续资治通鉴长编》卷六九，大中祥符元年六月，上海古籍出版社1986年版。
② 叶隆礼：《契丹国志》卷七《圣宗天辅皇帝》，上海古籍出版社1985年版。
③ 《太平治迹统类》卷四《真宗经制契丹》，文渊阁《四库全书》本。
④ 《资治通鉴》卷二八二。
⑤ 《资治通鉴》卷二九〇。
⑥ 《续资治通鉴长编》卷一〇五，天圣五年。

中"元昊负中国当诛"理解为兴宗以"中国自居",并用"中国名义"讨伐西夏皇帝元昊。① 这一理解是不确切的。此事见于《长编》卷一五一庆历四年七月:"契丹遣延庆宫使耶律元衡来告将伐元昊,其书曰:'元昊负中国当诛',故遣林牙耶律祥等问罪"云云。又载:"其实纳契丹降人,契丹讨之,托中国为名也。"这里的"中国",应指宋朝。我们还可用范仲淹有关此事的奏议证之。他说:"臣窃见契丹来书,志在邀功……书中言元昊名体未顺,特为朝廷行征讨,其邀功之意,又大于前。"又说,"显是契丹虚称为朝廷而征,驻兵于云朔"云云。显然,辽朝告宋书中的"中国"与范仲淹奏议中的"朝廷"系一事,均指宋朝,而非契丹自谓。此外,《宋史》卷三二〇《余靖传》的记载也可证明这点:"元昊既归款,朝廷欲加封册,而契丹以兵临西境,遣使言;'为中国讨贼,请止毋和。'"

总之,兴宗朝以前,辽与宋的交往中未以中国自居。

辽朝的诏制敕书等公文中时有"中外"一词,其中的"中"也有不同情况。据《汉语大词典》"中外"条所载,它有多种含义:①表里,内心与外表;②宫内和宫外;③朝廷内外,中央和地方;④犹里外;⑤中原与边疆,中国和外国。诏制敕书中"中外",大体上属②③⑤的释义。

下面就来举例说明辽朝诏制敕书中"中外"一词的几种含义。

《辽史·太宗纪上》:人皇王耶律倍率群臣请示后曰:"皇子大元帅勋望中外攸属,宜承大统。"这里的"中外"应指朝廷内外。

---

① 见孟古托力《辽人"契汉一体"中的中华观念述论》,载《辽金史论集》第五辑,文津出版社1991年版。

《辽史·刑法志上》："〔圣宗太平七年〕诏中外大臣曰：'制条中有遗阙及轻重失中者，其条上之，议增改焉。'"

《高丽史》卷六载，兴宗遣王永言赐高丽王诏："〔重熙十一年〕今文武百辟，中外庶官，屡拜封章，载稽典故，谓予有元功大略，加予以懿号鸿名，不获固辞，勉依群请，已选定十一月三，两宫并行大礼……"①

这两处"中外"大臣或庶官，都是指辽朝的大臣或百官。

《辽史·萧韩家奴传》：兴宗重熙十五年（1046年）诏曰："古之治天下者，明礼义，正法度。我朝之兴，世有明德。虽中外向化，然礼书未作，无以示后。卿可庶成，酌古准今，制为礼典。"

《高丽史》卷八载，道宗遣萧继从等赐高丽国王册云："我国家重苍眷命，累圣垂休，推恩信于万邦，宁分中外。"

"中外向化"之"中外"当指辽朝内地与边疆。后者"宁分中外"的"中"是辽朝自谓，"外"可指高丽、西夏等。

辽人明确以"中国"自谓，见于《辽史·文学传》所载刘辉的上书。刘辉于大安末为太子洗马，上书言："西边诸番为患，士卒远戍，中国之民疲于飞挽，非长久之计。"这时辽人以中国自居，而称周边其他民族和地区为"诸番"。大安最后一年为1094年，已是辽朝的后期了。

辽自称"诸夏"、"区夏"等，也大致出现在兴、道两朝以至更晚一些。"诸夏"、"区夏"与"中国"意思大致相同。萧义墓志铭（天庆二年，1112年）云："我道宗大孝文皇帝嗣守丕图，奄有诸夏。"建立北辽的耶律淳在即位革弊诏（保大三年，1123年）中云："自我烈祖肇创造之功，至于太宗（或作太

---

① 郑麟趾撰，朝鲜平壤1957年版。

祖），恢廓清之业，故得奄有区夏。"①

从以上可见，辽人自称中国、诸夏、区夏等，一般来说是在兴、道朝以后的事情。

二

从辽人对华夷称呼的变化中，也有助于我们对辽朝正统观形成与发展的认识。

在辽与五代、北宋的交往中，以及在辽朝内部，都不避讳称呼夷、蕃。天显十一年（清泰三年，936年）辽太宗会石敬瑭，说："我三千里赴义，事须必成……欲徇蕃汉群议，册尔为天子。"② 晋少帝时，契丹诸部频年出征，辽国君臣"稍厌兵革"，太宗母述律太后对蕃汉臣僚说："南朝汉儿争得一向卧耶！自古及今，惟闻汉来和蕃，不闻蕃去和汉。"③

清宁三年（1057年），道宗以《君臣同志华夷同风诗》进皇太后。道宗懿德皇后萧观音应制属和曰："虞廷开盛轨，王会合奇琛。到处承天意，皆同捧日心。文章通谷蠡，声教薄鸡林。大寓看交泰，应知无古今。"④ 道宗的诗只留下题目，萧观音应制和诗，赖《焚椒录》得以保存下来。诗中借虞舜（虞廷）、西周（《逸周书》有《王会》篇，记周公营成洛邑，朝会诸侯）以及汉唐盛世（谷蠡，为匈奴藩王封号；鸡林即新罗，唐置鸡林州）比喻辽朝，盛赞辽朝上下同心，声教达于四海的景象。当然仅从这首诗的内容看，"夷"未必一定指契丹，也可把它理

---

① 陈述辑校：《全辽文》卷九，中华书局1982年版。
② 薛居正等：《旧五代史》卷七五《晋书·高祖纪一》，中华书局1976年版。
③ 《旧五代史》卷一三七《外国列传》。
④ 王鼎：《焚椒录》，《说郛》卷一一〇，上海古籍出版社1989年版。

解为对辽朝四周民族、地区的称呼。即便如此,也可从中看出道宗、萧观音淡化华夷之别的思想。

如果我们把它同其他记载联系起来,这里的"夷"就是指契丹。道宗曾听汉人为他讲《论语》,当读到"夷狄之有君,不如诸夏之亡也"句时,侍讲者很快读了下去,不敢讲解。道宗说:"上世獯鬻、猃狁荡无礼法,故谓之夷,吾修文物,彬彬不异中华,何嫌之有?"让他继续讲下去。① 道宗是将"礼法"、"文物"亦即文明视为区分华夷标志的,认为契丹文明已同中华无异,因此不必讳夷。这与"华夷同风"是一致的。

然而生活在辽朝的汉族士人对别人称他们的国家为"夷"则是耿耿于怀的。寿昌二年(1096年)刘辉上书说:"宋欧阳修编《五代史》,附我朝于四夷,妄加贬訾。且宋人赖我朝宽大,许通和好,得尽兄弟之礼。今反令臣下妄意作史,恬不经意。臣请以赵氏初起事迹详附国史。"道宗听了之后,"嘉其言"。② 另外,前面已经述及,大安末,刘辉在上书中明确称辽朝为"中国",称边疆民族和地区为"诸番",这与以前称五代与宋为"中国",自称"夷"、"番"不同了。

三

关于正统,有多种含义。一般泛指统治政权或王朝对前代统绪的正当继承,而这一政权必须统一中国才堪称正统。③

从传国玺在辽人心目中地位变化中,可从一个侧面反映辽人

---

① 洪皓:《松漠记闻》,"丛书集成"本。
② 《辽史》卷一〇四《刘辉传》。
③ 见陈学霖《欧阳修〈正统论〉新释》,《宋史论集》,东大图书公司1993年版。

正统观念的形成与发展。传国玺传为秦始皇作，又称秦玺。正面刻有"受命于天，既寿永昌"。秦亡归汉，唐更名"受命宝"。自三国以来，各国往往模拟私刻，真伪难辨。传国玺颇得历代帝王的重视，以得玺为符应。此玺焚于后唐。辽太宗入汴，李重贵以玺献之，并说："先帝受命，命玉工制此玺。"不过当时却误以为秦玺。① 太宗得此玺后，似乎并没有引起太大的重视。这同他没有长居中原做皇帝的心思有关，同时也反映了当时辽人尚无中原帝王那种强烈的正统观念。然而到圣宗朝，这个被视为符应的传国玺开始受到重视。开泰十年（1021年），"驰驿取石晋所上玉玺于中京"②。圣宗还有《传国玺诗》传世。诗云："一时制美宝，千载助兴王。中原既失鹿（一作"守"），此宝归北方。子孙宜慎（一作"皆宜"）守，世业当永昌。"③ 至兴宗重熙七年（1038年），进而以《有传国宝者为正统》为题赋试进士，表明这时辽人颇以"正统"自居了。

此后，正统观念渐强。道宗制《圣宗仁德皇后哀册》（大康七年）云："后德中助，帝功大成。唐媛兴妫，涂山翼夏。娀赞殷昌，嫄褅周化。秦汉已还，隋唐而下。我国迭隆，其贤相亚。"④ 哀册旨在赞美上古至隋唐的"后德"，却可以从中看出，这里已自命是前代统绪的合法继承者了。

辽朝末年，政权岌岌可危，辽朝皇帝更加以正统自居。天祚帝遣萧良赐高丽国王册（乾统八年）云："朕以王者底绥四海，

---

① 见李心传《建炎以来朝野杂记》乙集卷五、欧阳修《新五代史》卷七二《四夷附录一》等。
② 《辽史》卷五七《仪卫志三》。
③ 见孔平仲《珩璜新论》，原未言圣宗所撰，而陈衍《辽诗纪事》、周春《辽诗话》等均谓圣宗所作。
④ 《全辽文》卷二。

利建于侯封。诸侯各守一邦，会归于王统。"① 天祚帝降金表称："伏念臣祖宗开先，顺天人而建业，子孙传嗣，赖功德以守成。奄有大辽，权持正统。"②

保大（1121—1125年）间，天祚帝被金兵所逼而播迁，建立北辽、西辽者也都以继承中国统绪来号召群众。保大二年（1122年），天祚帝入夹山，奚王回离保、林牙耶律大石等议立耶律淳，官属劝进说："主上蒙尘，中原扰攘，若不立王，百姓何归？"③ 耶律淳死后，耶律大石在西奔和建立西辽过程中，表达了匡扶社稷、延续正统、以天下为己任的气概。他说："我祖宗艰难创业，历世九主，历二百年。金以臣属，逼我国家，残我黎庶，蔑屠我州邑，使我天祚皇帝蒙尘于外，日夜痛心疾首。我今仗义而西，欲借力诸蕃，蔑我仇敌，复我疆宇。"④ 说明此时，辽朝统治者以中国正统自居已经成为共识，是当时意识形态的一个重要成分了。

四

从以上有关辽人与同时期五代、北宋的相互称谓以及辽人对"正统"与"华夷"等认识的变化，可以大体反映出辽朝正统观念的形成与演变过程。契丹建国前后，虽然已受中原汉族传统文化影响，但还很有限。建国初期，诸事草创，东征西讨，并且忙于备典章，建制度。辽在占有幽、蓟之后，述律太后和太宗仍无意在那里称帝，尚无要居中国之正的观念。

---

① 《高丽史》卷一二。
② 《大金吊伐录》卷四。
③ 《辽史》卷三〇《天祚帝纪之四》。
④ 同上。

至圣宗时，辽朝经过几十年的发展，达到鼎盛时期。特别是澶渊之盟的缔结，实现南北和好，加强了辽宋间各方面的联系往来，汉族文化在辽朝得到更为广泛的传播，加速了契丹汉化和封建化的步伐。作为传统文化中的正统观念逐渐受到辽朝统治者的重视。到兴、道两朝，出现了明显的淡化华夷之辨的趋势，自谓契丹文化已不异于中华。至于在部分汉族士人中，正统观念更形强烈。辽朝在对高丽、西夏的交往中，则均以正统自居。辽朝末年，契丹政权处于风雨飘摇之中，天祚帝及北辽、西辽的统治者无不以历代及辽朝的合法继承者自命，以此作为建立政权、维护统治地位的依据。

辽朝在中期以后，正统观念逐渐形成与发展起来，既是同契丹汉化、封建化程度相联系的，同时也是与受北宋意识形态的影响分不开的。宋代是正统学说蓬勃发展的时期。前文述及的被刘辉所指斥的编纂《五代史》四夷附录的欧阳修便是宋代正统理论的重要论者，他的《正统论》对宋代正统学说的发展起了很大作用。欧阳修生活的时代（1007—1072年），正值辽圣宗统和至道宗咸雍间。由于宋朝正统学说的发展，促进了辽人本朝正统理论的形成与发展。

最后谈谈辽金正统理论的异同。辽金都是由汉族以外的北方民族建立的王朝。当契丹、女真各自登上历史舞台时，其社会发展阶段落后于中原汉族。他们不断吸收、借鉴汉文化，逐渐形成有别于以往那种内诸夏而外夷狄、贵华夏而轻夷狄的正统观念。辽金正统观念的形成与发展，大致与其封建化过程相联系。这是两者相同之处。辽金正统理论所达到的水平，则存在差异。以辽道宗与金海陵王对待上面提到的《论语·八佾》中那段话的反应为例来说明。辽道宗说："吾修文物，彬彬不异中华，何嫌之有？"而金海陵王则说："朕每读鲁论，至于'夷狄虽有君，不如诸夏之亡也',朕窃恶之。岂非渠以南北之区分,同类之比周,而贵彼贱我也。"① 显然,金海陵王反对贵诸夏轻夷狄的情绪较辽道宗要强烈得多。辽人的正统观念,散见于零星的记载之中,远未达到像海陵王及赵秉文、王若虚那样的鲜明和富有理论高度。

尽管如此,作为我国传统文化中的一个重要内容的正统观念,已在辽朝统治者和汉族士人中确立起来,反映了传统文化在北部中国得到了广泛的传播。辽朝正统观念在其形成与发展过程中,摒弃了那些不利于维护本朝统治的以汉族为中心的严华夷之辨、内诸夏而外夷狄的观念。这一思想在后来的金、元、清人那里得到进一步的发挥,应该说,它更有利于我国多民族国家的形成与发展。

(原载《传统文化与现代化》1996年第1期)

---

① 《正隆事迹记》,《三朝北盟会编》炎兴下帙一四二,上海古籍出版社1987年版。

辽朝的"因俗而治"与中国社会

公元 10 世纪初契丹族建立的辽朝统治北部中国长达二百多年。在此期间,我国北方社会发生了深刻的变化。辽朝的一些制度不仅对当时的社会发展起了重要作用,而且对后来也有影响。其中,"因俗而治"统治政策的影响尤为深远,对于促进社会的稳定和发展具有积极意义。本文试对它的形成与发展及历史作用略作论述。

一

"因俗而治",即统治者对处于不同社会发展阶段的不同地区、不同民族采取不同方式进行统治和管理。见于《辽史·百官志一》:

> 契丹旧俗,事简职专,官制朴实,不以名乱之,其兴也勃焉……至于太宗,兼制中国,官分南北,以国制治契丹,以汉制待汉人……因俗而治,得其宜矣。①

---

① 脱脱等撰,中华书局 1997 年版。

追根溯源,"因俗而治"是从《礼记·王制》如下一段话的主旨概括发展而来的:

> 凡居民材,必因天地寒暖燥湿,广谷大川异制,民生其间者异俗,刚柔轻重迟速异齐,五味异和,器械异制,衣服异宜。修其教不易其俗,齐其政不易其宜。中国戎夷五方之民皆有性也,不可推移。东方曰夷,被发文身,有不火食者矣。南方曰蛮,雕题交趾,有不火食者矣。西方曰戎,被发衣皮,有不粒食者矣。北方曰狄,衣羽毛穴居,有不粒食者矣。中国夷蛮戎狄皆有安居、和味、宜服、利用、备器。五方之民,语言不通,嗜欲不同,达其志,通其欲。①

虽然《王制》出于西汉,其内容与商周礼制不尽相符,与《周礼》亦多有不合,但是可以从中反映出我国古代政治制度和儒家政治思想。这种"修其教不易其俗,齐其政不易其宜"的统治术及由此发展而来的"因俗而治"方针,在我国历史上被许多朝代的统治者作为处理华夏—汉族同少数民族之间、"中国"同边疆地区之间关系的准则。

早在西周初期,就出现了这种统治方式的萌芽。《史记·齐太公世家》载:武王平商而王天下,封师尚父于齐营丘。当时有莱侯(夷人)与之争营丘。"太公至国,修政,因其俗,简其礼,通商工之业,便鱼盐之利,而人多归齐,齐为大国。"可见,"因其俗,简其礼"的治理方式取得了很好的效果。

当时,"中国"与夷狄蛮戎之间界限不严,对后者也无歧视之意。后来逐渐形成华夷对立的观念,强调"贵华夏,贱狄

---

① 黄侃手批:《白文十三经》,上海古籍出版社 1983 年版。

夷","非我族类,其心必异"。在这种观念影响下,"修其教不易其俗,齐其政不易其宜"的原则是很难付诸实施的。

到十六国北朝时期,我国北方先后建立了许多以少数民族为统治民族的政权。这些被称为"胡"族的统治者,为了使其统治"合法"化,在观念上主张淡化华夷之别,或者附会自己就是华夏—汉族之后。如匈奴人刘渊在称汉王前说过:"大禹出于西戎,文王生于东夷,顾惟德所受耳。"① 称汉王时,又以汉朝的继承者自居。鲜卑族慕容廆在劝说汉族士人说:"奈何以华夷之异有怀介然,且大禹出于西羌,文王生于东夷,但问志略何如耳,岂以殊俗不可降心乎?"② 他们借古代圣人大禹、文王皆出于戎夷来反驳那种重华夏而轻夷狄的观念,主张重视德才,淡化华夷畛域。

与这种观念相联系,他们注重对不同地区、不同民族采取不同方式进行统治。如北魏统治者即根据境内具体情况建立不同的职官系统,分别对汉、鲜卑及其他少数民族进行统治。《魏书·食货志》载,北魏早期,"世祖即位,开拓四海,以五方之民各有其性,故修其教不改其俗,齐其政不易其宜"。可见北魏统治者正是本着这一原则,逐渐建立起番汉混杂的政治体制。早在公元396年魏太祖道武帝拓跋珪取并州后,初建台省,置百官,封公侯、将军、刺史、太守,尚书郎以下官悉用儒生为之,这是汉官系统。拓跋部作为一个落后的游牧民族为了在中原实行统治便不能不依靠汉族士大夫,也不能把其固有的制度完全照搬到汉地。而对鲜卑拓跋部民,则用本民族传统方式。北魏初,实行所谓"八国八座"之制,至明元帝拓跋嗣神瑞元年(414年)始

---

① 房玄龄等:《晋书》卷一〇一《刘元海载记》,中华书局1997年版。
② 《晋书》卷一〇八《慕容廆载记》。

置"八大人"官，总理万机，世号"八公"。这是鲜卑官系统。至于对其他少数民族，则采用另外一种方式治理。《魏书·官氏志》载："其诸方杂人来附者，总谓之'乌丸'，各以多少称酋、庶长，分为南北部，复置二部大人以统摄之。"后来又改为天地东西南北六部，置六部大人。

以后的唐朝，虽非出于夷狄，然而李唐皇室之女系母统杂有胡族血胤，则世所共知。① 唐朝统治者在处理民族关系问题上采取较为开放包容的政策，当与此不无联系。唐太宗认为，"夷狄亦人耳，其情与中夏不殊。人主患德泽不加，不必猜忌异类。盖德泽洽，则四夷可使如一家；猜忌多，则骨肉不免为仇敌"②。他在同侍臣讨论自古帝王平定中夏而不能服戎狄的原因时说："自古皆贵中华，贱夷狄，朕独爱之如一。"③ 在这种思想指导下，唐朝针对不同民族采用不同方式进行治理，并且较少民族歧视。羁縻州就是在这一原则下创建的。实践证明，羁縻州的建置，有利于社会的安定和各民族地区社会经济文化的发展。

二

"修其教不易其俗，齐其政不易其宜"的原则，经过十六国北朝至唐朝几百年间的发展，到了辽朝正式形成一套比较完备而又行之有效的"因俗而治"制度。

契丹是北方的一个游牧民族，建国后不断开疆拓土，统治了北中国。在这片广袤的版图里，民族众多，风俗各异，地理环境

---

① 见陈寅恪《唐代政治史述论稿》，三联书店1956年版，第1页。
② 司马光：《资治通鉴》卷一九七，贞观十八年十二月，中华书局1963年版。
③ 《资治通鉴》卷一九八，贞观二十一年三月。

不同，社会发展很不平衡。契丹建国前不久，"始板筑，置城邑，教民种桑麻，习织组"①，而在辽太宗时并入版图的燕云地区早已有了发达的农业、手工业和商业。就是在较落后的东北地区，各民族的发展也存在不小的差异。如原渤海国地、辽南地区的经济就要比北方发达得多。就政治制度而言，契丹刚刚完成从部落联盟到国家的过渡，而渤海旧地早在唐代就已建立起地方封建政权了，"设官分职"，"皆宪章中国"②。至于燕云地区，更是早就处在封建政权的统治之下了。

契丹建国前后，自身正处在一个大变革的历史时期。许多燕蓟汉族士人深得辽太祖重用，参与立国政策的制定，大大推动了辽初社会的发展：如康默记，本为蓟州衙校，入辽后，一切蕃汉相涉之事，由他折衷处理，很合太祖旨意。③韩延徽，幽州安次人，在辽初庶事草创时期，对营都邑，建宫殿，正君臣，定名分，使法度井井，多所谋划。韩知古，蓟州玉田人，善谋，有识量，针对当时仪法疏阔的情况，"援据故典，参酌国俗，与汉仪杂就之，使国人易知而行"④。大批汉族士人参政，对辽朝建立适应不同民族、地区情况的制度和措施起了重要作用。

阿保机在建国前就根据汉人的习俗，对他们进行安置。为逃往契丹的汉人治"汉城"，其"城郭邑屋廛市如幽州制度，汉人安之，不复思归"⑤。这种安抚汉人的办法也是一种"因俗而治"的统治方式。辽太宗时，备典章，定制度，正式建立两面官制。"官分南北，以国制治契丹，以汉制待汉人。"北面治宫帐、部

---

① 《辽史》卷二《太祖纪下》，中华书局1997年版。
② 黄维翰：《渤海国记》中篇，"辽海丛书"本。
③ 《辽史》卷七四《康默记传》。
④ 《辽史》卷七四《韩知古传》。
⑤ 欧阳修：《新五代史》卷七二《四夷附录一》，中华书局1997年版。

族、属国之政，南面治汉人州县、租赋、军马之事。①"因俗而治"遂被作为国策而正式确定下来。

辽朝中央官制，分北、南两院。这是因为契丹有拜日之俗，以东向为尊，皇帝大内帐殿朝东，官署牙帐则分别置其两侧，一为北面，一为南面。属于北面系统的中央官有：北面朝官、御帐官、著帐官、皇族帐官、诸帐官和宫官；地方职官有北面部族官、坊场局冶牧厩等官、军官、边防官、行军官、属国官。属于南面系统的中央官有：南西朝官、宫官；地方职官有南面京官、大蕃府官、方州官、分司官、财赋官、军官、边防官。南面朝官是辽得燕云十六州后采用唐制而设，置有三省、六部、台、院、寺、监、诸卫、东宫之官，"以招徕中国之人"②。

辽朝对各不同地区不同民族的统辖和治理，明显地体现了"因俗而治"的方针。1. 对契丹人实行部族制，有所谓五院部、六院部、乙室部，是为大部族。此外，还有数十个小部族。2. 对奚人，亦采用部族制。奚与契丹本"异种同类"③。辽初，有五部，后扩为六部。3. 对渤海人，辽灭渤海国后，一度在其故地建立东丹国，以耶律倍为东丹王，"置左右大次四相及百官，一用汉法"④，亦即渤海旧制，因渤海早已汉化。4. 对汉人，在收取燕云地区后，对那里的汉人基本沿用原来的方式进行统治。

辽朝即将灭亡之际，耶律大石播迁夹山前也采用两面官制，置北、南面官属，自立为王，率部西奔。至大石建立西辽后，因

---

① 见李焘《续资治通鉴长编》卷一一〇，中华书局1985年版；《辽史》卷四五《百官志一》。
② 《辽史》卷四七《百官志三》。
③ 魏收：《魏书》卷一〇〇《契丹传》，中华书局1997年版。
④ 《辽史》卷七二《义宗倍传》。

那里同样既有契丹和其他游牧民族，又有汉族等，其政治制度基本沿用"因俗而治"的两面官制。

辽朝的"因俗而治"原则及相关制度，是在前朝基础上确立和发展起来的，形成一套完整的体系，取得了较好的成效，并且成为辽朝制度的一个鲜明特色。如《辽史·百官志》所说，"因俗而治，得其宜矣"。

三

辽朝"因俗而治"的制度对后世，特别是金、元、清都产生了重要影响。

金朝建立之初，沿用女真传统官制——孛堇与勃极烈制度。入燕后，曾沿辽南院之旧，设置枢密院，以辽降臣左企弓、刘彦宗知枢密院事。虽然金朝没有实行像辽朝那样的两面官制，但仍然采取"因俗而治"的方针。海陵王官制改革后，多仿唐宋制度，又有所创新。改中书、门下、尚书三省制为一省制，止置尚书省，下设院、台、府、司、寺、监、局、署、所。金朝对地方，则根据不同情况采用相应方式进行管理：在汉族和渤海地区，设置州县；在女真族地区，保留了猛安谋克官制，但有所变化。《金史·百官志三》诸猛安条载：猛安，从四品，掌修理军务、训练武艺、劝课农桑，相当防御州使；谋克，从五品，掌抚辑军户、训练武艺，相当于县令。金朝对边疆地区的管理，有的职官设置仍沿袭辽制。如《金史·百官志一》载："镇抚边民之官曰秃里，乌鲁骨之下有扫稳脱朵，详稳之下么么忽、习尼昆，此则具于官制而不废，皆踵辽官名也。"

至于以北方民族为统治民族建成的统一大帝国元清两朝亦是

如此。

蒙古入主中原，建立元朝，遇到了与辽朝类似的情况，而且地域更广，民族更多。因此采用什么方式进行统治——是游牧民族的传统制度，还是汉制——就成了一个亟待解决的问题。一些汉族士人纷纷向忽必烈建言行汉法。郝经在《立政议》中总结北魏以来的历史经验时说："昔元魏始有代地，便参用汉法，至孝文迁都洛阳，一以汉法为政，典章文物粲然与前代比隆，至今称为贤君。"金源起于东北，"建位号，一用辽宋制度"，"天下亦至今称为贤君"①。许衡也从前代的经验教训中得出行汉法势在必行的结论，他说："考之前代，北方之有中夏者，必行汉法乃可长久。故后魏、辽、金历年最多，他不能者，皆乱亡相继，史册具载，昭然可考。使国家而居朔漠，则无事论此也。今日之治，非此奚宜？夫陆行宜车，水行宜舟，反之则不能行；幽燕食寒，蜀汉食热，反之则必有变。以是论之，国家之行汉法无疑也。"② 行汉法是落后民族统治先进的汉族地区，保持社会稳定发展的最好选择。

元朝对其他一些民族地区，也采取因地制宜的治理方式，如设置宣慰司、宣慰司都元帅府、安抚司等。这些机构的官员，有的是由朝廷派遣，更多的则是由当地民族首领充任，西南地区的土官即是如此，这就是土官制度。后来的明清两朝都曾沿袭此制，"因其俗，使之附辑诸蛮，谨守疆土，修职贡，供征调"③。因俗而治的土司制度对稳定社会秩序起过一定作用，但也存在不少弊病，明清都曾进行过"改土归流"，特别

---

① 苏天爵编：《元文类》卷一四，上海古籍出版社影印1993年版。
② 宋濂等：《元史》卷一五八《许衡传》，中华书局1997年版。
③ 张廷玉等：《明史》卷七六《职官志五》，中华书局1997年版。

是清朝在改土归流中使这一制度出现了重大转折，使之仅存名号而已。

满族建立的清朝同样把"因俗而治"作为制定边疆政策的准则。雍正帝主张对边疆地区民族"从俗从宜"，"各安其习"；乾隆帝也说，要"从俗从宜"，"不易其俗"①。清代学者指出，正是由于清王朝实行了"修其教不易其俗，齐其政不易其宜"的方针，才出现了"旷旷然更始而不惊，靡靡然向风而自化"的局面。②

以上论述说明，"因俗而治"在我国历史上长期被作为处理统治民族与被统治民族、中央和边疆关系的准则，并且在实践中收到了较好的成效。

四

以上简要叙述了"因俗而治"方针的形成与发展过程及其历史作用，并且论述了辽朝是这一原则形成和发展过程中的重要时期。

这里还要谈及同这一原则有关的另外一个问题，即辽朝在中原扶植石晋代理政权（或称傀儡政权）对历史发展所造成的影响和危害。

公元936年，后唐河东节度使石敬瑭因受末帝李从珂猜忌，拒奉末帝之命，李从珂以石不奉诏，降旨削夺其官爵，并派张敬达围石敬瑭于晋阳。石敬瑭命掌书记桑维翰向契丹求援。辽太宗耶律德光遂兴师援救，自雁门而南，大败张敬达。石敬瑭与太宗

---

① 以上分见《清世宗实录》卷八〇、《清高宗实录》卷五五五。
② 李兆洛：《皇朝藩部要略序》，见祁韵士《藩部要略》，光绪七年。

相见，约为父子，册立石敬瑭为大晋皇帝，改元天福。辽太宗在册文中说："予视尔若子，尔待予犹父也……朕永为父子之邦。"晋献燕、蓟十六州，岁输帛三十万给辽。这就是为人们所熟知的辽朝建立石晋政权的大略。事见新旧《五代史》的晋高祖本纪、《资治通鉴》卷二八〇、《辽史·太宗纪》、《契丹国志·太宗纪》等，唯各书记载略有出入。

辽太宗之所以扶植石晋政权，是因为辽朝统治者当时尚无意称帝中原，统一天下。述律太后曾对太宗说："使汉人为胡主，可乎？"太宗答："不可。"太后说："然则汝何故欲为汉主？"又说："汝虽得汉地，不能居也。"① 其实，太宗也不愿在那里久居下去。他对人说："我在上国，以打围食肉为乐，自及汉地，每每不快，我若得归本土，死亦无恨。"② 后来死在返回契丹本土的路上。

辽之扶植石晋政权，还因建国之初，诸事草创，无力经略中原，遂采取了以汉制汉的策略。在某种意义上说，也是"因俗而治"。石晋的政治制度大致沿袭李唐和后唐旧制。据《旧五代史·晋书·高祖纪》载：石敬瑭明令"国朝文物制度、起居入阁，宜依唐明宗朝事例施行"；宗庙制度"依唐制"；职官、法律、礼、乐等制，亦是据《唐六典》、《前后会要》、《大中统类》、《律令格式》等制定的。

石敬瑭事契丹甚谨，奉表称臣，谓契丹皇帝为"父皇帝"。除岁币之外，"吉凶庆吊，岁时赠遗，玩好异珍，相继于道"。契丹"小不如意，辄来责让，帝常卑辞谢之"③。石晋在许多方

---

① 《资治通鉴》卷二八四，开运二年六月。
② 薛居正等：《旧五代史》卷一三七《契丹传》，中华书局1997年版。
③ 《资治通鉴》卷二八一，天福三年七月。

面都要受制于契丹,甚至连官吏的任用也遭到干涉。如义武节度使王处直之子威,曾亡命契丹,后来义武缺帅,辽太宗遣使要石晋答应使威袭父土地,"如我朝之法"。石敬瑭辞以"中国之法必自刺史、团练、防御序迁",方可至节度使。辽太宗大怒,说"尔自节度使为天子,亦有阶级邪!"石敬瑭只好采取变通办法,以王处直兄孙为节度使才算了事。①

辽朝扶植起来的石晋政权,是在辽宋之间树起一道屏障,而且增加了辽朝的财力物力来源,这对于稳定和巩固契丹在北方的统治秩序具有重要意义。燕云地区有发达的农业、手工业和商业,文化也达到很高的水平。这一地区并入辽朝版图,加强了那里与契丹本土的联系,在客观上推动了北方经济文化的发展,加速了契丹汉化的进程。当然这是以损害中原地区利益为沉重代价的。

石敬瑭因借重外力登上皇帝宝座并向契丹称儿称臣,长期受到人们的唾骂。此事对后世的消极影响甚于在当时所造成的危害。《旧五代史·晋书·高祖纪》在评论石敬瑭时说:"及其为君也,旰食宵衣,礼贤从谏,慕黄老之教,乐清净之风,以绝为衣,以麻为履,故能保其社稷,高朗令终。""倘使非由外援之力,自副皇天之命……虽未足以方驾前王,亦可谓仁慈恭俭之主也。"史臣着力抨击的只是他"图事之初,召戎为援","狁狁自兹而孔炽,黔黎由是以罹殃"。到了他的继承者少帝时,奢淫自纵,委托非人,又值天灾,兵连祸结,终至亡国。

辽朝扶植石晋代理政权,开启了后世建立傀儡政权的先河。《金史》卷七七说:"辽之太宗……援立石晋,以臣易君……金

---

① 《资治通鉴》卷二八二,天福四年七月。

人效尤,而张邦昌、刘豫之事出焉。"① 金朝扶植楚、齐政权就是直接仿效辽朝之援立石晋。

金太宗天会四年(1126 年),完颜宗望俘宋徽宗、钦宗二帝北归,宋向金上誓书、地图、称侄大宋皇帝、伯大金皇帝。次年,金立宋太宰张邦昌为大楚皇帝。宋高宗赵构即位于南京(今河南商丘南),张邦昌被杀。楚亡。历时仅 33 天。天会八年(1130 年),金又在大名(今属河北)立刘豫为大齐皇帝。次年改元天阜,二年迁都汴京(今河南开封)。金平定陕西后,以其地赐给齐国。齐国存在期间,"凡军国事以至赏刑斗讼,毋巨细,申元帅府取决"②,一切受制于金国。齐国曾几次出兵伐宋,都无功而还。金朝在齐国存在的几年间,得以集中精力巩固统治秩序,致使陕西、山东等地"赋敛甚重,刑法太峻,民不聊生"③。熙宗即位后,因大局已定,于天会十五年(1137 年)一举废除齐国,降刘豫为蜀王,置行台省于汴。齐国前后共存在 8 年。

辽朝扶植代理政权在历史上造成的影响,不只限于古代,而且及于近现代。如日本在 20 世纪三四十年代先后扶植伪满政权与汪精卫国民政府即是例证。日本与伪满的关系也被比作"如父子骨肉"。日本侵略者对伪满洲国的控制及对我国造成的危害,比历史上辽朝对石晋的控制及危害有过之而无不及。至于汪伪政权,不仅是地地道道的傀儡组织,而且充当了日本帝国主义用以灭亡中国的罪恶工具和帮凶。

这里把它们相类比,并非出于傅会。我们知道,在二战前和

---

① 脱脱等撰,中华书局1997年版。
② 李心传:《建炎以来系年要录》卷五三,中华书局1988年版。
③ 同上。

二战期间，日本十分重视辽金史研究和对我国东北历史地理的考察。在1935年前，主要是从历史地理和语言上进行考证，而以后则侧重社会、经济、法制的研究。我们不想否认20世纪三四十年代日本史学界关于辽金史研究的某些学术价值，但也必须指出，他们无论是对辽金史研究还是对东北历史地理考察情有独钟，绝非偶然，而都是同日本侵华的大陆政策相关联的。日本学者在评述这个时期的中国史研究时曾经谈到，1935年以后，由于日本推行大陆政策，方便了民族学的调查和考古的调查发掘，使（辽金）文化史的研究又出现了热潮。魏特夫在论及二战前日本辽史研究状况时也说："日本在亚洲大陆东北地区的领土扩张主义政策，体现了国家对科学活动的强有力的指导。在涉及中国征服王朝的历史和地理的许多方面调查研究过程中，相当重视辽帝国……"[①] 显然，当年日本帝国主义的侵华策略从辽朝的历史中得到某些启发，是在情理之中的事了。

以上论述表明，辽朝制度对后来中国历史的发展起过不容忽视的作用，既有积极的，也有消极的；既有推动历史前进的一面，也有给社会造成危害的一面。今天我们研究总结这段历史，无疑可以从中得到一些有益的启示。

（原载《传统文化与现代化》1998年第2期）

---

① 魏特夫：《中国社会史——辽（907—1125）：总论》，见《辽金契丹女真史译文集》，吉林文史出版社1990年版，第5页。

辽代文化及其历史地位

辽朝是我国北方民族契丹族建立的王朝，历时二百余年。境内除契丹外，还有奚、渤海、女真、汉等族。辽朝地域十分广阔，其四至，据《辽史·太祖纪下》说："东自海，西至流沙，北绝大漠。"即东邻今鄂霍茨克海、日本海，西越阿尔泰山，北达外兴安岭，南抵河北霸县、雄县一带。当辽朝覆亡之时，耶律大石率部西迁，重建辽国，史称西辽。长期以来，由于正统观念影响及文献资料匮乏等原因，对于辽代文化缺少较深入的研究。近几十年来，随着观念的变化，大量考古资料的发现，这种状况有了一定的改变。特别是近一二十年关于辽代文化的研究取得较大的进展，使我们对辽代文化有了比以前略为清楚的认识。辽代文化是中国文化史中一个组成部分，具有鲜明特色，有其不可忽视的历史地位。

一

"捺钵"是契丹最具民族和地方特点的制度与文化，并对辽代诸多文化门类的形成和发展产生很大影响。

捺钵就是行在、行营、行帐、营盘之意，亦即辽朝皇帝出行居止的幕帐。《辽史·营卫志上》说："有辽始大，设制尤密。居有宫卫，谓之斡鲁朵；出有行营，谓之捺钵。"又，《营卫志中》说："大漠之间，多寒多风，畜牧畋渔以食，皮毛以衣，转徙随时，车马为家。"契丹"秋冬违寒，春夏避暑，随水草畋渔，岁以为常。四时各有行在之所，谓之'捺钵'"。辽朝皇帝春捺钵钩鱼捕鹅，夏捺钵避暑游猎，秋捺钵入山射鹿，冬捺钵射猎讲武。四时捺钵并非限于游幸，正如傅乐焕氏所说："此乃契丹民族生活之本色，有辽一代之大法，其君臣之日常活动在此，其国政之中心机构在此。凡辽代之北南面选官，蕃汉人分治，种种特制，考其本源，无不出于是。"① 也就是说，辽朝独特的北南面官制、"因俗而治"等制度都源于捺钵。

北南两面官制，是辽朝独特的职官制度。契丹因有拜日之俗，所以殿帐东向。官衙分置北、南两侧。李焘《续资治通鉴长编》卷一一〇天圣九年六月丁丑条载，契丹枢密院及契丹行宫都总管司在牙帐之北，称为北面，"以主蕃（契丹）事"。又有汉枢密院、中书省、汉人行宫都总管司，在牙帐之南，称为南面，"以主汉事"。北面官采用契丹部族官制，而南面官则采用唐制，设有三省六部等。所谓"蕃汉分治"或"因俗而治"是指辽朝对不同民族与地区采用不同的方式进行统治，"以国制治契丹，以汉制待汉人"。这种灵活而有效的统治方式的采用，都是同契丹的游猎、捺钵相一致的。

捺钵制度对辽代若干文化形态的影响，可以从我们现在能见到的辽代壁画、辽瓷及部分文学作品中反映出来。如内蒙古巴林左旗辽庆陵东室保存有春夏秋冬四季山水画，是契丹四时捺钵的

---

① 《辽代四时捺钵考五篇》，《辽史丛考》，中华书局1984年版，第37页。

生动写照，直接取材于捺钵。辽墓出土的其他壁画也多以契丹人游猎生活为题材。又如，富有民族特色的辽瓷制品，就其形制，主要有鸡冠壶、长颈瓶、鸡腿坛等。特别是辽瓷中最典型的制品鸡冠壶系仿契丹人使用的盛水皮囊烧制的，便于携带，保留有鲜明的游猎生活特性。在传世不多的文学作品中。有的就是咏四时捺钵的，如萧观音《伏虎林应制》即是，伏虎林乃秋捺钵之地。

二

从辽人政治观念和伦理道德观念的变迁中反映出辽代文化既保留有许多民族特色又深受汉文化影响。

辽朝作为少数民族建立的王朝，在对待"正统"与"华夷之辨"问题上，继承和发展了我国传统政治学说，并形成了旨在维护和巩固本朝统治的政治观念。

所谓正统，一般泛指统治政权或王朝对前代统绪的正当继承。辽朝建立之初，契丹统治者对历来为中原王朝所看重的"正统"与"僭伪"之别的观念比较淡薄。而在中期即辽圣宗、兴宗以后，随着以儒学为代表的传统文化在辽国的广泛传播，辽人也逐渐以正统自居，自命是前代统绪的合法继承者。及至辽末，更是如此。如乾统八年（1108年）天祚帝赐高丽王册说："朕以王者底绥四海，利建侯封，诸侯各守一邦，会归于王统。"[①] 天祚帝降金表说："伏念臣祖宗开先，顺天人而建业，子孙传嗣，赖功德以守成。奄有大辽，权持正统。"[②] 甚至辽亡之后，耶律大石在西迁和建立西辽过程中，仍以匡扶社稷、延续正

---

① 郑麟趾：《高丽史》卷一二，朝鲜平壤1957年版。
② 《大金吊伐录》卷四，见《避戎夜话》，上海书店1982年版。

统来号召民众与诸部。他说:"我祖宗艰难创业,历世九主,历二百年。金以臣属,逼我国家,残我黎庶,使我天祚皇帝蒙尘于外,日夜痛心疾首。我今仗义而西,欲借力诸蕃,翦我仇敌,复我疆域。"① 充分表明辽中期后,统治者以中国正统自居已成共识。

辽人对"华夷"观念的变化,也从一个侧面反映了辽朝正统观念形成与发展的过程。

辽初,他们称以往的中原王朝为"中国"。辽中期以后,在对周边的高丽、西夏等外事交往中,辽人逐渐以"中国""诸夏""区夏"自谓,到后期则明确以"中国"自居。《辽史·文学传下》载,刘辉于大安末为太子洗马,上书说:"西边诸番为患,士卒远戍,中国之民疲于飞挽,非长久之计。"

辽人对"华夷"有自己的理解与诠释。

在同五代、宋的交往中,以及辽国内部,对于中原王朝带有一定贬义的称呼"夷""番"之类,辽朝皇帝并不甚避讳。辽道宗有一次听汉人为他讲《论语》,当读到"夷狄之有君,不如诸夏之亡也"句时,侍讲很快读了下去,不敢讲解。道宗说:"上世獯鬻、猃狁荡无礼法,故谓之夷,吾修文物,彬彬不异于中华,何嫌之有?"让他继续讲下去。② 道宗是将"礼法"、"文物"亦即文明视为区分华夷标志的,他认为契丹文明已同中华无异,因此不必讳言夷狄。道宗还曾以《君臣同志华夷同风诗》进呈皇太后,表明辽朝统治者在淡化华夷之别。

然而生活在辽朝的汉族士人对宋人称辽为夷,却耿耿于怀,十分反感。寿昌二年(1096),汉人刘辉对宋欧阳修撰《五代

---

① 脱脱等:《辽史》卷三〇《天祚皇帝四》,中华书局1997年版。
② 见洪皓《松漠记闻》,"丛书集成"本。

史》,附辽于"四夷",便力主以牙还牙,上书道宗说,"请以赵氏初起事迹详附国史(辽史)"①,就是要把赵匡胤建立大宋事迹,也按"附录"处理,写进辽朝国史。同时,刘辉还明确自称辽朝为"中国",称边疆民族和地区为"诸番"。这与过去将五代与宋称为"中国"、自称"夷""番"是截然不同的。

从上述有关辽人与同时期的五代、宋朝相互称谓及辽人对"正统""华夷"等认识的变化中,可以大体反映出辽朝正统观念的形成与发展轨迹。在这一过程中,辽人摒弃了那些以汉族为中心的"严华夷之辨"、"内诸夏而外夷狄"的观念。

辽朝伦理道德观念及其流变也体现了既保留民族特点又承袭中原传统文化的两重性。辽朝建立前,契丹社会发展落后,受儒家文化熏陶不多,妇女地位较高,贞节观念淡薄,离婚再嫁成为世俗。然而随着社会的发展,传统文化的传播,到辽中期以后,人们贞节观念加强,忠孝节义等渐成辽人的伦理道德规范。

三

辽代在语言文字、文学、史学、绘画等方面取得了很大成就。

契丹初无文字,辽朝建立后,先后创制契丹大、小字。据《辽史·太祖纪下》载,神册五年(920年)正月,始制契丹大字。同年九月颁行。后来又创制契丹小字,与大字相比,"数少而该贯"② 契丹字系据汉字字形增损而成,有的直接借用汉字形、义,有的借用汉字字形,而多数是改造汉字而成。契丹字大

---

① 《辽史》卷一〇四《文学传下》。
② 《辽史》卷六四《皇子表》。

体上保留了汉字方块字形。契丹字的创制,不仅适应了辽朝政治、经济、文化发展的需要,还对后来女真文、西夏文的创制产生了影响。女真大字就是参照汉字、契丹字创制的。《金史·完颜希尹传》载,"希尹乃依仿汉人楷字,因契丹字制度,合本国语,制女直字"。后来,金国又颁行女真小字。

辽代在汉语音韵字书编纂方面也有贡献。其著述流传至今者,有僧人希麟撰《续一切经音义》10卷和僧人行均(俗姓于,字广济)撰《龙龛手鉴》4卷(原名《龙龛手镜》,宋人重刻时因避讳改"镜"为"鉴")。《续一切经音义》系补唐释慧琳《一切经音义》而作。《龙龛手鉴》采用部首与四声相结合的编排体例,收录了一些当时流行的俗字,如"歪""甭""孬"等,至今仍在使用。

辽代文学作品流传下来的数量不多。这一方面反映了辽代文学的不繁荣,另一方面也是因辽朝文禁甚严,不许民间印刷品传出境外,违者处死,影响了其传播,再加上战争等原因,致使传世文献甚少。在我们见到的为数不多的辽代文学作品中,出于契丹帝王、后妃、贵族之手者占有相当大比重。特别是契丹后妃擅诗词,在文学史上可算是一个特点。如辽道宗宣懿皇后萧观音即工诗,善谈论,并能自制歌词。其代表作《回心院》词受到后世评论者的好评。清人评论此词说:"怨而不怒,深得词家含蓄之意。斯时柳七(永)之调尚未行北国,故大有唐人之遗意也。"①

辽代受历代王朝修史传统的影响,于辽初太祖时即设"监修国史"。后来正式设国史院,置监修国史、史馆学士、修撰等职官。从圣宗朝起,陆续撰有《实录》、《起居注》、《日历》多

---

① 徐釚:《词苑丛谈》卷八,上海古籍出版社1983年版。

种，均为本朝国史。其中以耶律俨所修《皇朝实录》70卷为辽朝国史集大成之作，包括纪、志、传等，可惜已失传。元人修《辽史》时，耶律俨《实录》尚存，并且成为主要依据之一。辽朝私人史学著述，流传下来者仅有王鼎《焚椒录》，详细记述了耶律乙辛诬陷宣懿皇后一案始末。

辽代绘画艺术达到很高水平，在我国绘画史上占有重要地位。辽代绘画以描绘契丹人生活方式如游猎、骑射、宴饮等场面居多。注重表现本民族生活方式是其重要特点。辽代出现了耶律倍、胡瓌、胡虔等著名画家。他们的作品深受当时和后世好评。据《宣和画谱》载，胡瓌有65幅作品被宋朝御府收藏。其传世作品《卓歇图》继承汉唐以来的现实主义传统，生动地描绘了契丹狩猎生活，是一幅难得的佳作。辽墓中出土的大量壁画，更是丰富多彩，以狩猎、骑射、出行、归来、宴饮等为题材。这些壁画不仅在绘画史上占有重要地位，而且对研究契丹人的社会生活有很高的参考价值。

四

契丹人像许多北方民族一样，曾流行自然崇拜、灵魂崇拜、祖先崇拜等及萨满教信仰。道教在辽境也有一定的传播。而佛教最为盛行，特别是圣宗、兴宗、道宗三朝及契丹妇女崇佛尤为突出。

辽代的大藏经雕印、房山石经续刻及佛寺建筑为保存和发展佛教文化作出了重大贡献。我国刊刻的佛教经典总汇，以北宋《开宝藏》为最早。辽朝继北宋之后，大约于圣宗时期雕印《契丹藏》579帙，后曾传入高丽，但长期以来国内未见流传。1974年在山西应县木塔发现《契丹藏》12卷。房山云居寺石经始刻于隋代静琬，唐末一度中断，辽圣宗、兴宗、道宗、天祚帝四朝继续刻造。以后历代又有续刻，直至清康熙三十年（1691年）方告结束。辽代佛教建筑，保存至今者有大同华严寺、蓟县独乐寺、北京大觉寺、义县奉国寺和应县木塔等。其中华严寺、大觉寺的大雄宝殿与一般寺庙坐北朝南不同，均坐西朝东，这是与契丹有东向拜日之俗相联系的。

辽人许多生活习俗同样反映了民族和地方特点及对我国传统文化的继承与吸收。

契丹人的饮食简易、单调、粗放。随着农业生产的发展和受汉人饮食文化影响，缩小了与汉人的饮食差别。通过与北宋榷场贸易及宋朝的"贡纳"，南方的茶叶传到辽境，饮茶之风逐渐流行起来。服饰也在发生变化，皇帝与汉官穿汉服。辽朝建立后，契丹人的原始婚俗受到一定限制，这既是社会进步使然，也同接受中原传统文化有关。辽朝的一些法定节日，如立春、人日、中和、上巳、端午、夏至、中元、中秋、重九、冬至等，都是直接或间接从中原传入的，节日风俗大体相同。然而也有一些节令，名称虽同，却保留了契丹固有的风俗和仪式。

契丹人的生产方式和习俗，不仅流行于当时，有些还被后世承袭下来，丰富了我国的民俗文化。契丹人生产方式，如凿冰钩鱼、叉鱼等，被生活在东北地区的赫哲人、达斡尔人承袭下来，直至清代和民国初年仍是如此。契丹饮食文化因地制宜，有蜜饯、果脯等，是用蜜蜡浸渍水果而成，以利保存。清代东北仍有以欧李（野果）"渍以饧蜜"[①] 之俗，今日北京特产果脯，也是与契丹人的"蜜渍山果""蜜晒山果"之类一脉相承的。如今深受北方人喜爱的消暑佳品西瓜，一般认为是五代时从西域传入北

---

① 见西清《黑龙江外记》卷八，黑龙江人民出版社1984年版。

方，辽金宋时期逐渐在北方乃至中原推广起来的。又如契丹人行火葬，也被传承下来，至今仍是一种值得提倡的丧葬方法。

此外，辽代在科学技术方面也取得一些成就。如尸体防腐与保存。文惟简《虏廷事实》、《新五代史·四夷附录》等文献都记载有契丹人用香药、盐、矾等保存尸体的方法，这些记载已被考古发掘所印证。1981年在内蒙古察右前旗豪欠营辽墓中发现有保存比较完整的干尸。辽代的天文历法继承中原历法，并略有改进。1971年在河北宣化辽墓发现的彩绘星图绘有二十八宿、黄道十二宫。1989年在宣化辽墓又发现两幅星图，除与前图略同外，并有十二生肖，均作人形，从中可以得知辽代天文学已达到很高的水平。

五

以上从几个方面对辽代文化作了简要的叙述。最后我们再对辽代文化的特点、总体水平及历史地位略作归纳。

首先，辽代文化的特点。

由契丹文化、汉和其他族文化以及契丹吸收汉和其他族文化后形成的新质文化等几种成分构成的辽代文化，具有鲜明的民族和地方特点。契丹文化如捺钵文化、契丹文学艺术、固有民俗文化等具有民族与地方特点，自不待言；即便是汉族文化也濡染北国的率直豪放之气，具有质朴清新的风格。随着辽朝辖境的扩展，同中原交往的增多，我国传统文化在辽境得到日渐广泛的传播，并为越来越多的各族各阶层人所认同。但是契丹文化在吸收借鉴汉文化的同时，仍然保留有许多本民族文化的特色，没有"全盘汉化"。辽文化与稍晚的金文化相比，其特色远较后者鲜明。

其次，辽代文化的评价。

辽代文化就总体来说赶不上稍前的唐代，也不及同时期的五代和北宋，然而在个别领域还是取得了很大成就。如创制契丹大小字，富有特色的绘画艺术，包括《契丹藏》、房山云居寺石经续刻和寺庙建筑的佛教文化遗产，及以尸体防腐、天文星图为代表的医学科技等，与同时期及前朝相比，并不逊色。

最后，辽代文化的历史地位。

在前面的论述中，其实已谈及这个问题。这里从另一个角度谈。辽朝文化总体水平远逊唐宋，然而有辽一代对我国北方的经济开发取得很大进展，汉文化在那里得到广泛的传播。特别是官学的设置，科举的实施，有力地推动了儒学的兴盛，从而使得远离中原的北方各族的文化素质在原来的基础上都有不同程度的提高。辽代文化中的捺钵文化对后来的金、元、清都产生一定影响。辽人反对以汉族为中心的"严华夷之辨"、"内诸夏而外夷狄"的政治观念，在金、元、清得到进一步的发挥，而且应该说，这一观念更有利于我国多民族国家的形成和发展，符合各民族共同创造中华文明的历史实践。辽朝的"因俗而治"、一国多制，在我国历史上长期被作为处理统治民族与被统治民族，中央和边疆关系的准则，并在实践中收到了较好效果。可以说，至今仍有其借鉴意义。

（原载《文史知识》1999 年第 8 期）

辽代的婚姻与家庭形态

辽朝是一个以契丹族为统治民族的多民族政权,由于各民族社会发展的不平衡以及文化传统的差异,反映在婚姻制度、形式与习俗方面也有所不同。这里重点论述契丹婚姻制度、形式与习俗,兼及其他民族。

一 辽代婚姻制度、形态与习俗

(一) 婚姻制度

在契丹族的历史上,长期流传着一个有关契丹婚姻起源及契丹早期历史的传说——青牛白马的故事。

这个传说初见于宋人范镇(1007—1088)撰《东斋记事》中,书中记载:"契丹之先,有一男子乘白马,一女子驾灰牛,相遇于辽水之上,遂为夫妇。生八男子,则前史所谓迭为君长者也。此事得于赵志忠。志忠尝为契丹史官,必其真也。前史虽载八男子,而不及白马、灰牛事。契丹祀天,至今用灰牛、白马。"[①] 这可能

---

① 中华书局1980年版。

是现存文献中有关契丹青牛白马传说的最早记载。此后,有许多史书、笔记都记述了这个故事。

《契丹国志》卷首"契丹初兴本末"载:"契丹之始也……其年代不可得而详也。""地有二水,曰乜里没里,复名陶猥思没里者,是其一也,其源出自中京西马盂山,东北流,华言所谓土河是也。曰袅罗个没里,复名女古没里,又其一也,源出自饶州西南平地松林,直东流,华言所谓潢河是也。至木叶山,合流为一。古昔相传:有男子乘白马浮土河而下,复有一妇人乘小车驾灰色之牛。浮潢河而下,遇于木叶之山,顾合流之水,与为夫妇,此其始祖也。是生八子,各居分地,号八部落:一曰祖皆利部,二曰乙室活部,三曰实活部,四曰纳尾部,五曰频没部,六曰内会鸡部,七曰集解部,八曰奚嗢部。立遗像(始祖八子)于木叶山,后人祭之,必刑白马杀灰牛,用其始来之物也。"①文字较范镇记载稍详,并明确说明这对夫妇即契丹"始祖"。

《辽史》卷三七《地理志一》中"永州,永昌军"条也有大体相同的记载:"东潢河,南土河,二水合流,故号永州。""有木叶山,上建契丹始祖庙,奇首可汗在南庙,可敦(突厥语,皇后)在北庙,绘塑二圣并八子神像。相传有神人乘白马,自马盂山浮土河而东,有天女驾青牛车由平地松林泛潢河而下。至木叶山,二水合流,相遇为配偶,生八子。其后族属渐盛,分为八部,每行军及春秋时祭,必用白马青牛,示不忘本云。"这里进一步说明其始祖为奇首可汗。《辽史》卷三二《营卫志中》亦载:"契丹之先,曰奇首可汗,生八子。其后族属渐盛,分为八部,居松漠之间。今永州木叶山有契丹始祖庙,奇首可汗、可敦并八子像在焉。潢河之西、土河之北,奇

---

① 上海古籍出版社 1985 年版。

首司汗故壤也。"①

此外。宋人王称《东都事略》等也载有灰牛白马的传说。

从以上记载可见有关青牛白马的传说是逐渐形成和充实起来的，在契丹乃至境外流传甚广。这个世代相传的故事，对于我们了解契丹早期婚姻及历史有一定的启示作用。特别是在契丹史料匮乏的情况下，更应引起研究者的重视。然而它毕竟不是信史，因此也不必过于穿凿。况且在长期流传过程中，不断加进了后人的理解和观念。这个传说，大体上反映了契丹人对其祖先从母系氏族制过渡到父系氏族制阶段的记忆。当时由以"青牛"和"白马"为图腾的两个氏族之间互相通婚，奇首可汗是其男性祖先，标志契丹的婚姻制度进入了依男系计算世系的一夫一妻制阶段。后来，奇首可汗所生八子不断繁衍，形成"古八部"，活动在松漠之间。其时间大约相当于元魏时期。至唐时，大贺氏仍为八部。大贺氏衰微后，代之而起者，为遥辇氏八部。遥辇氏首君——阻午可汗系由捏里（又作泥里、雅里，即后来建立辽朝的阿保机的祖先）所立。五代时，作为遥辇可汗诸部之一的迭剌部夷离堇阿保机建立了辽朝。

从传说中的奇首可汗时期起，契丹的婚姻制度就配偶人数来说，已进入一夫一妻制阶段；就通婚范围来说，契丹存在着两个通婚集团：一个是所谓三耶律，即大贺、遥辇、世里，也就是后来的皇族（耶律），他们由以白马为图腾的氏族发展而来；另一个是二审密，即乙室已、拔里，他们是以青牛为图腾的氏族发展而来，也就是后来的后族（萧）。

据《契丹国志》卷二三《族姓原始》载：契丹人"婚嫁不拘地里"。《辽史》卷七一《后妃传》载："同姓可结交，异姓

---

① 中华书局1997年版。

可结婚。"由此可知，契丹婚姻实行的是禁止在氏族内血缘亲属成员之间通婚的氏族外婚制。这就是契丹婚姻制度的基本情况。

（二）婚姻形式

契丹婚姻制度虽然早在建国前几百年就已进入文明阶段，但是终辽之世，其婚姻形式仍存在着许多原始婚姻的遗迹。

1. 交换婚

《契丹国志》卷二三《族姓原始》载："番法：王族惟与后族通婚。"即在耶律和萧两姓之间进行通婚。辽朝9帝，除世宗两后中甄氏为汉人、天祚帝文妃有萧氏和渤海大氏两说①之外，皇后均为萧姓。皇族（耶律）的公主，绝大多数嫁给萧姓男子。②

在契丹交换婚中，不限辈分和表亲联姻的现象相当普遍，特别是在上层统治者之间更是如此。前引《契丹国志》卷二三《族姓原始》说，契丹婚姻"不限以尊卑"。对此，可从许多具体事例中得到印证。如太祖与淳钦皇后述律氏所生女质古，下嫁淳钦后弟萧室鲁③，是甥舅相配。太宗靖安皇后萧氏（小字温）是淳钦皇后弟室鲁之女④，则太宗与萧氏（温），从母系论，为同辈表亲相配；从父系论是姊妹的女儿，为其外甥女，也是舅甥相配。秦晋国大长公主（景宗与睿智皇后之女），即圣宗之姊观音女（一作"奴"）嫁给北宰相萧继远（一作"先"）为妻，而萧继远是萧思温过继的儿子，睿智皇后为萧

---

① 见《辽史》卷七一《后妃传》；《契丹国志》卷一三《后妃传》。
② 见《辽史》卷六五《公主表》。
③ 同上。
④ 见《辽史》卷七一《后妃传》。

思温之女,与萧继远为姊弟行,则观音女与萧继远是甥舅相配,等等。

辽朝时已经有人注意到这种两姓交换婚的弊病,认为应当变革。咸雍十年(1074年),耶律庶箴林牙上表乞广本国姓氏说:"我朝创业以来,法制修明;惟姓氏上分为二,耶律与萧而已。始太祖制契丹大字,取诸部乡里之名续作一篇,著于卷末。臣请推广之,使诸部各立姓氏,庶男女婚媾有合典礼。"道宗皇帝却"以旧例不可遽厘,不听"①,以致终辽之世,契丹族基本上只此两姓。

2. 接续婚

接续婚指妻死后,娶妻妹为继室,即所谓"姊亡妹续"。

这种形式,早在春秋时期即很常见。《左传》昭公二年(前540年),晋侯娶齐之少姜,当年少姜卒。次年,晋侯遂与少姜妹成婚。有人称:"春秋晋侯之续娶于齐,实开此例(指接续婚)之先。中世以降,遂颇成俗。"② 其实,它的起源,比春秋时期还要早得多。这应是原始婚姻形式中一个男子同时或先后娶几个姊妹为妻的"妻姊妹婚"遗迹,只是后来演变为姊亡后其妹续嫁给亡姊之夫。

这种婚姻形式,在契丹族中也长期存在。辽会同三年(940年)十一月,辽太宗明令,"除姊亡妹续之法"③。即表明此种婚姻形式在辽初尚很流行,至此才正式从法律上予以限制。但是,作为一种经过长时期形成起来的婚姻形式绝非靠一道命令即可废止的。史料表明,此后姊亡妹续之例仍屡见不

---

① 《辽史》卷八九,本传。
② 陈鹏:《中国婚姻史稿》,中华书局1994年版,第173页。
③ 《辽史》卷四《太宗纪下》。

鲜。如《萧袍鲁墓志铭》（大安六年）载，萧袍鲁元配夫人早亡，"次取耶律氏，北大王帐故静江军节度使陈家奴女，以为继室，亦早亡。续娶次夫人妹"①。《马直温妻张馆墓志》（天庆三年）载，耶律筠曾娶马直温与张馆之长女枢哥，早卒，续娶五女省哥。② 可见姊亡妹续之俗，直至辽代后期也没有从根本上废除。

3. 收继婚

指父死，子妻庶母；兄死，弟妻诸嫂；伯叔死，侄妻伯母婶母。

据《左传》记载，春秋时期所谓"烝"、"报"之例甚多。在两汉以后，我国北方少数民族中仍广泛流行着收继婚，相沿成风，不受指摘。如匈奴，"父死，妻其后母；兄弟死，皆取其妻妻之"③。乌桓，"其俗妻后母，报寡嫂，死则归其故夫"④。契丹也有这种婚姻形式。

子妻庶母。如《耶律庶几墓志》（清宁五年）载："（耶律）惯宁相公故，大儿求哥，其继母骨欲夫人宿卧，生得女一个，名阿僧娘子，长得儿一个，名迭剌将军。"⑤ 又如，开泰五年（1016年），圣宗皇太弟耶律隆庆纳秦晋王妃萧氏，年终，隆庆卒，圣宗逼萧氏嫁给隆庆之子宗政。宗政性情耿介，拒不奉诏。自是不婚，以致无子。后来，萧氏改嫁中书令刘二玄。秦晋国妃萧氏死后，皇帝仍诏萧氏与先卒的耶律宗政合葬。⑥

---

① 见向南编《辽代石刻文编》，河北教育出版社1995年版，第425、635页。
② 同上。
③ 司马迁：《史记》卷一一〇《匈奴列传》，中华书局1997年版。
④ 《后汉书》卷九〇《乌桓鲜卑列传》，中华书局1997年版。
⑤ 《辽代石刻文编》，河北教育出版社1995年版，第295—296页。
⑥ 见陈述辑校《全辽文》卷七《耶律宗政墓铭》、卷八《秦晋国妃墓志铭》，中华书局1982年版；向南等《论契丹族的婚姻制度》，载《历史研究》1980年第5期。

弟报寡嫂。《旧唐书》卷一九九下《契丹传》载：唐开元十年（722年），契丹首领郁于入朝请婚，唐玄宗封从妹夫率更令慕容嘉宾女为燕郡公主以妻之，封郁于为松漠郡王。明年，郁于病死，弟吐于代统其众，并袭郁于官爵，"复以燕郡公主为妻"。辽朝建立后，这种婚姻形式继续存在。如《辽史》卷六五《公主表》载，道宗次女、齐国公主纠里下嫁萧挞不也。后萧挞不也被害，"其弟讹都斡欲逼尚公主，公主以讹都斡党乙辛，恶之。未几，讹都斡以事伏诛"。纠里是因讹都斡与耶律乙辛同党，恶其为人，此议才未成事实。

（三）契丹婚姻习俗

我国古代婚仪，历来有所谓"六礼"，即纳采、问名、纳吉、纳征（又称纳币）、请期、亲迎。此外，尚有"同牢"、"妇见舅姑"、"庙见"等仪。其名目和内容，见《礼记·昏义》和《仪礼·士昏礼》。因其出于儒家经典，故为历代所重。当然在不同时代会有所损益，但大体上不外这些。

辽代契丹上层婚礼既保留有本民族的传统礼俗，又有来自"六礼"的某些仪式。对此，可从"皇帝纳后仪"和"公主下嫁仪"略见一斑。

1. 皇帝纳后仪

据《辽史》卷五二《礼志五》载：先是选定吉日（请期），到了婚礼那天清晨，女方坐堂等候。皇帝遣使及媒人携酒食至后家，分别向皇后及其父母、宗族、兄弟进酒。然后送上聘礼（纳征、纳币），致辞，再拜。惕隐（契丹官名，掌皇族事务）夫人四拜，皇后辞别父母及家人，升车，父母饮女儿所敬酒，并致"戒词"。车启动后，教坊艺人遮道祝贺，后族追拜，进酒，亲迎车启动。行至宫门附近，宰相传旨，赐皇后及送亲者酒。即至宫门,惕隐率皇族奉迎。迎亲的惕隐夫人请皇后下车,这时有一"妇人捧镜却行",并"置鞍于道,后过其上"。皇后分别拜神主室、舅姑御容(妇见舅姑之意),再拜皇族诸妇宜子孙者,意在早生、多生贵子。再拜诸帝御容。然后女方更衣,改著皇后服。皇帝赐皇族迎亲者和后族送亲者酒。皇后坐于别殿。亲迎仪式至此结束。

亲迎之后,则行契丹族的传统礼仪——拜奥姑。奥,为室内西南隅,是神主或尊者居坐之处,《说文解字》"宀"部:"奥,宛也。室之西南隅。"段玉裁注云:"宛,室之西南,宛然深藏,室之尊处也。"《辽史·国语解》:"拜奥礼,凡纳后,即族中选尊者一人当奥而坐,以主其礼,谓之奥姑。送后者拜而致敬,故云拜奥礼。"《辽史》卷六五《公主表》亦载:"契丹旧俗,凡婚燕之礼,推女子之可尊敬者坐于奥,谓之'奥姑'。"太祖之女质古幼年即曾当过"奥姑"。

皇帝就御坐后,由"奥姑"主持婚礼。先是送后者致辞,拜当奥者。当奥者与媒人行酒,宴饮。第二天,皇帝拜先帝御容,敬酒,宴饮后族及群臣,并有百戏、角抵、戏马等表演助兴。第三天,皇帝赐后族及送后者礼物,后族以礼物谢当奥者。

契丹虽早已进入父系社会,但是婚礼仍以女性(奥姑)主持,这是母系社会的痕迹。

2. 公主下嫁仪

与皇帝纳后仪大体相同。先是选择吉日,婚礼当天清晨,尚主之家须亲赴宫中迎娶。驸马率族人拜见皇帝、皇后。次日,宴饮后,皇帝赐陪嫁青幰车、驼等,最为奇特的是在陪嫁中还有送终车、驾牛和其他相关配套物品,以及祭羊、乃至覆尸仪物等。这种把女子出嫁后的生老病死仍视为自家事情的习俗,应是母系社会的遗风。

亲王女封为公主者的婚仪，仿公主下嫁仪，只是依据亲疏，在规格上有所差别。

至于民间的婚礼，限于资料，如今所知甚少。不过可以推测，其程序和规格当简略得多。

在上述亲迎仪式中，有"妇人捧镜却行"和"置鞍于道，后过其上"两目，也就是在亲迎礼中，有一妇女手捧铜镜倒退而行及皇后跨马鞍之俗，这是两项流行广泛的传统婚俗。唐宋婚仪即有"跨马鞍"和"捧镜倒行"之俗。唐段成式《酉阳杂俎》续集卷四载，当时士大夫家婚礼有"新妇乘鞍"之俗。北宋孟元老《东京梦华录》卷五"娶妇"条载："新人下车檐，踏青布条或毡席，不得踏地，一人捧镜倒行，引新人跨马鞍蓦草及秤上过。"南宋吴自牧《梦粱录》卷二〇"嫁娶"条亦载："方新人下车，一妓女倒朝车行捧镜，又以数妓女执莲炬花烛，导前送引，遂以二亲信女使，左右扶持而行，踏青锦褥或青毡花席上行，先跨马鞍，蓦背平秤过，入中门……"可见契丹与唐宋人婚礼中都有妇女"捧镜"与"跨马鞍"之俗。前引段成式谓新妇乘鞍等俗，"悉北朝余风也"。苏鹗《苏氏演义》也说是"北人尚乘鞍马之义"。可知此俗当源自与契丹同属东胡系的鲜卑。这一风习，长期被传承下来，直至清代和民国时期，我国北方许多地区仍有类似的习俗。

（四）辽朝婚姻政策与辽人婚姻观念

1. 辽朝婚姻政策

首先，严格限定皇族与后族的婚姻范围，并且禁止贵族与庶民通婚。除前已述及的辽朝"王族惟与后族通婚"外，"王族、后族二部落之家，若不奉北主之命，皆不得与诸部之人通婚"①。开泰十年（1021年）十月，"诏横帐三房②不得与卑小帐族为婚，凡嫁娶，必奏而后行"。大安十年（1094年）六月，"禁边民与蕃部为婚"。这些措施都是为了巩固契丹族的统治，并把大权牢牢地掌握在少数统治者手中。然而随着社会的发展，各民族交往的增多，这些限制只是作为国家的政策，与现实有一定的距离。而且辽朝统治者在实践过程中，也有所调整。如会同三年十二月，"诏契丹授汉官者从汉仪，听与汉人婚姻"③。《契丹官仪》云："四姓杂居，旧不通婚。谋臣韩绍方献议，乃许婚焉。"④

其次，限制原始婚俗。辽朝建立后，随着社会的发展，逐渐对契丹原始婚俗予以一定的限制。如会同三年（940年），"除姊亡妹续之法"。四年（941年），"以乙室、品卑、突轨三部鳏寡不能自存者，官为之配"⑤。这是契丹统治者为保证本民族的繁衍所采取的措施。

最后，与邻国联姻。与不同民族和国家的上层联姻，历来是统治阶级为巩固政权、维持双边关系所常用的政策。辽朝统治者与高丽、西夏，乃至大食等都有联姻关系。统和四年十二月，夏国李继迁率五百骑骚扰辽朝边境，表示"愿婚大国，永作藩辅"，圣宗"诏以王子帐节度使耶律襄之女汀封义成公主下嫁"，

---

① 《契丹国志》卷二三《族姓原始》。
② 辽太祖祖父玄祖匀德实生四子，长子早卒。次子后裔为孟父房，三子后裔为仲父房，四子（太祖之父）后裔为季父房，合称三父房，简称三房，为皇族耶律氏显贵。
③ 参见《辽史》之卷一六《圣宗纪六》、卷二五《道宗纪五》、卷四《太宗纪下》。
④ 厉鹗：《辽史拾遗》卷一五，"丛书集成"本。
⑤ 《辽史》卷四《太宗纪下》。

并赐马3000匹。① 十四年（996年）三月，"高丽王治表乞为婚，许以东京留守、驸马萧恒德女嫁之"。太平元年（1021年）三月，大食国王遣使请婚，"封王子班郎君胡思里女可老为公主，嫁之"。景福元年（1031年），兴宗以兴平公主嫁夏国王李德昭子元昊，以元昊为夏国公、驸马都尉。乾统五年（1105年）三月，天祚帝以族女南仙封成安公主，下嫁夏国王李乾顺。② 这些联姻活动，都是一种政治行为，为加强双方联系，缓和矛盾起了积极作用。

2. 辽人婚姻观念

前述青牛白马传说，在一定程度上反映了契丹早期的婚姻观念。传说有很大的神话色彩，把契丹人的祖先说成是"神人"与"天女"或"天神"与"地祇"的结合。《辽史》卷七一《后妃传》载，太祖皇后述律氏在被封皇后前，曾至潢河、土河会合处，有女子乘青牛车，仓促避路，忽不见。于是有童谣说："青牛妪，曾避路。""盖谚谓地祇为青牛妪云。"太祖阿保机即位后称"天皇帝"，而述律氏称"地皇后"，既反映了阿保机称帝是"君权神授"，也体现了与《周易》"天人契合"相一致的我国传统婚姻观念。《周易》以自然解释人事，又以人事契合自然，认为自然有天地，生人有男女。天与男，阳也；地与女，阴也。天地交感而生万物，有男女而有婚姻。在契丹人看来，不仅他们的祖先即骑白马的男子与驾青牛的女子相配如此，而且太祖阿保机与皇后述律氏的结合也是天地交感。

此外，从辽代墓志中也反映出辽人的这种婚姻观念，如

---

① 见《辽史》卷一一《圣宗纪二》。此条记事于统和七年十二月重出，或系许婚在四年，下嫁在七年。

② 见《辽史》之卷一三《圣宗纪四》、卷一六《圣宗纪七》、卷一八《兴宗纪一》、卷二七《天祚帝纪一》。

《耿延毅妻耶律氏墓志》（统和三十年）说："《易》曰：有天地然后有夫妇。盖乾坤定而阴阳分，男女生而婚姻作。肇起人伦之本，区别恩义之端。生则保宜家之吉，固敦欢好；没则同心之恋，是兴论撰。则夫妇之意大矣哉。"铭文说："天地始分，夫妇有伦。"① 明确地反映了辽朝汉人的婚姻观念（墓主人耶律氏，本姓韩，汉人，其先人被赐国姓）同我国传统婚姻观念是一致的。

在圣宗朝以后的辽人婚姻观念中，男主外、女主内、妇为内助等儒家说教相当流行。如王泽在为其妻李氏所撰墓志铭中说，他之所以有幸登科，步入仕途，"盖夫人内助之所致也"②。不仅汉人如此，契丹皇帝也接受了这种观念。如署名道宗所制《圣宗仁德皇后哀册》（大康七年）说："坤顺而正，承乾以行。月随而运，续日之明。阴体至静，阳用而生。后德中助，帝功大成。"接着，又列举历代著名后妃，称她们"义昭配地，号峻齐天"③，都是把她们作为内助来赞扬的。

二 辽人家庭结构及观念

（一）家庭结构

根据社会学理论，家庭结构是指家庭中成员的构成及其相互作用、相互影响的状态，以及由这种状态形成的相对稳定的联系模式。

家庭结构包括两个基本方面：一是家庭人口要素，家庭由

---

① 《全辽文》卷五。
② 《王泽妻李氏墓志铭并序》（重熙十四年），《全辽文》卷七。
③ 《全辽文》卷九。

多少人组成,家庭规模的大小;二是家庭模式要素,家庭成员间怎样相互联系,以及因联系方式不同而形成的不同的家庭模式。①

契丹人普通家庭以小家庭为主,也就是由夫妻和他们所生未婚子女组成的核心家庭。每户两代,平均五六口人。在所能见到的文献中没有直接和明确记载这方面的资料,这是人口史研究者根据现有史料推测和判断而得出的结论。如魏特夫、冯家昇所著《辽代中国社会史》(907—1125)是以辽国每户5口人进行推算的。②王育民所著《中国人口史》则认为这个数字偏低。他说,辽国兵制,"凡民年15以上,50岁以下,隶兵籍"。15岁以下的幼年,及50岁以上的老人加上同龄女性,每户平均估计不会少于6口人。③

上述核心家庭应是辽朝契丹及汉人和其他民族家庭的主要模式。至于主干家庭(即由父母和一对已婚子女,比如父、母、子、媳组成的家庭)和联合家庭(即由父母和两对以上已婚子女所组成的家庭,或者是兄弟姐妹婚后不分家的家庭)所占比例不会很大。

由于辽代家庭以核心家庭为主,一般为父母与子女两代人,而三代、四代同居的家庭数量不多。《辽史》中多处载有朝廷旌表三世、四世同居者。如统和元年(983年)十一月规定:"民间有父母在,别籍异居者,听邻里觉察,坐之。有孝于父母,三世同居者,旌其门闾。"④开泰元年(1012年),

---

① 见《中国大百科全书·社会学》,中国大百科全书出版社1991年版,第104—105页。
② 见《辽金契丹女真史译文集》,吉林文史出版社1990年版。
③ 见《中国人口史》,江苏人民出版社1995年版,第30页。
④ 《辽史》卷一〇《圣宗纪一》。

"前辽州录事张庭美六世同居,仪坤州刘兴胤四世同居,各给复三年"①。也说明此类家庭为数不会很多,否则也无须大加提倡了。

汉族与契丹族相比,大家庭应略多一些。据《辽史》记载统计,因三代以上同居而被旌表的家庭有6个,其中汉族5个,奚族1个。尽管史料记载会有一定的偶然性,而且不能据几则记载确定其概率,但是关于汉人大家庭多于契丹的推测,当不至大误。对此,我们还可以借助其他材料来加以说明。如辽、宋、金、元的"正史",碑志,文集等,多处记载辽金燕地望族——韩、刘、马、赵四大姓。元初王恽说:"迄今燕之故老,谈勋阀富盛照映前后者,必曰韩、刘、马、赵四大族焉。"②元郝经说,刘氏入契丹为王公数十人,"如刘六符等尤其贵显者也,终始契丹二百余年。入金源氏,为燕四大族,号刘、韩、马、赵氏,其宗党在仕途者尝数十百人。"③ 无疑应是大家族。

契丹家庭的主要成员由具有血缘关系的两代乃至三代、四代组成。

除了主要成员之外,契丹及五代北方流行收继养子的习俗,这正如恩格斯所说的,"氏族可以收养外人入族","男子可以提议收养外人为兄弟或姊妹;女子可以提议收养外人为自己的孩子"。④ 如兴宗耶律宗真本为宫人耨斤所生,仁德皇后无子,"养为子";萧继先,字杨隐,小字留哥,为叔萧思温养子;萧柳,

---

① 见冯继钦等《契丹族文化》,黑龙江人民出版社1994年版,第156页。
② 《题辽太师赵思温族系后》,《秋涧先生大全文集》卷七三,四部丛刊本。
③ 《房山先生墓铭》(宪宗七年),见《全元文》第4册,江苏古籍出版社1997年版。
④ 恩格斯:《家庭、私有制和国家的起源》,见《马克思恩格斯选集》第4卷,人民出版社1972年版,第83、84页。

字徒门,"幼养于伯父排押之家",等等。他们也都是收养者家庭的成员。

此外,权贵、富庶家庭还有相当数量的家庭奴隶。这些奴隶主要来源于俘虏、罪犯、赏赐及买卖等途径。俘虏,如天显三年(928年)、四年(929年),突吕不连续两次遣人献俘,太宗诏分赐群臣、将士。① 籍没罪犯家庭,如太祖七年(913年)秋,"幸龙眉宫,輾逆党二十九人,以其妻女赐有功将校"。天显七年十二月,太宗"以叛人泥离衮家口分赐群臣"。乾统元年(1101年)三月,天祚帝"诏有司以张孝杰家属分赐群臣"。次年(1102年)四月,"诏诛乙辛党","以其家属分赐被杀之家"。赏赐,如天禄元年(947年)八月,"以崇德宫户分赐翼戴功臣,及北院大王洼、南院大五吼各五十,安搏、楚补各百"。统和二十二年(1004年),"以(王)继忠家无奴隶,赐宫户三十"。买卖,如重熙间萧韩家奴在谈到当时徭役之重时说:"……戍卒之食多不能自给,求假于人,则十倍其息,至有鬻子割田,不能偿者。"大安四年(1088年)正月,"以上京、南京饿,许良人自鬻"。② 以上反映了辽朝家庭奴隶的存在及其来源。

契丹的婚姻与家庭,虽然早已过渡到一夫一妻制阶段,并且终辽之世,它都是主要形式,然而同其他许多民族一样,"一夫一妻制从一开始就具有了它的特殊性质,使它成了只是对妇女而不是对男子的一夫一妻制"③。

---

① 见《辽史》之卷七一《后妃传》、卷七八"本传"、卷八五"本传"、卷三《太宗纪上》。

② 见《辽史》卷一《太祖纪上》、卷二七《天祚帝纪一》、卷五《世宗纪》、卷八一"本传"、卷一〇三"本传"、卷二五《道宗纪四》。

③ 恩格斯:《家庭、私有制和国家的起源》,见《马克思恩格斯选集》第4卷,人民出版社1972年版,第58页。

皇室就是一个大家庭，皇帝有后妃多人，一夫多妻，这是无须细说的。公卿、贵戚也是如此。如《乘轺录》载，景宗与承天皇后之子耶律隆庆"尝岁籍民子女，躬自拣择，其尤者为王妃，次者为妾媵"。"耶律、萧、韩三姓恣横，岁求良家子以为妻妾"，以致"幽蓟之女，有姿质者，父母不令施粉白，弊衣而藏之"①。甚至一些富贵人家男子也有妾媵、侍婢等。洪皓《松漠记闻》说："故契丹、女真诸国皆有女倡，而其良人皆有小妇、侍婢。"这里所说"良人皆有小妇、侍婢"，怕未必尽然，但至少说明民间一夫多妻不是个别现象。

契丹家庭成员间的关系，包括父母与子女之间、夫妻之间、兄弟姊妹之间以及主人与奴隶之间等关系。

父母与子女关系。在皇室中，父权、母权与皇权、后权相结合，对子女有生杀与夺大权。如辽道宗与天祚帝曾利用父权加皇权，杀害了他们的亲生儿子。圣宗、兴宗即位之初，都曾受制于其母后。②

夫妻关系。丈夫具有绝对权威，妻子处于从属地位，甚至有妻妾为死去的丈夫殉葬的陋习。如太祖死后，述律后"欲以身殉"，经亲戚百官力谏，遂"断右腕纳于柩"。辽代先后被皇帝赐死后妃多人。如景宗保宁三年（971年），妃啜里及蒲哥因"厌魅"而被赐死；圣宗开泰六年（1017年），德妃萧氏被赐死；道宗大康元年（1075年），宣懿皇后萧观音被诬，赐死；天祚帝保大元年（1121年），文妃萧瑟瑟赐死。③ 东丹王耶律倍逃

---

① 见江少虞：《宋朝事实类苑》卷七七"契丹"，上海古籍出版社1981年版。
② 参见张国庆等《辽代契丹习俗史》，辽宁民族出版社1997年版，第189—190页。
③ 见《辽史》卷九一《后妃传》、卷八《景宗纪上》、卷一五《圣宗纪六》、卷二三《道宗纪三》、卷二九《天祚帝纪三》。

奔后唐，娶庄宗后宫夏氏为妻。耶律倍性情残忍，好饮人血，"姬妾多刺臂以吮之。婢仆小过，或抉目，或刀刲、火灼。夏氏不忍其残，奏离婚为尼"①。

主奴关系。主人可随意处置奴隶，有的奴隶为死去的主人殉葬。辽朝中期，对于主人擅杀家奴，曾予以一定的限制。统和二十四年（1006年），"诏主非犯谋反大逆及流死罪者，其奴婢无得告首；若奴婢犯罪至死，听送有司，其主无得擅杀"。圣宗之女赛哥曾因杀奴婢而得罪。②尽管如此，家庭奴隶的被奴役地位并未能从根本上得到改变。

嫡庶关系。在家庭中的妻妾及兄弟姊妹间，还有嫡庶之别。嫡，指正妻或嫡子（正妻所生之子），而嫡子有时亦专指嫡长子；庶，则与嫡相对，指妾，而妾所生之子称庶子。就其地位来说，正妻高于妾媵，嫡子高于庶子。无论在宫廷还是在民间，都是如此。后的地位高于妃，不必细说。如景宗即位，以萧绰（燕燕）为贵妃，后来册为皇后。兴宗即位，立萧氏（三嬷）为皇后，重熙初，"以罪降为贵妃"③。

契丹大汗由推选产生，而汉族皇位则以嫡长子继承。辽朝建立后，嫡长子继承的观念逐渐对契丹发生影响。

辽初，太祖长子耶律倍（图欲）于神册元年（916年）立为皇太子。太祖死后，述律氏欲立次子耶律德光，"（耶律）迭里建言，帝位宜先嫡长"，当立东丹王耶律倍。述律氏以其忤旨而将其处死，终于立耶律德光为帝。④尽管如此，表明立嫡立长的观念已有一定影响。太宗死后，因无遗诏，深受太后偏爱的李

---

① 《契丹国志》卷一四《东丹王传》。
② 见《辽史》卷六一《刑法志上》、卷六五《公主表》。
③ 《辽史》卷七一《后妃传》。
④ 见《辽史》卷七七《耶律安抟传》。

胡企图继承帝位，而耶律屋质说："礼有世嫡，不传诸弟。"主张立耶律倍长子兀欲为帝。耶律洼、耶律吼也力主此议，"定策立世宗（兀欲）"，并令诸将曰："大行上宾，神器无主，永康王（兀欲）人皇王（耶律倍）之嫡长，天人所属，当立；有不从者，以军法从事。"诸将皆曰："诺。"于是世宗即位。① 《辽史》卷七七在评论此事说："立嗣以嫡，礼也。"从以上可见，嫡子的地位是受到道德和法律认可的。圣宗之后，由兴宗而道宗而天祚，皇位继承已经汉化，进入立长立嫡的轨道。②

我们还可以在一些政令中看到辽中期以后对别嫡庶的重视。太平四年（1024年），圣宗"始画谱牒以别嫡庶"。七年（1027年），又"诏诸帐院庶孽，并从其母论贵贱"。八年（1028年），"诏庶孽虽已为良，不得预世选"。"诏两国舅及南、北王府乃国之贵族，贱庶不得任本部官。"③ 这些诏令都明确反映出辽朝对庶孽在仕途上的限制。

（二）家庭观念

受儒家文化影响，辽朝统治者重视提倡忠孝节义等传统道德观念，把它作为维系国与家的精神支柱。

1. 孝道

契丹皇帝崇孝，辽朝九帝，除太祖阿保机和天祚帝耶律延禧首末两帝外，其他诸帝谥号均有"孝"字。太宗谥孝武皇文帝，世宗谥孝和庄宪帝，穆宗谥孝安敬正帝，景宗谥孝成康靖帝，圣宗谥文武大孝宣帝，兴宗谥神圣孝章帝，道宗谥仁圣大孝文帝。

---

① 见《辽史》卷七七"本传"。
② 见陈述《契丹政治史稿》第4篇"选汗大会与帝位继承"，人民出版社1986年版；姚从吾《契丹君位继承问题的分析》，载台大《文史哲学报》1951年第2期。
③ 见《辽史》卷八〇《萧朴传》、卷一七《圣宗纪八》。

辽朝皇帝还以旌表孝义之家、惩治不孝之人等措施倡导孝道。如前引统和十一年（993年）诏"民间有父母在，别籍异居者，听邻里觉察，坐之。有孝于父母，三世同居者，旌其门闾"。既反映了当时家庭结构的状况，又说明了朝廷对孝道的重视。《契丹国志》卷一四《诸王传》载，契丹皇帝每以忠孝为修身齐家的准则。圣宗雅爱诸侄，每诫之曰："汝勿以材能陵物，勿以富贵骄人。惟忠惟孝，保家保身。"契丹贵族及官宦也很重视这一道德规范。如耶律安抟幼年"居父丧，哀毁过礼，见者伤之"。长大后，"事母至孝"。耶律义先惕隐常戒其族人曰："国中三父房，皆帝之昆弟，不孝不义，尤不可为。"①

至于汉人就更是以忠孝为修身齐家的准则。辽初，唐节度使、汉人韩延徽奉使契丹，被留，因怀念乡里，逃归唐省亲，后又回辽。他对太祖说："忘亲非孝，弃君非忠。"② 在辽墓中发现有闵损草衣孝母、王密舍子救弟、孝妇姜思妻、董永卖身葬父、王祥卧冰求鱼、蔡顺孝母等反映孝子、义妇、孝悌的人物故事画，可见孝道已成为辽代朝野所共同遵循的道德规范。

2. 妇道

在我国传统的家庭伦理道德中，妇道是一个很重要的方面。《礼记·内则》以及汉班昭《女诫》、唐郑氏《女孝经》、宋若莘《女论语》等都是宣扬妇道的教材。如《礼记·内则》说："妇事舅姑，如事父母。""男不言内，女不言外。"《女诫》说："男以强为贵，女以弱为美。""幽闲贞静，守节整齐，行已有耻，动静有法，是谓妇德。"《女孝经》主张妇女要有"和柔、贞顺、仁明、孝慈"等品德。《女论语》说："处家之法，妇女

---

① 见《辽史》卷七七"本传"、卷九〇"本传"。
② 《辽史》卷七四"本传"。

须能，以和为贵，孝顺为尊。"等等。这些观念对后世影响相当深广。从辽代出土的墓志及有关史料中，可以看出上述说教也是品评辽代妇女的标准。如署名道宗所制《圣宗钦哀皇后哀册》（清宁四年）称赞萧氏（耨斤）"婉淑慈仁，聪明正直。嫔嫱卑下，示之以谦抑；子孙众多，勖之以温克。""于孝宣（其夫圣宗）有妇顺之容，所以承爱敬；于孝章（其长子兴宗）有王业之训，所以享推称。"道宗《圣宗仁德皇后哀册》（大康七年）称萧氏（菩萨哥）"柔嘉婉丽，慈爱谦冲"[①]。

至于评价汉族妇女的标准更是如此。如《赵德钧赠秦国夫人种氏墓志铭》（应历八年）说："为女以贤著，为妇以孝闻。"《耿延毅妻耶律氏墓志铭》（统和三十年）说，耶律氏（本姓韩，汉人）"外言不入，中馈克勤"，"闺壶成其雍穆，舅姑存其孝敬。妇道既彰，皇恩乃降"。"四德兼备，二物安和。""长姒雉娣，每推谦抑之风；女获男臧，不识愠怼之色。"[②]《王泽妻李氏墓志铭》（重熙十四年）称李氏"厚夫妇之和"，"奉舅姑之孝"[③]。以上内容概括起来，大体上不外柔顺、孝敬、恭谨、勤劳等品德。

3. 贞节

贞节指女子不改嫁或不失身。虽然这一个概念早已有之，而且汉以来有刘向、班昭等倡导妇女的贞节行为，但于当时的社会风尚并无太大影响。[④] 贞节是南宋以后逐渐强化起来的约束妇女、维系家庭的主要道德规范。

---

① 《全辽文》卷二。
② 见《全辽文》卷四、卷五。
③ 《辽代石刻文编》，第240页。
④ 参见董家遵《历代节妇烈女的统计》，载《现代史学》1937年第3卷，第2期。

从春秋至北宋，妇女并不讳言离婚与再嫁，世人对离婚与再嫁也无过多非难。契丹妇女上自皇族下到平民，再嫁乃至三嫁、四嫁是司空见惯之事。据《辽史》卷六五《公主表》载，景宗四女淑哥初嫁卢俊，后因不谐，表请离婚，改嫁萧神奴。圣宗二女岩母初嫁萧海里，不谐，离异，又嫁萧胡睹，不谐，又离之，嫁韩国王萧惠。圣宗八女长寿，初嫁大力秋，后来大力秋因罪伏诛，遂改嫁萧慥古。兴宗长女跋芹，初嫁萧撒八，不谐，离之。清宁初，改嫁萧阿速，因"妇道不修"，被徙中京，又改嫁萧窝匿。道宗三女特里，初嫁萧酬斡，因萧得罪，离之，改嫁萧特末。据统计，《辽史》卷六五《公主表》共载公主36人，其中再嫁、三嫁、四嫁者共5人，约占14%。对以上有关公主离异的记载，大致可分为三种情况：一是"不谐"，所占比例最大；二是夫死或得罪；三是公主本人不修妇道而被改嫁。至于民间各族女子离婚改嫁也很常见。张峤撰《马直温妻张馆墓志铭》（天庆二年）载，张馆有妹先嫁韩秉信，早逝，"再适守卫少卿"[1]。墓志撰者张峤系张馆之弟，将其姊妹再嫁之事镌刻于墓志之中，并无掩饰回护，说明妇女在夫君死后再嫁乃平常之事。

随着社会的发展，以及受中原传统文化影响的加深，辽人的贞节观念如对离婚、再嫁等的态度也在变化。特别是辽中期以后，统治者曾多次发布诏令，提倡妇女守节，限制再嫁。如统和元年（983年）四月，"诏赐物命妇寡居者"，鼓励妇女守节。开泰六年（1017年），进而明令"禁命妇再醮"[2]。崇尚守节、反对再嫁的观念已逐渐在一部分人中确立起来。如《韩瑜墓志

---

[1] 《全辽文》卷九。
[2] 见《辽史》卷一〇《圣宗纪一》、卷一五《圣宗纪六》。

铭》（统和九年）有"诚叹未忘，礼无再嫁"①之句，反映了贞节观念在汉人中的流行。在契丹妇女中，也为人奉行。《辽史》卷一〇七《列女传》记载列女5人，涉及贞节者3人。或因丈夫罹难、亡故，誓不再嫁；或是宁死不为贼辱。耶律奴之妻萧氏（意辛）本为公主之女，其夫被诬夺爵，流放远方，皇帝劝她离婚，意辛却说："夫妇之意，生死以之。妾自笄年从奴（耶律奴），一旦临难，顿尔乖离，背纲常之道，于禽兽何异？"并且表示愿意从行，"即死无恨"。耶律术者妻萧氏（讹里本）于丈夫死后，对亲属说："夫妇之道，如阴阳表里。无阳则阴不能立，无表则里无所附。"于是"自刃而卒"。耶律中妻萧氏（授兰）先是宁死不为贼辱，丈夫战死后，也随之自杀身亡。上述三女都出自契丹贵戚，其事迹发生在圣宗以后的道宗和天祚帝朝，这从一个侧面反映了辽中期以后人们的贞节观念较前已有明显增强。

以上，简要地论述了辽代婚姻与家庭的形态、观念及其演变。这个演变过程，在一定程度上反映出辽代社会的变迁及汉、契两种文化的冲突与融合。辽朝建立前后，契丹的婚姻家庭形态与观念存在着较多的原始社会残余。随着社会的发展，契丹与中原汉人接触的增多，及以儒学为代表的传统文化在辽国的传播，辽代婚姻家庭形态与观念逐渐发生了变化。辽朝统治者也相应地采取措施，通过行政手段限制原始婚俗，提倡儒家伦理道德。这样，契丹的旧习俗、旧观念同中原传统文化便不断发生撞击与融合。这一变动，贯穿于辽朝始终。从以上叙述我们也可以看到，一方面是朝廷对契丹婚姻家庭中旧习俗、旧观念的明令限制及一部分人对旧习俗、旧观念的摒弃与抨击，另一方面则是契丹旧习

---

① 《辽代石刻文编》，河北教育出版社1995年版，第95页。

俗、旧观念依然在现实生活中根深蒂固地存在着。而其发展趋势则是中原传统文化观念在辽国得到越来越广泛的流传，并逐渐为各族人所认同。

（原载周积明、宋德金主编《中国社会史论》下卷，2000年）

正统观与金代文化

公元1115年，长期活动于"白山黑水"间的女真族在今黑龙江阿城建立了金朝。由于女真族所处社会发展阶段落后于中原的汉族，又是以马上得天下的，因而在许多人心目中，仿佛以他们为统治民族建立起来的王朝只同征战有关，而与文化无缘。一些中国文化史、思想史著作对金朝很少述及，它只在个别学科史（如中医学史）中占有一定的地位。这是不全面和不公允的。

诚然，女真族建国前后落后于汉族，金朝统治者发动的金宋战争又给中原造成巨大破坏，而且金代文化成就又不及同时期的南宋。但是，如果把12—13世纪的中国作为一个整体，并且把金源一代放到中华民族历史发展长河中考察，就会发现金代文化的历史地位同样是不容忽视的。金代文化之所以获得发展，有多方面的原因，其中正统理论起了一定的作用。

正统理论是中国传统文化中的一个重要内容。关于这个古今学者激烈争论的庞大而又复杂的题目，不是几篇文章能说清楚的，也非笔者敢置喙的。本文仅就金朝正统观的形成、发展过程及其对金代文化发展的作用问题谈点看法。①

一 金朝正统观的形成、发展过程

正统理论，一般认为来源于《春秋公羊传》的大一统观念，所谓"君子大居正"，"王者大一统"。这一观念更早则可上溯到孔子的正名说。秦汉以后，统治者又把战国以来盛行的"五行终始"说（即木、火、土、金、水五行相生、相克的学说）与王朝兴衰联系起来。"居天下之正，合天下于一"便是正统②，否则为僭伪、闰位。③

由于华、夏、汉族发源于中原，因而古时称"中国"、"中华"、"中州"等，而把华、夏、汉族及"中国"以外的民族和地区称作夷、戎、狄、蛮。据《周礼·夏官司马》郑注云：东方曰夷，南方曰蛮，西方曰戎，北方曰貉、狄。后来也把夷狄戎蛮统称之为夷，形成华夷对立的观念。

---

① 近年述及金朝正统问题的论著，据笔者所见，主要有陶晋生《女真史论》（台北，食货出版社1981年版）；陈学霖《金国号之起源及其释义》（载《辽金史论集》第3辑，书目文献出版社1987年版），该作者尚有《中国史上之正统论：金代德运议研究》（华盛顿1984年英文版，惜未寓目）；张博泉《论金代文化的发展及其历史地位》（载《社会科学战线》1987年第1期），等等。

② 见欧阳修《正统论下》，《欧阳文忠公文集·居士集》卷一六，"四部丛刊"本。

③ 参见陈芳明《宋代正统论的形成背景及其内容》（《宋史研究集》第8辑，台北1976年）。关于正统理论的形成，论者说法不一。如范文澜说："这个传统思想发源于孔子《春秋》，形成于司马迁《史记》"（《中国通史简编》第2编，第125页）；有人则认为，《春秋》以至整个春秋时代，谈不上有明确的"正统"观念，正统思想形成于秦至东汉初年（见孙家洲《"正统之争"与"正统史观"》（《争鸣》1988年第2期）；还有人说，刘歆是原始正统理论的集大成者，而班固《汉书》关于汉王朝统系授受的争论，是中国史学史上第一次公开的正统之争（王东：《正统论与中国古代史学》，《学术界》1987年第5期），等等。

华夷之别常常是区分正统与僭伪的重要依据之一①，这一观念被明显地反映到历代正史修纂之中。如《晋书》把汉族政权西晋、东晋列入"本纪"；而把汉族以外各族建立的政权，如前赵（匈奴）、后赵（羯）、前燕（慕容鲜卑）、前秦（氐）等写进"载记"。这就是说，尽管东晋偏安江南，仍被视为正统，而汉族以外各族政权无论占据中原与否，都被看作僭伪。

公元10—13世纪，两宋与辽金对峙，形成中国历史上又一次南北朝抗衡局面。当时宋称辽为北朝，为夷、虏、辽称宋为南朝，称宋及中原历代王朝为中国、中华。如会同十年（947年）辽太宗入开封，废晋帝，翰林学士张砺奏曰："今大辽始得中国，宜以中国人治之，不可专用国人及左右近习。"②统和二十六年（宋大中祥符元年，1008年），北宋将祭泰山，恐契丹猜虑，乃命人至境上告谕，契丹回报说："中国自行大礼，何烦告谕？"③辽圣宗还曾说："五百年来中国之英主，远则唐太宗，次则后唐明宗，近则今宋太祖、太宗也。"④这里的"中国"应指五代、北宋及中原历代王朝。

契丹统治者虽称中原王朝为中国、中华，然而却力图淡化华夷之别。辽道宗尝听汉人侍从宣讲《论语》，当讲到"夷狄之有君"句时，疾读不敢讲，道宗说："上世獯鬻、猃狁荡无礼法，

---

① 梁启超将以往史家据以衡量正与不正的标志归纳为六项：（一）以得地之多寡而定其正与不正；（二）以据位之久暂而定其正与不正；（三）以前代之血胤为正，而其余为伪；（四）以前代之旧都所在为正，而其余为伪；（五）以后代之所承者所自出者为正，而其余为伪；（六）以中国种族为正，而其余为伪。说见《论正统》，《饮冰室文集》之九《新史学》。

② 脱脱等：《辽史》卷七六《张砺传》，中华书局1974年版。

③ 李焘：《续资治通鉴长编》卷六九，大中祥符元年六月甲午条，上海古籍出版社1986年版。

④ 叶隆礼：《契丹国志》卷七《圣宗天辅皇帝》，中华书局1985年版。

故谓之夷，吾修文物，彬彬不异中华，何嫌之有？"令侍从继续讲下去。① 道宗把"礼法"、"文物"，亦即文明作为区分华夷的标志，认为辽朝文明已与中华无异，因此不必讳"夷"。他还以《君臣同志华夷同风诗》进呈太后。② 然而生活在辽朝治下的汉族士人对宋人称契丹为夷则很反感。寿昌二年（1096年）刘辉上书说："宋欧阳修编《五代史》，附我朝于四夷，妄加贬訾。且宋人赖我朝宽大，许通和好，得尽兄弟之礼。今反令臣下妄意作史，恬不经意。臣请以赵氏初起事迹，详附国史。"③

辽朝统治者自认是天命之所归，太祖阿保机说："上天降监，惠及烝民。……朕既上承天命，下统群生，每有征行，皆奉天意。"④ 天祚帝在降金表中也说："伏念臣祖宗开先，顺天人而建业；子孙传嗣，赖功德以守成。奄有大辽，权持正统。"⑤ 不过这里所说"正统"，似乎还没有明显居当时整个中国之正统的意思。

与辽朝相比，金朝统治者自为整个中国正统的观念更为明显和强烈。这是女真高度汉化的反映。

汉化是我国历史上北方民族建立政权、进入汉族地区后遇到的一个带有普遍性的问题。如女真前的鲜卑和契丹就是如此。

北魏孝文帝时为改革鲜卑旧俗，禁止鲜卑人同姓相婚，仿效汉制，制礼作乐。迁都洛阳后，又下诏禁胡服；禁鲜卑语；改拓跋姓为元氏；迁洛阳之民死葬河南，不得北还，改其籍贯为河南洛阳人；等等。10世纪初，契丹族首领阿保机在今内蒙古巴林

---

① 《契丹国志》卷九《道宗天福皇帝》。
② 见《辽史》卷二一《道宗纪一》。
③ 《辽史》卷一〇四《刘辉传》。
④ 《辽史》卷二《太祖纪下》。
⑤ 《大金吊伐录》卷四《避戎夜话》，上海书店1982年版。

左旗建立国家，国号契丹，后改称辽。契丹统治者和各阶层人们在同汉族的广泛交往过程中，其道德观念、宗教信仰、丧葬、服饰、岁时风俗等渐趋汉化。然而契丹在接受汉文化的同时，仍保留有许多本民族的特点。

金代女真汉化的深度和广度都超过了契丹。这是因为：（一）女真与契丹不同，其基本生活形态是渔猎、畜牧和农耕，与以农耕为主的汉族有较多相通之处，易于接受汉文化。（二）女真长期受辽、宋文化影响。① （三）女真与汉族杂居共处。金朝初年，太祖、太宗即屡令契丹和汉人迁居北方及金源"内地"。与此同时，还令女真人"散居汉地"，"尽起本国之土人棋布星列，散居四方"②。熙宗废刘豫后，置屯田军，迁女真人"徙居中土，与百姓杂处"③。海陵王贞元初，又起上京诸猛安于中都、山东等路安置。④ 金朝的移民政策增进了女真与汉族的接触，为女真汉化提供了条件。

金朝正统观念的形成与发展是以女真汉化为其历史背景的，其过程大体上是与女真汉化同步进行的。以下分太祖、太宗时期，熙宗、海陵时期，世宗、章宗时期三个阶段来叙述。

（一）太祖、太宗时期

金朝建国前后，女真在与汉族及契丹、渤海等族的接触中，其上层已经受到各族、特别是汉族的影响。阿骨打立国号、建元、称帝及金初某些政策的制定就是受汉族及汉化了的其他族士

---

① 见陶晋生《女真史论》，台北，食货出版社1981年版，第15页。
② 宇文懋昭：《大金国志》卷八《太宗文烈皇帝六》，崔文印校证本，中华书局1986年版。
③ 《大金国志》卷三六"屯田"条。
④ 脱脱等：《金史》卷八三《纳合椿年传》，中华书局1975年版。

人的影响。《建炎以来系年要录》（以下简称《系年要录》）卷一说，阿骨打"用辽秘书郎杨璞计，即皇帝位"。《三朝北盟会编》（以下简称《会编》）政宣上帙三亦载，有杨朴者①，铁州人，累官至秘书郎，劝阿骨打说："大王创兴师旅，当变家为国，图霸天下，谋为万乘之国。……愿大王册帝号，封诸番。"阿骨打之弟吴乞买等也都推尊杨朴之言，阿骨打于是即皇帝位，国号大金，建元收国。太宗（1123—1135年在位）在对宋战争中，将北宋大批文人、艺人以及图书、文物等劫往金国，又将许多宋朝使臣羁留金国。这些措施在客观上为金初女真及北方文化发展起了一定的推动作用。然而金初毕竟处在草创时期，戎马倥偬，"未遑礼乐之事"②，凡事多仍女真旧制，日常生活也无明显汉化迹象。

在这个时期，金朝君臣尚未形成明显地以当时整个中国正统自居的观念。阿骨打称帝后，杨朴劝他求辽天祚帝封册，说："自古英雄开国，或受禅，或求大国封册。"于是遣人使辽，所求之事项有十，如乞徽号"大圣大明"；国号大金；玉辂；衮冕；玉刻印御前之宝；等等。交涉结果，天祚帝册立阿骨打为"东怀国皇帝"。杨朴以为仪物不全用天子之制，而且"东怀乃小邦怀其德之义"，是对金朝的蔑视。阿骨打勃然大怒，几乎腰斩辽朝来使。③从阿骨打君臣求辽封册一事看，当时他们还没有以中国正统自居的观念。

在后来的对辽战争中，逐渐有了一些变化。天辅五年十二月（1122年1月），太祖阿骨打诏忽鲁勃极烈杲说："辽政不纲，人

---

① 杨璞、杨朴为一人，诸书记载不一。此人系汉化了的渤海人。
② 《金史》卷三《太宗纪》。
③ 《三朝北盟会编》政宣上帙三，上海古籍出版社1987年版；《契丹国志》卷一〇《天祚皇帝上》。

神共弃。今欲中外一统，故命汝率大军以行讨伐。"① 天会三年（1125年）正月，辽天祚帝为金所俘，封为海滨王，辽朝灭亡。金俘天祚帝后报南宋主书云："先皇帝举问罪之师……尤赖仁邻之睦，生获昏王之身。人心既以欢和，天下得以治定。"② 次年，金朝回南宋札子说："今皇帝正统天下，高视诸邦，其惟有宋，不可无主。"③

由以上看来，金朝仅在辽金关系上自视正统，这时的"中外"、"天下"一般不包括中原、宋朝在内。也就是说，金朝统治者虽然有时也称"正统天下"，但还不是指继历代中原王朝的正统。正是因为如此，太祖、太宗时期在金宋间的称呼上，大抵如辽与北宋之时：宋自称中国，称金为北朝，为虏、狄。如宋人张棣《金虏图经》谓"金虏"为"夷狄中至贱者"④。金称宋为南朝，为中国。如《茆斋自叙》载，完颜希尹谓宋使云："元初海上之约，燕地人口合归南朝，燕中客人合归北朝。"⑤《北征纪实》载，阿骨打对赵良嗣说："我自入燕山，今为我有，中国安得之？"⑥《南归录》载，宋使沈琯与金交涉燕云之地，当他谈到宋朝情况时，金太宗说："你中国自相杀，干我甚事？"⑦ 太祖、太宗时期，一般称宋为中国，金朝自为正统的观念尚不明显。

（二）熙宗、海陵时期

随着金朝疆土的迅速扩展，女真与汉人杂处而居，在汉族文

---

① 《金史》卷二《太祖纪》。
② 《大金吊伐录》卷一。
③ 同上。
④ 《会编》炎兴下帙一四四。
⑤ 《会编》政宣上帙一四。
⑥ 《会编》政宣上帙一六。
⑦ 《会编》靖康中帙一。

明影响下，女真汉化逐渐成了一种社会思潮和时尚。

大约从熙宗完颜亶（1135—1149年在位）起，在女真上层统治阶级中率先出现汉化趋势。完颜亶幼时受业于辽朝降金的汉族文学家韩昉，能"赋诗染翰"。即位后，交结许多汉族儒士，这些士人向他传授儒家经典和中原封建礼制，"导之以宫室之壮，侍卫之严，入则端居九重，出则警跸清道"。在他们的影响下，熙宗"尽失女真之故态"①，与女真旧功大臣日渐疏远，视他们为"无知夷狄"；而那些大臣则讥讽他"宛然一汉家少年子也"②。以上事实反映出熙宗在汉族士人和汉文化熏陶下，道德观念和生活习惯在很大程度上已经汉化了。

海陵王完颜亮（1149—1161年在位）对汉文化的仰慕及其汉化程度，比熙宗更是有过之而无不及。他自幼好读书，愿与儒生交往。即位后，"嗜习经史"，"见江南衣冠文物朝仪位著而慕之"③。他有很高的汉文学修养，是一位有个性的诗人，写了许多颇具特色的诗词。

海陵王时，金朝统治者已不满足于与南宋、高丽、西夏共有天下的格局，而要一统天下。"居天下之正"、"合天下于一"的观念愈来愈强烈和明显，而且对以往重诸夏轻夷狄的传统观念予以批判和否定。

海陵王在位期间，不顾守旧派大臣的反对，毅然将金朝统治中心从女真肇兴之地上京（今黑龙江阿城）迁到燕京（今北京），这不仅使金代女真在汉化进程上向前迈出了关键性的一

---

① 以上见《系年要录》卷一一七，绍兴七年十一月条。
② 张汇：《金虏节要》，《会编》炎兴下帙六六。
③ 《大金国志》卷一三《海陵炀王上》。

步，具有重要意义，而且还反映了金朝统治者要"居天下之正"的观念。

天德二年（1150年），朝廷围绕迁都问题展开一场激烈的争论。右丞相梁汉臣主张迁都燕京，礼部尚书萧玉坚决反对，他说："上都之地，我国旺气，况是根本，何可弃之？"兵部侍郎何卜年则反驳说："燕京地广土坚，人物蕃息，乃礼义之所，郎主可迁都。北蕃上都，黄沙之地，非帝居也。"接着又诏内外臣僚直言，上书者"多谓上京僻在一隅"，"惟燕京乃天地之中，宜徙都燕以应之，与主意合"①。于是决定迁都，并调诸路夫役，筑燕京宫室，贞元元年（1153年），海陵王以迁都诏告中外，改燕京为中都。"燕京乃天地之中"，在海陵王采取迁都决策中起了关键性的作用。

后来，正隆元年（1156年）修复汴京大内，为再次迁都做准备。海陵王说："朕祗奉上元，君临万国，属从朔地，爰出幽都。犹踯躅于一隅，非光宅于中土。……大梁（汴京）天下之都会，阴阳之正中，朕惟变通之数，其可违乎？"② 迁都汴京与当年从上京迁往燕京一样，也是出于要"居天下之正"的观念。

"合天下于一"的思想，在海陵王君臣中也明显地确立起来。海陵王曾同臣下论《汉书》，臣子说："本朝疆土虽大，而天下有四主，南有宋，东有高丽，西有夏，若能一之，乃为大耳。"海陵王说："朕举兵灭宋，远不过二三年，然后讨平高丽、夏国。一统之后，论功迁秩，分赏将士……"③ 海陵王还多次说过："自古帝王混一天下，然后可以为正统。"④ "天下一家，然

---

① 《大金国志》卷一三《海陵炀王上》。
② 《大金国志》卷一四《海陵炀王中》。
③ 《金史》卷一二九《张仲轲传》。
④ 《金史》卷八四《耨盌温敦思忠传》。

后可以为正统。"①《正隆事迹记》载,海陵王说迁都汴京是为了"加兵江左,使海内一统"②。宋人《中兴御侮录》亦载,海陵王迁汴前说,"吾为中原天子足矣",并有"咨尔万方,当怀一统"之语。该书作者评论说,海陵王"盖耻为夷狄,欲绍中国之正统耳"。海陵王还早在发动侵宋战争前就拟好了统一天下后改元"大定"。不料,葛王完颜雍(后来的世宗)在东京辽阳发动政变,改元"大定"。海陵王在军中得知这个消息后,非常惋惜地说:"是子福过我矣!朕平昔有意俟江南平定之后,取武成一戎衣而有天下大定,朕欲改之,此子为我先矣!"③

海陵王反对重诸夏轻夷狄及以地域区分正统与僭伪的正统论。他对儒家经典《论语》中贵诸夏轻夷狄的观点极为不满,他说:"朕每读鲁论,至于'夷狄虽有君,不如诸夏之亡也。'联窃恶之。岂非渠以南北之区分,同类之比周,而贵彼贱我也。"④海陵王读《晋书》至苻坚传时,对史家没有把这个十六国时期杰出的氐族英雄、前秦皇帝列入"本纪"而感到惋惜,失声叹曰:"雄伟如此,秉史笔者不得正统帝纪归之,而列传第之,悲夫!"⑤海陵王主张华夷平等,反对贵华夏轻夷狄的观点,虽然与他的政治雄心相联系,是为统一江南张目的,但不能否

---

① 《金史》卷一二九《李通传》。
② 《会编》炎兴下帙一四二。
③ 张棣:《正隆事迹记》,《会编》炎兴下帙一四二。
④ 《正隆事迹记》。关于《论语·八佾》:"子曰:'夷狄之有君,不如诸夏之亡也。'"古今诸家理解不尽相同,其分歧盖源于对"不如"二字的解释。有人把"不如"训为"不像"。如朱熹《四书集注》引程子曰:"夷狄且有君长,不如诸夏之僭乱,反无上下之分也。"有人则把"不如"训为"不及"。今人杨伯峻《论语译注》即主此说。由于对"不如"一词的解释不一,于是对孔子是否排斥夷狄,就会得出截然相反的结论来。究竟如何,这不在本文的讨论范围之内。从海陵王语看,他取后说,认为孔子是贵诸夏轻夷狄的。
⑤ 《正隆事迹记》,《会编》炎兴下帙一四二。

认,他对传统观念的否定和批判符合历史发展大势。

(三) 世宗、章宗时期

世宗完颜雍(1161—1189年在位)和章宗(1189—1208年在位)对女真汉化时态度,与熙宗、海陵王略有不同。

世宗强调不忘旧风,反对全盘汉化。他说:"会宁乃国家兴王之地,自海陵迁都永安(今北京),女直寖忘旧风。朕昔时尝见女直旧俗,迄今不忘。今之燕饮音乐,皆习汉风,盖以备礼也,非朕心所好。"他告诫太子诸王说:"汝辈自幼惟习汉人风俗,不知女直纪实之风,至于文字语言,或不通晓,是忘本也。"① 他多次明令禁止女真人改称汉姓,并令女真人不得学南人装束,犯者抵罪。世宗对女真汉化所持的消极态度,主要表现在他主张保持女真某些生活方式和民族特点,然而对汉族传统文化并不排斥。

世宗通晓汉文化,并且善于从经史中汲取有益的教训。据《金史》本纪记载:他"常慕古之帝王,虚心受谏",鼓励臣下"有言即言,毋缄默以自便"。主张兼听,他说:"唐、虞之圣,犹兼览博照,乃能成治。正隆(海陵王年号)专任独见,故取败亡。"提倡任人唯贤,不避亲疏,"止取实才用之"。崇尚节俭,"以省约为务"。从世宗身上,不难看到唐太宗对他的影响。世宗提倡孝悌忠信的儒家伦理道德,认为女真旧风与儒家理论是一致的,他说:"女直旧风最为纯直,虽不知书,然其祭天地,敬亲戚,尊耆老,接宾客,信朋友,礼意款曲,皆出自然,其善与古书所载无异。"②

---

① 《金史》卷七《世宗纪中》。
② 同上。

章宗继承世宗的政策，提倡保持女真旧俗和民族特点，规定女真人不得以姓氏译为汉字，令女真进士及第后试以骑射，敕女真人不得学南人装束等。在他统治期间，还推行了许多促进汉文化传播的措施。章宗多才多艺，是金朝汉化程度最高的皇帝。他善于诗词，并"多有可称者"①；精通音律，与唐玄宗、后唐庄宗、南唐后主、宋徽宗为古代帝王之五大知音者②；书法也很有名，学宋徽宗瘦金体，深得其笔意，以至后人很难将他们的墨迹区分开来。

　　世宗、章宗时期，金朝社会发展到了鼎盛阶段。世宗即位后，"南北讲好，与民休息"，"群臣守职，上下相安，家给人足，仓廪有余"，世宗因有"小尧舜"之称。③ 章宗在大定之治的基础上，使社会经济得到进一步发展，出现了"宇内小康"的局面。与此同时，金朝统治者的正统观念也益形强烈。

　　海陵王发动的对宋战争虽然失败了，他的正统观念却被其后继者承袭下来。前已述及，世宗即位后改元"大定"，与海陵王的初衷不谋而合。世宗还说："我国家绌辽、宋主，据天下之正。"④ 以为金王朝平辽克宋，据天下之正，理应称正统。他们不仅在舆论上重新解释正统，而且还制定了若干相应的礼仪制度。世宗大定四年（1164年）初定祭五岳四渎礼和章宗泰和四年（1204年）诏令合祭前代十七帝王便是其中的两例。

　　祭五岳四渎，源出《周礼·春官·大宗伯》："以血祭社稷、五祀、五岳。"五岳即东岳泰山，南岳衡山，西岳华山，北岳恒山，中岳嵩山。祭四渎，见《礼记·王制》："天子祭名山大川，

---

① 刘祁：《归潜志》卷一，中华书局1983年版。
② 见陶宗仪《南村辍耕录》卷二七，中华书局1980年版。
③ 见《金史》卷八《世宗纪下》。
④ 《金史》卷二八《礼志一》。

五岳视三公，四渎视诸侯。"《尔雅·释水》谓四渎指江（长江）、河（黄河）、淮、济四条江河，根据古今人考证，《周礼》并非西周时著作，当时战国至秦汉时的作品，其中所载祭五岳四渎制度大约始于汉武帝。此后遂成历代帝王必行之礼。章宗泰和四年二月，金朝始祭三皇、五帝、四王。三月，在三皇、五帝、四王行三年一祭之礼外，又对夏太康，殷太甲、大戊、武丁，周成王、康王、宣王，汉高祖、文、景、武、宣、光武、明帝、章帝，唐高祖、文皇（唐太宗）十七君致祭。① 以上两项礼仪的制定，进一步说明金朝统治者是把本朝看成中原历代王朝的合法继承者。

章宗朝开始进行的德运之议，标志金朝正统观已在实践中最后确立和完善起来。如前所述，德运问题是正统理论中的重要组成部分。所谓德运就是将王朝兴衰同木、火、土、金、水五行相生、相克的学说联系起来，每朝都以一德兴运，历代相承，周而复始。自汉以来，并用此说。

《大金德运图说》详细记载了章、宣两朝德运之议的缘起、过程、代表人物及基本论点，许多学者对此已有论说，这里不再详叙，只将其基本情况陈述如下。

金朝建国时，阿骨打说："辽以宾铁为号，取其坚也。宾铁虽坚，终亦变坏，惟金不变不坏，金之色白，完颜部尚白。"于是改国号大金。② 这时未尝议及德运。直至章宗时始集百官进行德运之议。第一次，明昌四年十二月（1194年1月），集省台寺监七品以上官共同议论；第二次，承安四年十二月（1200年1月），由朝官十余人集议。第三次，承安五年（1200年）二月，

---

① 《金史》卷一二《章宗纪四》。
② 《金史》卷二《太祖纪》。

再次选汉儿进士知典故官员集议。其主要意见有四种：（一）主张不论所继，只为金德；（二）继承唐朝土德而为金德；（三）继承辽朝水德而为木德；（四）继承宋朝火德而为土德。至泰和二年（1202年），更定德运为土德。到宣宗即位后，又有人对章宗以来奉行的土德说提出异议。贞祐二年（1214年）正月，再次召开德运之议，参加集议者有土德、金德两说。其结果不见记载。据《金史》卷一六《宣宗纪下》，兴定四年十二月（1221年1月）"庚辰，腊，享于太庙"，说明与章宗泰和二年所颁诏书"更定德运为土，腊用辰"一致。终金之世，未改德运。①

关于德运问题，诚如《四库全书总目提要》撰者所说，五德之说本"不可据为典要，后代泥于其说，多侈陈五行传序之由，而牵合迁就，附会支离，亦终无一当"②。金朝以前的北宋司马光也说过："正闰之论，自古及今，未有能通其义，确然使人不可夺者也。"③ 五德之说本身固无多大意义可言，这里想要说明的是从德运之议这一事件中看出，金朝统治者及参议者无疑都是以确立、维护和巩固本朝合法统治地位为指归；可见金为正统王朝的观念在当时已成为一种对社会有重大影响的思潮。

金朝正统观经过当时学者的阐释，更具有了理论意义。

赵秉文（1159—1232）在金朝正统理论建设中，继承了儒家思想中关于华夏、夷狄都是可变的这一进步主张。他在《蜀汉正名论》中说："春秋诸侯用夷礼，则夷之；夷而进于中国，

---

① 以上据《金文最》卷五六《集议德运省札》，并参见陈芳明《宋辽金史的纂修与正统之争》（载《宋史研究集》第七辑，台北1974年），陶晋生《女真史论》第六章第一节及前揭陈学霖文。
② 卷八《史部·政书》"大金德运图说"条，中华书局1987年版。
③ 司马光：《资治通鉴》卷六九，魏文帝黄初二年条，中华书局1963年版。

则中国之。"① 认为中国与夷狄的关系并非一成不变，而是不断发展的。这一论断，在今天看来仍很精辟。历史的发展确是如此。春秋时，晋、郑、宋、鲁、卫等国视秦、楚为夷狄，不是中国；到秦汉时代，秦、楚也成了中国的一部分。南北朝时，南朝称北朝为"索虏"，北朝称南朝为"岛夷"，各自都以中国自居，但到隋唐时，彼此又都是中国了。

赵秉文在同文中又说："西蜀，僻陋之国，先主武侯有公天下之心，宜称曰汉。汉者公天下之言也。自余则否。"他在这里又提出了汉与非汉，正统与非正统的区别只在于是否有"公天下之心"，而不在于所居之地偏僻与否以及其他标准。在赵秉文以前就有许多人对陈寿《三国志》以魏为正统、以蜀为僭伪的观点提出批评，赵秉文继承和发展了他们的主张。

另一位学者王若虚（1174—1243）对正统问题也发表过议论。他在论及北宋征南唐李煜时说："天下非一人之所独有也，此疆彼界，容得分据而并立，小事大，大保小，亦各尽其道而已。有罪则伐，无罪则已，自三代以来莫不然，岂有必皆扫荡使归于一统者哉！"② 认为宋征南唐是师出无名，大国小国都有其存在的资格，天下不一定都非要统一于赵宋王朝不可。王若虚还说，关于正闰之说，他赞同司马光的观点③，反映了他的进步历史观。

---

① 《闲闲老人滏水文集》（以下简称《滏水集》）卷一四，"石莲盦汇刻九金人集"本。

② 《君事实辨下》、《滹南遗老集》（以下简称《滹南集》）卷二六，"石莲盦汇刻九金人集"本。

③ 《滹南集》卷三〇《议论辨惑》云："正闰之说，吾从司马公。"按司马光《通鉴》卷六九说："苟不能使九州合为一统，皆有天子之名而无其实者也。虽华夏（或作"夷"）仁暴，大小强弱，或时不同，要皆与古之列国无异，岂得独尊奖一国谓之正统，而其余皆为僭伪哉？"认为如果不能真正统一天下的话，那么华夷、大小、强弱的区别就不关紧要，都如同古之列国，也就不应有正统与僭伪之别。

二　金朝正统观对文化发展的作用

首先，推进当时各民族的融合。

辽金元是我国历史上继春秋战国、魏晋南北朝之后又一次民族大融合时期。金朝以前，就有人主张淡化华夷之别，其中既有北方少数民族政权建立者，也有汉族王朝帝王。如东晋时辽东慕容廆（鲜卑族，后来其子慕容皝于337年称燕王，是为前燕）欲以高瞻为将军，瞻以廆起于东夷，不肯委身事之。廆对瞻说："君中州望族，宜同斯愿，奈何以华夷之异，介然疏之哉！夫立功立事，惟问志略如何耳，华、夷何足问乎！"① 382年，苻坚欲取江东，苻融谏曰："江东虽微弱仅存，然中华正统，天意必不绝之。"苻坚说："帝王历数，岂有常邪，惟德之所在耳！"② 唐太宗说过："自古皆贵中华贱夷狄，朕独爱之如一。"③ 尽管如此，狄夷不可为正统的观念仍居主导地位。如前述欧阳修《新五代史》即将辽朝附于四夷。

金朝统治者和士人摒弃了华夷对立和"僻陋之国"不可为正统的传统观念，较少有民族的和地区的狭隘偏见。对内强调不分种族，一视同仁。"四海之内，皆朕臣子。若分别待之，岂能致一？"④ 对外则反对以"南北之区分"而"贵彼贱我"，主张有"公天下之心"者可以为正统。这种观念有利于各民族的融合及多民族的统一国家的形成。

---

① 房玄龄等：《晋书》卷一〇八《高瞻载记》；《通鉴》卷九一，晋元帝太兴二年条。
② 《通鉴》卷一〇四，晋孝武帝太元七年条。
③ 《通鉴》卷一九八，唐贞观二十一年条。
④ 《金史》卷四《熙宗纪》。

其次，促进我国传统文化的兼收并蓄，推动北方文化的发展。

金朝正统观念使以汉族文化为主的我国传统文化得以进一步兼收并蓄。长期生活在北方的各族人民由于地理和社会环境所致，"其天禀本多豪健英杰之气"①，反映在文化风格上，往往具有粗犷豪放、质朴雄浑的特点。文化上不同风格和流派的形成与发展，增添了我国传统文化的内涵，并使之更加丰富多彩。南北方各族人民共同为创造中华文明作出了自己的贡献。

海陵王在女真汉化和金朝正统观念影响下迁都燕京，尤其对推动这里及北方的文化发展具有重大意义。

燕京本辽之南京，海陵王迁此前后，对燕京城及宫殿进行了大规模的扩建。城分内、外城，外城东、西、南三面城垣各开三门，北城垣开四门，共十三门。宫殿制度，仿北宋汴京，建造得"金碧翚飞，规模壮丽"②。中都的城市规划，处在从唐辽封闭式坊制向宋元开放式街巷制转变的历史时期，两种规划共同出现于一个城市建设之中，很有特色。③ 金朝迁都燕京，揭开了北京历史的新篇章，以后元、明、清均建都于此，今天的北京是从金代开始成为北部中国、进而成为全国性政治、文化中心的。

在汉化思潮和正统观念影响下，自熙宗、海陵王以来，金朝在政治上实行一系列改革，消除旧制，改行汉制，如宫室、宗庙、仪卫、礼仪等，往往效法中原制度，海陵王时，"大率制度与中国等"④，而到世宗、章宗时，在宋人眼里，金朝的"城郭

---

① 赵翼：《瓯北诗话》卷八"元遗山诗"条，人民文学出版社1981年版。
② 《大金国志》卷三三《燕京制度》。
③ 参见侯仁之主编《北京历史地图集》，北京出版社1988年版。
④ 《金虏图经》，《会编》炎兴下帙四四。

宫室、政教号令"已经"一切不异于中国"了。① 这不仅说明金代在社会发展阶段上前进了一大步，而且这些制度还要通过诸如建筑、美术、音乐、舞蹈、衣冠等多方面才能体现出来。因此在某种意义上说，正统观的形成促进了金代各文化领域的全面发展。

再次，对文学创作的影响。

在金代文学作品中，有不少是反映作者的正统观的。海陵王曾借派使向南宋贺天申节之机，隐画工手其中，使画临安（今杭州）城邑和吴山、西湖景胜。他有题西湖图诗云："万里车书盍混（'盍混'又作'尽会'、'一混'）同，江南岂有别疆封。提兵百万西湖上，立马吴山第一峰。"② 这显然是他的正统观的形象写照。章宗有《宫中》诗云："五云金碧拱朝霞，楼阁峥嵘帝子家。三十六宫帘尽卷，东风无处不扬花。"从诗中很难看出与中原帝王的差别，难怪刘祁称之为"真帝王诗也"③。女真诗人完颜璹（1172—1232）《朝中措》词云："襄阳古道灞陵桥，诗兴与秋高。千古风流人物，一时多少雄豪。霜清玉塞，云飞陇首，枫落江皋，梦到凤凰台上，山围故国周遭。"④ 诗中熟练地运用了唐代大诗人李白、刘禹锡诗中的典故，而且融为一体，表现出作者娴熟的写作技巧。这且不说，尤其应当指出的是完颜璹作为一个女真王孙能够纵横捭阖，驰骋古今，当是同他的以金为

---

① 脱脱等：《宋史》卷四三六《陈亮传》，中华书局1977年版。
② 见岳珂《桯史》卷八"逆亮怪辞"条。按，《正隆事迹记》谓此诗系蔡珪所作，"亮诡曰御制"。然据《系年要录》卷一八三注云："按世传亮词句颇多，未必珪作也。王敦诗作《王之望文集序》曰：亮赠其相温敦诗曰'一醉吴山顶上峰'，与此小异。"此说甚是。退一步说，此诗即使由蔡珪视草，但也较好地表达了完颜亮的心境，否则他是不会"诡曰御制"的。
③ 《归潜志》卷一。
④ 元好问：《中州乐府》，《中州集》附，"四部丛刊"本。

正统的观念分不开的。

大诗人元好问（1190—1257）在这方面表现得更为突出，他在文学、史学上的成就，也是与他的正统观密切地联系在一起的。元好问编纂《中州集》10卷，"中州"本指中原，而书中则收录了金源一代、生于四方的诗人作品，是金代诗歌总集。正如清人翁方纲《石洲诗话》卷七所说："中州云者，盖斥南宋为偏安矣。"元人家铉翁在《题中州诗集后》中也称赞说："盛矣哉，元子之为此名也。广矣哉，元子之用心也。夫生于中原，而视九州四海之人物，犹吾同国之人。生于数十百年后，而视数十百年前人物，犹吾生并世之人。……余于是知元子胸怀卓荦，过人远甚。"① 由此可见，《中州集》的编纂是元好问正统观的体现。元好问还在这种思想指导下写出许多雄迈豪放、令人荡气回肠的不朽诗篇。如《癸巳四月二十九日出京》云："塞外初捐宴赐金，当时南牧已骎骎。只知灞上真儿戏，谁谓神州遂陆沉。华表鹤来应有语，铜槃人去亦何心？兴亡谁识天公意，留我青城阅古今。"② 诗中"神州"即金朝之谓也。表现了他对金朝行将灭亡的无限感慨。又，《甲午除夜》云："神功圣德三千牍，大定明昌五十年。甲子两周今日尽，空将衰泪洒吴天。"③ 表达了对金王朝的无比眷恋和对亡国的悲痛心情。元好问金亡不仕，以挽救金代文学传统、"起衰救坏"为己任，"周流乎齐、鲁、燕、赵、晋、魏之间，几三十年，其迹益穷，其文益富，其声名益大以肆"④，在文学上取得了卓越的成就，成为"一代宗工"。

最后，对史学著述的影响。

---

① 苏天爵编：《元文类》卷三八，文渊阁"四库全书"本。
② 《遗山先生文集》卷八，"四部丛刊"本。
③ 同上。
④ 徐世隆：《遗山先生文集序》，"四部丛刊"本。

正统理论是一种政治学说，又是历史观。金代一些史学著作的撰述，便是这种正统观的直接或间接产物。

由于金朝帝王以正统王朝自居，受我国传统史学影响，他们大都重视当代史的撰述。

起居注是有关帝王言行的记录。汉武帝时有《禁中起居注》，东汉有《明帝起居注》，以后历代都设职修撰。金世宗对修起居注多次表示关注。他说"人君善恶，为万世劝戒"，起居注不可遗漏。① 他强调修起居注要秉笔直书，说："海陵时，修起居注不任直臣，故所书多不实。可访求得实，详而论之。"② 大定十八年（1168年），世宗援引唐太宗与臣下议论，史臣在侧记录而成《贞观政要》之例，从此朝廷议事时，记注官可不回避。③

实录是编年体史书的一种，记录皇帝在位时的大事。南朝梁周兴嗣撰《梁皇帝实录》，记梁武帝事。谢昊（一作吴）撰《梁皇帝实录》，记梁元帝事。唐以降，皇帝死后均由后嗣者敕修实录，历代相沿，成为定制。金朝帝王既以正统自居，很重视实录的修撰。世宗曾亲自指定修撰熙宗实录、海陵实录的人选。世宗对完颜思忠说："朕欲修熙宗实录，卿尝为侍从，必能记其事迹。"④ 还说："修海陵实录，知其详者无如〔郑〕子聃者。"⑤

由于统治者的重视，金代历朝实录完备。太祖、太宗、熙宗、海陵王、世宗、章宗、宣宗七朝，现存史料明确记载，均有实录修撰、进呈。关于卫绍王、哀宗两朝：据《金史》卷一〇六《贾

---

① 见《金史》卷八八《纥石烈良弼传》。
② 《金史》卷六《世宗纪上》。
③ 见《金史》卷八八《石琚传》。
④ 《金史》卷七〇《完颜思忠传》。
⑤ 《金史》卷一二五《郑子聃传》。

益谦传》载,兴定五年(1121年)正月,尚书省奏:"卫王事迹亦宜依海陵庶人实录,纂成集书,以示后世。"制可。不过现存史料不见进呈的记载。哀宗实录也不见记载,多以为未及修纂。然元好问曾说:"正大初,予为史院编修官,当时九朝实录已具,正书藏秘阁,副在史院。壬辰喋血之后,又复与辽书等矣。"① 据此,则九朝实录应当完备。金朝实录在蒙古军攻破汴京时,为万户张柔所得,后归史馆。元修《金史》时,依赖实录以及王鹗所修金史、元好问《壬辰杂编》、刘祁《归潜志》等,得以在一年多的时间里修成,并被后世认为"迥出宋、元二史之上",称为"良史"②。《金史》本纪即本实录而成。虽然金朝实录都已散失,但是它已被部分地保留在现存《金史》之中。

正统观对金代史学的影响,还反映在某些私修史学著作中。元好问的《中州集》不仅具有文学价值,而且具有史学价值。康熙《御制全金诗序》云,《中州集》"以人属诗,以事属人,后世有诗史之目"。有金一代"其人文之可考者,犹赖此两书(按指《中州集》与《归潜志》)之存也"。《中州集》保存了大量的史料,有些为元人修《金史》时所采用。在流传下来的金朝史料为数不多的情况下,《中州集》就显得弥足珍贵。元好问《壬辰杂编》的撰述也同他的正统观相关联。《金史》卷一二六本传说,元好问"晚年尤以著作自任,以金源氏有天下,典章法度几及汉、唐,国亡史作,己所当任"。于是构亭于家,著述其上,因名"野史"。《壬辰杂编》就是他的一部史学著作,也为元人修《金史》时所采用。

此外,有的史学著作就是直接阐述正统观的,如赵秉文的

---

① 《故金漆水郡侯耶律公墓志铭》,《元文类》卷五一。
② 见赵翼《廿二史札记》卷二七"金史"条,北京中国书店1987年版。

《魏晋正名论》、《蜀汉正名论》等，已如上述，不再重复。

金朝正统观还对后来修史产生了影响。

我国自唐代开始设馆修史，每个新王朝建立之后，都要修前朝史，这里包含有继前朝后居正统地位的意向。

金朝灭辽后，曾两次修辽史。先是熙宗时耶律固修辽史，没有修完，其弟子萧永祺继成，称萧永祺辽史。章宗即位后，以萧永祺辽史未善，又命人重修，最后由陈大任完成，称陈大任辽史。然而迟至金亡，未能刊行。究其原因，就是因德运之说未定。①

元朝初年，诏修辽宋金三史，又遇到以谁为正统的问题。当时有人主张依《晋书》例，以宋为正统，立"帝纪"；辽金为僭窃，入"载记"。而有人（以修端为代表）主张以《南史》、《北史》为例，辽金为北史，宋太祖至靖康（钦宗）为宋史，建炎（高宗）以后为南史。由于在这个问题上争论不休，使修三史工作不能顺利开展。元顺帝至正三年（1343年），诏脱脱为都总裁主持修三史工作，再次就这个问题展开讨论。据载，有王理者，祖修端之说，以辽金为北史，建隆（太祖）至靖康为宋史，建炎以后为南宋史。② 还有人认为，辽宋金都不是正统，"金虽据有中原，不可谓居天下之正；宋既南渡，不可谓合天下于一。……自辽并于金，而金又并于元，元又并南宋，然后居天下之正，合天下于一，而复正其统。"③ 众说纷纭，相持不下。脱脱断然决定"三国各与正统，各系其年号"④，承认辽宋金都是正统。这一裁决不仅

---

① 参见金毓黻《中国史学史》，商务印书馆1957年版，第108页。
② 见毕沅《续资治通鉴》卷二〇八，至正三年条，中华书局1994年版。
③ 王祎：《正统论》，《王忠文集》卷一，文渊阁"四库全书"本。
④ 权衡：《庚申外史》，任崇岳笺证本，郑州，中州古籍出版社1991年版，第44页。

保证了修三史工作的顺利开展，而且否定了以汉族为中心的正统观念。在承认金是正统这点上，脱脱的主张同金朝正统观是一致的，因而与金朝的正统之辨当不无联系。前此，就有人肯定章宗朝的德运之议。王恽在《请论定德运状》中说："据亡金泰和初德运已定，腊名服色因之一新，今国家奄有区夏六十余载而德运之事未尝议及，其于大一统之道似为阙然……"①说明金朝德运之议对元朝是有影响的。因此，今天在肯定脱脱修三史的功绩时，不应忽视金朝正统观对他断然决定"三国各与正统，各系其年号"起了一定的作用。

虽然脱脱决定宋、辽、金"各与正统"时，即遭到一些人的强烈反对，元亡以后，明朝又有人旧话重提，否定辽、金、元的正统地位，主张明承宋统，如王洙撰《宋史质》，柯维骐撰《宋史新编》，以宋为正统，以辽、金为僭窃，然而它们都没有产生多大影响，无法取代宋、辽、金三史的"正史"地位，也就是说不能否定辽、金可以为正统的定论。

作为女真后裔的清朝统治民族满族，理应倾向金为正统王朝的主张，然而由于深受中原王朝的影响，清朝统治者在对待金朝地位问题上，常常处于矛盾的状态之中。

清初，顺治二年（1645 年）议历代帝王祀典，采纳礼部"以辽金分统宋时天下，其太祖应庙祀"的建议，始祀辽太祖、金太祖、世宗及元太祖、明太祖于历代帝王庙。康熙六十一年（1722 年）又增祀辽太宗、景宗、圣宗、兴宗、道宗及金太宗、章宗、宣宗。实际上是承认了辽金的正统地位。然而乾隆皇帝却说："辽金虽称帝，究属偏安。元虽统一，而主中华才八十年。

---

① 《秋涧先生大全集》卷八五，"四部丛刊"本。

其时汉人之为臣仆者，心意终未浃洽。"① 乾隆四十九年（1784年），他谕朝臣说："昔杨维桢著《正统辨》谓正统在宋不在辽金元，其说甚当。今通礼祀辽金，黜两晋诸代，使后世疑本朝区分南北，非礼意也。"于是增祀两晋、元魏、五代各帝王，不过并未因此而撤去辽金诸帝的祀位。② 乾隆虽不承认辽金正统地位，但他却反对那种"内中国而外夷狄"的"华夷之见"。乾隆年简编定的《四库全书总目提要》则明确地肯定了金、元正统观，称赞脱脱修三史"其最有理者莫过于"将"辽金两朝各自为史而不用岛夷、索虏互相附录之例"，"元人三史并修，诚定论也"。同时还猛烈抨击将辽金事迹并入宋史的王洙《宋史质》，说"自有史籍以来未有病狂丧心如此人者，其书可焚，其版可斧"；批评柯维骐《宋史新编》以辽金置之外国，有悖公论，"大纲之谬如是"，其书"亦不足道也"③。

三 结语

马克思主义认为，任何时代的统治思想，都是统治阶级的思想。"一切时代的体系的真正内容都是由于产生这些体系的那个时期的需要而形成起来的。"④ 可以说，正统理论就是这样的一种思想和体系。

纵观正统之争的历史，大抵在以汉族为统治民族建立的朝代

---

① 《清高宗实录》卷一一五四，乾隆四十七年四月辛巳。
② 以上见赵尔巽等《清史稿》卷四《世祖纪一》、卷八四《礼志三》，中华书局。
③ 以上见卷五〇《史部·别史类存目》。
④ 见马克思、恩格斯《费尔巴哈》，《马克思恩格斯选集》第 1 卷，第 52 页；《德意志意识形态》，《马克思恩格斯全集》第 3 卷，第 544 页。

里，要"严华夷之分"① 的主张往往居统治地位，而在以非汉族为统治民族的朝代里，那种淡化或反对以华夷之别而区分正与不正的观念则占主导地位。总之，历代统治阶级都把它作为维护自己合法统治的依据。

金朝作为以东北女真族为统治民族建立起来的王朝，其统治阶级将这种源自中原汉族王朝的正统理论批判地接受过来，继承和发挥了以前那种否定和淡化华夷之别、区域之分的主张，形成同其他朝代相比，既有共性又有特点的正统观念。金朝正统理论同历代一样都不过是一种封建统治阶级的思想观念，但是它一旦形成之后，在那个特定的历史时代里确实起了一定的作用，不仅推动了金代文化的发展，而且还对后来产生了某些影响。

（原载《历史研究》1990 年第 1 期）

---

① （明）方孝孺：《释统》，《逊志斋集》卷二，文渊阁"四库全书"本。

金源文化的历史地位[*]

所谓金源文化,可有广义、狭义之分。狭义地说,指金上京地区或金代早期的文化;广义地说,指金代文化。本文指后者。南宋已有人称金为金源,如陈亮说:"今金源之植根既久,不可以一举而遂灭……"[①]此后,历代也多有用金源称金代、金朝者。元人王恽《跋漆园田氏手泽》诗有"金源取士自科文,台阁公卿半凤麟"句。《题泰和名臣碑后》诗有"金源肇迹海东隅,奄有绵区亦壮图"句。[②]明人何乔新说:"国之兴亡,天也。人力不与焉。金源氏起自黑水,鼓行而前,兵威之盛有如雷电……"[③]至于清人,更常以金源称金,如《满洲源流考》说,"白山黑水,其名始见于《北史》,而显著于金源。"乾隆皇帝《望大房山作歌》有"忆昔金源全盛时,半壁江山迹始发"句。[④]至于文化的定义,就更复杂了。据说现在世界上有关文化

---

[*] 本文是在阿城首届金上京历史文化研讨会(2007年8月)上的报告。
[①] 《宋史》卷四三六《陈亮传》,中华书局1997年版。
[②] 《秋涧集》卷三一、三二,"四部丛刊"本。
[③] 《椒邱文集》卷七,文渊阁"四库全书"本。
[④] 《御制诗集》二集卷三九,文渊阁"四库全书"本。

的定义已达 200 多种。比较权威并系统归纳起来的定义源于《大英百科全书》引用的美国著名文化学专家克罗伯和克拉克洪的《文化：一个概念定义的考评》一书，书中共收集了 166 条文化的定义（162 条为英文定义）。对此，这里不能深究。

本文拟从金朝正统观念，制度及学术、文学、艺术、科技成就三个方面，列举一些事例，简要地谈谈金代文化的历史地位。

一 正统观念的确立及其在金朝和我国历史上的重要意义

由于华、夏、汉族发源于中原，因而古时称"中国"、中华、中州等，而把中国以外的民族和地区称作夷、戎、狄、蛮。华夷之别成了区分正统与僭伪的重要依据之一，这一观念被明显地反映到历代"正史"的修纂之中。在我国历史上，凡是民族斗争与融合的重要发展阶段，往往也是人们关于所谓华夷、正闰问题争论最为活跃并在理论上有所发展的时期。

金初太祖、太宗时期，称宋为"中国"，金朝自为正统的观念尚不明显，到熙宗、海陵时期，这一观念有了新的发展。海陵王反对重诸夏而轻夷狄，以及在域内区分正统与僭伪的正统论。这种华夷平等的主张，固然同他的政治雄心相联系，为其统一江南制造舆论，但不可否认，他对传统观念的否定和批判是符合历史发展大势的。世宗、章宗时期，金朝社会发展到了鼎盛阶段，统治者的正统观念也益形强烈。从章宗朝开始进行的金朝德运之议，标志金王朝正统观已在实践中逐渐确立和完善起来。经过一些学人的阐释，使之更具理论意义。元人修宋辽金三史时，几经争议，最后确定"各与正统，各系其年号"。

随着明朝汉族重新作为统治民族，主流正统观念又有所反复。如明人柯维骐《宋史新编·凡例》说:"宋接帝王正统,契丹、女真相继起西北,与宋抗衡。虽各建号,享国二百年,不过如西夏元昊之属,均为边夷。……元杨维桢闻修《三史》,作《正统辨》,谓辽、金不得与,斯足征脱脱等纂辑之谬矣。今会三史为一,而以宋为正,辽、金与宋之交聘交兵,及其卒其立,附载本纪,仍详君臣行事为传,列于外国,与西夏同,庶几《春秋》外夷狄之义云。"黄佐《宋史新编·序》也称:"宋旧史成于元至正己酉,脱脱为总裁,契丹、女真亦各为史,与宋并称帝,谓之宋、辽、金三史云。是时纂修者,大半虏人,以故是非不公,冠屦莫辨。"到了清人那里,他们的观点,又遭到驳难和摒弃。乾隆皇帝虽不承认辽金正统地位,但是他却反对那种"内中国而外夷狄"的"华夷之见"。乾隆年间编定的《四库全书总目提要》明确地肯定了金、元人的正统观,称赞脱脱修三史"其最有理者莫过于"将"辽金两朝各自为史而不用岛夷、索虏互相附录之例","元人三史并修,诚定论也"。同时,还猛烈抨击将辽金事迹并入宋史的王洙《宋史质》,说"自有史籍以来未有病狂丧心如此人者,其书可焚,其版可斧";批评柯维骐《宋史新编》以辽金置之外国,有悖公论,"大纲之谬如是",其书"亦不足道也"。[①] 尽管金、元时期所确立的正统观念曾经出现反复,但是辽金"各与正统"的大势已不能改变。

纵观历史上正统之争的历史,大抵是在汉族为统治民族建立的朝代里,要"严华夷之分"的主张往往居统治地位;反之,在非汉族为统治民族的朝代里,淡化或反对以华夷之别而区分正统与非正统的观念,则占主导地位。历朝统治者都把它作为维护自己统治的依据。金朝统治者把中原王朝的正统理论批判

---

① 《四库全书总目提要》卷五〇《史部·别史类存目》,中华书局1987年版。

地接受过来，继承和发挥了以前那种否定和淡化华夷之别、区域之分的主张，形成同其他朝代相比，既有共性又有本朝特点的正统观念。这一观念的确立，对推进金代各民族融合，推动北方文化发展以及对后世、特别是元清两代产生了一定的影响。金代在中华民族多元一体格局形成的实践与理论上，向前迈进了一大步。①

二　金朝在制度上的传承和创新

金源一代，在诸多制度上，既有对以往的承袭，又有所发展，并对后世产生了很大影响。主要反映在以下几个方面：

第一，金朝官制，既承袭了中原汉制的某些传统，又非一如汉制，而是有所保留和变通。

从三省制到一省制。隋、唐时期，专制集权中央政体趋于完备，建立起以皇帝为中心的三省六部制。三省为中书省、门下省、尚书省。中书决策，门下审核，尚书执行。三省长官具有宰相之职，形成三省分工明确，又相互牵制的机制。尚书省下辖吏、户、礼、兵、刑、工六部。金初实行汉官制度以前，没有宰辅制度。熙宗改革官制，正式确立三省制度，由三师领三省事，相当于宰相。海陵王正隆元年（1156年），罢中书省、门下省，止置尚书省，改三省为一省，尚书省成为金朝中央行政中枢机构。金朝官制对元朝有很大影响，元朝也是一省制，与金朝不同的是它以中书省为最高政务机关，六部为其所属。

行台、行省之设，在我国政区建置史上具有重要意义。金初，承袭唐制，置行台尚书省，海陵王即位后，为了加强中央集

---

① 见宋德金《正统观与金代文化》，《历史研究》1990年第1期。

权，罢行台尚书省。金朝中期，地方遇有大事，仍遣重臣前往处置，行尚书省事，或称行省于某处。及至晚期，金朝统治内外交困，往往派宰臣出镇诸路，或以宰相职衔授予地方官，仍称行省。金初行台省建制本为中央尚书省的临时派出机构，一俟事务处理完毕，即行撤除。但是到了后期，行省逐渐成了经常置于地方的军政机构。金代行省的设置，为后来的元朝继承和发展，正式形成行省制度，成为地方最高行政机构，并为后世所沿用。金代行省的设置，在中国行政制度史上具有重要意义。

第二，金朝立法，在法制史上占有重要地位。

章宗在位期间，"正礼乐，修刑法，定官制，典章文物粲然成一代治规"①。明昌元年（1190年），章宗命设置详定所，专门审定律、令。曾在《宋刑统》基础上修成《明昌律义》和《敕条》，因一时尚不完善，又命人重修新律。泰和元年十二月，一部新律——《泰和律义》修成，于次年（1202年）正式颁行。《泰和律义》篇名与《唐律》相同，它是以《唐律》为蓝本，结合金朝具体情况略有损益，修订而成。《泰和律义》的制定与颁行，标志金朝法制发展到了完备的阶段，在我国法制史上占有重要地位。泰和律不仅行于当世，而且对后代也有影响。据《元史·刑志》载，蒙古国时期"未有法守，百司断理狱讼，循用金律"。世祖（忽必烈）至元八年（1271年）十一月，在建国号大元时，才禁行泰和律。至元二十八年，忽必烈颁行《至元新格》，以后又出现《大元通制》，至此，元代法典基本定型，而《大元通制》承袭了唐、宋、金法典的基本精神，其编纂体系是从唐、宋、金诸朝法典演变而来的。②

---

① 《金史》卷一二《章宗纪四》，中华书局1997年版。
② 见黄时鉴点校《通制条格》，浙江古籍出版社1986年版，第1—3页。

第三，金朝科举制度，在中国考试史上具有承前启后的作用。

科举制度始于隋，盛于唐，金朝则"合辽宋之法而润色之"①，使科举制得以延续和发展。特别是金朝与辽朝只准汉人参加科举考试而禁止契丹人应试不同，专门设置了女真进士科，这是我国科举制度史上的一大创举。这一举措对后世元、清产生了影响。元代科举分左右榜：蒙古人、色目人作一榜，称右榜；汉人、南人作一榜，称左榜。蒙古人、色目人比汉人、南人考取容易，而及第后授官却高。清代有宗室科和八旗（翻译）科，它们分别是专为宗室子弟及八旗子弟特设的。这应和金代女真进士科具有渊源关系。

第四，金朝户籍与人口的统计、管理制度相当完备。

户籍制度与人口统计是征发赋役的保障和依据，历来统治者对此都很重视，金朝的户籍制度尤为完备。《金史·食货志一》记载：男女均按年龄段区分为黄（男女2岁以下）、小（15岁以下）、中（16岁）、丁（17岁）、老（60岁），进行登记；户籍统计和上报程序；户籍管理的基层组织。户籍和人口的统计管理制度之详尽，是其他朝代所少见的。②

---

① 李世弼：《登科记序》，《金文最》卷四五，中华书局1990年版。

② 何炳棣说：在此前后还没有哪一部正史能提供"这样记载官方按年龄分组的规定、登记城乡军民的机构、从最基层的县以下单位上报中央有关部门的程序和期限等方面更精确的材料"。（见何炳棣著《1368—1953年照顾人口研究》，上海古籍出版社1989年版，第309页）《剑桥中国辽西夏金元史》也说："一件不可思议且颇具有讽刺意味的事，就是在《金史》这部被堪称为"半野蛮人"国家的官修史书中，却比绝大部分汉族王朝的史书中保存了远远更为清晰的有关人口控制和人口普查制度的材料。即使像宋朝，尽管如我们所知，也有很丰富的统计数字，但却没有按年龄段统计的精确数据，也没有类似的人口登记政策（见中国社会科学出版社1998年版，第320页）。笔者在《中国历史·金史》第六章《户籍与人口》中引用了何炳棣的论断。不过，《宋刑统》卷一二《户婚律》载有按年龄段划分的规定："诸男女三岁以下为黄，十五以下为小，二十以下为中。其男年二十一为丁，六十为老。"

第五，北京作为我国政治中心地位的确立与巩固，对后世影响尤为重大。

清人称"自古帝王建都之地多且久莫如关中，今则燕京而已"①，而这一转变是从金朝开始的。海陵王完颜亮于公元1153年从金上京（今黑龙江阿城）迁都燕京（今北京），改称中都，遂成为金朝的政治中心。后来元、明、清均以这里为都城。北京作为我国政治中心的地位是从金朝开始确立和巩固起来的。②

三 金代在学术、文学、艺术、科学技术方面的成就

金代在语言文字、文学、艺术及自然科学、医学等方面都取得了很大成就。如女真人创造女真大小字，为丰富祖国的语言文字作出了贡献；汉语语言学出版了几部对后世颇有影响的著作；文学既延续了宋代文学的传统，又形成本朝特色，并且出现了元好问等杰出的文学家；金代俗文学成就更是不容忽视；艺术中的书法、绘画等，也达到相当高的水平；天文、历算、数学和医学等领域也有很大发展。此外，全真、大道、太一等新道教，特别是全真教的产生与发展，对当时和后来都有很大影响。

这方面的内容很多，非本文所能容纳，以下列举几个事例，略作说明。

汉语音韵学

我国古人写诗、填词、作曲，在一定时期里大体上都有一个

---

① 姜宸英：《日下旧闻·序》，于敏中等编纂《日下旧闻考》卷一六〇，北京古籍出版社1983年版。

② 见宋德金《金中都的历史地位》，收入《辽金论稿》，湖北教育出版社2005年版。

共同的用韵标准，就是各种韵书。唐、北宋有隋代陆法言编的《切韵》一书。金、南宋时期，流行所谓"平水韵"。先后有金代王文郁的《平水新刊韵略》（1229年）和张天锡的《草书韵会》（1231年），都分106韵；南宋刘渊《壬子新刊礼部韵略》（1252年），分107韵，已佚。后来流行的平水韵就是王文郁的《平水新刊韵略》。明初曾修《洪武正韵》，但不能取代平水韵。清代康熙间又编纂《佩文韵府》和《佩文诗韵》，都是沿用平水韵，分为106部。由此可见金人平水韵的影响之大。

对后世具有重大影响的韵书，出现在宋金时期的平水，并非偶然。平水，金代属平阳府（治今山西临汾），在金宋战争期间，不当要冲，具备了发展经济、文化的条件。许多书坊集中于此，出版业发达，所印之书颇为精良，称"平水版"。平水所在的晋南地区，戏曲繁荣，更有传统。那位创制诸宫调的孔三传就是北宋泽州（治今山西晋城）人，泽州距平水不远。宋金元时期，晋南一带民间戏曲十分繁荣，至今那里还留下许多金元戏台的遗存。据山西戏曲史研究者说，现存金元戏台都在山西。[①] 戏曲的唱词是讲究韵律的，宋金时期平水韵的出现，正是适应了那里戏曲繁荣的客观需要。

俗文学

金代朝野流行说话、诸宫调、连厢词等俗文学，特别是诸宫调尤其值得重视。

诸宫调，又称诸般品调。据说首创于生活在北宋神宗、哲宗、徽宗时期的孔三传。诸宫调是有说有唱、以唱为主的表演形式，属于曲艺的一种。由两人表演，一人说唱，一人

[①] 见冯俊杰等编著《山西戏曲碑刻辑考》，中华书局2002年版，第5页。

伴奏。诸宫调的歌唱部分由若干不同宫调组成,故称"诸宫调"。金代流传下来的本子有《刘知远诸宫调》残本,发现于西夏黑水城遗址,约为金代初年作品。董解元《西厢记诸宫调》是仅存的一部完整的诸宫调,是作者根据唐元稹《会真记》重新创作的,描写张君瑞与莺莺的爱情故事,以"君瑞莺莺,美满团圆,还都上任"为结局。后世对《董西厢》的评价极高,如,明胡应麟说:"《西厢记》虽出唐人《莺莺传》,实本金董解元,董曲今尚行世,精工巧丽,备极才情,而字字本色,言言古意,当是古今传奇鼻祖,金人一代文献尽此矣。然其曲乃优人弦索弹唱者,非搬演杂剧也。"① 明张羽《古本董解元西厢记序》说:"(《董西厢》)辞最古雅,为后世北曲之祖,迨元关汉卿、王实甫诸名家者莫不宗焉。盖金元立国并在幽燕之区,去河洛不遥,而音韵近之,故当此之时,北曲大行于世犹唐之有诗,宋之有词,各擅一时之圣,其势使然也。"②

除《刘知远诸宫调》、《西厢记诸宫调》之外,金代诸宫调还有《董西厢》开场中提到的《崔韬逢雌虎》、《郑子遇妖狐》、《井底引银瓶》、《双女夺夫》、《离魂倩女》、《谒浆崔护》、《双渐赶苏卿》、《柳毅传书》等③,可惜都已失传。

宋金诸宫调的流行,不仅丰富了宋、金的民间文化生活,而且它的最大贡献在于直接推动了元杂剧的兴起。王国维《宋元戏曲史》、郑振铎《中国俗文学史》、周贻白《中国戏剧史长编》等,对此有精辟的论述。元杂剧的曲调、剧目有相当数量源自诸

---

① 《少室山房笔丛》卷四一,上海书店出版社2001年版。
② 《古本董解元西厢记》,上海古籍出版社影印1984年版。
③ 原作《双渐豫章城》,考见杨家骆撰《新补金史艺文志》,台湾国防研究院出版部。

宫调。郑振铎说："元杂剧是承受了宋、金诸宫调的全般的体裁的，不仅在支支节节的几点而已；祇除了元杂剧是迈开足步在舞台上搬演，而诸宫调却是坐（或立）而弹唱的一点的不同。我们简直的可以说，如果没有宋、金的诸宫调，时间便也不会出现着元杂剧的一种特殊的文体的。这大约不会是过度的夸大的话罢。"① 这个评价是不过分的。

不仅如此，金代对元杂剧兴起的贡献，还表现在金元之际有的作家直接参与了杂剧创作。王国维把元杂剧的发展分为三个时期：一、蒙古时代，自太宗取中原以后，至至元一统之初。二、一统时代，自至元后至至顺间。三、至正时代。其中，"以第一期之作者为最盛，其著作存者亦多，元剧之杰作，大抵出于此期中。"② 而此期中，有多位剧作家如关汉卿（有《拜月亭》、《望江亭》、《救风尘》、《窦娥冤》等）、白朴（有《秋夜梧桐雨》、《墙头马上》）等都是由金入元的。可考者，还有杨显之（有《潇湘夜雨》、《风雪酷寒亭》），与关汉卿莫逆交；石子章（有《竹屋听琴》），与元好问同时；石君宝（1192—1276，有《秋胡戏妻》、《曲江池》等）；也是由金入元的。

金代后期，俗谣俚曲颇为流行，它推动了元代散曲的兴起。刘祁《归潜志》卷一三说："夫诗者，本发乎喜怒哀乐之情，如使人读之无所感动，非诗也。予观后世诗人之诗，皆穷极辞藻，牵引学问，诚美矣，然读之不能动人，则亦何贵哉！故尝与亡友王飞伯言：唐以前诗，在诗；至宋则多在长短句；今之诗，在俗间俚曲也，如所谓源土令之类。"③ 文学史家在论及元代散曲的

---

① 《中国俗文学史》，作家出版社1957年版，第154页。
② 见《宋元戏曲史》，东方出版社1996年版，第76—77页。
③ 中华书局1983年版。

兴起时，虽然由于缺乏文献，难以确考，但大都认为它产生于民间的俗谣俚曲则是无疑的。宋金元时期，北方少数民族如契丹、女真、蒙古相继入据中原，他们带来的胡曲番乐与汉族地区原有的音乐相结合，出现一种新的乐曲，就是散曲。因此，金代俗谣俚曲是元代散曲的渊源之一。

数学

关于天元术的发明，标志着金、元数学的飞跃发展。

天元术是解算高次方程的方法，流行于金元。金末人李冶（字仁卿）撰《测圆海镜》12卷和《益古演段》3卷，是迄今见到的最早的系统论述天元术的著作。两书成书时间已是金亡之后的蒙元时期，前者为1248年，后者为1259年。

在李冶撰写两书之前，我国北方流传有关于推算勾股形容圆（直角三角形的内接圆）、解算方程的著作。据两书序判断，李冶是吸收当时同类著作写成的。金元之际有关天元术的其他著作，都已失传。这很可能因为李冶两书是当时同类著作的集大成者，一经出世，便取代他书，得以流传下来。李冶在这两书中，用问答方式，阐述了天元术的解法。其方法是用"元"字表示未知数（如同近代数学中设 X 为未知数），"太"字表示常数，依据所给的数据列出两个数量相等的方程，两者相减，一端为零，然后进行解算。

金元之际天元术的发明以及李冶有关天元术的论述，在我国数学发展史上占有重要地位，受到历代学者的重视。清人阮元在评价《测圆海镜》时说："是书所列一百七十问，反复研究，考之于二千年以来相传之《五曹》、《孙子》诸经，盖无以逾其精深，又证之以数万里而外译撰之《同文算指》诸编，实不足拟其神妙，而后知立天元者，自古算家之秘术，而海镜者，中土数学之宝书也。"① 元人在评论李冶的另一部著作《益古演段》时说，该书与《测圆海镜》"同出一源，致密纤悉，备而不繁，参考互见，真学者之指南也。"②

医学

金代名医辈出，形成了不同的学派，对后世中医学的发展有很大影响。在金代众多医家中，以刘完素、张子和、张元素、李杲等人的成就最为卓著。刘完素、张子和、李杲及元人朱震亨世称金元四大家。我国医学在唐宋以前本无派别之争，金代形成了河间和易水两个不同派别的学术争鸣，极大地推动了我国古代医学的发展。

河间学派的创始人刘完素（1110—1200），字守真。平生著述甚多，有《素问玄机原病式》、《宣明论方》、《素问要旨论》、《素问病机气宜保命集》、《伤寒直格》、《伤寒标本心法类萃》、《三消论》等。刘完素在临床实践中利用他独创的辛凉解表和泻热养阴为主的治疗方法，治愈了许多流行热病患者，说明其理论是行之有效的。他的学说改变了魏晋以来墨守成规的局面，推动了金元之际的医学学术论争，并为后来明清的温热学派奠定了基础，对祖国医学作出了卓越的贡献。

关于刘完素的中医理论和实践的贡献，还可以从一件小事中体现出来。今年，有一套名为"刘太医系列"的医书，在北京十分畅销。作者刘弘章、刘浡父子，自称是刘完素第33代、34代后裔，明朝永乐太医刘纯第24代、25代后裔。封面宣传词是"刘氏祖传配方＋故事"。刘氏父子是否刘完素的后裔，我们无

---

① 《重刻测圆海镜细草序》、《测圆海镜细草》，"丛书集成"本。
② 砚坚：《益古演段序》、《益古演段》，"丛书集成"本。

从考证，但就 800 年后，仍有人以刘完素做招牌这一点来说，就足以反映出刘完素在中医学界的崇高地位。

金代文化从"金初未有文字"，到中后期"一代制作，能自树立唐、宋之间"①，其发展是相当迅速的。对金代文化的历史地位，从金末到元清，都有较高的评价。

元好问说金源"典章法度几及汉唐"②。他还在许多诗文中将金代文学置于唐、辽、宋文学的发展中加以考察。如《闲闲公墓铭》即是一例。文章开篇便纵论唐、五代、辽、宋"文之兴废"，至金代蔡珪，"唐宋文派，乃得正传"③，又列举党怀英、王庭筠、周昂、杨云翼、李纯甫、雷渊、赵秉文等，从而肯定了金代文学在文学史上承前启后的历史地位。

元人修《金史》称："金用武得国，无以异于辽，而一代制作能自树立唐、宋之间，有非辽世所及，以文而不以武也。"④郝经高度评价金代文学集大成者元好问的诗歌成就，说："（元好问诗）上薄风雅，中规李、杜，粹然一出于正，直配苏、黄。"⑤将元好问诗同上自《诗经》，中到李白、杜甫，下及苏轼、黄庭坚等相提并论，这本身就是对元好问诗也是对金代文学的最高评价。

明人有关金代文化的评论，如前述，集中在《董西厢》诸宫调对元杂剧、北曲的形成与发展的贡献，如胡应麟称《董西厢》"当是古今传奇鼻祖"⑥。

---

① 《金史》卷六三《文艺传·序》。
② 《金史》卷一二六本传。
③ 《遗山集》卷一七，"四部丛刊"本。
④ 《金史》卷一二五《文艺传上》。
⑤ 郝经：《遗山先生墓铭》，《陵川集》卷三五，文渊阁"四库全书"本。
⑥ 《少室山房笔丛》卷四一。

及至清代，满族作为女真的后裔，清人对金代文化更加关注。庄仲方《金文雅》序说："元好问以宏衍博大之才，足以上继唐宋而下启元明……迹其文章雄浑挺拔，或轶南宋诸家。"郭元钎说："大定明昌承平底定，文治之胜，不减于他代。"① 有人在谈到金代文化对元代影响时说："世多以金偏安一隅，又国祚稍促，遂谓其文不及宋元，不知有元一代文章皆自金源启之。"② 还有人说："元遗山诗精深老健，魄力沉雄，直接李杜，上下千古能并驾者寥寥。"③ 赵翼说："金代文物远胜辽元。"④ 等等。

由上可见，金代文化在我国历史上的重要地位是值得深入研究和不容忽视的。

(2007 年 8 月)

---

① 《全金诗·序》，文渊阁"四库全书"本。
② 谭宗浚：《金文最·序》。
③ 李调元：《雨村诗话》卷下。
④ 《廿二史札记》卷二〇，上海书店 1990 年版。

金中都的历史地位

公元1153年（金贞元元年），海陵王完颜亮将金朝都城从女真故地——上京（今黑龙江阿城）迁往燕京（辽南京，今北京），改称中都，至今已经850周年。完颜亮迁都中都，揭开了北京历史的新篇章，以后元明清相继建都于此。今天的北京，是从1153年开始成为北部中国、进而成为全中国政治、文化中心的。建都中都在金源一代乃至中国历史上都具有重要意义。①

一 金朝正统观念的体现

金朝建立之初，虽然受到汉族士人及汉化了的其他族士人的影响，但毕竟诸事草创，女真统治者尚未形成以当时整个中国正

---

① 关于金中都研究，较早的文章有周耿《金中都考》（1953年4月18日《光明日报》）、朱偰《八百年前的北京伟大建筑金中都宫殿图考》（《文物参考资料》1957年第7期）、阎文儒《金中都》（《文物》1959年第9期）。近十多年，有于杰、于光度著《金中都》（北京出版社1989年版），是关于金中都研究的第一本专著；周峰著《完颜亮评传》（民族出版社2002年版）有相当篇幅论述金中都。

统自居的观念，金称南宋为南朝，为中国。熙宗时，金朝在政治制度、道德观念、生活习俗等方面出现汉化趋势。至海陵王时，女真统治者已经有了明确以本朝为正统的观念；而把都城从金源"内地"迁往燕京，改称中都，就是在这一观念指导下的具体实践。

海陵王迁都之前，天德二年（1150年）金朝廷围绕迁都问题曾展开一场激烈的争论。内侍梁汉臣力主迁都，他说："燕京自古霸国，虎视中原，为万世之基，陛下可修燕京大内，时复巡幸，使中原之民帝都矣。"① 而礼部尚书萧玉则坚决反对，他说："上都之地，我国旺气，况是根本，何可弃之？"兵部侍郎何卜年支持迁都，他说："燕京地广土坚，人物蕃息，乃礼义之所，郎主可迁都。北番上都，黄沙之地，非帝居也。"与此同时，内外臣僚也纷纷上书，"多谓上京僻在一隅，转漕艰而民不便，惟燕京乃天地中，宜徙都燕以应之"，"与主意合"。于是决定迁都。② 海陵王迁都诏说："顾此析津之分，实惟舆地之中，参稽师言，肇建都邑。……燕京本列国之名，今为京师，不当以为称号，燕京可为中都。"③ 可见"燕京乃天地之中的观念"在海陵王迁都决策中起了关键性作用。后来，正隆元年（1156年）海陵王下诏修复汴京（今河南开封）大内，拟再次迁都。诏书说："君临万国，属从朔地，爰出幽都。犹跼蹐于一隅，非光宅于中……大梁天下之都会，阴阳之正中，朕惟变通之数，其可违乎？"④ 海陵王还多次说过：

---

① 《炀王江上录》，《三朝北盟会编》炎兴下帙一四三，上海古籍出版社1987年版。

② 宇文懋昭撰，崔文印校证：《大金国志校证》卷一三《海陵炀王上》，中华书局1986年版。

③ 李心传：《建炎以来系年要录》卷一六四，绍兴二十三年三月，中华书局1988年版。

④ 《大金国志校证》卷一四《海陵炀王中》。

"自古帝王混一天下,然后可以为正统。"① "天下一家,然后可以为正统。"② 海陵王迁都燕京及后来拟迁汴京,都是出于这种要"居天下之正""合天下于一"的观念。③

金中都的确立及一系列典章制度的制定,标志金朝以正统自居,不仅在观念上而且在实践中已逐步形成。金中都是金朝确立本朝正统观念的具体表现。

二 城市布局和管理:从坊市向街巷的过渡

我国中古的都市布局和管理采用坊市制度,就是把都市分为坊(住宅区)和市(商业区)。如唐代长安皇城南有36坊,每坊有东西两门;其他72坊,各有东西南北四门。坊内除了联络四门的道路外,还有若干条道路。坊的周围,除坊门外,建有围墙,只有经过准许的高官才可设置朝向大街的私门。长安有东、西两市。④ 市的四周筑以城垣,称作阛;四面各开一门,称作阓。人们在规定的时间于其中进行交易。

从唐中叶以后,这种坊市制度已渐趋废弛。北宋汴京的坊制,到北宋末年已经完全崩溃;市制也随着坊制的崩溃而瓦解,交易的时间和场所都已不受什么限制,商业街代替了旧时商业区的市。汴京市容形成了坊市合一的格局。⑤ 北宋汴京的变迁,即从坊市向街巷过渡,在我国城市发展史上具有承前启后的作用。

---

① 脱脱等:《金史》卷八四《耨盌温敦思忠传》,中华书局1975年版。
② 《金史》卷一二九《李通传》,中华书局1997年版。
③ 见宋德金《正统观与金代文化》,《历史研究》1990年第1期。
④ 见宋敏求《长安志》卷一;《旧唐书》卷三八《地理志》,中华书局1997年版。
⑤ 加藤繁:《中国经济史考证》第1卷,商务印书馆1959年版,第261—269页;周宝珠《宋代东京开封府》,《河南师大学报》增刊,1984年版,第39—40页。

与北宋大体同时的辽南京（今北京）沿袭唐代幽州制度，亦有坊有市，共 26 坊，其名称有的仍用唐幽州旧名。路振《乘轺录》载："城中凡二十六坊，坊有门楼，大署其额，有蓟宾、肃慎、卢龙等坊，并唐时旧坊名也。"①"城北有市，陆海百货，聚于其中。"② 金朝初年，燕京扩建之前，仍是如此。《宣和乙巳奉使金国行程录》载："城北有三市，陆海百货萃于其中。"③

金中都是在辽南京旧城基础上依仿北宋汴京制度改建扩建而成的，其规制保留和具有辽南京、宋汴京的某些特点。据《元一统志》载，元大都之旧城（即金中都）"西南、西北一隅，坊门之名四十有二"，"东南、东北二隅旧坊门之名二十"，凡六十二。④ 金中都的坊与市已不像唐长安、辽南京那样截然分开。有的坊可能已不设城垣，而且出现许多开设"门肆"的街巷。

到了元代，街巷在城市布局及交通、商业活动中心已占有重要地位。《析津志》载，大都"街制"："大街二十四步阔，小街十二步阔。三百八十四火巷，二十九衕通。衕通二字本方言。"⑤ 火巷为大街；衕通，即胡同，为小巷。

金中都城市布局大致同汴京一样，处于从封闭的坊市制度向开放的街巷制的过渡阶段，在我国城市史上具有承前启后的作用。

---

① 江少虞：《宋朝事实类苑》卷七七《安边御寇》，上海古籍出版社 1981 年版。
② 叶隆礼：《契丹国志》卷二二《四京本末》，上海古籍出版社 1985 年版。
③ 赵永春编注：《奉使辽金行程录》，吉林文史出版社 1985 年版，第 49 页。
④ 赵万里校辑：《元一统志》上册，中华书局 1966 年版，第 6 页；于敏中等编纂：《日下旧闻考》第 2 册，北京古籍出版社 1983 年版，第 592—593 页。
⑤ 熊梦祥：《析津志辑佚》，北京古籍出版社 1983 年版，第 4—5 页。

三　北京成为北方中国乃至全国政治文化中心的开端

清人说："自古帝王建都之地多且久莫如关中，今择燕京而已。"① 而燕京就是金中都开始成为正式帝王之都的。此前，北京虽为辽南京，但毕竟只是陪都，而非辽朝政治、文化中心。

金朝自海陵王迁燕后，历朝统治者都把它视为京都的首选。金世宗时梁襄说："燕都地处雄要，北倚山险，南压区夏，若坐堂隍，俯视庭宇，本地所生，人马勇劲，亡辽虽小，止以得燕故能控制南北，坐致宋币。燕盖京都之首选也。"② 反映了金人对燕都形胜的认识。此后，燕为"京都之首选"已成不刊之论。元世祖忽必烈取得汗位之初，蒙古族的政治中心在开平（今内蒙古正蓝旗境内），后称上都。至元元年（1264 年）改燕京为中都，四年（1267 年）开始在金中都旧址东北营建新城。九年（1272 年）改中都为大都，并定为元朝京都。元朝以燕为都城，同样是看中了其优越的地理位置。忽必烈在潜邸时，其先锋元帅霸突鲁（又作霸都鲁）就对他说："幽燕之地，龙蟠虎踞，形势雄伟，南控江淮，北连朔漠。且天子必居中以受四方朝觐。大王果欲经营天下，驻跸之所，非燕不可。"③ 元末明初的陶宗仪也称赞说："〔燕京〕右拥太行，左注沧海，抚中原，正南面，枕居庸，奠朔方……壮哉帝居，择此天府。"④ 明太祖称帝之初，曾欲建都于元故都，后因臣僚力谏而止，都于南京。到成祖永乐

---

① 姜宸英：《日下旧闻考·序》，《日下旧闻考》第 8 册，第 2575 页。
② 《金史》卷九六《梁襄传》。
③ 宋濂等：《元史》卷一一九《霸突鲁传》，中华书局 1997 年版。
④ 《南村辍耕录》卷二一《宫阙制度》，中华书局 1980 年版。

元年（1403年）把他做燕王时的封地北京府改为顺天府，建北京（今北京），十八年（1420年）决定迁都北京，诏书说："眷兹北京，实为都会。地势雄伟，山川巩固，四方万国，道里适均。"①次年，正式迁都北京，改称京师。明人几乎完全承袭了金元对燕的评价："京师古幽燕之地，左环沧海，右拥太行，北枕居庸，南襟河济，诚所谓天府之国也。我成祖文皇帝迁都于此地，以统万邦，而抚四夷，为万世不拔之鸿基。"②明清之际的孙承泽纂《天府广记》卷一"形胜"条也有近似的论述，称京师"诚万古帝王之都"③明崇祯十七年（1644年），李自成推翻明政权。清太宗皇太极之子福临在多尔衮主持下，率清兵入关，定鼎燕京，颁即位诏，改元顺治。清定都北京的原因，与金元明大体相同。

金中都的确立，不仅在北京发展史上是一个重大历史转折，同时也改变了此前历朝都城多在关中和中原（狭义）的历史。关中的咸阳（在今陕西）为秦都；长安（今陕西西安）先后为西汉、新、东汉、西晋、前赵、前秦、后秦、西魏、北周、隋、唐都。中原的洛阳先后为东汉、三国魏、西晋、北魏、隋、武周、五代唐都。金迁都中都以后，历朝以此为都城的主要原因，在于其地理位置优于关中和中原，所谓"洛不如关，关不如蓟……守天下必以蓟"④。历代论北京形胜，基本没有超出金人所言。由此可见海陵王从上京迁往中都确是明智而正确的选择。

---

① 孙承泽：《天府广记》卷一，北京古籍出版社1982年版。
② 张爵：《京师五城坊巷胡同集·序》，北京古籍出版社1983年版。
③ 北京古籍出版社1982年版，上册，第9页。
④ 刘侗、于奕正：《帝京景物略·叙》，北京古籍出版社1980年版。

四 各民族共同缔造中华文明的见证

金中都从多方面体现和见证了各民族共同缔造中华文明的这一事实。下面仅以宫殿建筑、制度、文化等为例略作说明。

（一）宫殿建筑

见诸文献记录的参与金中都宫殿建筑设计和监护施工者有：张浩，辽阳渤海人。天德三年（1151年），"广燕京城，营建宫室"，张浩"与燕京留守刘筈、大名尹卢彦伦监护工作"。刘筈，大兴宛平人。卢彦伦，临潢人，曾仕辽。梁汉臣、孔彦舟为修燕京大内正、副使。梁是内官，孔彦舟本为宋相州林虑人，曾仕宋。苏保衡，云中天成人，父为辽进士。"天德间，缮治中都"，苏保衡"分督工役"。瞿永固，中都良乡人，宋进士，曾"分护燕京宫室役事"。刘枢，通周三河人。张浩营建燕京宫室，选刘枢"分治工役"。韩锡，其先渔阳人，曾"领燕都营缮"。李石，辽阳渤海人。先世仕辽，海陵营建燕京宫室，李石"护役皇城端门"。蔡松年，其父蔡靖于宋宣和末守燕山，降金后，松年遂为真定人，参与修筑燕京宫室。[①] 这些参与金中都设计和监护施工者，有汉人、渤海人，至于工匠则应从属更多的民族，他们共同营建了金中都。由于他们具有不同仕宦经历和文化背景，也会把辽宋文化成分融入中都的建筑之中。

金中都宫室总体设计是仿照北宋都城汴京制度。张棣《金

[①] 以上依次见《金史》卷八三《张浩传》、卷七八《刘筈传》、卷七五《卢彦伦传》、《三朝北盟会编》炎兴下帙一四三、《金史》卷七九《孔彦舟传》、卷八九《苏保衡传》、《瞿永固传》、卷一〇五《刘枢传》、卷九七《韩锡传》、卷八六《李石传》、卷一二五《蔡松年传》和《建炎以来系年要录》卷一六一。

房图经》载：在修建之前，海陵王即"遣画工写京师（指汴京）宫室制度，至于阔狭修短，曲尽其数，授之左相张浩辈，按图以修之"①。周煇《北辕录》也载："北宫营缮之制""取则东京"（汴京）。②因此，金中都宫城布局、甚至名称多有与汴京相同或近似之处。宫殿的主要殿堂呈"工"字形，是汴京开始出现的建筑形式③，金中都也大致如此。两都宫门都有左右掖门、拱宸门等；汴京有东华门、西华门，中都则有宣华门、玉华门，等等。

海陵王修建金中都时，还"择汴京窗户刻镂工巧以往"④，就是把汴京宫殿中的某些构件拆卸下来，直接用于中都宫殿建筑。甚至将北宋宫里的摆件、饰物移置于中都宫中。楼钥《北行日录》载，中宫"幕帏以珍珠结网，或云皆本朝（宋）故物"，"榻后照屏画龙如本朝"⑤。

当然就其规模和繁盛程度，金中都都尚无法与汴京相比，以至有宋人认为金中都殿屋"崛起处甚多，制度不经"，"强效华风……而终不近似"⑥。很难说这种议论没有偏见。金朝毕竟是把汉族传统宫殿建筑模式引进到了北方。金章宗《宫中》诗云："五云金碧拱朝霞，楼阁峥嵘帝子家。三十六宫帘尽卷，东风无处不飞花。"⑦周煇《北辕录》称中都宫殿"日色晖映，楼观翚飞，图画莫克摹写"⑧。金中都自海陵王迁此到宣宗迁

---

① 《三朝北盟会编》炎兴下帙一四四。
② 《古今说海》，巴蜀书社1988年版。
③ 程子良等主编：《开封城市史》，社会科学文献出版社1993年版，第52页。
④ 周密：《癸辛杂识·别集上》"燕用"条，中华书局1988年版。
⑤ 赵永春编注：《奉使辽金行程录》，第262—263页。
⑥ 范成大：《揽辔录》，《奉使辽金行程录》，第281页。
⑦ 刘祁：《归潜志》卷一，中华书局1983年版。
⑧ 《奉使辽金行程录》，第315页。

汴，经历六十多年的营建修缮，"宫阙雄丽，为古今冠"①，已相当壮丽可观了。

（二）制度

海陵王迁燕后，明显地加快了金朝全面推行汉制的过程，促进了中国传统文化的传播和民族的融合。仅举与金中都相关的例子说明。

1. 宗庙、陵寝、仪卫

金朝依仿汉制，建立帝王宗庙、陵寝制度，以表达尊祖与孝道。女真本无宗庙，祭祀也不讲究。灭辽后，采纳汉人大臣的建议，建立宗庙，但制度极其简略。海陵王迁燕次年，在宫城之南建太庙（衍庆宫）与原庙，始行禘祫之礼。所谓禘祫，系上古天子诸侯宗庙祭祀之礼。集合高祖之父以上的神主祭于太庙，高祖以下分祭于本庙。三年丧毕之次年一禘，此后三年一禘五年一祫。禘于夏，祫于秋。② 金制，禘祫之礼，分别于四月和冬十月。③

金初，女真亦无正规山陵制度，帝王死后葬于护国林，仪制草创。海陵王迁燕第三年（1155年）以大房山云峰寺为山陵，建行宫其麓。④ "以奉安太祖旻、太宗晟、父德宗干，其余各随昭穆序焉"⑤。此后，金朝皇帝除特殊情况外，均建于此。所谓"各随昭穆序焉"，系源自中原汉族上古宗法制度。《周礼·春官·小宗伯》云："辨庙祧之昭穆。"郑玄注曰："父曰昭，子曰

---

① 《大金国志校证》卷二五。
② 见《公羊传·文公二年》、《通典》卷四九"袷禘上"。
③ 见张棣《金虏图经》，宇文懋昭《大金国志》，崔文印校证本，下册，附录二，中华书局1986年版。
④ 见《金史》卷五《海陵纪》。
⑤ 张棣：《金虏图经》。

穆。"宗庙次序,始祖居中,以下父子(祖、父)递为昭穆。左为昭,右为穆。子孙祭祀时,也按此次序行祭。

体现君主威严的仪卫制度,也参照汉制建立起来。"至亮徙燕,知中国威仪之尊,护从悉具","大率制度与中国(中原)等"①。

2. 学校

金朝承唐宋制度,建立中央与地方官学。在中都置国子监,下隶国子学于太学。地方置府州县学。大定间,又于中都创建女真国子学和女真太学,在中国教育史上开创了建立民族学校的先河,对后来元清都有影响。②

庙学兴盛是金代学校教育的一个特点。庙学,就是"即学为庙"。隋唐以来,大兴州县学,并建孔子庙,"自是郡邑之有学有庙遍天下"③,"虽荒服郡县皆有学,学必立庙"④。宋金承袭唐制。如宋元丰间,"徐公爽以己俸置庙学房廊,施于学以赡学者,厥后值宋季兵火,厥学被爇"。金朝天眷间,又在故基之上重建庙学。⑤ 又,宋崇宁二年(1103年),命郡县建学。京兆府依"湖州规制"建成庙学。后"罹兵革,残毁几尽",金正隆二年(1157年)重建京兆庙学。⑥ 金代庙学制度,大体仿效北宋,多"取汴庠规制,而更造作"⑦。

---

① 张棣:《金虏图经》。
② 见宋德金《金代的学校考试和诠选考试》,《中国考试史专题论文集》,高等教育出版社1999年版。
③ 张令臣:《保德州重建庙学碑》(泰和三年),《金文最》卷七八,中华书局1990年版。
④ 段成己:《河中府重修庙学碑》,《金文最》卷八四。
⑤ 王遵古:《庙学碑阴》(大定二十一年),《金文最》卷六九。
⑥ 李栗:《京兆府重修府学碑》(正隆二年),《金文最》卷六七。
⑦ 赵秉文:《郏县文庙创建讲堂记》(泰和八年),《金文最》卷二七。

金中都作为首善之区，在学校教育方面有承前启后的作用。燕都建学，唐以前已不可考。自唐咸通（860—874年）中始立学舍。辽道宗清宁元年（1056年）十二月于京都设学养士。金世宗大定十六年（1176年），诏京府设学养士千人。元马祖常《重建大兴府孔子庙碑》载："辽金燕为都邑，故尝用天子学制，选举升造，与南国角立，亦一时之盛也。"入元后，立国子学，"因故庙为京学"，并重建大兴府庙学。① 庙学自唐宋已有之，到金元时期更为兴盛。

3. 科举

金朝于太宗时始行科举考试，使科举制度得以延续和发展。海陵王天德间始行殿试，改三级考试为四级考试。特别是大定间创设女真进士科，十三年（1173年）在中都悯忠寺举行首场考试，是为女真进士考试之始。这一举措对后世元清的科举制度产生了影响。

4. 职官

金代职官制度对以往汉制既有继承，又有变通。海陵王正隆元年（1156年），对金初实行的"大率皆辽宋之旧"的三省制进行变革，罢中书门下省，止置尚书省，奠定了金源一代官制。②

金中都以其在地方行政建置中的特殊地位，它的一些机构设置有其更为重要的意义。《金史》卷五七《百官志三》载：金朝于中都及诸京设警巡院，"掌平理狱讼、警察别（疑作"所"）部"。标志金代已初步建立了警察系统。③ 又如，"中都流泉务"系官办质典库（当铺），其设置缘起是因当时民间质典利息"重

---

① 《元文类》卷一九，文渊阁"四库全书"本。
② 见《金史》卷五五《百官志一》。
③ 见于杰、于光度《金中都》第172页；李锡厚、白滨《中国政治制度通史》第7卷，人民出版社1996年版，第288页。

者至五七分，或以利为本，小民苦之"。为改变这种状况，于大定十三年（1173年）创设官办质典库，称"流泉务"，"十中取一为息，以助官吏廪给费"，借以便民。流泉务还制定了一套完善的管理办法，对如何计息、下架、亡失赔偿等都有具体规定。① 对古代典当业的发展具有重要意义。

从以上所举数例中，不难看出金中都若干制度的承上启下作用。

（三）文化

金代文化具有多方面的成就和特点。如中国传统文化在北方得到进一步推广和传播；金代在文化、戏曲、绘画、书法以及医学、历法、数学等方面，都有值得称道的成就；金代文化具有北方诸民族所共有的质朴、雄健的特点，等等。从金末以迄元清，对此都有很高的评价。如金元之际的元好问说：金源"典章法度几及汉唐"②。元人修《金史》称："金用武得国，无异于辽，而一代制作能自树立唐、宋之间，有非辽所及，以文而不以武也。"③ 清赵翼说："金代文物远胜辽元。"④ 郭元釪说："大定明昌承平底定，文治为盛，不减于他代。"⑤ 晚清人在论及金代文化对后代影响时说："世多以金偏安一隅，又国祚稍促，遂谓其文化不及宋元，不知有元一代文章皆自金源启之。"⑥ 从以上评论足见金代文化有其不容忽视的历史地位。

以上有关金代文化的总体评论，对于金朝文化中心的中都来

---

① 《金史》卷五七《百官志三》。
② 《金史》卷一二六《元好问传》。
③ 《金史》卷一二五《文艺传上》。
④ 《廿二史札记》卷二八，中国书店1990年版。
⑤ 《全金诗·序》，文渊阁"四库全书"本。
⑥ 谭宗浚：《金文最·序》。

说，也是恰当的。在金中都文化中，戏曲与方言最能体现各民族共同缔造中华文明及其对后世所产生的巨大影响。元杂剧的形成和发展与金朝戏曲活动中心——金中都有密切的关系。就表演艺术说，金院本是元杂剧的主要来源之一。《南村辍耕录》卷二五"院本名目"载："金有院本、杂剧、诸宫调。院本、杂剧其实一也。国朝（元朝）院本、杂剧始厘而二之。"就作者说，金元之际中都、大都的作者占有较大比例。王国维将元杂剧的发展分为三期，第一期是太宗窝阔台取中原到至元统一之初，即金末元初，是元杂剧发展最盛的时期，其杰作皆出于这个时期，剧目流传下来者也最多。在元杂剧作者76人中，北人61，南人15。而北人之中，河北、山东、山西者42人；其中大都19人，且此42人中，其十分之九为第一期杂剧家。可见大都是元杂剧的主要渊源地。①

以《董解元西厢记》（以下简称《董西厢》）为代表的诸宫调对元杂剧的形成与发展具有更直接的影响。

诸宫调是一种有说有唱、以唱为主的曲艺形式，相传为北宋孔三传所创。② 诸宫调在金代得到广泛的流传。现在所能见到的完整的诸宫调仅有《董西厢》。关于董解元，只知他是金章宗时人，不能确知《董西厢》与金中都的关系。然而，金中都、元大都是金元戏剧活动中心，《董西厢》对元杂剧的形成，特别是对出生于金元之际中都、大都的杂剧作家，如关汉卿、王实甫等有重大影响。明张羽说："西厢记者，金董解元所著也。辞最古雅，为后世北曲之祖。迨元关汉卿、王实甫诸名家者莫不宗焉。盖金元立国并在幽燕之区，去河洛不遥而音韵近之，故当此之

---

① 《王国维学术随笔》，社会科学文献出版社2002年版，第192—193页；《宋元戏曲史》，东方出版社1993年版，第78—79页。
② 见孟元老《东京梦华录》卷五"京瓦伎艺"、灌圃耐得翁《都城纪胜》卷八五"瓦舍众伎"，《东京梦华录》（外四种），文化艺术出版社1998年版。

时，北曲大行于世，犹唐之有诗、宋之有词，各擅一时之圣，其势使然也。"① 因此，可将《董西厢》视为反映，"幽燕之区"即中都一带特点与风格的作品。

《董西厢》的语言运用受到许多研究者的推崇。认为它把诗词和俗曲、方言融合到一起，丰富多彩，变化万千。一方面，古典诗词得到了通俗化；另一方面，民间的口语被加工提炼为优美的诗歌语言，运用得又极其准确精当。②

《董西厢》中的许多语汇至今仍频繁地出现在北京话中。以下举例说明之。

1. 日价，或作镇日价：价，语助词，又作"家"。每天，经常的意思。如卷一："每日价疏散不曾着家。"卷七："镇日家耽酒迷花。"③

现代北京口语有"整日价"，意思相同。如 20 世纪 30 年张寒晖作词作曲的著名流亡歌曲《松花江上》，有"整日价在关内流浪"句。

2. 芦提，也是作"葫芦蹄""葫芦题"：迷迷糊糊、糊里糊涂的意思。如卷一："一夜葫芦提闹到晓。"元杂剧中也常用。关汉卿《蝴蝶梦》："包待制爷爷，好葫芦提也。"④《窦娥冤》："念窦娥葫芦提。"

现代北京话、东北话有"胡刺巴梯"，形容糊涂和不知道的事情，其意与金元"葫芦提"相同。⑤

---

① 《古本董解元西厢记·序》，上海古籍出版社 1984 年版。
② 见凌景埏校注《董解元西厢记·前言》，人民文学出版社 1962 年版。
③ 凌景埏校注本，以下所引《董西厢》同。
④ 臧晋叔编：《元曲选》，中华书局 1989 年版。以下所引元杂剧《窦娥冤》《谢天香》《救风尘》《望江亭》同。《拜月亭》见隋树森编《元曲选外编》，中华书局 1992 年版。
⑤ 见金受申《北京话语汇》，商务印书馆 1961 年版，第 73 页。

3. 眼脑瓯抠：眼睛凹进，眼眶深陷。如卷二："生得眼脑瓯抠，人才猛浪。"

现代北京话、东北话有"抠偻"一词，指凹进的意思，称眼眶深陷为"抠偻眼儿"，即源于金元时"瓯抠"一词。①

4. 邓庞沦敦：形容人长得胖。如卷二："生得邓庞沦敦着大肚。"

现代北京话"圆滚轮敦"与其语意相同。②

5. 可怜见：表示同情的意思。如卷五："是俺咱可怜见你那里！"

现代北京话有此语汇，意思相同。

关汉卿，一般作元大都人。其出生年代约在13世纪20年代前后，其实也可称金中都人。他是一位活跃于市井、深入下层的伟大元杂剧作家，对于民间词汇十分熟悉，运用准确生动。关汉卿杂剧、散曲作品中有许多词汇在现代北京话中依然流行。以下举例说明之。

1. 忒，又作忒煞：太，甚，过甚的意思。如《谢天香》："只因他忒过当"。

现代北京话忒，又读 tui、tei，意思相同。

2. 顶真续麻，又作顶针续麻：也称"联珠"，是修辞学上的辞格之一，即用前文末字作后文首字。如《救风尘》："俺孩儿拆白道字，顶针续麻，无般不晓，无般不会。"

近代以来，顶针续麻成为北京曲艺品种——相声的一种表现形式，其含义与金元相同。

3. 撺掇，怂恿别人办某件事，是宋金元时期流行的俗语。

---

① 同上书，第91—92页。
② 同上书，第40页。

如《窦娥冤》:"则被这雾锁云埋,撺掇的鬼魂快"。

现代北京话"撺掇"意思相同。

4. 个月期程:大约一个月的时间。如《望江亭》:"我在这船只上,个月期程,也不曾梳篦的头。"

现代北京话、东北话都有"个月期程"词汇,意思与元杂剧相同。

5. 街坊:本指街巷、坊里,引申为邻居。如《拜月亭》:"难请街坊"。

现代北京话"街坊"一词意思相同。

6. 查查忽忽:形容人的行为冒失、夸张等。如《拜月亭》:"瞅的我两三番斜僻了新妆面,查查忽忽的上玳筵前。"

现代北京话、东北话有"喳喳忽忽",与此意思相同。

7. 斩眼:即眨眼。一瞬间,时间极短。如关汉卿散曲《双调·新水令》:"斩眼不觉得绿窗儿外月明却又早转。"[1]

现代北京话、东北话中都有"一眨眼""一眨眼工夫"语汇,与上引散曲中"斩眼"意思相同。

此外,现代北京话、东北话中还保留有源于女真语的词汇。如女真作家李直夫《虎头牌》杂剧:"只见他踏踏忽忽身子儿无些分寸。"据著名女真文学者金启孮说,踏踏忽忽是女真语用汉字写的音。[2] 又如,洇痕(读 elin),水痕的意思。女真语称水纹为"斡论",满语称"沃楞"。洇痕或许是由女真语音转而来的。[3]

于此可见,金元口语对后世北京话的影响之大。

---

[1] 《关汉卿散曲集》,上海古籍出版社1990年版,第41页。
[2] 见《沈水集》,内蒙古大学出版社1990年版,第141页。
[3] 见金受申《北京话语汇》,第49页。

五　结语

公元12世纪初，东北女真族建立金王朝后，在短短的十多年间灭辽克宋，并于建国后的第38年把统治中心从金源"内地"迁往燕京，改称中都。这是金都确立本朝正统观念的具体体现。迁燕后，不仅加强了金朝对中原地区的统治，推动了女真对中国传统文化的吸取与借鉴，同时也把女真文化带到幽燕，进而传到中原和西北。金中都地处中原汉族农耕文化圈与契丹、女真、蒙古等族的游牧、渔猎文化圈相交的地带，其京师地位的确立，极大地促进了各民族文化的交流与融合，加快了北部中国社会的发展。中都在作为金朝首都的六十多年间，是金王朝从发展走向鼎盛、实现"宇内小康"①的重要时期。

金中都的确立，在北京发展史上更具有里程碑意义，它不仅把中原都城建筑、宫阙制度引进到幽燕，而且此后成为历朝政治、文化中心，是中国和世界的著名古都。古都北京至今仍然焕发着青春，正在以惊人的速度向现代化世界大都会迈进。

2003年9月11日

（原载《辽金论稿》，湖北教育出版社2005年版）

---

① 《金史》卷一二《章宗纪四》。

金章宗简论

金章宗完颜璟（1168—1208）是金朝的第六代皇帝。在他和他的祖父世宗完颜雍统治时期里，金朝社会发展到了顶峰，并从明昌、承安间由盛转衰。章宗朝是金朝历史上的一个关键时期。历史唯物主义认为，在评价历史人物时，应当把他们放到整个社会的发展过程中进行考察。判断历史人物的功绩，要根据这些人比他们的前辈提供了哪些新的东西。根据这一原则，在评价章宗之前，对他所处的时代略作回顾。

从阿骨打建国到章宗即位时的七十多年时间里，金代社会发生了很大的变化。首先，是"灭辽举宋"，金朝的统治势力迅速从金源"内地"扩展到中原。其次，是实行一系列重大政治、经济改革，并于1153年将都城从上京（今黑龙江阿城）迁到中都（今北京），实现统治重心的南移，加速了女真汉化和封建化的进程。最后，金朝建国前后，北部中国的社会经济文化由于战乱所造成的残破状况，逐渐得到恢复，在某些方面还有所发展。

同时还要看到，金朝发展到中期，社会矛盾和问题也很多，如土地兼并问题严重，猛安谋克渐趋衰落，等等。此外，章宗即位时，还面临一些其他社会问题，如吏治上的任人太杂，吏权过重以及末作伤农，世俗侈靡，等等。从章宗与臣僚的对话以及诸臣奏议中说明章宗君臣已经注意到了这些问题。章宗即位之初，李晏提出十项建议，其中就有"风俗奢僭，宜定制度"，"禁游手"等。黄久约"以国富民贫，本轻末重，任人太杂，吏权太重，官盐价高，坊场害民，与夫选左右，择守令八事为献"①。对此，章宗都予采纳。明昌元年（1190年），户部尚书邓俨等曰："今风俗侈靡，宜定制度，辨上下，使服用居室，各有等差。抑昏丧过度之礼，禁追无名之费。用度有节，蓄积自广矣。"② 还有人指出，当时除商贾外，"又有佛老与他游食，浮费百倍，农岁不登，流殍相望，此末作伤农者多故也"③，等等。这些都反映了当时亟待解决的社会问题委实不少。

下面我们就来对章宗在金朝社会发展过程中所起的作用略作评述。

一　整饬吏治

当时在吏治方面存在着过分拘于资格，用人不重德行，官员调动频繁，接受馈赠等问题。章宗登极伊始，于大定二十九年（1189年）即以选举十事令尚书省定拟，以后又陆续作出了一些具体规定，力图减少吏治上存在的种种弊病，反映了他对整顿吏治的重视。

（一）减资考

循资之法，起于唐代，是一种按照年资升迁的制度。章宗说：

---

① 脱脱等：《金史》卷九六本传，中华书局1975年版。
② 《金史》卷九《章宗纪一》。
③ 《金史》卷四六《食货志一》。

"今之用人,太拘资历。"① 按规定,进士、军功最高,尚且初除丞簿,第五任县令升正七品,两任正七品升六品,三任六品升五品,两任从五品升正五品,正五品两任而后升刺史。这样,要四十余年的时间才能从丞簿升至刺史,其他资格出职者,所需时间更长。拘于资格之滞,于此可见。鉴于这一情况,章宗"令提刑司采访可用之才,减资考而用之,庶使可用者不至衰老"②。

(二) 荐贤才

章宗在选举十事中以古人举贤不避亲仇的故事,要求各级官员举贤荐能。规定官员到任之后,即可举自代者,令五品以上官"举自代以备交承"③,并"诏内外五品以上,岁举廉能官一员,不举者坐蔽贤罪"④。还规定随朝、外路长官,在其任内亦须举荐几人。⑤

(三) 立赏罚

为防止荐举人徇私枉法,立定赏罚条格,进贤受赏,进不肖有罚。明昌元年规定,"如所举碌碌无过人迹者,元举官依例治罪"⑥。

(四) 立考课法

泰和四年(1204年),规定考课法,依唐制作四善十七最之制⑦,作为对于在县令以下和节度判官、防御判官、军判以下官

---

① 《金史》卷九《章宗纪一》。
② 《金史》卷五四《选举志四》。
③ 同上。
④ 《金史》卷九《章宗纪一》。
⑤ 《金史》卷五四《选举志四》。
⑥ 同上。
⑦ 《金史》卷五五《百官志一》。

吏进行考课的标准。

（五）裁汰冗员

明昌三年（1192年），章宗说："前诏所谓罢不急之役、省无名之费、议冗官、决滞狱四事，其速行之。"①

此外，章宗对吏治上的其他时弊也相应采取了一些限制措施。如：

制止对官员的频繁调动。明昌四年（1193年），章宗针对尚书省大兴府推官苏德秀为礼部主事一事指出："朕既尝语卿，百官当使久于职。彼方任理官，复改户曹，寻又除礼部，人才岂能兼之。若久于职，但中材胜于新人，事既经练，亦必有济，后不可轻易改除。"②

扭转用人不重德行。章宗批评当时之察举，"皆先才而后德"，致使"巧猾之徒"见用，"此廉耻所以丧也"，以后"察举官吏，必审真伪，使有才无行者不能觊觎"③。

限制宰执、职官接受馈送。明昌元年（1190年），章宗谕尚书省，"宰执所以总持国家，不得受人馈遗。或遇佳辰，受所献毋过万钱"。"二年，禁职官元日、生辰受所属献遗，仍为主制。"④

章宗继世宗之绪余，整饬吏治，收到一定的社会效果，并且出现了一些贤相、循吏。如张万公于明昌二年拜参知政事，颇能体恤民情，"务安静少事以为治"，而且"淳厚刚正"，敢于犯颜直谏，批评章宗"用人邪正不分"，得到章宗的信任。⑤ 宰执、

---

① 《金史》卷九《章宗纪一》。
② 同上。
③ 同上。
④ 同上。
⑤ 同上。

臣属敢于犯颜直谏,并且得到君主的信任,这是君主政治清明的反映。《金史》卷一二八《循吏传》称,"世宗承海陵虐劫之余,休养生息,迄于明昌、承安之间,民物滋殖,循吏迭出焉。"

二 放免奴婢、二税户及确认封建土地租佃关系

章宗在位期间,在放免奴婢和二税户,确认土地租佃制等方面,实行一系列措施,加快了女真封建化的步伐。

(一) 释放奴婢

金朝奴婢的主要来源有:战争俘虏,犯罪籍没,因贫困而卖身或依附豪强为奴,等等。其中以战争俘虏所占比重较大。

金初,在同辽朝的战争中,将被掳来的大量契丹人、汉人等充为奴婢。灭辽时,"所得〔契丹〕妃嫔儿女,尽配诸军充赏"①。在对宋战争中,又有许多汉人沦为奴婢。《燕人麈》载,天会间,掠宋之"男妇不下二十万,能执工艺自食其力者,颇足自存,富戚子弟降为奴隶,执炊牧马皆非所长,无日不撄鞭挞"②。洪迈《容斋三笔》卷三"北狄俘虏之苦"条云:"自靖康之后,陷于金房者,帝子王孙、官门仕族之家尽没为奴婢,使供作务。"金朝中期,仍以战争中的一部分俘虏充为奴婢。除战争俘虏外,因籍没和卖身而为奴婢者也屡见不鲜。在《金史》中常有这方面的记载。如"庶民艰食,多依附豪族因为奴隶","以微直鬻身权贵之家者"、"因岁饥,流民典雇为奴婢者"、"饥

---

① 曹勋:《北狩见闻录》,"丛书集成初编"本。
② 见《靖康稗史笺证》,中华书局1988年版,第199页。

荒地并经契丹剽掠"而"质卖妻子者"，"海陵时大臣无辜被戮家属籍没者"①，等等。这些都反映了金朝因籍没和卖身而为奴婢者的存在。其中，金初的"卖身者"、"鬻身者"当是指辽朝遗留下来的，而后来则是指那些在金朝因籍没和卖身而为奴婢者。

金朝从建立初期起，就对战争俘虏以外的奴婢来源有所限制，到世宗、章宗朝，释放奴婢已成潮流。尤其是章宗时对释放奴婢采取了更为坚决的措施。章宗大定二十九年（1189年）二月，"诏宫籍监户旧系睿宗及大行皇帝、皇考之奴婢者，悉放为良"。明昌二年（1191年）二月，"更定奴诱良人法"②。章宗不仅释放以往的奴婢，而且制定限制奴婢来源的措施，这就使奴婢的解放有了较前更为有力的保证。

（二）放免二税户

二税户最早出现于辽朝。《中州集》卷二《李承旨晏》载："初，辽人掠夺中原人，及得奚、渤海诸国生口，分赐贵近或有功者，大至一二州，少亦数百，皆为奴婢，输租为官，且纳课给其主，谓之二税户。"《金史》卷四六《食货志一》载："初，辽人佞佛尤甚，多以良民赐诸寺，分其税一半输官，一半输寺，故谓之二税户。"可见辽代二税户的来源和隶属有两种情况，分别属于头下军州或寺院。金代二税户，从所见到的记载看，大都属于后一种情形，是寺院二税户。

对于二税户，世宗时即予以部分的放免。《金史》卷四六《食货志一》云，大定二年（1162年），"诏免二税户为民……

---

① 以上分见《金史》卷二、三、四、六、七，太祖、太宗、熙宗、世宗诸纪。
② 《金史》卷九《章宗纪一》。

辽亡,僧多匿其实,抑为贼,有援左证以告者,有司各执以闻,上素知其事,故特免之。"又,同书卷九六《李晏传》载:"初,锦州龙宫寺,辽主拨赐户民俾输税于寺,岁久皆以为奴,有欲诉者害之岛中,晏乃具奏:'在律,僧不杀生,况人命乎。辽以良民为二税户,此不道之甚也。今遇圣朝,乞尽释为良'。世宗纳其言,于是获免者六百余人。"

章宗即位后,继续颁布放免二税户的法令。《金史》卷四六《食货志一》载,章宗大定二十九年十一月,"上封事者言,乞放二税户为良","遣大兴府治中乌古孙仲和、侍御史范楫分括北京路及中都路二税户,凡无凭验,其主自言之者及通检而知之者,其税半输官、半输主,而有凭验者悉放为良"。《金史》卷九四《内族襄传》亦载:"章宗初即政,议罢僧道奴婢,太尉克宁奏曰:'此盖成俗日久,若遽更之,于人情不安。陛下如恶数多,宜严立法格,以防滥度,则自少矣。'襄曰:'出家之人安用仆隶?乞不问从初如何所得,悉放为良。若寺观物力元系奴婢之数推定者,并合除免。'诏从襄言。由是二税户多为良者。"据《金史》卷四六《食货志一》载,明昌元年六月,北京等路所免二税户,凡1700余户,13900余口,"此后为良为驱,皆从已断为定"。章宗放免二税户的规模与数量较世宗时要大得多,彻底得多。

(三) 确认封建租佃关系

女真固有的土地制度称为"牛头地"制。自从太宗、熙宗之际开始,女真从"内地"大量迁往汉地,"与百姓杂处"。熙宗皇统五年(1145年)起,始行计口授田之制,"计其户口,给以官田,使自播种以充口食"①。世宗、章宗时期租佃制

---

① 宇文懋昭:《大金国志》卷三六《屯田》,中华书局1986年版。

的普遍使用标志女真封建化的深入和最后完成。

金朝中期以来，猛安谋克户纷纷改用封建租佃经营方式，将土地租赁给汉人，从中收取地租。世宗时多次发布诏令，使其自耕。大定二十一年（1181年）世宗谓宰臣曰："山东、大名等路猛安谋克户之民，往往骄纵，不亲稼穑，不令家人农作，尽令汉人佃莳，取租而已。……当委官阅实户数，计口授地，必令自耕，力不赡者方许佃于人。"他又说："自今皆令阅实各户人力，可耨几顷亩，必使自耕耘之，其力果不及者，方许租赁。"①

章宗时，封建租佃关系进一步发展，明昌元年敕当军人所受田，止令自种，力不足者许人承佃。泰和四年（1204年）九月，"定制，所拨地土十里内自种之数，每丁四十亩，续进丁同此，余者许令便宜租赁及两和分种"②。这些诏令都反映了封建租佃关系的普遍发展和章宗对这一社会变动的认可。

释放奴婢，放免二税户，承认封建租佃关系，虽然并非始自章宗朝，但是章宗在对待这些关系重大的社会问题上，都采取了适应社会发展趋势的积极措施，而且较之以前更为坚决和得力，这是应予肯定的。

三 "正礼乐，修刑法，定官制"

金朝自熙宗、海陵时开始，接受中原王朝影响，在礼乐、刑法、官制等方面实行重大改革，到章宗时，礼乐、刑法、官制等得到进一步的完善。

---

① 《金史》卷四七《食货志二》。
② 同上。

(一) 正礼乐

世宗时即命官参校唐宋故典沿革，开"详定所"以议礼，设"详校所"以审乐，至明昌初编纂成书，凡400卷，名曰《金纂修杂录》，"凡事物名数，支分派引，珠贯棋布，井然有序，炳然如丹"①。明昌六年（1195年），礼部尚书张晞等进《大金集礼》，书中自尊号、册谥以及祠祀、朝会、燕飨等仪，粲然悉备，条理分明。

金朝从熙宗时，始用宋乐，到大定明昌之际，"日修月葺，粲然大备"。明昌五年（1194年）章宗诏用唐宋故事，置所，讲议礼乐。②

(二) 修刑法

金初法制简易，没有轻重贵贱之别，而且是刑、赎并行。熙宗时，兼采隋唐之制，参照辽宋之法，编成《皇统制》，海陵时对刑法作了较大的改革，正隆间颁布《续降制书》，与《皇统制》并行。世宗即位后，以海陵《续降制书》过于苛察，且与《皇统制》并行，"是非混乱，莫知所从"，遂命人参照历朝刑法重行修订，以皇统、正隆之制及大定《军前权宜条理》、《后续行条理》删繁补阙，制定《大定重修条理》颁行。章宗即位后，因当时所行的制、律混淆，遂置详定所，审定律令。诸篇编定之后，又命中都路转运使王寂、大理卿董师中等重校。明昌五年，以知大兴府事庞古鉴、御史中丞董师中等为覆定官，重修新律。泰和元年（1201年），修成新律12篇，其篇名与唐律相同，不

---

① 《金史》卷二八《礼志一》。
② 《金史》卷三九《乐志上》。

过根据金朝的具体情况，有所增损，这就是著名的《泰和律》。

（三）定官制

金朝的官制，基本上是海陵时确定下来的，到章宗朝，对官署设置、员数等，进行了许多调整。此外，还设置铺递及虎符之制，便于中央同地方的联系以及朝廷对军队的统一调动，加强了中央对地方及朝廷对军队的控制。

由于章宗在位时"正礼乐，修刑法，定官制"，使得金朝政治制度更臻完备。

四　抵制鞑靼的侵扰和南宋的北伐

明昌初，金朝北方鞑靼的广吉剌、阻䪁等部不断向南侵扰，五年（1194年），章宗敕尚书省集百官议备边事，次年派左丞相夹谷清臣行尚书省事于临潢府，清臣令部下以轻骑八千在前，自选精兵一万殿后，攻打北阻䪁，掳获大批羊马资物，清臣并遣人"责其赕罚"，令北阻䪁以财赎罪，北阻䪁遂大肆侵掠而去。清臣"虽屡获捷而贪小利，遂致北鄙不宁者数岁，天下尤之"[1]。于是章宗改派内族襄代替夹谷清臣职务。襄代替清臣之后，金朝又发生胡里纥及契丹族德寿、陁锁的起义，襄招降起义之后，屯兵北京，并派宗浩出军泰州，请左丞衡于抚州行枢密院，自率兵出临潢。为保证北方安定，用步卒穿壕筑障，起临潢左界北京路以为阻塞。西北、西南路也穿壕筑塞。不久，宗浩于泰州与广吉剌、阻䪁接战，并筑壕垒守戍，"自是北陲遂定"[2]。

---

[1]《金史》卷九四《夹古清臣传》。
[2]《金史》卷九四《内族襄传》。

金朝南边则有南宋韩侂胄发动的北伐。章宗朝大致与南宋光宗朝和宁宗朝前期同时。宁宗时，外戚韩侂胄用事，欲乘金与鞑靼兵连祸结、国势日弱之际，重启边衅。开禧元年（1205年）宋兵几次进入金境，二年宋廷正式下诏北伐。章宗遂命平章仆散揆、右副元帅完颜匡防御宋兵。章宗以南北和好四十余年，不欲与南宋开战，并对南宋贺正旦使陈景俊说："大定初，世宗皇帝许宋世为侄国，朕遵守遗法，和好至今。岂意尔国屡有盗贼犯我边境，以此遣大臣宣抚河南军民。及得尔国有司公移，称已罢黜边臣……朕……遂罢宣抚司。未几，盗贼甚于前日。比来群臣屡以尔国渝盟为言，朕惟和好岁久，委曲涵容，恐侄宋皇帝或未详知。……卿等归国，当以朕意具言之汝主。"① 然而陈景俊回到南宋后，右丞相陈自强戒陈景俊不准奏告宁宗，南宋继续北伐。由韩侂胄发动的这场毫无准备的北伐，屡屡受挫。礼部侍郎史弥远请诛韩侂胄。泰和七年（1207年），金宋议和，条件是改叔侄为伯侄之国，宋增岁币为30万两匹，犒军钱300万两，南宋用韩侂胄函首以赎淮南地。八年，金宋和议成，宋献韩侂胄，苏师旦函首至金元帅府。章宗遂命罢兵，开禧北伐以南宋失败而告终。

章宗在位时，有效地抵制了来自北方鞑靼之广吉剌，阻䪁等部的侵扰以及南方的南宋的北伐，再次实现了与南宋的和议，这对于当时整个中国社会的发展，具有积极的意义。

五　促进汉文化的传播

章宗在某些方面同世宗一样，提倡保持女真旧俗和民族特

---

① 《金史》卷一二《章宗纪四》。

点，规定女真人不得以姓氏译为汉字，让女真人进士及第后仍试以骑射，敕女真人不得学南人装束等。但是，章宗在有些方面还实行了一些促进汉文化传播的措施，而且他本人也是金源一代汉化程度最高的皇帝。

章宗除了在上述正礼乐、修刑法、定官制的过程中明显受到中原王朝的影响之外，章宗即位之初，便命学士院进呈汉唐便民事，并诏有司稽考典故，许引宋事。提倡尊孔读经和封建道德。诏诸郡邑修复文宣王庙。明昌三年（1192年），增修曲阜宣圣庙毕，章宗令大文学家党怀英撰写碑文，并亲行释奠之礼，又诏臣庶名字要回避孔子之名。章宗提倡士人读经，"必使通治《论语》、《孟子》，涵养器度"，以"知教化之原"①。还设置弘文院，译写经书。章宗倡导汉人的传统封建伦理道德，褒奖孝子节妇，提倡孝悌廉耻，擢用孝义之人，斥责释道之流不拜父母亲属，"败害风俗，莫此为甚"②。明昌二年，学士院所进唐杜甫、韩愈、刘禹锡、杜牧、贾岛、王建、宋王禹称、欧阳修、王安石、苏轼、张耒、秦观等集26部③，反映了章宗对中原唐宋文化的重视。

章宗于泰和二年（1202年）更定德运为土德。四年，诏定合祭前代帝王，除对三皇、五帝、四王行三年一祭之礼外，对夏太康、殷太甲、太戊、武丁、周成王、康王、宣王、汉高祖、文、武、宣、光武、明帝、章帝，唐高祖、文皇十七君一并致祭。④反映了章宗已把金王朝视为承绪中原王朝的"正统"，体现了他对汉文化的继承。

---

① 《金史》卷九《章宗纪一》。
② 以上见《金史》卷九、一〇《章宗纪一、二》。
③ 《金史》卷九《章宗纪一》。
④ 《金史》卷一二《章宗纪四》。

章宗本人则是金朝汉化程度最高的皇帝。章宗自幼天资聪慧，在学习女真语言文字的同时，学习汉字经书，为他以后掌握汉文化打下了良好的基础。他"属文为学，崇尚儒雅"。他的汉文诗词多有可称者。比如，《宫中》绝句云："五云金碧拱朝霞，楼阁峥嵘帝子家。三十六宫簾尽卷，东风无处不扬花。"《翰林待制朱澜侍夜饮》诗云："夜饮何所乐，所乐无喧哗。三杯淡醖醁，一曲冷琵琶。坐久香成穗，夜深灯欲花。陶陶复陶陶，醉乡岂有涯？"①《游仰山》诗云："参差云影几千重，高山云鬟迥不同。金色界中兜率景，碧莲花里梵王宫。鹤惊清露三更月，虎啸疏林万壑风。试拂花牋为摹写，诗成任适自非工。"② 都颇有意境。章宗知音律。《南村辍耕录》卷二七"燕南芝菴先生唱论"条云："帝王知音者五人：唐玄宗、后唐庄宗、南唐后主、宋徽宗、金章宗。"章宗还擅长书法。据陶宗仪《书史会要》、周密《癸辛杂识》续集卷下和丰坊《书诀》等载，章宗的书法专师宋徽宗瘦金体，十分逼真。他喜好收藏字画、文物。明人陈继儒《太平清话》卷一云："金章宗幸蓬莱院内宴时，所陈玉器及诸玩好盈前，视其篆识，多南宋宣和物。"章宗每好为其父允恭所作之画及宫中所藏名画题签。汤垕《画鉴》云："金显宗，章宗父也，画墨竹俗恶，章宗每题其签。"周密《云烟过眼录》续集云："宣和、明昌二帝题签：法书用墨，名画用泥金。明昌七印：其一曰内府葫芦印，其二曰群玉秘府，其三曰明昌珍玩，其四曰明昌御览，其五曰御府宝绘，其六曰明昌中秘，其七曰御府。"要之，章宗对于汉文化的多方面爱好和修养，并不亚于中原的汉族帝王，可见其汉化程度之深。

---

① 以上见刘祁《归潜志》卷一，中华书局 1983 年版。
② 《永乐大典》四六五四天字引《元一统志》。

六　章宗弊政与金朝的由盛转衰

章宗在位二十年,"承世宗治平日久,宇内小康"①,人口增殖很快,从大定二十七年(1187年)的6789449户、44705086口,增加到泰和七年(1207年)的7864438户、45816079口,是金朝版籍极盛的一年。② 反映了章宗继世宗之后所取得的积极的社会效果。

然而,物极必反。金朝于章宗后期开始从强盛的顶峰衰落下去。究其原因,既有外部的,也有内部的,既有客观上的,也有主观上的。

章宗时期,虽然金朝抵御住了广吉剌、阻䩞的侵扰,并以有利的结局实现与南宋的和议,但是在防御南北骚扰及战争中毕竟消耗不少人力和物力。这时金朝社会内部的猛安谋克逐渐堕落,失去了以往的尚武精神。此外,水旱天灾,也使农业经济遭受很大的破坏。这些都是导致金朝由盛转衰的因素。

我们这里要着重分析的是章宗在这一过程中起了怎样的作用。

首先,章宗沿袭世宗的某些弊政,加深了金朝的社会矛盾。

章宗整顿吏治虽有收效,但是不能对它估计过高,吏治上的弊病,依然很严重。有些改革吏治的诏令,并没有得到认真的贯彻实施。所谓"四善十七最"之法,从颁布以来"几为徒设"③。特别是章宗后期,还出现了一些新问题。许多官吏办事效率极低,"弛慢,迁延苟简,习以成弊。职官多以吉善求名,计得自安",甚至玩忽职守,"徇情卖法"④。泰和间,"郡县以贪黩相尚,莫能

---

① 《金史》卷一二《章宗纪四》。
② 《金史》卷四六《食货志一》。
③ 《金史》卷五四《选举志四》。
④ 《金史》卷一〇《章宗纪二》。

畏戢"①,"吏治衰矣"②。

由于金朝中期以后,入仕途径繁多,官员人数激增,而素质极差。泰和元年(1201年),太府监孙复言:"方今在仕者三万七千余员,而门廕补叙居三分之二,诸司待阙,动至累年。盖以补廕猥多,流品混淆,本末相牾,至于进纳之人,既无劳绩,又非科第,而亦廕及子孙,无所分别,欲流之清,必澄其源。"③六七年后,至泰和七年(1207年),在任官又由37000余员增至47000余员,三倍于大定之时。④

继续实行通检推排和拘括土地。世宗初年,承海陵师旅之余,"民之贫富变更,赋役不均",遂"分路通检天下物力而差定之,以革前弊,俾元元无不均之叹"⑤。由于土地兼并日趋剧烈,实行拘括土地,授给猛安谋克。然而通检推排和拘括土地的收效甚微,没有达到预期的目的。加之胥吏在实施过程中作弊,所以没有给贫困者带来什么好处。章宗继续推行通检推排和括地措施,在实行通检推排的过程中,"期迫事繁,难得其实",再加上承办者草率从事,"有司奉行灭裂","临时冗并,卒难详审"⑥,所以没有收到实效。括地的结果也不妙,没能抑制住土地兼并的加剧,以致造成"屯田军户多冒名增口,以请官地,及包取民田,而民有空输税赋、虚抱物力者"⑦。"腴田沃壤尽入势家,瘠恶者乃付贫户。无益于军,而民则有损。"⑧ 章宗时的

---

① 《金史》卷一二《章宗纪四》。
② 《金史》卷一二八《循吏传》。
③ 《金史》卷一一《章宗纪三》。
④ 《续文献通考》卷五一《职官考一》,上海商务印书馆影印本。
⑤ 《金史》卷四六《食货志一》。
⑥ 同上。
⑦ 《金史》卷四七《食货志二》。
⑧ 《金史》卷一〇七《高汝砺传》。

一些弊政，使金朝的社会矛盾加深了。

其次，严厉控制宗室，激化了内部的矛盾。

章宗即位后，为了巩固其统治地位，一方面大封宗室；而另一方面却加紧对诸王、宗室，大姓的控制，严加防范，"制强族大姓不得与所属官吏交往，违者有罪"①，"制诸王任外路者许游猎五日，过此禁之，仍令戒约人从"②。明昌四年（1193 年），郑王永蹈以谋反罪被杀，其妃卞玉，二子按春、阿辛，公主长乐亦遭株连赐死。接着，章宗又因镐王永中"以语言得罪"，"素有妄想之心"而将其处死，其子神徒门、阿离合懑等一并弃市。永中子孙自明昌至正大末，竟被禁锢几四十年。永中、永蹈之诛以后，章宗愈发加紧了对诸王的防范，"以傅府尉控制王家；苛问严密，门户出入皆有籍"③。

再次，嬖宠干政，加剧了上层统治集团的离析。

章宗的元妃李师儿于大定末以监户女子入宫，因"能作字，知文义，尤善伺候颜色，迎合旨意"④，深得章宗宠幸。钦怀皇后死后，章宗欲立李师儿为后，诸大臣以李氏出身微贱而坚决反对，章宗不得已，进封李师儿为元妃。李师儿虽非皇后，"而势位熏赫，与皇后侔矣"⑤。经童出身的胥持国擅干权术，知李师儿出身卑微，得幸于章宗，便交结李氏，李师儿也想借外廷之力来巩固自己的地位，因此与胥持国互为表里，管擅朝政。章宗诛郑王永蹈、镐王永中事，就是起于李妃、胥持国。当时民间有"经童作相，监婢为妃"之谚，便是指斥李、胥狼狈为奸，干预朝政。胥持国还与一些趋炎附势之徒结成党羽，有孙复亨等十人

---

① 《金史》卷九《章宗纪一》。
② 同上。
③ 《金史》卷一三《卫绍王纪》。
④ 《金史》卷六四《后妃传下》。
⑤ 同上。

趋走胥持国门下，被当时人戏称为"胥门十哲"①。

最后，传授非人，加速了金朝由盛转衰的进程。

章宗无子，诸叔兄弟多在，章宗皆不肯立，而偏偏选中了"柔弱鲜智能"的卫王永济作为自己的继承人。当然，金朝在章宗时达到了强盛的顶峰，从此走上下坡路，这个总的趋势是难以改变的，但是章宗的继承者如能有所作为，至少可以延缓这一过程。以柔弱无能著称的永济继位之后，蒙古国的成吉思汗鄙夷地说："我谓中原皇帝是天上人做，此等庸懦亦为之耶！"② 从此便加紧了伐金的准备。

七　关于章宗传说的说明

关于章宗所出，在南宋流行着一些传说。周密《癸辛杂识续集》云："金章宗之母，乃宋徽宗某公主之女也，故章宗凡嗜好书札，悉效宣和，字画尤为逼真。"云云。是章宗为徽宗外孙女之子。《大金国志》卷一九《章宗皇帝上》则云："〔章宗〕母赵氏，即故降授千牛卫将军郓王楷之幼女。"据《宋史》卷二四六《宗室传三》，郓王赵楷为徽宗第三子，《宋俘记》称楷为次子。是章宗为赵楷的女儿之子，即赵楷之外孙，徽宗孙女之子。

关于上述传说，已有学者指出其不确。如陶晋生《女真史论》说："南宋说章宗是徽宗之女所生（引者按：据上引《癸辛杂识》和《大金国志》，是传说章宗为徽宗外孙女或孙女所生），不确。"因为"金代直至世宗时代，都以女真皇后所生之子为嫡。虽然海陵王之母为大氏，世宗之母李氏，但是两人得位都不

---

① 《金史》卷一二九《胥持国传》。
② 宋濂等：《元史》卷一《太祖纪》，中华书局1976年版。

是正常的继承。"① 这里再作些补充说明。以上传说之不确，除了因为金代以女真皇后所生之子为嫡外，还在于这些传说无法在《大金国志》的其他纪传中找到内证，并且均为元人修《金史》时所不取。然而《金史》、《宋史》等有关记载，却十分清楚，互相吻合，金章宗确系徒单氏所生。

《金史》卷九《章宗纪一》载：

〔章宗〕讳璟，小字麻达葛，显宗嫡子也。母曰孝懿皇后徒单氏。大定八年，世宗幸金莲川，秋七月丙戌，次冰井，上生。

《金史》卷六四《后妃传下》云：

显宗孝懿皇后，徒单氏……父贞尚辽王宗干女梁国公主。……〔大定〕八年七月……皇孙生，是为章宗。时上（世宗）幸金莲川，次冰井。……明昌二年，〔徒单氏〕崩于隆庆宫，年四十五，谥曰孝懿，祔裕陵。

《金史》卷一三二《徒单贞传》载：

贞娶辽王宗干女……章宗即位，尊母皇太子妃为皇太后，追封贞为太尉梁国公，贞妻梁国夫人……无何……贞进封梁国公主。

《宋史》卷三六《光宗纪》也明确记载：

---

① 台北食货出版社1981年版，第93页。

〔绍熙二年，即明昌二年，春正月〕辛酉，金主母徒单氏殂。

据以上记载，章宗系徒单贞之女所生无疑。

历史上对于有某些相似之处的帝王，常常会附会出一些传说来。比如，宋徽宗与南唐李后主皆擅风骚，而且都因国破被掳，于是传说宋神宗幸秘书省，阅李后主像，"见其人物俨雅，再三叹讶"，而徽宗生。所以徽宗"文彩风流"，过李后主百倍。① 还有传说宋徽宗乃李后主后身。② 等等。这与章宗传说虽然不同，却有类似的性质。

八 结语

章宗同他以前的几个有作为的金朝皇帝相比，其开拓局面，革新进取精神，不如太祖阿骨打和海陵王完颜亮；在改革与守成上，他更多地继承了世宗的施政方针。虽然总的来说，他不及世宗，但是也有超过世宗的地方。比如关于释放奴婢，放免二税户和确认封建土地租佃关系方面的措施，较世宗来得更为彻底、有力。章宗对于在女真族中和北方传播汉文化方面的功效，不亚于世宗。章宗本人的汉文化修养，则更远非世宗所比。章宗在其统治期间，延续和发展了世宗的"治迹"。历来评价章宗，也多将他同世宗连言并举。金人赵秉文说："大定、明昌间朝廷清明，天下无事。"③ 元好问说：

---

① 张端义：《贵耳集》卷中，"丛书集成初编"本。
② 邵玄同：《雪舟脞语》，见《说郛》卷五七。
③ 《尚书左丞相张公神道碑》，《闲闲老人滏水文集》卷一二，"石莲盦九金人集"本。

"大定、明昌间文治为盛,教养既久,人物辈出。"①并有诗云:"神功圣德三千牍,大定明昌五十年。"②刘祁说:世宗善守成,故大定三十年几致太平,议者以为有汉,文景之风,"此所以基明昌、承安之盛也"③。元人、清人也大抵如此评论。元人修的《金史》本纪称"章宗在位二十年,承世宗治平日久,宇内小康"。清人张金吾《金文最序》云,"大定明昌投戈止马,治化休明"。等等。

在金朝历史上,章宗是继太祖、海陵、世宗之后,而且也是最后一个比较有作为的皇帝。章宗与他同时的南宋皇帝光宗、宁宗相比,更不逊色。史称光宗"绍熙(光宗年号)初政,宜若可取",但是后来"政治日昏","乾、淳(乾道、淳熙,其父孝宗年号)之业衰矣"④。宁宗朝,韩侂胄用事,"内储群奸,至指正人为邪,正学为伪,外挑强邻,流毒淮甸。频岁兵败,乃函侂胄之首,行成于金,国体亏矣"⑤。他们都不及章宗。

总之,金章宗在位二十年间,他在整顿吏治、发展封建生产关系,完善封建统治制度和意识形态,抵御南北侵扰,传播汉族先进文明等方面,顺应社会历史发展的大趋势,起了积极的作用。章宗后期的种种弊政,又使金朝社会固有的各种矛盾加剧,导致金朝由盛转衰。尽管如此,章宗同金朝历史上的皇帝和当时的南宋皇帝相比,都不失为一个较有作为的皇帝。

(原载《民族研究》1988年第4期)

---

① 《嘉议大夫陕西东路转运使刚敏王公神道碑铭》,《遗山先生文集》卷一八,"四部丛刊"本。
② 《甲午除夜》,《遗山先生文集》卷八。
③ 刘祁:《归潜志》卷一二,中华书局1983年版。
④ 脱脱等:《宋史》卷三六《光宗纪》。
⑤ 《宋史》卷四〇《宁宗纪四》。

金代科举制度研究

金承唐辽宋制度，于太宗天会初年始行科举考试。在实施过程中，既兼采唐辽宋之法，又有所变通和创新，并对后世产生很大影响，在我国科举考试史上具有承前启后的作用。

一 科举考试的确立与发展

（一）金代行科举的历史背景与首科时间

金朝建立之初，诸事草创，"未遑礼乐之事"①，也无暇顾及科举取士。太宗天会间，在据有大片辽阔土地、逼辽天祚帝播迁之后，为了巩固刚刚建立起来的政权，大量吸纳汉人参与统治，于是承辽之后，兼采唐宋之法，始《登科记序》云："天会元年（1123年），始设科举。"②《金史选举志一》亦明确记载："其设也，始于天会元年（1123年）十一月。"同书卷一二六《刘从益传》载："其高祖刘㧑，天会元年词赋进

---

① 脱脱等：《金史》卷三《太宗纪》，中华书局1997年版。
② 张金吾编撰：《金文最》卷四五，中华书局1990年版。

土。"由此可以说明金朝科举始行于天会元年。不过有史料谓金朝贡举首科时间为天会二年（1124年）。王恽《浑源刘氏世德碑铭并序》云："金源氏倔起东海，当天会间方域甫定，即设科取士。"又云："天会二年，肇辟科场，公（刘**撝**）以词赋第一人中选。"①

仔细推敲以上几条材料，均出自刘祁《归潜志》卷八的一段记载："余高祖南山翁（刘**撝**），金国初，辟进士举，词赋状元也，故为一代词学宗。"②《归潜志》是元人修《金史》的重要来源之一，王恽的记载又出自他为刘家所写世德碑序，因此二者均系由此而来；只是分别系于天会元年或二年。按《金史·选举志一》云"其设也，始于太宗天会元年十一月，时以急欲得汉士以抚辑新附，初无定数，亦无定期"之后，紧接着说"故二年二月、八月凡再行焉"。据此似可理解为元年十一月为首科，二年二月、八月为第二、三科。至于金初贡举如此之密，盖因尚未步入正轨，故"无定期"。

（二）金代科举制度的演变

1. 太宗天会间是金朝科举的初创阶段

这时的贡举尚属权宜之计，有较大的随意性和局部性。其表现是：

无专司贡举考试的机构及规范的程序。天会四年（1126年），金右副元帅宗望（斡离不）破真定，拘籍境内宋进士73人，押赴安国寺试策。策问："上皇无道，少皇失信。"当即遭到被迫应试的褚承亮的抵制，褚对主考官说："君父之罪，岂臣

---

① 《秋涧先生大全文集》（简称《秋涧集》）卷五八，"四部丛刊"本。
② 中华书局1983年版。

子所得言耶？"说毕，长揖而去。这次考试除褚承亮外，其余72人中第，号"七十二贤榜"，放许必为状元，仕为郎官。① 从这种金兵所占一地后，即由军事长官下令强行拘押那里的宋朝进士应试，且一试而放状元并授予职官的做法，足见其随意性和局部性。

无固定的考试地点。正是由于经常在所占一地后便就地而试，故有所谓"沈州榜"、"真定榜"、"平州榜"等。② 此外，还在其他一些地方如燕山及蔚、朔、显等州举行过科举考试。③

考试科目的设置，处于过渡阶段。辽朝科举受唐制影响，重词赋，而北宋重经义。金初，考试科目则因地而异。天会五年（1127年），"以辽宋之制不同，诏南北各因其素所习之业取士，号为南北选"④。即原辽地人试词赋，宋地人试经义。如天会六年，刘彦宗奉旨于"河北已得州县镇搜索举人"，赴燕山竹林寺就试，分为南北两个试场，各由北南试官主持考试。⑤

考试年限无定期。或每年一试，或二年一试。至于《大金国志》卷三五《天会皇统科载举》："至太宗天会十年（1132年），国内太平，下诏如契丹开辟制，限以三岁有乡、府、省三试之法。"从现在所见太宗朝的有关资料看，当时尚非如此。

以上所述说明太宗时期的科举考试有较大的随意性，尚未形

---

① 见《金史》卷一二七《隐逸传》。
② 见宇文懋昭《大金国志》卷三五《天会皇统科举》，崔文印校证本，中华书局1986年版。
③ 见李世弼《登科记序》。
④ 《金史》卷五一《选举志一》。
⑤ 赵子砥：《燕云录》，《三朝北盟会编》靖康中帙七二，上海古籍出版社1987年版。

成一套完整的制度。

2. 熙宗、海陵王两朝是金朝科举的发展时期

熙宗、海陵王时期，金朝实行了一系列政治改革，废除女真传统的孛极烈旧制，依仿辽宋制度建立了从中央到地方的统治机构，海陵王时，废除隋唐以来的三省六部制度，又罢中书省、门下省，止置尚书省，加强了中央集权统治，并成为此后金朝的定制。在这一时期里，科举制度得到了进一步发展。在考试科目、程序、年限等方面都作了若干调整和新的规定，使之渐趋统一和规范。

本时期科举考试的发展与变化主要表现在以下几个方面：

从"南北选"到南北通选。太宗天会间是以词赋试北人，以经义试南人。到熙宗天眷元年（1138年）五月，"诏南北选各以经义、词赋两科取士"①。也就是说，南北均试经义和词赋，取消了原来北人试词赋、南人试经义的限制。这时所实行的考试虽仍为南北选，但在科目上南北已无区别。至海陵王天德三年（1151年），又进一步"并南北选为一，罢经义、策试两科，专以词赋取士"②。表明金朝的科举考试科目已经统一起来，最后消除了南北地域的差别。

从三级考试到四级考试。天会初的贡举考试，往往是一试而放进士，授官职。大约在天会后期，形成乡、府、省三级考试。熙宗时，仍"设乡、府、省三试"③。而至海陵王完颜亮立，"改皇统曰天德，其有尊经义，崇儒雅之意，始设殿试"④。至此，金朝科举已由三级考试发展为四级考试。不过在四级考试制确立

---

① 《金史》卷五一《选举志一》。
② 同上。
③ 张棣：《金虏图经》，《三朝北盟会编》炎兴下帙一四四。
④ 《大金国志》卷三五《天德科举》。

后，有过调整。章宗明昌元年（1190年）正月，有人奏称，"举人四试而乡试似为虚设，因当罢去"。章宗采纳此议，"诏免乡试"。贞祐初，还曾一度"诏免府试"。①

年限。金朝科举三年一试之制，大体上是天会末至天眷初间确立下来的，以后遂成定制。如李晏《京兆府重修府学碑》（正隆二年）称"我国家经文纬武，进用贤能，每三岁设科以经史取士"云云②，即说明是三年一试。

3. 世宗、章宗朝是金代科举制度发展的极盛时期

这一时期，"南北讲好，与民休息"，"治平日久，宇内小康"，"典章文物粲然成一代治规"③。科举考试制度也更臻完备，是其发展的极盛时期。

世宗大定十一年（1171年），根据完颜思敬上疏，"女直人可依汉人的文理选试"④，增设女真进士科，又称策论进士。章宗明昌元年（1190年），创设制举、宏词二科，"以待非常之士"⑤。至此，金朝科举取士科目已经齐备，即词赋、经义、策论、律科、经童、制举、宏词等科。此外还有武举。承安四年十二月（1198年），"更定科举法"⑥。此后，金朝科举考试制度再无大的调整和变动。

二　考试科目

金代科举考试科目，除女真进士科为金代创设外，其余词

---

① 《金史》卷五一《选举志一》。
② 《金文最》卷六七。
③ 《金史》卷八《世宗纪下》，卷一二《章宗纪四》。
④ 《金史》卷七〇《思敬传》。
⑤ 《金史》卷五一《选举志一》。
⑥ 《金史》卷一三《章宗纪三》。

赋、经义、律科、经童以及制举、宏词均是承袭唐辽宋之制。武举亦是沿袭唐宋旧制。

(一) 词赋科

唐代取士科目繁多，而明经、进士两科是其常科中的重要科目。最初试经与时务策，永隆二年（681年），以刘思立言"进士唯诵旧策，皆无实材"，于是明经加试帖经，进士加试杂文（所谓杂文，先是箴、铭、论、表之类，后来则专用赋），这就是进士试诗赋之始。① 辽宋均设词赋进士科，试赋、诗、策。

金代词赋科，试赋、诗、策、论各一道。刘祁《归潜志》卷八说："国家初设科举用四篇文字，本取全才。盖赋以择制诰之才，诗以取风骚之旨，策以究经济之业，论以考识鉴之方。"然而在实践过程中，士人却往往"不以策论为意，只重词赋"。大定十九年（1179年），唐括安礼针对这一情况，建议"各场通考，选文理俱优者"。世宗说："并答时务策，观其议论，材自可见"②。然而金朝贡举一直没有扭转以词赋为重的状况。

在金代贡举中，词赋最受重视，见诸史传、碑志记载的词赋进士也最多。其中颇不乏才学之士，并获高位。如张行简，字敬甫，大定十九年词赋第一人，"家世儒臣，备于礼文之学，典贡举三十年，门生遍天下"。南渡后，迁礼部尚书、太子太保、翰林学士承旨。③ 杨云翼，字子美，"先擢词赋第一，又经义魁

---

① 参见徐松《登科记考》卷三；赵翼《陔余丛考》卷二八，中国书店1987年版。
② 《金史》卷五一《选举志一》。
③ 元好问编：《中州集》卷九《张太保行简》，中华书局1959年版。

入仕能官，练达吏事，通材也"。南渡后，为翰林学士、吏部尚书、御史中丞。将大拜，以风疾止。晚年与赵秉文齐名，"为一时人物领袖"①。麻九畴，"兴定末试开封府，词赋第二，经义第一，再试南省复然，声誉大振"②。

（二）经义科

经义科是承辽宋之制，即辽宋之经义科。与词赋科同始设于天会元年。天德三年（1151年），一度罢经义科，大定二十八年（1188年），再次恢复。

试所治经义、策、论各一道。正隆元年（1156年），"命经五经、三史正文内出题"。明昌元年（1190年），又诏"以六经、十七史、《孝经》、《论语》、《孟子》及《荀子》、《扬》、《老子》内出题，皆命于题下注其本传"③。

泰和元年（1201年），平章政事徒单镒针对当时卑陋陈腐的文风，上奏："诸生不穷经史，唯事末学，以致志行浮薄。可令进士试策日，自时务策外，更以疑难经旨参相为问，使发圣贤之微旨、古今之事变。"章宗采纳了这一奏议，"诏为永制"④。

经义进士中亦不乏有才华者。除前述词赋、经义魁选杨云翼及连获两科的麻九畴外，又如孙九鼎，天会六年（1128年）经义第一人，在太学时即有诗作，与其弟九畴、亿"俱有时名，三人同榜登科"⑤。李晏，皇统六年（1146年）登经义进

---

① 《归潜志》卷四，中华书局1983年版。
② 《金史》卷一二六本传。
③ 《金史》卷五一《选举志一》。
④ 同上。
⑤ 《中州集》卷二。

士第。世宗时翰林旧人少,新进士不学,以至于诏敕册令之文很少有能撰写者,拟选"外任有文章之士为之",于是李晏初召为翰林直学士,兼太常少卿,后迁翰林侍讲学士,兼御史中丞。世宗病危时,"命(李晏)宿禁中,一时识册皆晏为之"。章宗即位,李晏又对当务之急奏十事,均被章宗采纳。① 王磐,正大四年(1227年)经义进士,"文辞宏放,浩无涯矣"②。

(三)女真进士科(又称策论进士)

金朝与辽朝只准汉人参加科举考试而禁止契丹人应试不同,专门设置女真进士科,这是我国科举制度史上的一大创举。

女真初无文字,金朝建立后,先后创制女真大字和女真小字。世宗大定间,颁行女真大小字所译经书,令每谋克选二人习学。九年(1169年),选其优异者百人,赴京师,命温迪罕缔达教以古书,"作诗、策,后复试,得徒单镒以下三十余人"③。

大定十一年(1171年),"始议行策选之制"④,决定创建女真进士科。当时设定,初定女真进士科,免除乡、府两试,直赴会试、御试,每场止对策一道,限字500以上。然后在京师设国子学,诸路设府学,以新进士充任教授,待过一段时间,"学者当自众,即同汉人进士三年一试"⑤。大定十三年(1173年),

---

① 《金史》卷九六《李晏传》。
② 宋濂等:《元史》卷一六〇《王磐传》,中华书局1997年版。
③ 《金史》卷五一《选举志一》。
④ 同上。
⑤ 《金史》卷九九《徒单镒传》。

在中都悯忠寺举行首场考试。徒单镒等27人及第。是为女真进士科举考试之始。

此后，陆续就考试程序、内容、应试者范围等发布若干诏令，使之逐渐规范和完善。

考试程序。考试程序同汉进士科一样，有乡、府、会、御四级考试。后来规定，皇亲和达官可分别免乡、府两试，如大定十六年（1176年）命"皇家两从以上亲及宰相子直赴御试。皇家祖免以上亲及执政官之子，直赴会试"。明昌元年（1190年），又定制："余官第五品散阶，令直赴会试，官职俱至五品，令直赴御试。"而一般猛安谋克愿试进士者，则依常例，不可直赴御试。①

考试内容。女真进士科最初止试策，策论进之称即由此而来。后定制，以策、诗试三场，策用女真大字，诗用小字。大定二十八年（1188年），世宗对宰臣说："女直进士惟试以策，行之既久，人能预备。今若试以经义可乎？"宰臣建议说五经中《书》、《易》、《春秋》都已译成女真文，待《诗》、《礼》译毕，即可试之也。世宗以为"大经义理深奥"，要假以时日才能贯通。于是暂定先"于经内试以论题"，以后再正式试以经义。章宗大定二十九年七月，定制：诗、策作一日，论作一日，以诗、策合格为中选，而以论定其名次。②

为了使女真人保持本民族的尚武精神，不忘骑射，策论进士要加试弓箭。承安三年（1198年）定制，女真人以年45以下，试进士举，于府试10日前试射。其制：射者与靶垛间距60步，在离射者15步处，对立两竿，相距20步，在

---

① 《金史》卷五一《选举志一》。
② 同上。

离地 2 丈处系绳。"弓不限强弱，不计中否，以张弓巧便、发箭迅速者为熟闲。射十箭中两箭，出绳下至垛者为中选。"①

应试范围。女真进士科系为女真人所设，初无年龄限制。承安二年（1197 年），"敕策论进士限丁习学"②。按金制：15 岁以下为小，16 为中，17 为丁，60 为老。是丁指 17—60 岁间。③还规定"内外官员、诸局分承应人、武卫军、各猛安谋克女真及诸色人，户止一丁者不许应试，而两丁者许一人，四丁二人，六丁以上止许三人"④。在女真进士中出现了一些有用之材及廉介之士。世宗说："女直进士中才杰之士盖亦难得，如徒单镒、夹谷衡、尼厖古鉴皆有用材也。"又说："起身刀笔者，虽才力可用，其廉介之节，终不及进士。"⑤

（四）律科

律科又称诸科。始见于海陵王正隆元年（1156 年）。

考试内容，以律令出题，府试 15 题，每 5 人取一人。大定二十二年（1182 年）定制，会试每场 15 题，3 场共 36 条以上，"文理优、拟断当、用字切者，为中选"。初无定数。章宗大定二十九年（1189 年），考试内容增加《论语》、《孟子》，在两书内"试小义一道"。府、会试，别试一日，命经义官出题，其取舍标准，与经义科同，"通考定之"⑥。

---

① 《金史》卷五一《选举志一》。
② 同上。
③ 《金史》卷五一《选举志一》。
④ 《金史》卷四六《食货志一》。
⑤ 《金史》卷九四《夹谷衡传》、卷八《世宗纪下》。
⑥ 见《金史》卷五一《选举志一》、卷九《章宗纪一》。

（五）经童科

天会八年（1130年），太宗曾以东平童子刘天骥七岁能诵《诗》、《书》、《易》、《礼》、《春秋左氏传》及《论语》、《孟子》，命人教养之，然未形成选举之制。熙宗时，"诏辟贡举，始备其列"，取至122人。天德间，罢废。

大定二十九年，章宗与宰臣议复置童子科。规定：凡士庶子年13岁以下，能诵二大经、三小经，又诵《论语》、诸子及5000字以上，府试15题，通13以上，会试每场15题，三场共通41以上，为中选。"所贵在幼而诵多者，若年同，则以诵大经者为最。"①

除了通过考试，还有赐出身之制。明昌元年（1190年），益都府呈报，有童子刘住儿年11岁，能诗赋，诵大小经，所书行草"颇有法"，请依宋制，赐出身。章宗将其召至殿内，试《凤凰来仪》赋、《鱼在藻》诗，又令赋《旱》诗，"赐本科出身"，并给钱粟官舍，令肄业太学。②

（六）制举与宏词科

金承唐宋之制，于明昌元年始设制举与宏词两科。应试者"不限进士，并选人试之，中选擢之台阁"③。

1. 制举

制科起源甚早，汉文帝即令群臣"举贤良方近能立言极谏者，以匡朕之不逮"④。唐制，"称天子自诏曰制举，所以

---

① 《金史》卷五一《选举志一》。
② 同上。
③ 同上。
④ 司马迁：《史记》卷一〇《文帝纪》，中华书局1997年版。

待非常之士"。考试时皇帝亲自临观。① 唐代制举名目繁多，达数十甚至上百种，其地位远在进士之下。宋代制举不如唐代之盛。唐宋制科主要有贤良方正、能言极谏、博通坟典、达于教化、才识兼茂、明于体用等。金代制举有贤良方正、能言极谏、博学宏材、达于从政等科。"试期无常，上意欲行，即告天下。""听内外文武六品以下职官无私过者，从内外五品以上官荐于所属，诏试之。若草泽士，德行为乡里所服者，则从府州荐之。"凡考试，先交本人所专攻的策论三十道给学士院。选其词理优异者，再由委派的官吏从群经子史内出题，一日试三道。如可，则廷试一道，"取其无不通贯者，优等迁擢之"②。

2. 宏词科

宋绍圣初，哲宗认为进士策亦"可对时政得失"，曾诏罢制科。后来，三省奏称："今进士纯用经术，如诏诰、章表、箴铭、赋颂、赦敕、檄书、露布、诫谕，其文皆朝廷官守日用不可阙，且无以兼收文学博异之士。"遂改置宏词科③。

金承宋制，亦置宏词科。试诏诰、章表、露布、檄书，用四六骈文；诫颂、箴铭、序记，依古今体或参用四六。于每举赐第后进士及六品以下官无公私罪者，经推荐，由试策官出题，通试四颂，分二等迁擢。"上等迁两官，次等迁一官，临时取旨授之。"④

从宏词科考试内容可以知道它亦是为选拔笔拟朝廷日用文字

---

① 马端临：《文献通考》卷三四《选举考七》，中华书局影印本 1991 年版。
② 《金史》卷五一《选举志一》。
③ 见脱脱等：《宋史》卷一五六《选举志二》，中华书局 1997 年版。
④ 《金史》卷五二《选举志二》。

的人才而设置的。

(七) 武举科

武举起于唐代，武后长安二年（702年）始置武举。考试内容有马射、步射、平射、筒射，又有马枪、负重等，由兵部主考。① 宋代武举始置于仁宗朝。天圣八年（1030年），亲试武举12人，"先阅其骑射而试之"，"以策为去留弓马为高下"②。

金代武举，始设于熙宗皇统间。大体上是沿袭唐宋制度。分上中下三等。考试内容除骑射、刺板外，还问律一条，《孙子》、《吴子》书10条。根据两方面的成绩，定其等次。"凡不知书者，虽上等为中，中则为下。"由武举入仕者，"虽善骑射"，但"不历行阵，不知军旅"，无实战经验，所以在军中并不受重视。③

三 考试程序及规则、禁限

(一) 乡试

乡试是金代贡举考试中最初的一级考试。

《松漠记闻》卷下："金人科举，先于诸州分县赴试。诗赋者兼论，作一日；经义者兼论，作三日，号为乡试。悉以本县令为试官，预试之士，唯杂犯者黜。榜首曰乡元。"④《金虏图经》称，乡中曰乡荐。⑤

---

① 见《文献通考》卷三四《选举考七》。
② 《金史》卷一五七《选举志三》。
③ 《金史》卷五一《选举志一》。
④ 《大金国志》卷三五《天会皇统科举》略同。
⑤ 《三朝北盟会编》炎兴下帙一四四。

为了扩大应试者来源，金初的乡试带有一定的强制性。"时秀士有未愿起者，州县从根刷遣之。"①

海陵王时，乡试"限三人取一"②。中乡试者，如耶律履（又作移剌履）"尝以乡赋一试有司"③。张瓛年未二十，"以乡试魁陕西河东"④，张万公"初应乡试，擢本经第一"⑤。

（二）府试

府试是中乡试后的第二级考试。

金初府试，据《松漠记闻》卷下载："分三路类试：自河北至女真，皆就燕；关西及河东就云中；河以南就汴。谓之府试。"即河北至金源内地，试于燕京（今北京）；关西及河东，就试于西京（今大同）；河以南，试于南京（今开封）。同书又载：所试科目，有诗、赋、论、时务策及经义。其中经义试五道，三策，一论，一律义。凡二人取一。

海陵王时，随着金国版图的扩大，府试增至六处：（1）河北东西路、中都路于大兴府；（2）临潢、会宁、东京等路于大定府；（3）西京、河东南路北路于大同府；（4）大名路、山东东路西路于东平府；（5）南京等路于开封府；（6）京兆、鄜延、庆原、熙秦等路于河中府。限四人取一⑥。世宗大定间，词赋、经义进士及律科、经童科的府试之处，与海陵时期相同，仍为大兴、大定、大同、开封、东平、京兆府，凡六处。章宗明昌初，

---

① 《大金国志》卷三五《天会皇统科举》。
② 《大金国志》卷三五《天德科举》。
③ 元好问：《尚书右丞相耶律公神道碑》，《遗山先生文集》卷二七，"四部丛刊"本。
④ 《中州集》卷七《张瓛》。
⑤ 元好问：《平章政事寿国公张文贞公神道碑》，《遗山先生文集》卷一六。
⑥ 见《大金国志》卷三五《天德科举》；《金虏图经》。

增辽阳、平阳、益都,共九处。承安四年(1199年),又增太原,凡十处。中都、河北试于大兴府,上京、东京、咸平等路试于辽阳府,余各试于其境。①

策论进士于八月十二日试策,间三日试诗。词赋进士以二十五日试赋及诗,又间三日试策论。经义进士又间词赋后三日试经义,又三日试策。次律科,次经童,每场皆间三日试之。②

考试官员由朝廷差遣。其中以职官高者一人为考试官,余为同考试官。

府试榜首称府元、解魁。如党怀英"尝试东府取解魁"③;曹蔚"解试魁开封"④;毛端卿(飞卿)"初试东平,中经义解魁"⑤;孟泽民"崇庆元年秋,魁大同府选"⑥。

(三)会试

会试是府试中第后的第三级考试,由礼部主持。礼部属尚书省,故又称省试。

会试地点。初在燕京、上京。《松漠记闻》卷下载:金制,集诸路举人于燕京,曰会试。榜首称敕头,又称状元。⑦又,黄久约《朝散大夫镇西节度副使张公神道碑》(明昌二年)载,天德三年(1151年),"时行台进士会试上京,犹用旧法试策擢第"⑧。及至金迁都燕京(中都)后,会试在中都举行。

---

① 《金史》卷五一《选举志一》。
② 同上。
③ 《中州集》卷三《承旨党公》。
④ 姚燧:《转运盐使曹公神道碑》,《牧庵集》卷二四"丛书集成"本。
⑤ 元好问:《毛氏宗支石记》,《遗山先生文集》卷三四。
⑥ 李俊民:《孟氏家传》,《庄靖集》卷八,"石莲盦九金人集"本。
⑦ 《大金国志》卷三五《天会皇统科举》略同。
⑧ 《金文最》卷八六。

会试人数。在大定二十五年（1185年），词赋进士不得过500人。二十八年，因不限人数，遂达586人。明昌四年（1193年），平章政事守贞上奏："若会试止以五百人为限，则廷试虽欲多取，不可得也。"章宗遂诏"会试毋限人数，文合格则取"。承安二年（1197年）多达925人。由于人数太滥，又命不得超过600人。泰和二年（1202年），章宗命定会试诸科取人之数。据平章徒单镒、张汝霖等议，定策论三人取一，词赋、经义五人取一。"策论、词赋、经义人数，虽多不过六百人，少则听其阙。"①

考试官。凡会试，知贡举官、同知贡举官，词赋旧为10员，承安五年（1200年）为7员。经义则6员，承安四年省为4员。诠读官2员。

（四）御试（殿试、廷试）

御试是金代科举的最高级考试。天德二年（1150年），"诏举人乡、府、省、御四试中第"。三年，海陵王"亲试于上京"②，是为殿试之始。明昌二年（1191年），规定官或职至五品者，可不经过乡、府、会三试，"直赴御试"③。

考试日期。以三月二十日策论进士试策，二十三日试诗论。二十五日词赋进士试赋诗论，而经义进士以是日试经义，二十七日试策论。若试日遇雨雪，则候晴日。④

读卷官。殿试是以皇帝名义考核进士，称评阅试卷或在御前读卷的大臣为读卷官。如李晏曾任此职。《金史》卷九六本传载："世宗御后阁，召晏读新进士所对策。"策论、词赋进士考

---

① 《金史》卷五一《选举志一》。
② 李世弼：《登科记序》。
③ 同上。
④ 同上。

试，设读卷官各7员，经义5员，其余职事官各2员。制举、宏词共3员。泰和七年（1207年）以后，读卷官与应试进士有亲属关系者，要回避。是年，礼部尚书张行简言："旧例，读卷官不避亲，至有亲人，或有不敢定其去留，或力加营护，而为同列所疑。若读卷官不用与进士有亲者，则读卷之际得平心商榷。"于是章宗命"临期多拟，其有亲者汰之"①。

试题与考试方法。御试进士，考赋、诗、论。如正隆二年（1157年）御试，以《不贵异物民乃是》为赋题，《忠臣犹孝子》为诗题，《忧国如饥渴》为论题。② 御试由主考部门礼部或皇帝亲自出题。金朝前期，御试多由礼部出题。如海陵时，翟永固为礼部侍郎，贞元二年（1154年），与张景仁试礼部进士，以《尊祖配天》为赋题。海陵王以为是"猜度己意"，并"忤海陵旨"，于是杖翟、张各二十。③ 御试赋题，往往是过去士人曾拟作过的现成题，不能充分考察应试者的真才实学。世宗时，改由皇帝出题。大定十九年（1179年），世宗对宰臣说："自来御试赋题皆士人尝拟作者。前朕自选一题，出人所不料，故中选者多名士，而庸才不及焉。是知题难则名儒亦擅场，题易则庸流易侥幸也。"④ 又，泰和六年（1206年），章宗于万宁宫度贡士。"上躬病试题曰《日合天统》"，侍臣多以为此题太难，而太常卿赵公时任读卷官，独以为不难，并当日拟赋一篇，试题乃定。⑤

---

① 《金史》卷五一《选举志一》。
② 《金史》卷一二五《郑子聃传》。
③ 见《金史》卷八四《张景仁传》、卷八九《翟永固传》。
④ 《金史》卷五一《选举志一》。
⑤ 杨奂：《跋赵太常拟试赋稿后》，《元文类》卷三八，文渊阁"四库全书"本。

御试时，皇帝或亲试进士，或临考场观试，有时还亲览试卷。正隆二年（1157年）七月癸未，海陵"御宝昌门临轩观试"。丁亥，"御便殿亲览试卷"①。御试时间，以一天为限。最初，规定日晡（申时，下午3—5时）后即告结束，至兴定二年（1218年），有宰臣奏曰："从来廷试进士，日晡后即遣出宫，恐文思迟者不得尽其才，合待至暮时。"② 此后御试延至傍晚。御试榜首称状元。乡、府、会、御四试连中，见于文献者代有孟宗献一人。孟宗献，字友之，开封人，自号静虚居士，以律、赋著称，为"学者法之"。"魁于乡、于府、于省、于御前，天下号孟四元"③，传为佳话。

（五）考试规则

金朝科举考试规则大抵承袭唐宋，且有发展，较前更为严苛。

1. 糊名、誊录之制及对考官舞弊的防范措施

唐宋在实行科举考试的过程中，为了防止请托、作弊等，采取许多防范措施，如糊名、誊录、监门等制度。

糊名，又称弥封，最早始于唐代武后时，不过当时是用于吏部选官，"武后以吏部选人多不实，乃令试日自糊其名，暗考以定其等第"④。是为糊名考校之始。宋代将糊名用于贡举考试。淳化三年（992年），苏易简知举殿御，"始令糊名考校"⑤。后来又推广到省试、解试。

---

① 《金史》卷五一《选举志一》。
② 同上。
③ 刘祁：《归潜志》卷八。
④ 《事物纪原》卷三引《国史异纂》，"丛书集成"本。
⑤ 《文献通考》卷三〇《选举考三》。

誊录，即将考卷另行誊录，使考官在评阅试卷时，无法辨考生笔迹，以防作弊。据《渑水燕谈录》卷六载，誊录约始于真宗景德、大中祥符之间。

监门，始于宋雍熙二年（985年），诏礼部试九经诸科，轮番差官二人，在省门监守。此试院监门之始也。①

唐宋的弥封、誊录、监门等制度，均为金代所承袭。《松漠记闻》卷下云："有弥封、誊录、监门之类。"

金朝还制定了一系列对考官徇私的防范措施。如《大金国志》卷三五《天会皇统科举》载，考官"或有私者，停官不叙，仍决沙袋"。此外，对失职考官予以治罪。贞祐三年（1215年），宣宗谕宰臣曰："国初设科，素号严密，今闻会试至于杂坐喧哗，何以防弊。"命治考官及监察罪。② 同年，"以今试赋题已曾出，而有犯格中选者，复以考官多取所亲，上怒其不公，命究治之"③。这些措施，加强了对考官、考生舞弊的防范。

2. 监检制度

各级考试中的监检制度，非常严格。考场气氛紧张，如临大敌。"凡府会试，每四举则差一人，复以官一人弹压。御试策进士则差弩手及随局承应人，汉进士则差亲军，人各一名，皆用不识字者，以护卫十人，亲军百人长、五十人长各一人巡护。"④ 更有甚者，章宗明昌、承安间，为防止考生有挟带，竟令考生"解发袒衣""索及耳鼻"。泰和元年（1201年），有省臣奏曰："搜检之际虽当严切，然至于解发袒衣，索及耳鼻，则过甚矣。岂待士之礼哉。"于是改用大定二十九年以前的做法，"使就沐

---

① 《事物纪原》卷三。
② 《金史》卷五一《选举志一》。
③ 同上
④ 同上

浴，官置衣为之更之，既可防监，且不亏礼"①。

（六）禁限

金代对科举考试的应试者范围有一定限制。曾规定："乐人不得举进士，而奴免为良者则许之。"泰和元年（1201年），尚书省对此提出异议，奏曰："旧称工乐，谓配隶之色及倡优之家。今少府监工匠、太常大乐署乐工，皆民也，而不得与试。前代令诸选人身及祖、父曾经免为良者，虽在官不得居清贯及临民，今反许试，诚玷清论。"是说以往所称工乐，是指奴隶及倡优之家，而如今的乐工已属平民，并非奴隶，应许应试。至于由奴隶放为良人者则不应与试，章宗采纳了这一建议，遂定制："禁放良人不得应诸科举，子孙不在禁限。"②

四　及第与任官

（一）及第

金朝取士等第之法基本上是承袭宋制。宋太平兴国八年（983年），"进士始分三甲，自是赐宴就琼林苑"。景德四年（1007年），又将进士分为五等，"上二等曰及第，三等曰出身，四等、五等曰同出身"③。金朝取士亦按考试成绩，分为三甲，每甲若干人。上甲第一名即状元。如大定二十二年（1182年）三月二十日，世宗在集英殿放进士76人。第一甲3人，第二甲7人，第三甲67人。第一甲第一人为辽阳张甫。④

---

① 《金史》卷五一《选举志一》。
② 《金史》卷五一《举志一》、卷一一《章宗纪三》。
③ 《宋史》卷一〇八《选举志一》。
④ 见苏爵《金进士盖公墓记》，《滋溪文稿》卷四，中华书局1997年版。

章宗承安四年（1199年）以前，词赋、经义分榜录取，各有状元，即每举有两名状元。是年，章宗以为"一场放二状元，非是。后场廷试，令词赋、经义通试时务策，止选一状元"。"遂定御试同日，各试本业，词赋依旧，分立甲次，第一名为状元，经义魁次之，恩例与词赋第二人同，余分为两甲中下人，并在词赋之下"①。就是词赋上甲第一名为状元，经义第一名次之。词赋第二名居上甲第三名。其余分为两甲，即中下甲，经义中下甲人并在词赋之下。至此，改变了以往一科有两状元的旧制。

根据御试成绩排出等第后，即行"唱名"。唱名，亦仿宋制。宋雍熙二年（985年），"廷试初唱名及第"②。金朝"自天眷二年（1139年）析津放第，于广阳门西一僧寺门上唱名。至迁都后，命宣阳门上唱名，后为定例"③。所放进士等第，在御试后、唱名前，是保密的。贞元二年（1154年）进士吕忠翰已中廷试词赋状元，在未唱名时，海陵王以忠翰程文示杨伯仁，问其优劣。杨伯仁说："当在优等。"海陵王说："此今试状元也。"杨伯仁已知吕忠翰为状元，遂宿谏省，等唱名后方回家，"海陵嘉其缜密"④。

金朝进士登科榜，初以贡举地名或状元姓名名之。始行殿试之制后，则以状元姓名或词赋、经义题名名之。以地名，如前述沈州榜、真定榜、平州榜等。以状元姓名，如敬嗣晖，"石琚榜下及第"；张恭愈，"状元孙用康榜第二人及第"；蔡珪，"状元杨建中榜及第"⑤；商平叔，"擢崇庆二年黄裳榜词赋进士第"⑥；

---

① 《金史》卷五一《选举志一》。
② 《宋史》卷一五五《选举志一》。
③ 王恽：《秋涧先生大全文集》卷九七。
④ 《宋史》卷一二五《杨伯仁传》。
⑤ 《族帐部曲录》，《三朝北盟会编》炎兴下帙一四五。
⑥ 元好问：《曹南商氏千秋录》，《遗山先生文集》卷三九。

等等，以词赋题名，如王登庸，《日合天统》榜进士；刘仲君，"《不贵异物民乃足》榜擢第"①。

此外，还有以其榜人才济济，称"龙虎榜"。大定十九年（1179年），御试题《易无体》，"同年生六十人，自甲选张行简至黄士裘。赋学家谓人人可以魁天下"，其考卷皆刊刻流传，"凡仕宰相数人，刺史节度殆过其半，人以比前世龙虎榜"②。龙虎榜本唐朝故事。欧阳詹举进士，与韩愈、李观、李绛、崔群、王淮、冯宿、庚承宣等名士同榜及第，"皆天下选"，时称龙虎榜。③

（二）恩例、特赐

金承宋制，对屡试不第者，根据其赴试次数、年龄等，由皇帝赐予科名，称为"恩例"。宋太祖开宝三年（970年），诏礼部贡院，"阅贡士及诸科十五举以上终场者，具姓名以闻。至是，籍到司马浦等一百六人，并赐本科出身"。这是特奏名恩例之始。④ 仁宗景祐初，诏曰："凡年五十、进士五举、诸科六举，尝经殿试；进士三举、诸科五举及尝预先朝御试，虽试文不合格，毋辄黜，皆以名闻。"自此率以为常。⑤ 嘉祐二年（1057年），宋仁宗下诏："进士殿试，皆不黜落。"⑥

金章宗、宣宗两朝颁布了若干有关恩例的诏令。章宗大定二十九年（1189年），"敕今后凡五次御帘进士，可一试而不黜落，

---

① 元好问：《续夷坚志》卷三，中华书局1986年版。
② 元好问：《沁州刺史李君神道碑》，《遗山先生文集》卷一六。
③ 《新唐书》卷二〇三《欧阳詹传》。
④ 《文献通考》卷三〇《选举考三》。
⑤ 《宋史》卷一五五《选举志一》。
⑥ 王栐：《燕翼诒谋录》卷三，中华书局1981年版。

止以文之高下定其次，谓之恩榜。"明昌元年（1190年），又"敕四举终场，亦同五举恩例，直赴御试"。不中者，另作恩榜，赐同进士出身。宣宗贞祐三年（1215年），定"终场人年五十以上者便行该恩"①。

此外，还有为显官"特赐"进士者。如张汝霖，贞元二年（1154年）赐吕忠翰榜下进士第②；移剌履，明昌初为礼部尚书兼翰林直学士，特赐大定三年孟宗献榜下进士及第③，胥持国，拜参知政事，特赐孙用康榜下进士及第④；等等。

（三）任官

金制，凡进士及第，所授职官多为县令、丞、簿、尉等。

据《金史》卷五二《选举志二》载，进士所历之阶职情况，前后略有变化。

贞元元年制。南选，初除军判、丞、簿，从八品。次除防判、录事，正八品。三除下令，从七品。四中令、推官、节察判，正七品。五六皆上令，从六品。北选，初军判、簿、尉，二下令，四上令，已后并上令，通注察节、推官。

正隆元年格。上甲者初上簿军判、丞、簿、尉，中甲者初中簿军判、丞、簿、尉，下甲者初下簿军判、丞、尉。第二任皆中簿军判、丞、簿、尉。三、四、五、六、七任皆县令。按：这里的上簿、中簿、下簿，疑为上等、中等、下等之误。金朝的县有上、中、下三等之分。

大定二十三年格。进士，上甲，初录事、防判，二下令，三

---

① 《金史》卷五二《选举志二》；李世弼：《登科记序》。
② 《金史》卷八三《张汝霖传》。
③ 《金史》卷九五《移剌履传》。
④ 《金史》卷一二九《胥持国传》。

中令。中甲，初中簿、二上簿，三下令。下甲，初下簿，二中簿，三下令。

大定二十六年格。上甲，初录事、防判，二、三、四、五上令。中甲，初中簿，二正令，三中令，四、五上令。

以上是进士中第后所历职阶的通则。

女真进士及第后，初任多为教授，是为了在女真人中传授女真字及经学。或任县令、丞、主簿等。大定十三年（1173年），皆除教授。二十二年（1182年），上甲第二第三人初除上簿，中甲除中簿，下甲则除下簿。

律科及经童，其地位不及词赋、经义及女真进士等。初授低于进士。正隆元年格，初授将仕郎，至大定十四年（1174年），再次降低，律科及第者授将仕佐郎。经童亦同此。

五　金代科举制度的特点及弊端

（一）金代科举制度的特点

1. 承袭唐宋之制而又有所变化

关于金代科举承袭唐辽宋之制，除前引《金史·选举志》已有述及外，金元以来的学人也多有论述。如元好问说："国（金）初，因辽宋之旧，以词赋、经义取士。"[1] 王恽说："金源氏踵唐宋之旧以举业取士，号称文武正科。"[2] 苏天爵说："隋唐皆设科目，以词赋、经义取士，名卿硕辅往往由是途出。金之制度大抵多袭辽旧。"[3] 李世弼说："隋

---

[1] 《闲闲公墓铭》，《遗山先生文集》卷一七。
[2] 《大元故蒙轩先生田公墓志铭》，《秋涧集》卷四九。
[3] 《金进士盖公墓记》，《滋溪文稿》卷四。

合南北，始设科举，自是盛于唐，增于宋，迄于金，又合辽宋之法，而润色之。"① 等等。

从本文以上的叙述中，则可进一步看出，金代科举考试科目、内容、程序、规则、及第、任官等，大都兼采唐辽宋之法。金代科举在承袭前代制度时，又有所变化。如考试程序，宋初为解试和省试两级考试，后为解、省、御三级考试；而金代自海陵王以后确立乡、府、会、御四级考试，章宗废乡试后为三级考试。金代举人、进士含义与前代及后世不尽相同：汉时取士，令郡国守相荐举，故称举人；唐宋举人则为各地乡贡入京应试之通称，即应举之人，谓举人者，不过由此可应进士试，故又称举进士；明代则称乡试中式者为举人，会试中式者为进士，遂进士分甲乙科；清代会试中式者，礼部放榜，止称会试举人，俟殿试后赐进士第、出身、同出身，始称进士。而金代则与此稍异。"其试词赋、经义、策论中选者，谓之进士。律科、经童中举者，曰举人。"②

2. 女真进士科的设置

金朝与辽朝不许契丹人参加科举考试不同，专门创设女真进士科。为培养和选拔女真人才开辟了一个途径。这是我国科举制度史上的创举。

3. 科举取士的名额多、任职范围广、职阶高

关于金代科举取士名额，限于资料，很难作出较为确切的统计数字来。研究者的统计数相差很大③，但总的来说，多于唐

---

① 《登科记序》。
② 《金史》卷五一《选举志一》。
③ 如方壮猷：《辽金元科举年表》谓终金之世，赐进士1万人以上（《说文月刊》3卷12期）；赵冬晖：《金代科举制度研究》谓近5000人（《辽金史论集》第四辑，书目文献出版社1989年版）；都兴智：《金代的科举制度》谓6150人（《金史论稿》，吉林文史出版社1992年版）；周腊生：《辽金文状元奇谈·辽金元状元谱》谓约15000人（紫禁城出版社2000年版）。

代,更远胜辽代。任职范围亦较唐宋广泛,可以充任职官和吏员。《金史·选举志一》说:"终金之世,科目得人为盛。诸宫护卫,及省台部译史、令史、通事,仕进皆列于正班,斯则唐宋以来之所无者。"即是说,不仅职官、而且有的吏员亦须有进士出身者充任。《松漠记闻》卷下称:"省部有令史以进士及第者为之。"这是有别于唐宋的。及第进士初任职级,以令、丞、主簿居多,约当七品至九品,高于唐进士初任职级。这些都反映出金朝仕途对出身的重视,即《金史·选举志一》所说的"其及第出身,视前代特重"是也。

4. 考场规制严厉

金代科场防弊措施,较前代更为严厉。除承袭以往的弥封、誊录、监门之类外,竟令应试者"解发袒衣","索及耳鼻",以致有的士人因不堪其辱而罢试,如尚书右丞移剌履年轻时,"尝以乡赋一试有司,见露索失体,即拂衣去"①。

(二) 金代科举之弊

金朝取士只重词赋,忽视其他,因而导致许多士人孤陋寡闻。郝天挺说:"今人赋学以速售为功,六经百家分磔缉缀,或篇章句读不之知,幸而得之,不免为庸人。"② 刘祁说:"金朝取士,止以词赋、经义学,士大夫往局于此,不能多读书。"因此有进士及第授官后,不能胜任其职,并闹出许多笑话。如章宗时词赋状元王泽民在翰林,时值宋使进枇杷子,章宗令臣僚赋诗,王泽民竟称:"小臣不识枇杷子。"又如,词赋状元吕造在翰林,章宗索重阳诗,"吕造素不学诗",惶恐献诗云:

---

① 元好问:《故尚书右丞耶律公神道碑》,《元文类》卷四七。
② 《金史》卷一二七《隐逸传》。

"佳节近重阳,微臣喜欲狂。"一时被朝野传为笑谈,并流传打油诗曰:"泽民不识枇杷子,吕造能吟喜欲狂。"① 用以嘲讽王吕二人。

一些真正有才学者,却不能考取。如李经,字天英,"作诗极刻苦,喜出奇语,不蹈袭前人"。李纯甫见其诗,称赞道:"真今世太白也。"然而却"再举不第"②,反映了科举的局限性。

由于金代过于重视出身资历,及第后即可授官,即使无才干,也可循资升迁,因此"及第辄废而不学"③,"进士及擢第后止习吏更不复读书"。章宗曾批评这种状况说:"今时进士甚灭裂,《唐书》中事亦多不知,朕殊不喜。"④

金代科举对文风也产生了负面影响。刘祁说:"金朝律赋之弊不可言。大定间诸公所作气质浑厚,学问深博,犹可观。"后来张行简知贡举,"惟以格律痛绳之,洗垢求瘢,苛甚。其一时士子趋学,摸题画影,至不成语言","文风浸衰"⑤。泰和、大安以后,考官"恪守格法,所取之文卑陋陈腐,苟和程度而已,稍涉奇峭,即遣绌落,于是文风大衰"⑥。

六　金代科举考试的作用与影响

金代科举考试制度是适应当时社会发展需要而设置的,它的

---

① 《归潜志》卷七。
② 《金史》卷一二六本传。
③ 《金史》卷五一《选举志一》。
④ 《金史》卷一二五《党怀英传》。
⑤ 《归潜志》卷九。
⑥ 《金史》卷一一〇《赵秉文传》。

实施又在当时发挥了重要作用,并对后世产生了影响。

(一) 为选拔人才、提高官员素质、巩固金朝统治发挥了重要作用

《金史·选举志一》说,天会元年(1123年)"时以急欲得汉士以抚辑新附"而初设科举,五年,"以河北、河东初降,职员多阙",故"诏南北各因以素所习之业取士"。说明金代科举制度从一开始它就是为了适应选拔统治人才、巩固金朝统治政权的需要而设置的。终金之世,经过科举途径而进入统治集团者,出现了一批治国安邦的人才。特别是世宗、章宗之世,"儒风丕变,庠序日盛,士由科第位至宰相者接踵"①。如石琚,天眷二年(1139年)中进士第一,大定二年(1162年)奉命详定制度,曾上疏言六事,大概言"正纲纪,明赏罚,近忠直,远邪佞,省不急之务,罢无名之役"。得到世宗的采纳。后拜参知政事、左丞。② 张行简,大定十九年(1179年)进士第一,官至翰林学士承旨。"凡朝廷有大制度、大典册、大号令,至于记世宗、显宗、章宗三朝之宏体伟烈,未尝不经公之手。"③ 正如刘祁所说:由于世宗"所用多敦朴谨厚之士,故石琚辈为相,不烦扰,不更张,偃息干戈,修崇学校","大定三十年几致太平"。章宗"崇尚儒雅,故一时名士辈出"④。大定、明昌间金朝盛世的出现,是同石琚、张行简等进士出身的宰执、官员的作用是分不开的。

---

① 《金史》卷一二五《文艺传序》。
② 《金史》卷八八本传。
③ 赵秉文:《翰林学士承旨张文正公神道碑》,《闲闲老人滏水文集》卷一一,"石莲盦九金人集"本。
④ 《归潜志》卷一二《辩亡》。

进士出身的官员在统治机构中所占比例的增加，提高了统治集团成员的素质。世宗说："夫儒者操行清洁，非礼不行。以吏出身者，习其贪墨，至于为官，习性不能迁改。政道兴废，实由于此。"又说："起身刀笔者，虽才力可用，其廉介之节，终不及进士。"①

（二）促进学校教育的发展和传统文化的传播

由于金朝任用官吏特别重视出身，以至词赋、经义、策论被"目为将相科"②，士人趋之若鹜。而科举考试令以经史出题，如正隆元年"命以五经、三史正文出题"，章宗明昌元年（1190年）命"以六经、十七史、《孝经》、《论语》、《孟子》及《荀》、《扬》、《老子》内出题"，女真进士科亦试以五经经义。③这些无疑都会推动应试者对以儒学为代表的中国传统文化的学习，从而推动了传统文化的传播。

科举考试的实施，大大推动了学校教育的发展。赵秉文在谈及学校与科举的关系时说："隋唐以来，设科取士，公卿将相，多由此途而出，则学校之兴，所以炽焉。"④ 金朝各级官学的建立也是如此，同科举考试有密切的关系。如天德三年（1151年）始置的国子监，后来定制"词赋、经义生百人，小学生百人"⑤，其词赋、经义正是金代科举考试中最受重视的科目。学校的课程也是以经、史、子书为主。

可以说，科举制的实施——学校教育的发展——传统文化的

---

① 《金史》卷八《世宗纪下》。
② 王恽：《论明经保举等科目状》，《秋涧集》卷八六。
③ 见《金史》卷五一《选举志一》。
④ 《郏县文庙创建讲堂记》（泰和八年），《闲闲老人滏水文集补遗》。
⑤ 《金史》卷五一《选举志一》。

传播，这三者是互相联系、互为因果的。金人王堪《清河县重修庙学碑》（大定五年）说："国家崇右儒术，以科举造士，凡登名天府接武王宫者，必自乡贡始。吏于此时，上有以副朝廷敦奖之意，下有以为诸子作成之计，宜莫先乎学。"① 也说明了崇儒、科举、办学三者的密切关系。

（三）推进金代封建化进程

从以上所述，金代科举考试为选拔人才，促进学校教育的发展和儒学的传播都起了积极的作用。儒家学说成了金朝统治的主体思想，从而加速了金朝封建化的过程。至世宗、章宗时期，金朝社会经济、文化得到了全面的大发展。其中科举制度所发挥的作用是不容忽视的。对此，金元人多有论述。李世弼说："大定明昌五十余载，朝政闲暇，时和岁丰，则辅相佐佑所益居多，科举亦无负于国家矣。""科举之功，不其大乎。"② 元好问说："维金朝大定已还，文治既洽，教育亦至，名氏之旧与乡里之彦，率由科举之选。"③ 王恽说：天会以来，设科取士，使得"文风振而人材辈出，治县张而纪纲不紊。有国虽百余年，典章文物至比隆唐宋之盛"④。总之，他们都把金朝社会的迅速发展同科举制度联系在一起了。

（四）金朝科举在我国科举制度史上的承前启后作用

科举制度始于隋，盛于唐，金朝则"合辽宋之法而润色之"，使科举制得以延续和发展。特别是女真进士科的设置是一

---

① 《金文最》卷六八。
② 《登科记序》。
③ 《内相文献杨公神道碑铭》，《遗山先生文集》卷一八。
④ 《浑源刘氏世德碑铭并序》，《秋涧集》卷五。

大创举。这一举措对后世元、清产生了影响。元代科举亦分左右榜。蒙古人、色目人作一榜,称右榜;汉人、南人作一榜,称左榜。蒙古人、色目人比汉人、南人考取容易,而及第后授官却高①。清代则有所谓宗(宗室)科和旗(八旗)科。八旗考试又分满洲、蒙古为一榜,汉军、汉人为一榜。这应是受金代女真进士科的启发而设置的。

附表　　　　　　　　　金代贡举年表

次序	年份			魁选及试题	主要资料来源
	金朝纪年	干支	公元		
1	天会元年	癸卯	1123	刘扬(词赋)	李世弼《登科记序》:"金天会元年,始设科举。"《金史·选举志一》:"其设也,始于太宗天会元年十一月。"刘祁《归潜志》卷八:"余高祖南山翁(刘扬),金国初,辟进士举,词赋状元也。"《金史·刘从益传》:"其高祖扬,天会元年词赋进士。"
2	天会二年二月	甲辰	1124	无考	《金史·选举志一》:"……初无定数,亦无定期,故〔天会〕二年二月、八月凡再行焉。"
3	天会二年八月	甲辰	1124	无考	同上。
4	天会三年	乙巳	1125	无考	《金史·刘敏行传》:"登天会三年进士。"

---

① 见《续文献通考》卷三四《选举考·举士》。

续表

次序	年份 金朝纪年	干支	公元	魁选及试题	主要资料来源
5	天会四年	丙午	1126	许必《上皇不道，少主失信》策	《金文最》卷八六《褚先生墓碣》："会金皇子郎君（即斡离不，汉名宗翰）破真定，拘境内旧进士七十三人，赴安国寺试策……先生被黜，余悉放第，状元许必辈自号七十二贤榜。"《大金国志·太宗纪》：天会四年十月，"斡离不破真定府……刘彦宗劝斡离不试真定儒士，取七十二人"。按：斡离不破真定事在天会三年十二月，此科为天会四年无疑。试题见《褚先生墓碣》。
6	天会六年	戊申	1128	赵洞（词赋）孙九鼎（经义）	《中州集》卷二《孙内翰九鼎》："天会六年经义第一人。"《三朝北盟会编》炎兴下帙一四四："天会十年以赵洞为词赋第一人，孙九鼎为经义第一人。"按：考"十年"词赋状元为胡砺，故《会编》十年当为六年之误。
7	天会十年	壬子	1132	胡砺（词赋）《好生德洽民不犯上》赋	《建炎以来系年要录》卷五五绍兴二年（天会十年）十月："是夏，金左副元帅宗维之白水泊避暑，试举人以词赋，得胡砺以下。"《金史·胡砺传》："〔天会十年〕，举进士第一。"试题见《族帐部曲录》（《会编》炎兴下帙一四五）。
8	天会十二年	甲寅	1134	无考	王绘《绍兴甲寅通和录》载，金人云："今年本朝廷试进士。"试题见《绍兴甲寅通和录》（《会编》炎兴下帙六二）。

续表

次序	年份 金朝纪年	干支	公元	魁选及试题	主要资料来源
9	天眷二年	己未	1139	石琚（词赋）刘彧（经义）《君子能尽人之情》赋	《金史·石琚传》："天眷二年，中进士第一。"《中州集》卷二《刘修撰彧》："天眷二年，经义第一人。"试题见《族帐部曲录》。
10	皇统二年	壬戌	1142	刘仲渊（词赋）宋端卿（经义）《日月得天能久照》赋	《族帐部曲录》：刘仲渊，"亶朝（熙宗）状元及第，是年出《日月得天能久照》赋"。杨伯雄，"状元刘仲渊榜及第"。按：《金史·杨伯雄传》："伯雄登皇统二年进士。"又，《金石萃编》卷一五八《进士题名记》："皇统二年状元宋端卿……"
11	皇统五年	乙丑	1145	无考	苏天爵《滋溪文稿》卷一七《元故奉训大夫冠州知州周府君墓碑铭》："金赠儒林郎〔周〕企生子安贞，登皇统五年进士第。"
12	皇统六年	丙寅	1146	孙用康（词赋）王（或作黄）从龙（经义）《仁为道远行莫能致》赋	《金史·李晏传》："登皇统六年进士第。"又，《族帐部曲录》："孙用康……亶（熙宗）时状元及第。是年出《仁为道远行莫能致》赋。""王从龙……亶时经义状元。"按：熙宗朝除皇统五年魁选无考外，均有记载。姑将孙、王置于此年。

续表

次序	年份 金朝纪年	干支	公元	魁选及试题	主要资料来源
13	皇统九年	己巳	1149	王彦潜（词赋）王堪（经义）《文以足言行而远》赋	《金史·杨伯仁传》："登皇统九年进士第。"又，《族帐部曲录》："杨伯仁……状元王彦潜榜别试及第"。"王彦潜……时状元及第，是年出《文以足言行而远》赋。"《进士题名记》："状元王堪榜"。
14	天德三年	辛未	1151	杨建中（词赋）《天锡勇智以正万邦》赋	《中州集》卷九《郑内翰子聃》："天德三年第三人登科。"又，《族帐部曲录》："于亮（海陵王）初僭时状元杨建中榜第三人及第。出《天锡勇智以正万邦》赋。"
15	贞元二年	甲戌	1154	吕忠翰（词赋）《王业艰难》赋	《族帐部曲录》："吕忠翰……亮（海陵王）时状元及第，是年出《王业艰难》赋。"又，《归潜志》卷一〇："赵翰林可献之（《中州集》云：高平人，贞元二年进士）少时赴举，及帝御试《王业艰难》赋。"是赵可（献之）与吕忠翰为贞元二年同榜进士。
16	正隆二年	丁丑	1157	郑子聃（词赋）《不贵异物民乃足》赋，《忠臣犹孝子》诗，《忧国如饥渴》论	《金史·郑子聃传》：正隆二年七月，海陵王观试，"中第者七十三人，〔郑〕子聃果第一"。题见《金史·郑子聃传》。

续表

次序	年份 金朝纪年	干支	公元	魁选及试题	主要资料来源
17	正隆五年	庚辰	1160	任中杰（词赋）《赏罚之令信如四时》赋	《中州集》卷九《阎治中长言》："（长言）父时升，任中杰榜。"《族帐部曲录》："任中杰……亮（海陵王）时状元及第"。按：海陵王时四次贡举，状元均有记载，故将任中杰系于此年。试题见《族帐部曲录》。
18	大定三年	癸未	1163	孟宗献（词赋）《知所以临制则民思畏服》赋	《中州集》卷九《孟内翰宗献》："大定三年，乡府省御四试皆第一"。试题见《族帐部曲录》。
19	大定七年	丁亥	1167	无考	《中州集》卷八《郭录事用中》："大定七年进士"。《金史·阎公贞传》："大定七年擢进士第"。
20	大定十年	庚寅	1170	史绍鱼（词赋）	赵秉文《滏水集》卷一一《中大夫翰林学士承旨文献党公神道碑》："〔党怀英〕大定十年中进士优等。"《中州集》卷八《李特进献可》："大定十年，史绍鱼榜进士。"
21	大定十三年	癸巳	1173	赵承元（词赋）徒单镒（策论）	《中州集》卷九《赵文学承元》："大定十三年，词赋第一人。"《金史·选举志一》："策论进士，选女真之科也。"大定十三年，世宗"就悯忠寺试徒单镒等"，"中选者得徒单镒以百二十七人"。

续表

次序	年份 金朝纪年	干支	公元	魁选及试题	主要资料来源
22	大定十六年	丙申	1176	张璧（词赋）	《金史·循吏传》："大定十六年状元张璧……"《进士题名记》："大定十六年状元张璧。"
23	大定十九年	己亥	1179	张行简（词赋）	《中州集》卷九《张太保行简》："大定十九年进士第一人。"
24	大定二十二年	壬寅	1182	张甫（词赋）	苏天爵《滋溪文稿》卷四《金进士盖公墓记》："大定二十二年三月二十日，集英殿放进士七十六人。其第一甲第一人，辽阳张甫。"又，《金文最》卷八三《改建题名碑》："大定二十二年张甫下焦炯。"
25	大定二十五年	乙巳	1185	徐韪（词赋）	赵秉文《滏水集》卷一三《学道斋记》："二十有七，与吾姬伯正父同登大定二十五年进士第。"《改建题名碑》："大定二十五年徐韪下李秉钧。"
26	大定二十八年	戊申	1188	无考	《中州集》卷九《张户部翰》："大定二十八年进士。"《金史·循吏传》："张毂，字伯英……大定二十八年进士。"
27	明昌二年	辛亥	1191	王泽（词赋）	《金文最》卷七六《太原府学文庙碑》（明昌二年）："是年登龙飞榜者，学籍凡七人，翰林应奉王泽首冠多士。"《金史·章宗纪一》：敕"刘震郭等同进士出身，并附王泽榜"。

续表

次序	年份 金朝纪年	干支	公元	魁选及试题	主要资料来源
28	明昌五年	甲寅	1194	张檟（词赋）杨云翼（经义）	《中州集》卷九《张内翰檟》："明昌五年词赋第一人。"《金史·杨云翼传》："登明昌五年进士第一，词赋亦中乙科。"
29	承安二年	丁巳	1197	吕造（词赋）李著（经义）纳兰胡鲁剌（策论）	《改建题名碑》："承安二年吕造下贺天祐……经义李著下冯璧。"《金史·纳兰胡鲁剌传》："承安二年，进士第一。"
30	承安五年	庚申	1200	闫咏（词赋）李俊民（经义）	《改建题名碑》："承安五年闫咏下武洵直……"李俊民《庄靖集》卷八《承安登科记跋》："承安五年庚申四月十二日经义榜"榜首为李俊民。
31	泰和三年	癸亥	1203	许天民（词赋）	《改建题名碑》："泰和三年许天民下王嗣初。"
32	泰和六年	丙寅	1206	李演（词赋）《日合天统》赋	《金史·李演传》："泰和六年进士第一。"《元文类》卷三八《跋赵太常拟试赋稿后》："当泰和丙寅春二月二十五日万宁宫试贡士……上躬病试题曰《日合天统》赋。"
33	大安元年	己巳	1209	王纲（词赋）邢天祐（经义）	元好问《遗山集》卷二一《御史程君墓表》：程震"擢王刚（纲）榜词赋进士乙科"。又据元好问《续夷坚志》卷四《平阳贡院鹤》，"状元王纲"中在"大安初"。《改建题名碑》："大安元年经义第一邢天祐。"

续表

次序	年份			魁选及试题	主要资料来源
	金朝纪年	干支	公元		
34	崇庆二年至宁元年	癸酉	1213	黄裳（词赋）高斯诚（经义）完颜素兰（策论）《君作股肱弼予违》赋，《成绩纪太常》诗	《改建题名碑》："崇庆二年黄裳榜下仇庭用。"《归潜志》卷五："高斯诚……至宁元年经义魁也。"卷六："完颜参政速兰……至宁元年女真进士魁也。"王鹗《汝南遗事》总论：完颜素兰，"崇庆二年策论进士状元"。试题见《续夷坚志》卷二《黄真人》。
35	贞祐二年	甲戌	1214	无考	《中州集》卷七《王亳州宾》："〔王〕宾，字德卿，贞祐二年进士。"同卷《张内翰本》："〔张〕本字敏之……贞祐二年进士。"《遗山集》卷二〇《顺安县令赵公墓碑》：赵雄飞次子安世，"贞祐二年词赋进士"。
36	贞祐三年	乙亥	1215	李献能（词赋）	《金史·李献能传》："贞祐三年，特赐词赋进士，廷试第一人，宏词优等。"
37	贞祐四年		1216	程嘉善（词赋）刘汝翼（经义）	《遗山集》卷二二《中大夫刘公墓碑》：刘汝翼，"贞祐四年，经义第一人擢第"。又据《进士题名记》、《改建题名碑》，刘汝翼与词赋状元程嘉善同年，俱在贞祐三年。因三年已有词赋状元，故这里将程、刘系在四年。

续表

次序	年份 金朝纪年	干支	公元	魁选及试题	主要资料来源
38	兴定二年	戊寅	1218	张仲安（词赋）王彪（经义）	《归潜志》卷五："张翰林仲安……贞祐六年词赋魁也。"按：贞祐无六年，依次顺延应为兴定二年。又载："王翰林彪……贞祐五年经义魁也。"考《金史·选举志一》，王彪事应在兴定二年。
39	兴定五年	辛巳	1221	刘遇（词赋）乔松（经义）	《改建题名碑》："兴定五年，刘遇下□献臣……经义乔松下李献甫。"又，《金史·李献甫传》："兴定五年登进士第。"
40	正大元年	甲申	1224	王鹗（词赋）张介（经义）李术论长河（策论）	王恽《玉堂嘉话》卷一：王鹗，"正大元年甲申获承榜状元第"。《金史·哀宗纪》：正大元年五月，"赐策论进士李术论长河以下十余人及第，经义进士张介以下五人及第"。"赐词赋进士王鹗以下五十人及第。"
41	正大四年	丁亥	1227	卢亚（词赋）杨庭（经义）	《金史·哀宗纪》：正大四年六月，"赐词赋经义卢亚以下进士及第"。《改建题名碑》："正大四年卢亚下孔叔利……"《汝南遗事》总序："杨庭……正大四年经义状元。"
42	正大七年	庚寅	1230	李瑭（词赋）孟德渊（经义）	《金史·哀宗纪》：正大七年五月"赐经义词赋李瑭以下进士及第"。《改建题名碑》："正大七年李瑭下任嘉言……经义孟德渊下卢翔。"

说　明

关于金代究竟在哪些年份和前后共举行过多少次贡举考试，现存史料无确切记载。在今人的著述中言人人殊，相距甚远。其中以赵冬晖《金代科举年表考订》[①]和周腊生《金代贡举考略》[②]两文考订较详，前者41次（其中含存疑待考两次），后者43次。不过他们在具体年代认定上，亦有不尽相同之处。如赵文谓首科为天会元年，周文谓在二年，其他亦有出入。对于现存史料的搜集与使用，两文作者尽了很大努力，已近齐备，不过尚有遗漏。如苏天爵《元故奉训大夫冠州知州周府君墓碑铭》称"金赠儒林郎企业生子安贞，登皇统五年进士第"，两文均未引用。皇统二年（1142年）曾行贡举，按三年一科之制，五年（1145年）正是贡举之年，且又出自墓碑所记，不应忽视。周文在对个别史料的理解与运用上，亦有可商之处。如他据《续资治通鉴》卷九九载，"建炎元年，金天会五年（丁未，1127年）……真定拘籍境内进士试安国寺，宋进士褚承亮亦在籍中，匿而不出"云云判断该年取士七十二人，状元许必。按：这条记载系出自《金史》卷一二七《褚承亮传》，本传将此事系于天会六年（1128年）。而《金史》的记载，又源于失名《褚先生墓碣》[③]或周密《癸辛杂识》别集下《褚承亮不就试》，文字基本相同。《金史》本传、墓碣及《癸辛杂识》都提及斡离不"破

---

① 《北方文物》1989年第2期。
② 《辽金元状元奇谈·辽金状元谱》，紫禁城出版社2000年版。
③ 见《金文最》卷八六。

真定",拘境内进士,试于安国寺。而斡离不破真定,据《金史》卷三《太宗纪》及卷七四《宗望传》载,事在天会三年(1125年)十二月,故斡离不破真定后拘籍境内进士赴考,当在天会四年。又,《大金国志》卷四《太宗文烈皇帝二》亦将"刘彦宗劝斡离不试真定儒士,取七十二人"一事,系于天会四年(1126年)。故所谓取七十二贤人的许必榜当在天会四年(1126年)无疑。

(原载《中国考试通史》卷二,首都师范大学出版社2004年版)

金代女真族俗述论

金朝是女真族建立的，包括有女真、汉、契丹、奚、渤海等多民族组成的政权，历时 120 年，统治了整个北部中国。考察女真的族俗，对于研究金代社会形态，探讨女真族的历史地位和各民族的融合过程，无疑是十分有益和必要的。本文试就这个问题略作论述。

一　婚姻

女真是我国北方的古老民族，它的本源可追溯到商周时期的肃慎。其名称，以后各代迭有变更：东汉称挹娄，魏晋称勿吉，隋唐称靺鞨。五代时靺鞨中之一部——黑水靺鞨改称女真，后因避辽兴宗宗真讳，又称女直。

史书中有关女真始祖函普传说的记载，是研究女真兴起及其早期婚姻制度的重要资料。《金史·世纪》说："金之始祖讳函普，初从高丽来，年已六十余矣。……始祖至完颜部，居久之，其部人尝杀它族之人，由是两族交恶，哄斗不能解。完颜部人谓始祖曰：'若能为部人解此怨，使两族不相杀，部有贤女，年六十而未嫁，当以相配，仍为同部。'"后经函普调解，两族和好。"部众信服之，谢以青牛一，并许归六十之妇。始祖乃以青牛为聘礼而纳之，并得其赀产。后生二男，长曰乌鲁，次曰斡鲁，一女曰注思板，遂为完颜部人。"① 又，《神麓记》云："后女真众酋结盟，推（楷浦，即函普）为首领，生讹辣鲁，继其父业。"② 以上记载说明其时妻从夫居，世系与财产继承均以父计，女真社会当处在父系氏族制阶段。但是，函普之被接收为完颜部的氏族成员并被推举为酋长的这一传说，仍保留有明显的母权制风俗的痕迹，即"氏族可以收养外人入族，并用这个办法吸收他们为整个部落的成员。……从而获得了氏族和部落的一切权利"③。

随着社会的进化，女真的个体小家庭慢慢地从大家族中分裂出来。《金史·世纪》说，"生女直之俗，生子年长即异居"，说明早在女真建国之前，建立在丈夫的统治之上的一夫一妻制家庭已经出现。

在一夫一妻制出现和确立之后的一段时间里，女真社会还不可避免地存在着许多原始群婚遗风。如，"父死则妻其母，兄死则妻其嫂，叔伯死则侄亦如之。故无论贵贱，人有数妻"④，"妇

---

① 《松漠记闻》亦云："完颜年六十余，女真妻之以女，亦六十余，生二子。"（"丛书集成"初编本）然而女年六十犹能生子，恐不足信。又据徐梦莘《三朝北盟会编》（以下简称《会编》）上帙一八引《神麓记》云，"女真始祖楷浦，出自新罗，奔至阿触胡（即按出虎），无所归，遂依完颜，因而氏焉。六十未娶……有邻寨鼻察异酋长，姓结徒姑丹，小名圣者货，有室女年四十余，尚未婚，遂以牛马、财用、农作之具，嫁之于楷浦。"（上海古籍出版社1987年版）按："室女年四十余"较为近实。

② 《会编》上帙一八引。

③ 恩格斯：《家庭、私有制和国家的起源》，《马克思恩格斯选集》第4卷，人民出版社1972年版，第83页。

④ 《会编》上帙三。《大金国志》卷三九《婚姻》略同。

女寡居，宗族接续之"①。这种现象，显然是从前一个氏族的妇女以另一氏族的所有男子为他们的共同丈夫，而男子则以另一氏族的所有妇女为他们的共同妻子的时代遗留下来的痕迹。

"妻母报嫂"的风俗，在匈奴、乌桓、蒙古等族的历史上都曾存在过。②不同民族在各自发展过程中出现过相同的婚俗，不一定是互相影响的结果，而表明各民族大体上都经历过共同的发展道路。

女真统治者对于原始婚姻的残余，采取行政措施，予以限制。如，太祖天辅元年（1117年），"诏自收宁江州已后同姓为婚者，杖而离之"③。太宗天会五年（1117年）诏曰："合苏馆诸部与新附人民，其在降附之后同姓为婚者，离之。"④这反映了女真婚制和社会的进化。

女真的一夫一妻制同其他民族一样，也从一开始就具有它的特殊性质，使它成了只是对妇女而不是对男子的一夫一妻制。如海陵王就曾明确规定，"庶官许求次室二人，百姓亦许置妾"⑤，就是最好的说明。

女真对于"天子娶后，王姬下嫁"十分重视。"后不娶庶族"⑥是金朝皇帝必须恪守的制度，他们只能从徒单、唐括、蒲

---

① 脱脱等：《金史》卷六四《后妃传下》，中华书局1975年版。
② 《史记·匈奴列传》："父死，妻其后母；兄弟死，皆娶其妻妻之。"《后汉书·乌桓列传》："其俗，妻后母，报寡嫂。"《隋书·突厥传》："父兄死，子弟妻其群母及嫂。"（均中华书局1997年版）《元朝秘史》卷一："察剌孩领忽收嫂为妻。"岷峨山人译语曰："胡俗，妇丧夫，其家男子即收为妻妾，父子兄弟不论也。他适则人笑其不能赡其妇。"（"丛书集成"初编本）
③ 《金史》卷二《太祖纪》。
④ 《金史》卷三《太宗纪》。
⑤ 《金史》卷五《海陵纪》。
⑥ 《金史》卷六三《后妃传上》。

察、拏懒、仆散、纥石烈、乌林达、乌古论、裴满等世家大族中选择皇后。① "天子娶后必于是，公主下嫁必于是。"② 章宗在钦怀皇后死后，想立"能作字，知文义，尤善伺候颜色，迎合旨意"的李师儿为后，但是由于李氏出身卑微（其家有罪，没入宫籍监）而遭到大臣的反对，章宗不得已，进封李师儿为元妃。③ 可见女真对于"娶后尚主"的限制是很严格的。

下层社会里的男婚女嫁则没有皇亲国戚之间那种严格的界限。女真统治者出于巩固政权的政治需要，往往鼓励女真人与其他族通婚。世宗为防备耶律大石成为边患，于大定十七年（1177年）下令徙西北路部分契丹人往上京、济、利等路安置，"俾与女直人杂居，男婚女聘，渐化成俗"，并称这是"长久之策"④。章宗明昌二年（1191年），"尚书省言：'齐民与屯田户往往不睦，若令递相婚姻，实国家长久安宁之计。'从之。"⑤ 泰和六年（1206年），"诏屯田军户与所居民为婚姻者听"⑥。女真族与境内其他民族通婚，既是民族融和、社会发展的大势所趋，又是统治者为使社会长治久安而采取的有效措施，具有积极的历史意义。

婚俗是比较保守、不易改变的。在女真进入阶级社会之后相当长的时间里，婚姻习俗中仍有不同程度的母权制残余。《会编》上帙三记载："其婚嫁，富者则以牛马为币，贫者则女年及笄行歌于途。其歌也，乃自叙家世妇工容色，以伸求侣之意。听

---

① 《金史》卷六四《后妃传下》；《金史》卷一二〇《世戚传》。
② 《金史》卷一二〇《世戚传》。
③ 《金史》卷六四《后妃传下》。
④ 《金史》卷八八《唐括安礼传》。
⑤ 《金史》卷九《章宗纪一》。
⑥ 《金史》卷一二《章宗纪四》。

者有未娶，欲纳之者，即携而归。其后方具礼偕女来家，以告父母。"《松漠记闻》记载了契丹、女真贵族子弟同嗢热（即兀惹）国女子婚配的情形："贵游子弟及富家儿，日夕饮酒，则率携尊驰马戏饮其地，妇女闻其至，多聚观之，间令侍坐，与之酒则饮，亦有起舞讴歌，以侑觞邂逅相契，调谑往返，即载以归。不为所顾者，至追逐马足，不远数里。"其携去者生子后归宁，谓之拜门，因执子婿之礼。可以看出，妇女在婚姻选择上有很大的自由。《松漠记闻》又云："婿纳币，皆先期拜门，戚属偕行，以酒馔往。"女家则设酒、茶、乳酪、蜜糕等款待。"妇家无大小，皆坐炕上，婿党罗拜其下，谓之男下女。"娶亲时，婿皆亲迎。"既成婚，留妇氏，执仆隶役，虽行酒进食，皆亲躬之。三年然后以妇归。妇氏用奴婢数十户，牛马十数群，每群九㹀一牡，以资遣夫。"（《大金国志》卷三九《婚姻》并同）这一风俗颇有女尊男卑的意味，是一些民族曾经共有的母权制残留。[①]

女真有指腹为婚的风俗。《大金国志》、《松漠记闻》均记载，"金人旧俗，多指腹为婚姻。既长，虽贵贱殊隔，亦不可渝。"这种风俗延续了很长时间。清人昭梿《啸亭杂录》卷九《满洲嫁娶礼仪》云："满洲氏族罕有指腹定婚者，皆年及冠笄，男女家始相聘问。"说明此俗到清初已不多见了，但也反证其并未绝迹。这一婚俗的历史可谓源远流长了。

二　丧葬

由于这方面的文献资料极少，要借助考古工作者提供的报告

[①] 乌桓亦有类似的风俗。《三国志·魏志》引王沈《魏书》："婿随妻归，见妻家无尊卑，旦起皆拜，而不自拜其父母。为妻家仆役二年，妻家乃厚遣送女。"中华书局1997年版。

来加以阐述。

殉葬。《会编》上帙卷三说："死者埋之而无棺椁,贵者生焚所宠奴婢、所乘鞍马以殉之。"根据考古发掘报告可以知道,墓中大都还有首饰、佩饰、服饰、鞍具等随葬品,随葬品的质料则因墓主人的身份地位而有所不同；这些墓葬分别为无葬具、有棺无椁、有棺有椁等不同情况。① 因此,史书中所谓"死者埋之而无棺椁",大约是早期习俗,后来已发生了变化。

火葬。考古发掘的资料表明,金代墓葬分土葬和火葬两种。② 据统计,到1980年为止,全国已发现金代火葬墓近20处30多座。③ 这是金代流行火葬的实证。

人们通常认为火葬起源于印度,因释迦牟尼火化而有死后焚尸之俗,后随佛教传入中国。可是我国考古工作者在甘肃临洮寺洼山曾发现盛有人类骨灰的陶罐。④ 寺洼文化的年代约断在公元前21世纪至10世纪之间。⑤ 尽管对那时出现火葬可以有不同的推测和解释,但这一事实还是存在的。在先秦典籍中,也有关于火葬的记载。⑥ 因此我国火葬的历史远比佛教传入的时间早得多。

长期以来,由于儒家思想的影响等项原因,火葬没有普遍流行,而在北方和西北民族中却常有此俗。如《周书·异域列传》记载,突厥人死,"取亡者所乘马及经用之物,并尸俱焚之"。

---

① 参见《黑龙江畔绥滨中兴古城和金代墓群》、《绥滨永生的金代平民墓》,《文物》1997年第4期。
② 参见前引《黑龙江畔绥滨中兴古城和金代墓群》。
③ 参见景爱《辽金时代的火葬墓》,《黑龙江省文物博物馆学会成立纪念文集》,1980年。
④ 参见夏鼐《临洮寺洼山发掘记》,《中国考古学报》第4册,1949年。
⑤ 参见胡谦盈《试论寺洼文化》,《文物集刊》,1980年第2期。
⑥ 参见洪迈《容斋续笔》卷一三"民俗火葬"条,商务印书馆1935年版。

同书又载，焉耆国"死亡者皆焚而后葬"。辽金时期火葬比以前更为盛行了。

由于受到佛教和契丹、女真等少数民族的影响，在与辽金同时的两宋某些地区也流行火葬。南宋江少虞撰《宋朝事实类苑》卷三二"禁焚尸"条引北宋张师正《倦游录》云："河东人众而地狭，民家有丧事，虽至亲，悉燔爇取骨烬，寄僧舍，以至积久弃捐乃已，习以为俗。……惟胡夷礼洎僧尼，许从夷礼而焚柩。齐民则一皆禁之。"① 火葬虽遭官方禁止，但在民间并未杜绝。现已发现北宋汉族火葬墓二十五六座之多，还在上海、广州、佛山等地发现了南宋时代的火葬墓。②

契丹、女真的火葬之俗，还被后来居住在东北的满族所承袭。清人吴桭臣《宁古塔记略》云："丧事将入殓，其夕亲友俱集，名曰守夜。终夜不睡，丧家盛设相待，俟殓后方散，七七内必殡，火化而葬。"③

合葬。世宗母亲贞懿皇后在丈夫死后，祝发为尼，死在辽阳。临终前她对世宗说："乡土之念，人情所同，吾已用浮屠法置塔于此，不必合葬也。我死，毋忘此言。"④ 由此可知，如不为尼是要夫妻合葬的。近年来在考古发掘中，也有合葬的例证。⑤

烧饭。烧饭是女真丧葬中另一重要习俗。死者葬后，"所有祭祀饮食之物尽焚之，谓之烧饭"⑥。《金虏节要》云："（绍兴）

---

① 上海古籍出版社1981年版。
② 参见景爱《辽金时代的火葬墓》，《黑龙江省文物博物馆学会成立纪念文集》，1980年。
③ "丛书集成初编"本。
④ 《金史》卷六四《后妃传下》。
⑤ 见《松花江下游奥米里古城及其周围的金代墓群》，《文物》1977年第4期。
⑥ 《会编》上帙三；《大金国志》卷三九《初兴风土》。

四年冬，虏主吴乞买以病死，传位于谙版孛极烈都元帅完颜亶。……于五年之春，方告诸路郡邑，立吴乞买之灵，抛盏烧饭，虏俗也。"①

在辽金元的史料中均有关于烧饭的记载，但是大都语焉不详，颇为费解，使后人在对这个问题的理解上产生了很大的歧异。归纳起来，大致有三种看法：（一）认为烧饭源于乌桓，其名则自辽金始，金人尤视为送死一大事。蒙古亦当有之，满洲初入关时，犹有此俗。后乃以纸制车马代之，送三之俗即辽金烧饭之遗也。②烧饭祭祀与杀马（甚至杀奴婢）殉葬是一回事，"殉"与"祭"无绝对的差别。③（二）认为烧饭是火葬。④（三）认为烧饭既非殉葬，也不是火葬，而是一种祭祀。烧饭除用于祭祖之外，还用于祭天。⑤笔者认为把烧饭同殉葬、火葬区别开来的看法是可取的。虽然祭祀与殉葬有联系，但是二者毕竟不同。不过从有关史料来看，金代女真烧饭仅仅与祭奠死者有关，而无祭天之例。女真烧饭不用于祭天。限于篇幅，此处不能详论，容当另文探讨。

劙面。女真还用劙面表示对死者的哀悼、祭奠。"其亲友死，则以刀劙额，血泪交下，谓之送血泪。"⑥在其他一些民族中，如突厥、回纥等也有这种劙面哭丧之俗。⑦

---

① 《会编》下帙六五。
② 见王国维《观堂集林》卷一六《烧饭》，中华书局1959年版。
③ 见贾敬颜《"烧饭"之俗小议》，《中央民族学院学报》1982年第1期。
④ 见前引《黑龙江畔绥滨中兴古城和金代墓群》。
⑤ 见陈述《谈辽金元"烧饭"之俗》，《历史研究》1980年第5期。
⑥ 《大金国志》卷三九《初兴风土》；《会编》上帙三略同。
⑦ 《周书·异域传列》记载突厥风俗，"死者，停尸于帐，子孙及诸亲属男女，各杀羊马，陈于帐前，祭之。绕帐走马七匝，一诣帐门，以刀劙面，且哭，血泪俱流。"《旧唐书·回纥传》云：毗迦阙可汗死，宁国公主"依回纥法，劙面大哭"。

髡面不止限于送丧。如辽天庆四年（1114年）女真首领阿骨打率兵反辽，辽天祚帝大怒，下诏有"女真作过，大军剪除"之语。阿骨打为激励部众，故作悲痛之状，"髡面仰天恸哭……"①可见其他极度悲痛之事，也可用髡面来表示。

三 拜天、宗教

拜天是女真的一项重要礼仪。"金因辽旧俗，以重五、中元、重九日举行拜天之礼。"②

拜天之礼的陈设和仪式，据《金史》卷三五记载："其制，剡木为盘，如舟状，赤为质，画云鹤文。为架高五尺，置盘其上，荐食物其中，聚宗族拜之。"此礼包括"拜"、"排食抛盏"、"饮福酒"等过程。其中唯有"排食抛盏"较为费解。《大金国志》卷九《熙宗孝成皇帝》一、《金虏节要》及胡峤《陷北记》中均有"抛盏烧饭"、"排盏烧饭"或"抛盏"的记载，但是关于这一仪式的细节，却只字没有。在《辽史·礼志一》"祭山仪"中有如下一段文字："大臣、命妇右持酒，左持肉各一器，少立后，一奠。命惕隐东向掷之。"或许这就是所谓"排食抛盏"吧！

女真人除了在重五、中元、重九等节日进行上述那种拜天仪式之外，每当皇帝即位、上尊号、册皇太子等重大庆典，均设位而祭，告祀天地祖宗。当军队出征、临敌、班师之际，也须祭天。如辽朝末年，阿骨打起兵进军宁江州之前，"致辽之罪，申告于天地曰：'……今将问罪于辽，天地其鉴佑之'"③。

---

① 《辽史》卷二八《天祚皇帝二》；《会编》上帙三。
② 《金史》卷三五《礼志八》。
③ 《金史》卷二《太祖纪》。

正隆六年（1161年）海陵王大举伐宋。渡江之前，"筑台于江上，海陵被金甲登台，杀黑马以祭天，以一羊一豕投于江中"①。

萨满教是女真早期信奉的原始宗教。《会编》上帙三云："兀室奸猾而有才，自制女真法律文字，成其一国，国人号为珊蛮。珊蛮者，女真语巫妪也，以其通变如神。""珊蛮"当即"萨满"之异译。萨满就是巫者。女真人相信"巫者能道神语，甚验"②，是沟通人神之间的中介。女真人以为萨满能为人消灾治病，"其疾病则无医药，尚巫祝，病则巫者杀猪狗以禳之，或车载病人至深山大谷以避之"③。他们还迷信巫觋有借诅咒而置人于死地或给人带来灾难的神通。章宗"平昔有所幸御，李氏（元妃）嫉妒，令女巫李定奴作纸木人、鸳鸯符以事魔魅，致绝圣嗣"④。女真"有被杀者，必使巫觋以诅祝杀之者，乃系刃于杖端，与众至其家，歌而诅之……其家一经诅祝，家道辄败"⑤。可见女真人对巫觋迷信之深。

祭天祀神并非始自女真。在女真以前的东北民族习俗中，往往可以找到与之近似的活动。如《后汉书·东夷列传》说，夫余国"以腊月祭天，大会连日，饮食歌舞，名曰'迎鼓'。……有军事亦祭天，杀牛，以蹄占其吉凶"。上书又载：三韩（马韩、辰韩、弁辰）"诸国邑各以一人主祭天神，号为天君，又立苏涂，建大木以悬铃鼓，事鬼神"。《辽史·礼志一》所载契丹祭山仪中，设天神、地祇位于木叶山。祭时"牲用赭白马、玄

---

① 《金史》卷一二九《李通传》。
② 《金史》卷六五《始祖以下诸子传》。
③ 《会编》上帙三。《大金国志》卷三九《初兴风土》略同。
④ 《金史》卷六四《后妃传下》。
⑤ 《金史》卷六五《始祖以下诸子传》。

牛、赤白羊，皆牡"。柴册仪，要设置柴册殿及坛，"坛之制，厚积薪，以木为三级坛，置其上"。同书《礼志三》又载，契丹军队将出师，"刑青牛白马以祭天地"。金代女真祭祀天神的仪礼，同上述族俗有一定的联系，尤其是承袭了契丹的习俗。

至于迷信巫觋，也是早在女真之前就流行于北方民族中的习俗。如匈奴即有以施巫术为业的"胡巫"。这种信仰还传到西汉，并酿成了以此为导火线的"巫蛊之狱"。

女真对天神、萨满教的信仰，后来在不同程度上为久居燕地的蒙古族以及由女真族作为主要组成部分的新共同体满族所因袭。据《蒙鞑备录》记载，蒙古人"正月一日必拜天，重午亦然，此乃久住燕地，袭金人遗制，饮宴为乐也"。女真人的原始信仰对于满族影响，表现得更为明显。

满族也有设竿祭天之礼。《宁古塔记略》云："凡大小人家，门前立木一根，以此为神，逢喜庆疾病则还愿，择大猪不与人争价，宰割列于其下，请善诵者名'叉马'（即萨满），向之念诵，家主跪拜毕，用零星肠肉悬于木竿头。"

满族的跳神礼亦当从契丹、女真的旧俗发展演化而来。满族跳家神，"每于春秋二时行之。……以当家妇为主，衣服外系裙，裙腰上周围系长铁铃百数。手执纸鼓敲之，其声铛铛然。口诵满语，腰摇铃响，以鼓接应，旁更有大皮鼓数面，随之敲和。必西向，西炕上设炕桌罗列食物，上以线横牵，线上挂五色绸条，似乎祖先依其上也"[①]。按照满族风俗，办丧事时，要请萨满跳神。"萨满头戴一顶圆帽，上边安着两只系着铃铛和花花绿绿布块的铁角，帽子的下缘拴一些琉璃串儿，这些琉璃串儿垂在萨满的脸上和脑后。"家属把死者和随葬品装

---

① 吴桭臣：《宁古塔记略》，"丛书集成初编"本。

入棺材后,"萨满接鼓在手,不时敲打几下,手舞足蹈,做出诸般动作"①。上述满族跳神时击鼓摇铃的场面,同契丹人庆贺正旦时"令巫十有二人鸣铃,执箭,绕帐歌呼"②的情景,不无相似之处。女真是否也有类似仪式?笔者孤陋,一时尚未查到确凿资料③,不好臆测。然而契丹风俗主要是通过女真传给满族的,当是顺理成章之事。

迷信巫术,到清代亦有表现。例如《红楼梦》里就写有赵姨娘因嫉恨王熙凤、贾宝玉而买通马道婆为之施巫术的事。可见这种原始宗教的遗风,历时之久远,传播之广泛。

女真进入汉族居住地区之后,原始宗教的地位开始下降,逐渐让位给佛教。上自帝王公卿,下到庶姓大族,竞相皈依,趋之若鹜。"浮图之教,虽贵戚望族多舍男女为僧尼。"④金朝统治阶级还动用大量财力、人力,兴建佛寺,此项费用相当惊人。世宗母亲贞懿皇后李氏返回辽阳老家为尼,号通慧圆明大师。"以内府金钱三十余万,即东都建清安寺,以祈冥福。……始清安寺以太后所建,有资巨百万,凡市易者十数,金帛如山。"⑤又如章宗承安四年(1199年)赵太后死,临终前嘱章宗为她创建一寺"以追荐冥福",遂"起大明寺,建九级浮屠,遣太后殿内侍侯衍往监造,务极壮丽,且度僧三万人施以度牒,时征行调发,民方厌苦,闻有度僧之命,远近奔就,遂及五万人,于寺旁建八寺

---

① [俄] P. 马克:《黑龙江旅行记》,彼得堡1859年版,第312—315页。
② 《辽史》卷五三《礼志六》。
③ 据《南渡录》卷三记载,女真祭神时,"有巫者彩服画冠,振铃击鼓,罗列于前"。恰与契丹正旦仪和满族跳神相仿。然而关于此书真伪问题,向有异议,聊附于此,以备参考。
④ 《大金国志》卷三六《浮图》。
⑤ 《英公禅师塔铭》,见罗福颐编《满洲金石志》卷三,满日文化协会石印本,1937年版。

以处之"①。糜费之甚，可见一斑。道教（尤其是创始于金代的全真教派）亦颇流行，"自奄有中州之后，燕南燕北皆有之"，"诸大贵人奉一斋施，动获千缗"②。挥霍耗费也很可观。

佛道流行，导致大批寄食者的出现，明昌元年（1190年），有人上奏曰："自古以农桑为本，今商贾之外又有佛、老与他游食，浮费百倍。农岁不登，流殍相望，此末作伤农者多故也。"③此风严重地冲击着金朝的社会经济基础。为此，金朝统治者多次下令禁止擅自兴建寺观和剃度僧道。当然，这不是靠发几道诏令就可以奏效的，更何况统治者并不反对宗教在一定限度内的传播，也不会把它彻底抛弃。只是对它进行必要的限制，使之既可起到麻醉人民、掩饰剥削的作用，又不致危及女真贵族的统治根基。

四　骑射

对于许多北方民族来说，骑射同他们猎取生活资料和进行自身防卫、进攻别部的战斗力密切相关，所以关系到民族的盛衰兴亡，几乎成了他们的生命线。女真和其他北方民族一样，举族上下，擅长骑射。《会编》上帙三说，他们"耐寒忍饥，不惮辛苦，食生物，勇悍不畏死"，"善骑，上下崖壁如飞。济江不用舟楫，浮马而渡，精射猎，每见巧兽之踪，能蹑而摧之"。

围猎为女真人重要生活内容之一。阿骨打说，"我国中最乐无如打猎"④。贵族围猎，既是娱乐，也为习武。然而庶民百姓

---

① 《大金国志》卷二〇《章宗皇帝中》。
② 同上书，卷三六《道教》。
③ 《金史》卷四六《食货志一》。
④ 《会编》上帙四引马扩《茅斋自叙》。

围猎，则主要是为了获取生活资料。由于围猎在女真人生存中所占有的特殊地位，所以早期有"贵壮贱老"①的风气。这是因为只有青壮年才能尽情驰骋骑射，而老弱病残则无法胜任此事。基于同样原因，其他一些北方民族，如匈奴、乌桓、突厥以及后来的蒙古等，也均有此俗②，这是那个历史阶段的必然产物。

骑射之成为女真风尚，还表现在女真早期其他日常生活娱乐当中。"女真旧风，凡酒食会聚，以骑射为乐。"③而射柳尤堪称为"以骑射为乐"的重要活动。女真射柳一般在重五、中元、重九拜天之后进行。其法是，"插柳毬场为两行，当射者以尊卑为序，各以帕识其枝，去地约数寸，削其皮而白之。先以一人驰马前导，后驰马以无羽横镞箭射之。既断柳，又以手接而驰去者，为上；断而不能接去者，次之；或断其青处，及中而不能断，与不能中者，为负"④。这实在是一种精彩的骑射竞技比赛，参加者要有高超的骑术和娴熟的射技才有希望获得优胜。

射柳显然与骑射有密不可分的关系，是北方民族的一种传统活动。金代射柳直接源于辽朝"瑟瑟仪"。据考证，它的历史还可以追溯得更远。⑤在满族的风俗中，犹能见到某些射柳的痕

---

① 《会编》上帙三。
② 《汉书·匈奴传》："壮者食肥美，老者饮食其余。贵健壮，贱老弱。"《三国志·魏志》引王沈《魏书》：乌丸"贵少贱老"。《周书·异域列传》：突厥"贱老贵壮"。《蒙鞑备录》："鞑人贱老而喜壮。"
③ 《金史》卷六八《阿离补传》。
④ 《金史》卷三五《礼志八》。
⑤ 陈述云："瑟瑟仪契丹用以乞雨，其事则西域先有之用以乞寒，入唐称曰'泼寒胡戏'。"（《契丹史论证稿》，1948年版）徐秉琨认为："这一礼仪大概是综合了三种成分：一，北方民族传统习俗的'蹛林'射柳；二，中原地区传统的古礼'射礼'；三，西域的'乞寒戏'。"（《横簇箭与射柳仪》，《社会科学辑刊》1980年第4期）

迹。据清人潘荣陛《帝京岁时纪胜》记载："帝京午节，极胜游览。或南顶城隍庙游回，或午后家宴毕，仍修射柳故事，于天坛长垣之下，骋骑走鏕。更入坛内神乐所前，摸壁赌墅，陈蔬肴，酌余酒，喧呼于夕阳芳树之下，竟日忘归。"清人有"毬场射柳马如飞"①的诗句。

通过对金代女真射柳的溯源和延续形态的考察，可以了解历史上各民族在文化上是如何互相效法和后先承袭的。

女真进入汉族地区以后，生活环境和方式都有了很大的改变，逐渐失去昔日的剽悍作风，骑射技艺也日趋荒疏了。为保持本民族的特点和战斗力，金朝统治者一再指令女真人保存骑射旧俗。如大定二十六年（1186年）十月，世宗谓宰臣曰："西南、西北两路招讨司地隘，猛安人户无处围猎，不能闲习骑射。委各猛安谋克官依时教练，其弛慢过期及不亲监视，并决罚之。"②明昌四年（1193年），章宗"敕女直进士及第后，仍试以骑射，中选者升擢之"③。章宗还规定，"女直人及百姓不得用网捕野物，及不得放群雕枉害物命，亦恐女直人废骑射也"④。尽管女真统治者如此三令五申地鼓励骑射，但是自女真进入中原之后，骑射荒废已成无法挽回之势。

五 击毬

击毬是一项风靡金朝全国的体育运动。帝王公卿、贵族庶民

---

① 查嗣瑮：《燕京杂咏》，见近人孙殿起辑、雷梦水编《北京风俗杂咏》，北京古籍出版社1982年版。
② 《金史》卷八《世宗纪下》。
③ 《金史》卷一〇《章宗纪二》。
④ 《金史》卷九《章宗纪一》。

多有好之者。每逢重午、中元、重九行拜天之礼后，则行射柳、击毬之戏。① 击毬有时也在其他的日子里进行。

关于击毬的情况，据《金史·礼志八》记载："各乘所常习马，持鞠杖。杖长数尺，其端如偃月。分其众为两队，共争击一毬。先于毬场南立双桓，置板，下开一孔为门，而加网为囊，能夺得鞠击入囊者为胜。或曰：'两端对立二门，互相排击，各以出门为胜。'"

击毬系因辽朝旧俗②，金初即有此戏。如靖康二年（金太宗天会五年，1127年），金粘罕（完颜宗翰）、斡离不（完颜宗望）俘宋徽宗、钦宗北归途经真定府（今河北正定）时，二人让徽宗看打毬，"自二太子（斡离不）以下，皆入毬场"。打毬罢，还让徽宗赋一首打毬诗。③ 又，《金虏节要》云，"斡离不打毬冒暑，以水沃胸背，病伤寒而死"④。斡离不在出征归途还要击毬，可见他对此戏兴趣之浓。

金朝帝王常常在宫廷设场击毬，并令百姓观看。世宗不仅喜欢观看打毬，有时他还亲自下场。大定八年世宗击球于常武殿，有人谏止，世宗说："祖宗以武定天下，岂以承平遽忘之邪。皇统（熙宗年号）尝罢此事，当时之人皆以为非，朕所亲见，故示天下以习武耳。"⑤ 显然，世宗是把击毬作为保持女真骑射传统的一种手段来对待的。为鼓励击毬习武，金朝还曾将击毬列为策论进士的考试科目，于章宗泰和七年（1207年），才下令免除。⑥

---

① 《金史》卷三五《礼志八》。
② 同上。
③ 《会编》中帙七三引《北狩闻见录》，其诗云："锦袍骏马晓棚分，一点星驰百骑奔。夺得头筹须正过，无令绰拨入斜门。"（原注：绰拨、斜门，皆打球家语。）
④ 《会编》下帙八引。
⑤ 《金史》卷一三一《马贵中传》。
⑥ 《金史》卷一二《章宗纪四》。

后来，随着猛安谋克走向末路，这项充满尚武精神的体育活动渐趋衰落是不可避免的。金朝后期，虽然击毬在军队中仍作为一种习武形式存在，但是已有了限制。宣宗兴定四年（1220年），"诏军官许月击鞠者三次，以习武事"①。然而在社会上人们的心目之中，击毬已不复是一种健康的运动了。哀宗时，太后曾戒敕赤盏尉忻说："上之骑鞠举乐，皆汝教之，再犯必杖汝。"②又，《金史·国用安传》："用安形状短小无须，喜与轻薄子游，日击鞠衢市间，顾眄自矜，无将帅大体。"可见这时的击毬已被世人目为轻薄子弟、市井无赖的恶嗜，其形象和地位已与往日迥然不同了。

女真击毬系因辽朝旧俗，但其出现的时间还要更早一些，最初起源于波斯，唐朝时经西域传入中国，并且得到广泛传播。③击毬之戏在唐朝时传到了地处东北的渤海国。据日本史书记载，嵯峨天皇弘仁十三年（唐穆宗长庆二年，822年）正月，"渤海国使臣王文矩等打毬，天皇有观打毬诗"④。诗云："芳草烟景早朝晴，使客乘时出前庭。回杖飞空疑初月，奔毬转地似流是。左承右碍当门竞，群踏分行乱雷声。大呼伐鼓催筹急，观者犹嫌都易成。"⑤渤海使臣击毬的热烈场面和熟练毬艺跃然纸上。渤海灭亡一百多年之后，辽朝渤海后裔仍好此戏。为此，辽曾下令禁止，至重熙七年（1038年）萧孝忠为东京留守时上奏兴宗，才取消禁令。⑥

---

① 《金史》卷一六《宣宗纪下》。
② 《金史》卷一一五《赤盏尉忻传》。
③ 见向达《长安打毬小考》，《唐代长安与西域文明》，三联书店1957年版，第80—86页；黄现璠：《唐代社会概略》，商务印书馆1936年版，第195—201页。
④ 《渤海国志长编》卷二引日本《本朝通鉴》卷二一，社会科学战线杂志社，1982年版。
⑤ 《渤海国志长编》卷一八引日本《经国集》卷一一。
⑥ 《辽史》卷八一《萧孝忠传》。

辽金时期契丹、女真的击毬运动直接影响到了蒙古。赵珙《蒙鞑备录》说："如彼（指蒙古）击鞠，止是二十来骑，不多用马尔，恶其哄闹也。击罢，遣人来请我使人至彼，乃曰：'今日打毬，如何不来？'"由此可知蒙古人也很喜爱此戏。清代端午节犹有击毬之俗。有人写诗咏此事，"香粽凉糕安石榴，射堂西畔绿阴稠。联镳飞鞚城南去，拂袖天坛看打毬"。原诗后面引《北京岁华记》云，端午日，天坛击毬决射，盖古来射柳遗意。①至于清人击毬情况，《清代北京竹枝词》收录一首题为《射天毬》的诗序说："阅武堂植旂门，悬天毬于上，中置瓦器，内实双鸽，毬落鸽飞，应弦而射，有厚赉焉。"②看来这里所说的击毬已与女真不同，大约有了变迁，或许另有渊源，尚待详考。

六　其他杂俗

以上所述，多是具有女真本族或北方民族特点的风俗，此外女真还在许多习俗上接受了汉族的影响，反映出女真汉化的历史潮流。

（一）姓氏。女真在汉族先进文化的影响之下，纷纷将其姓氏改称汉姓。世宗在大定十三年、二十七年，章宗在明昌二年、泰和七年曾多次下令，禁止女真改译或改称汉姓。尽管如此，还是阻挡不住这股改称汉姓的趋势。据后来元人陶宗仪《南村辍耕录》卷一"氏族"条所载，改称汉人姓氏的金人姓氏就有31姓之多："完颜汉姓曰王，乌古论曰商，乞石烈曰高，徒单曰杜，女奚烈曰郎，兀颜曰朱，蒲察曰李，颜盏曰张，温迪罕曰温，石抹曰萧，

---

① 张朝墉：《燕京岁时杂咏》，见《北京风俗杂咏》第59页。
② 参见该书第168页。

奥屯曰曹，孛术鲁曰鲁，移剌曰刘，斡勒曰石，纳剌曰康，夹谷曰仝，裴满曰麻，尼忙古曰鱼，斡准曰赵，阿典曰雷，阿里侃曰何，温敦曰空，吾鲁曰惠，抹颜曰孟，都烈曰强，撒答曰骆，呵不哈曰田，乌林答曰蔡，仆散曰林，术虎曰董，古里甲曰汪。"（《金国语解》并同）女真人改用汉姓者还不止于此。据近人考证，在后来的汉姓内，至少有59姓，或多或少渗入了女真成分。[①]此外，女真的一些姓氏还为以后的满族所袭用。[②]

女真人还多有汉名。帝王、皇族乃至百姓往往一人二名。如太祖阿骨打又名旻，太宗吴乞买又名晟，皇族粘罕又名宗翰，兀术又名宗弼；庶姓唐括安礼本名斡鲁古，富察世杰本名阿散；等等。女真名和汉名在使用上，略有区分，前者用于彼此相呼，后者则用之于诏、令、章、奏。[③]

金朝不仅有女真改称汉人姓名的习俗，并有赐女真姓给汉人及其他族有功者的制度。金朝曾规定，"赐本朝姓者，凡以千人败敌三千者赐及缌麻以上，败二千人以上者赐及大功以上，败千人以上者赐止其家"[④]。如完颜阿邻本姓郭氏，以功赐姓完颜。[⑤]国用安先名安用，后赐姓完颜，改名用安。[⑥]

女真改用汉人姓名这一事实，说明了女真族对汉文化的仰慕。至于赐有军功者以皇族姓，不消说更是沿袭中原汉族王朝的传统做法。

（二）服饰。女真的服饰本来带有浓厚的本民族及北方民族

---

① 见陈述：《金史拾补五种》，科学出版社1960年版，第176页。
② 见《满洲源流考》卷七《部族》。
③ 见赵翼：《廿二史札记》卷二八"金一人二名"，世界书局1939年版。
④ 《金史》卷一○三《完颜阿邻传》。
⑤ 同上。
⑥ 《金史》卷一一七《国用安传》。

特点。"其衣服,则衣布好白,衣短而左衽。妇辫发盘髻,男女辫发垂后,耳垂金银,留脑盾发,以色丝系之。富者以珠玉为饰,衣墨裘细布貂鼠、青鼠、狐貉之衣;贫者衣牛、马、猪、羊、猫、蛇、犬、鱼之皮。"①之所以"衣布好白"当与女真色尚有关,《金史·太祖纪》云:"上曰:'辽以宾铁为号,取其坚也。宾铁虽坚,终亦变坏,惟金不变不坏。金之色白,完颜部尚白。'"除色尚原因之外,穿着白衣还有实际的效用,女真地境冱寒。长被冰雪,白衣围猎,便于接近射猎目标,提高命中率,不易被野兽发现,具有保护色的作用。女真人春秋之"常服",多饰以花木鸟兽,"其春水之服则多鹘扑鹅,杂花卉之饰。其从秋山之服则以熊鹿山林为文"②,除为装饰之外,同样是取其保护色的作用。至于短衣左衽,主要是便于骑射,这也是我国北方少数民族的传统习惯。③

女真服装,后来表现出明显的汉化趋势,这从世宗大定二十七年(1187年)、章宗泰和七年(1207年)先后勒令女真人不得学南人装束,"违者杖八十,编为永制"④,便可以得到反证。

(三)岁时。女真人本不知纪年,"以草一青为一岁"。后来受汉族影响,许多人纷纷选择佳辰为自己的生日。如,"粘罕以正旦,悟室(完颜希尹)以元夕,乌拽马以上巳,其他如重午、七夕、重九、中秋、中下元、四月八日皆然"⑤,反映了中原的

---

① 《会编》政宣上帙三。
② 《金史·舆服下》。
③ 如《史记·赵世家》所载战国赵武王"胡服骑射"就是使"衣服器械,各便其用",因而提高了战斗力。左衽的历史更早,据孔子说"微管仲,吾其被发左衽矣"(《论语·宪问》)判断,左衽不会晚于春秋。
④ 见《金史·世宗纪下》、《金史·章宗纪四》、《金史·舆服下》。
⑤ 洪皓:《松漠记闻》"丛书集成初编"本。《大金国志》卷一二《熙宗孝成皇帝四》略同。

汉族岁时风俗也逐渐在金朝境内传播开来。如女真本无上元张灯之俗，据说有一个被女真人从中原掳去的僧人，在上元节用长竿擎灯，欢庆佳节。不料却使太宗（吴乞买）大骇，误以为他用灯作联络信号啸聚为乱而把他杀了。后来女真到了燕地，才知上元张灯①，并且成了女真颇为重视的习俗。如海陵王于"贞元元年（1153年）春正月元夕张灯，宴丞相以下于燕之新宫，赋诗纵饮尽欢而罢"②。"大定二十七年正月元夕张灯，琉璃、珠璎、翠羽、飞仙之类不一，至有一灯金珠为饰者。都人男女盛饰观玩，至十八日而罢。"③可见景况之盛。

在女真岁时风俗已经大部分汉化了的同时，也还保留一些带有原始色彩的节俗。如所谓"放偷日"即是一例。《松漠记闻》云："金国治盗甚严，每捕获论罪外，皆七倍责偿。唯正月十六日④，则纵偷一日以为戏。妻女、宝货、车马，为人所窃，皆不加刑。是日，人皆严备，遇偷至则笑遣之。既无所获，虽畚锸微物亦携去。妇人至显入人家，伺主者出接客，则纵其婢妾盗饮器。他日知其主名，或偷者自言，大则具茶食以赎（原注：谓羊酒肴馔之类），次则携壶，小亦打糕取之。亦有先与室女私约，至期而窃去者，女愿留则听之。自契丹以来皆然。今燕亦如此。"透过这种奇特而有趣的现象来分析其本质，当是原始社会财产公有的一种遗留。女真虽已进入阶级社会，可是经过世代口耳相传，人们还依稀保存着对过去公有制的某些记忆。他们在节

---

① 《松漠记闻》；《大金国志》卷一八《世宗圣明皇帝下》。
② 《大金国志》卷一三《海陵炀王上》。
③ 同上书卷一八《世宗圣明皇帝下》。
④ 此据"丛书集成初编"本《松漠记闻》，而《会编》下帙一二一所引《松漠记闻》作"正旦"，真伪未定的《南渡录》作"正月初三日"，不知孰是。

日里将这种记忆象征性地付诸实践，这或许就是"纵偷一日"的真谛吧！

（四）游戏。汉族的游戏，如弈棋、双陆、投壶等也进入了女真社会生活当中。如《金虏节要》说，熙宗"虽不能明经博古，而稍解赋诗翰墨，雅歌儒服，分茶焚香，弈棋战象，徒失女真之本态耳。……旧功大臣视渠则曰：'宛然一汉家少年子也'"①。《大金国志》卷一三《海陵王上》说，海陵自幼就好读书，"学弈，象戏，点茶，延接儒生"。《金史·完颜弼传》说，"弼平生无所好，惟喜读书，闲暇延引儒士，歌咏投壶以为常"。汉族游戏不仅为少数女真帝王将相所喜好，而且深入民间。"燕京茶肆，设双陆局，或五或六，多至十，博者蹴局，如南人茶肆中置棋具也。"②可见已相当普及。起源很早的角抵（相扑）也深为金朝帝王所乐见，《金史》中就不止一次地记载海陵观角抵。此外，金朝末年京城被蒙古兵围困，女真人放纸鸢（风筝）以传递文书③，可知平时也当有放风筝的游戏。

以上对金代女真族俗作了概括的论述，就这些习俗的形成或来源而言，归纳起来，大体有三：一是带有浓厚的本族或邻族色彩的风俗，如拜天仪式，射柳，击球等，行于契丹、女真；又如烧饭，行于契丹、女真、蒙古。二是北方民族处于相同历史发展阶段时曾经共有的风俗，如对祖先与天的崇拜（不是指具体仪式），妻母报嫂，贵壮贱老，长于射猎，等等。三是女真进入汉族地区后"汉化"的结果，如改用汉族姓氏，风行汉族岁时习俗和游戏，等等，而且愈是往后，所受汉族影响

---

① 《会编》炎兴下帙六六引。《大金国志》卷一二《熙宗孝成皇帝四》略同。
② 《松漠记闻》。
③ 《金史》卷一一三《赤盏合喜传》。

愈深。

  关于女真的汉化，其道路不是平坦笔直的。女真建国初期，"天辅（太祖阿骨打）草创，未遑礼乐之事"①，那时大抵是以女真旧俗及契丹等北方民族共有的习俗为主；到熙宗、海陵王时，随着女真与汉族接触日益广泛以及女真族统治者身体力行、大力倡导，在女真族发展史上出现了汉化潮流；到世宗时一度呈现逆转。世宗对海陵王以来"女真浸忘旧风"（如改用汉人姓氏，穿着南人衣装，不用本族语言文字等）的"忘本"行为，深感不安，一再强调"旧风不可忘"②，竭力反对汉化。章宗则一面固执地继承乃祖世宗的国策，鼓励习武，禁女真人改汉姓及学南人装束③等限制汉化的方针；另一方面又不得不顺应历史发展趋势，实行某些重大改革措施，如允许屯田军户与所居民通婚，放奴婢为良，取消猛安谋克特权，废除猛安谋克世袭制，实行封建制的土地所有制，从而推动了女真封建化的最后完成。

（原载《历史研究》1982 年第 3 期）

---

 ① 《金史》卷三《太宗纪》。
 ② 《金史》卷七《世宗纪》。
 ③ 《金史》卷一二《章宗纪》。

金代女真的汉化、封建化与汉族士人的历史作用

女真见诸文献记载时,大约处于原始氏族制向奴隶制过渡的历史阶段,公元1115年女真首领阿骨打称帝建元,标志着这个过渡的完成,但是依然存在着某些氏族制的残余。而当时的辽宋王朝则是发展到了一定水平或已是相当发达的封建社会了。女真在契丹和汉人(尤其是汉人)的影响之下,采用其政治制度,接受其封建文化,实现生产方式的变革,促进女真社会的迅速发展,最后完成了由奴隶制向封建制的过渡。

本文试图就女真的汉化、封建化和汉族士人在这一过程中所起的历史作用等问题作简要的论述。

一

女真在我国东北勃兴时,其社会发展阶段落后于当时的契丹,更远远落后于中原的汉族。它之所以能够在建国后与南宋政权对峙一个世纪之久,除了南宋统治者的腐败等外部原因之外,还在于女真统治者在内部采取一系列改革措施,加快社会发展进

程，增强了与南宋相抗衡的实力。

（一）太祖、太宗时期

金朝建国前后，太祖阿骨打、太宗吴乞买在继续袭用女真旧制的同时，还任用辽宋士人，采用某些辽宋制度。

阿骨打在对辽战争中，多次诏令选录辽宋士人。如天辅二年（1118年）二月，诏曰："国书、诏令，宜选善属文者为之。其令所在访求博学雄才之士，敦遣赴阙。"天辅七年（1123年）二月，诏"所附之民有材解者，可录用之"①。太宗为了急欲得汉族士人，"以抚辑新附"，于天会元年（1123年）十一月，始设经义进士②。天会五年（1127年）因河北、河东初降，职员多阙，"以辽、宋之制不同，诏南北各因其所素习之业取士，号为南北选"③。这些措施为稳定所占领区的社会秩序，巩固和加强金政权在那里的统治，带来了积极的效果。

女真统治者大量招纳辽宋士人，对金初政治制度发生了一定的影响。天辅七年，设枢密院，以燕地汉人、辽朝旧臣左企弓行枢密院于广宁。据《辽史·百官志》，辽朝官制"以国制治契丹，以汉制待汉人"，分北、南院，北面治宫帐、部族、属国之政，南面治汉人州县、租赋、军马之事。女真的枢密院系"踵辽南院之旧"④，和辽的南面官相似。天会四年（1126年），金朝又建尚书省，始行三省之制。

太祖太宗时期，金朝政权建立伊始，尚属草创阶段，并且忙于"灭辽举宋"，只在某些个别方面，参照辽宋制度作了些微的

---

① 脱脱等：《金史》卷二《太祖纪》，中华书局1975年版。
② 《金史》卷五一《选举志一》。
③ 《金史》卷五五《百官志一》。
④ 同上。

改革，在政治上多仍女真旧制。

（二）熙宗、海陵时期

1141年宋金绍兴和议后，一度出现南北和好局面。熙宗、海陵在他们的统治时期，优用汉人，仿效汉制，实现许多重大的政治改革，大大加快了女真汉化的步伐。

熙宗、海陵时期的政治改革，主要有以下几个方面：

官制改革。熙宗即位后，废除刘豫的伪齐政权，置行台尚书省于汴京（今河南开封），后改燕京枢密院为行台尚书省，不久又移置于汴京，加强了对幽燕和中原地区的控制。天眷元年（1138年），废除勃极烈制度，颁行新官制。新官制"大率皆循辽、宋之旧"①，以太师、太傅、太保为三师，太尉、司徒、司空为三公，尚书省置令一人，次左右丞相及平章政事，左右丞及参知政事。左右丞相为宰相，左右丞为执政官，多由内族外戚及女真人有战功者充任。

海陵天德二年（1150年），废行台南书省，改都元帅府为枢密院。正隆元年（1156年）五月，颁行正隆官制。罢中书、门下省，止置尚书省。自省而下，置院、台、府、司、寺监、局、署、所。自此，"职有定位，员有常数，纪纲明，庶务举，是以终金之世守而不敢变焉"②。经过海陵的官制改革，在金朝确立了封建中央集权制度。

宗庙制度。女真本无宗庙，祭祀亦不讲究。张棣《金虏图经》说，"自平辽之后，所用执政大臣多汉人，往往说以天子之孝在乎尊祖，尊祖之事在乎迷宗庙。若七世之庙未修，四时之祭

---

① 《金史》卷五五《百官志一》。

② 同上。

未举，有天下者，何可不念"①。由于汉族士人不断向女真贵族统治者宣扬宗法观念、封建道德，女真始有宗庙制度。皇统三年（1143年），初立太庙，八年太庙成。因这时京城仍在上京，"庙貌祀事虽具，制度极简略"②。贞元初，海陵迁燕，增广旧庙，迁祖宗神主于新都，安于太庙，宗庙制度逐步完备起来。

设置仪卫。金建国之初，"其仪制从物，止类中州之守令。在内廷间，或遇雨雪，虽后妃亦去袜履，赤足践之"③，可见当时仪制是很简陋的。熙宗时，翰林待制、燕人程寀上疏说：古天子出入警跸，清道而行，以备非常，而陛下出行，"前无斥候，从无羽卫，甚非肃禁篡之意也"。他建言，"简忠义爪牙之士，统以亲信腹心之臣，警卫左右"④。熙宗采纳了程寀等儒士的建议，仿唐宋制度，设置仪卫。从此，"入则端居九重，出则警跸清道，视旧功臣浸疏，且非时莫得见"⑤。反映了女真原来的浓厚的军事民主制残余正在消失，而代之以等级森严的封建礼仪。

仪卫制度是在汉人的直接参与下建立起来的，《金史》卷七八《刘筈传》说，"熙宗幸燕，法驾仪杖，筈（刘彦宗次子）讨论者为多"。到了海陵时，"护卫悉具"，"大率制度与中国等"⑥，仪卫更臻完备了。

刑律改革。据《金虏图经》，金初立法设刑，悉遵辽制。常刑之外，又有沙袋之制。以皮革为囊，实之沙石，系于杖头，有

---

① 徐梦莘：《三朝北盟会编》（以下简称《会编》）炎兴下帙一一四引，上海古籍出版社1987年版。
② 同上。
③ 同上。
④ 《金史》卷一〇五本传。
⑤ 李心传：《建炎以来系年要录》（以下简称《要录》）卷一一七，绍兴七年十一月，中华书局1988年版。
⑥ 《会编》炎兴下帙一四四引张棣《金虏图经》。

罪者，持而决其背。可见是很残酷的。熙宗即位，"执政大臣多中州汉儿，始加损益，首除此沙袋之制"①。

如上所述，熙宗、海陵时期的重大政治改革，多是参照辽宋制度并在汉族士人的参与下进行的。除已提及者外，还有燕人韩企先，韩昉和南宋使金被留的宇文虚中以及蔡靖等，直接参与了金朝前期的政治改革。

韩企先，燕京人，辽中书令韩知古后裔，于太宗、熙宗两朝为相，凡二十年。《金史》卷七八本传说："企先博通经史，知前代故事，或因或革，咸取折衷。企先为相，每欲为官择人，专以培植奖励后进为己责任。推毂士类，甄别人物，一时台省多君子。弥缝阙漏，密谟显谏，必咨于王。宗翰、宗干雅敬重之，世称贤相焉。"后来，世宗曾高度评价韩企先，说金朝"典章制度多出斯人之手"，"汉人宰相惟企先最贤，他不及也"。并且图画韩企先像于衍庆宫，以表彰他对金朝立下的业绩。

宇文虚中，蜀人。本宋黄门侍郎，以奉使金朝被留，委以官职，授翰林学士承旨，被金人奉为"国师"。在熙宗改革时，宇文虚中为之详定礼仪，金国的"官制、禄格、封荫、谥讳，皆出宇文虚中参国朝（按指宋朝）及唐法制而增损之"②。

蔡靖，王绘《绍兴甲寅奉使录》载李聿兴言，"本朝（按指金朝）目今制度，并依唐制。衣服宫制之类，皆宇文相公（虚中）共蔡太学（靖）并本朝数十人相与计议。"③

韩昉，燕京人。太宗天会十二年（1134年）入礼部，在职凡七年，历太宗、熙宗两朝。《金史》卷一二五本传说，"当是

---

① 《会编》炎兴下帙一四四引张棣《金虏图经》。
② 《会编》卷一二一，绍兴二十五年十一月。
③ 《要录》卷八一，绍兴四年十月条引。

时，朝廷方议礼制度，或因或革，故时在礼部兼太常甚久"。他还与熙宗论唐玄宗为政得失，说："唐太宗以来，惟明皇、宪宗可数。明皇所谓有始而无终者。初以艰危得位，用姚崇、宋璟，惟正是行，故能成开元之治。末年怠于万机，委政李林甫，奸谀是用，以致天宝之乱。苟能慎终如始，则贞观之风不难追矣。"①

金朝于海陵时从上京迁都燕京，是女真汉化过程中的一件大事，自迁都的议定到宫室的营建，汉族士人以及汉化了的其他族人起了不容忽视的作用。

女真兴起于按出虎水（今阿什河），阿骨打建元称帝，便以其故地为统治中心，称"内地"，熙宗天眷元年号上京。《金虏节要》说，金初"尚无城郭，星散而居。……虽有君臣之称，而无尊卑之别，乐则同享，财则同用，至于屋舍、车马、衣服、饮食之类，俱无异焉。虏主所独享惟一殿，名曰乾元殿。此殿之余，于所居四外栽柳行以作禁围而已"②。

由于女真统治势力不断发展，统治地区逐渐扩大，金朝统治者为了加强对全境，尤其是汉族地区的统治，以偏僻的上京为都城已不适应新形势的需要了。

在迁都问题上，女真统治集团内部存在很大的分歧。海陵极力主张迁都，天德二年（1150年）在他的主持下，朝廷内展开了一场关于迁都问题的激烈争论。右丞相梁汉臣主张迁都，萧王耶律怀义则坚决反对，他说，"上都之地，我国旺气，况是根本，何可弃之？"兵部侍郎何卜年驳斥说，"燕京地广土坚，人物蕃息，乃礼仪之所，郎主可迁都。北蕃上都黄沙之地，非帝居也。"上书者也多谓"上京僻在一隅，转漕艰而民不便，惟燕京

---

① 《金史》卷四《熙宗纪》。
② 《会编》炎兴下帙六六引。

乃天地之中，宜徙都燕以应之"。在汉族士人的力争之下，海陵决定迁都，并遣张浩、张通古、蔡松年调诸路夫役筑燕京宫室①。刘筈，卢彦伦、刘枢等也参与了这项工作。张浩系辽阳渤海人，本姓高，曾祖仕辽而为张氏，是汉化了的渤海后裔，余者也是北方汉人或由宋入金者。

海陵迁燕前，先遣画工到北宋故都开封描画宫室，令张浩等按图修之，"其制度一以汴京为准"②。关于皇城的规模，据记载，"周九里三十步，其东为太庙，西为尚书省。宫之正中曰皇帝正位，后曰皇后正位。位之东曰内省，西曰十六省，妃嫔居之。又西曰同乐园，瑶池、蓬瀛、柳庄、杏庄皆在焉"③。

海陵自上京迁都燕京，实现了金朝统治中心的南移，对于加强封建中央集权，促进女真与汉族的融合，具有战略意义。以后元明清各代都把燕京作为统治全国的政治中心。

(三) 世宗、章宗时期

1161年，在海陵进兵南宋的过程中，完颜雍即位于东京（今辽宁辽阳），是为金世宗。《金史》卷八本纪说他"久典外郡，明祸乱之故，知吏治之得失。即位五载，而南北讲好，与民休息"。在他统治时期，"群臣守职，上下相安，家给人足，仓廪有余……号称'小尧舜'"。

世宗是一个守成的君主，他除了对金朝袭用的辽法略作改革（即所谓"法弊则更能，唐宋法有可行者则行之"④）而外，创

---

① 宇文懋昭：《大金国志》卷一三《海陵炀王上》，崔文印校证本，中华书局1986年版。
② 《要录》卷一六一，绍兴二十年十一月。
③ 同上。
④ 《金史》卷七《世宗纪中》。

建无多。但是他在擢用人才上却为历代所称道。石琚便是被世宗重用并对世宗发生过积极影响的汉人宰相。世宗即位后，石琚即以汉族统治者传统的治国平天下的主张上疏六事：正纲纪，明赏罚，近忠直，远邪佞，省不急之务，罢无名之役。他的建议得到世宗的采纳①。石琚任内"不烦扰，不更张，偃息干戈，修崇学校，议者以为有汉文景风"②。石琚死后，章宗泰和元年（1201年），图像衍庆宫，配享世宗庙廷③。汉族士人，唐宋制度以及汉族封建统治者的治国平天下传统理论，对大定盛世的出现，无疑起了重要的作用。

继世宗之后是章宗，他在位期间，"承世宗治平日久，宇内小康。乃正礼乐，修刑法，定官制，典章文物粲然，成一代治规"④。章宗还于泰和四年（1204年）规定，除了原来已对三皇、五帝、四王行三年一祭之外，还要祭祀夏太康，殷太甲、太戊、武丁，周成王、康王、宣王，汉高祖、文、景、武、昭、宣、光武、明帝、章帝，唐高祖、文皇（太宗）等⑤，章宗已把金王朝作为中原汉族王朝的继承者。

章宗后期，崇尚奢华，外戚干政，政治腐败，经济衰落，北有鞑靼等族的威胁，南有宋朝的北伐，金朝内外矛盾交织，由盛转衰。宣宗南渡后，更是江河日下，走向了末路。这时猛安谋克汉化得更深了，他们纷纷弃武就文，附庸风雅，"喜交士大夫，视女直同列诸人奴隶也"，"为将帅者多出于世家，皆膏粱乳臭子"⑥。至此，女真

---

① 《金史》卷八八《石琚传》。
② 刘祁：《归潜志》卷一二，中华书局1983年版。
③ 《金史》卷八八《石琚传》。
④ 《金史》卷一二《章宗纪四》。
⑤ 同上。
⑥ 《归潜志》卷六。

猛安谋克几乎已无异于汉族的地主阶级了。

由以上可以看出，女真的政治改革，大体可分为三个阶段：一是太祖、太宗时期，女真刚刚建立起奴隶制国家，完成了从原始氏族制到奴隶制的过渡，这时契丹、汉人以及辽宋制度对女真社会的影响还不大，女真仍多"用本国制度"①。二是熙宗、海陵时期，开始参照唐宋封建制度对女真旧制进行一系列的重大改革，并取得了成效，这是金朝社会发展过程中的具有关键性的重大转折。三是世宗、章宗时期，在熙宗海陵改革的基础之上，进一步消除女真旧制，采用汉人制度，以至"城郭宫室，政教号令，一切不异于中国"②，完成了女真的封建化。

二

女真在接受汉族文化影响方面，大体上也经历了与政治改革相一致的几个发展阶段。

阿骨打和太宗在对辽宋的战争中，即大肆收集图书、文籍。天辅五年十二月，诏曰："若克中京，所得礼乐仪仗图书文籍，并先次津发赴阙。"③ 在对宋战争中，金兵每到一处，即索取书籍、印板、文物。如靖康元年（金天会四年）十二月，"金人索监书藏经，苏、黄文及古文书籍、《资治通鉴》诸书"。"金人指名取索书籍甚多。"④ 靖康二年正月（1127 年），金破汴京，"取图籍文书与其镂板偕行。……当时下鸿胪寺取经板一千七百

---

① 《金史》卷二《太祖纪》。
② 脱脱等：《宋史》卷四三六《陈亮传》，中华书局 1977 年版。
③ 《金史》卷二《太祖纪》。
④ 《会编》靖康中帙四八。

片"①。金人在战争中还索取诸色人物,包括画工、医官、匠人及杂戏、杂剧、说话、弄影戏、小说,弄傀儡、打筋斗、弹筝、弹琵琶、吹笙等艺人。② 这无疑是对南宋文化的极大破坏,但是诸色人和图书文物流入北方,又在客观上为在金国传播先进的汉族文化提供了条件。

太祖、太宗时期,毕竟是戎马倥偬,"未遑礼乐之事"③,所以在女真人的日常生活中,尚多保留女真旧俗,未明显汉化。

熙宗、海陵时期的情况则有了很大的改变,已如上述。熙宗海陵实行政治改革,与他们受汉族文化熏陶是有直接关系的。

熙宗完颜亶十分仰慕汉族文物制度。据记载,"自亶幼时,词臣韩昉已教之学,稍赋诗染翰"④。即位之后,"所与游处,尽文墨之士。有未居显位者,咸被荐擢,执射赋诗,各尽其所长,以为娱适"⑤。

尊孔谈经是熙宗重视汉族封建文化的又一表现。天眷三年(1140年)十一月,以孔子四十九代孙孔璠袭封衍圣公。皇统九年(1141年),熙宗"亲祭孔子庙,北面再拜,退谓侍臣曰:'朕幼年游佚,不知志学,岁月逾迈,深以为悔。孔子虽无位,其道可尊,使万世景仰。大凡为善,不可不勉。'自是颇读《尚书》、《论语》及《五代》、《辽史》诸书,或以夜继焉"⑥。

海陵王完颜亮是一个比熙宗汉化得更深的君主。海陵幼时,

---

① 《会编》靖康中帙五二引赵子砥《燕云录》。
② 《会编》靖康中帙五二、五三。
③ 《金史》卷三《太宗纪》。
④ 《要录》卷一一七,绍兴七年十一月。
⑤ 《大金国志》卷九《熙宗孝成皇帝一》。
⑥ 《金史》卷四《熙宗纪》。

就"好读书,学弈、象戏、点茶,迎接儒生,读论有成人器"。即位后,仍"嗜习经史,一阅终身不复忘,见江南衣冠文物朝仪位著而慕之"①。海陵能写很有特色的汉文诗词。如他为藩王时题在别人扇上的诗句,"大柄若在手,清风满天下";又如,"万里车书盍混同,江南岂有别疆封。屯兵百万西湖上,立马吴山第一峰"②。都形象生动地反映了他的志向和气魄。

世宗在对待汉化问题上所表现出的态度,要比熙宗、海陵复杂一些。世宗是通过政变上台的,他以各种方式暴扬海陵罪恶,对海陵以来女真习俗的汉化也不以为然。他一再告诫子侄及群臣毋忘旧风。大定十三年(1173年),世宗对宰相说:"会宁乃国家兴王之地,自海陵迁都永安,女直人浸忘旧风。朕昔时尝见女直风俗,迄今不忘。今之燕饮音乐,皆习汉风,盖以备礼也,非朕心所好。"他对太子和诸王说,"汝辈自幼惟习汉人风俗,不知女直纯实之风,至于文字语言,或不通晓,是忘本也"。大定十四年,世宗命"应卫士有不闲女直语者,并勒习学,仍自后不得汉语"③。大定二十五年,世宗说,"大抵习本朝语为善,不习,则淳风将弃"④。

章宗也屡有类似的诏令。承安三年(1198年),令"安抚专掌教习武事,毋令改其本俗"⑤。世宗、章宗分别于大定十三年、二十七年、明昌二年、泰和七年多次禁止女真人改译或改称汉

---

① 《大金国志》卷一三《海陵炀王上》。
② 《正隆事迹》以为此诗系翰林修撰蔡珪所作,诡曰御制。但从海陵对汉文化熟谙程度,此诗出自他手是有可能的。
③ 《金史》卷七《世宗纪中》。
④ 《金史》卷八《世宗纪下》。
⑤ 《金史》卷十一《章宗纪三》。

姓，并勒令女真人不得学南人装束，违者治罪，"编为永制"①。

世宗、章宗关于毋忘旧风的言论，从反面说明了女真人的姓氏、语言、文字、服饰、燕饮、音乐以及其他习俗汉化已成风尚②。同时也反映出他们对女真习俗汉化所持的消极态度。但他们所反对的主要是女真某些风俗的消失，而对接受汉民族的先进文化，他们并非采取一概排斥和反对的态度。

世宗通晓汉文化，注重从经史中吸取有益的经验教训，并以此来开导子侄群臣。如说，"唐、虞之圣，犹务兼览博照，乃能成治"③。"齐桓中庸主也，得一管仲，遂成霸业。""朕于圣经不能深解，至于史传，开卷辄有所益。""朕虽年老，闻善不厌。孔子云：'见善如不及，见不善如探汤'。大哉言乎！"④

世宗还提倡孝悌忠信的封建道德。他对皇子、亲王说："人之行莫大于孝悌。……汝等宜尽孝于父母，友于兄弟。"⑤他谓完颜璟（后来的章宗），"事朕必尽忠孝"⑥。甚至连他所标榜的某些"女直旧风"也被他羼进了儒家封建伦理道德的成分。他对亲王臣属说："女直旧风最为纯直，虽不知书，然其祭天地，敬亲戚，尊耆老，接宾客，信朋友，礼意款曲，皆自自然，其善与古书所载无异，汝辈当习学之，旧风不可忘也。"⑦世宗时，命谭经所将《易》、《书》、《论语》、《孟子》、《老子》、《扬子》、《文中子》、《刘子》、及《新唐书》等译成

---

① 见《金史》卷七《世宗纪中》，卷八《世宗纪下》，卷九《章宗纪一》，卷一二《章宗纪四》。
② 见拙文《金代女真族俗述论》，《历史研究》1982年第3期。
③ 《金史》卷六《世宗纪上》。
④ 《金史》卷八《世宗纪下》。
⑤ 《金史》卷七《世宗纪中》。
⑥ 《金史》卷九《章宗纪一》。
⑦ 《金史》卷七《世宗纪中》。

女真文，以广流传。他说，所以令译五经，是为了使女真人知仁义道德的所在。① 这些都是他接受汉族封建文化影响的证明。

章宗自幼即习读汉字经书，"属文为学，崇尚儒雅"②。他写的汉文诗词虽不及海陵，也"多有可称者"③。章宗注重提拔士人，"群臣中有诗人稍工者，必籍姓名，擢居要地"④。他采取许多发展文化的措施：如置弘文书院；译写经书；诏令购求《崇文书目》内所阙书籍，并予优厚价格以广收求，藏书者如不愿送官，写后还给藏书者，仍给一半报酬。章宗还倡导孝悌廉耻等封建道德，诏令亲军习学《孝经》、《论语》⑤。所以金朝在章宗统治期间儒风盛行，女真进一步汉化和封建化。

女真上层统治者在接受汉文化上，具有便利条件，并且起了积极的作用，这主要是因为他们顺应了历史潮流。因为"野蛮的征服者总是被那些他们所征服的民族的较高文明所征服，这是一条永恒的历史规律"⑥。在中外历史上，"比较野蛮的征服者，在绝大多数情况下……为被征服者所同化，而且大部分甚至还不得不采用被征服者的语言"⑦。

在女真接受汉族文化的过程中，汉族士人起了媒介作用，这从以上的叙述中已经可以得到说明，而且汉族士人还直接为在北部中国传播汉族封建文化，发展文学、艺术、学术等方面作出了贡献。

---

① 《金史》卷八《世宗纪下》。
② 《归潜志》卷一二。
③ 《归潜志》卷一。
④ 《大金国志》卷二一《章宗皇帝下》。
⑤ 以上见《金史》卷一〇、一一、一二《章宗纪》二、三、四。
⑥ 马克思：《不列颠在印度统治的未来结果》，《马克思恩格斯选集》第2卷，人民出版社1972年版，第70页。
⑦ 恩格斯：《反杜林论》，《马克思恩格斯选集》第3卷，第223页。

金初，南宋使金者往往被扣留，多应女真贵族请教其子弟学习儒家经典和文化知识。朱弁在金，"名王贵人多遣子弟就学"；张邵使金留居会宁府，"金人多从之学"；完颜希尹以洪皓为家庭教师，"使诲其八子"①。洪皓无纸，则"取桦叶写《论语》、《大学》、《中庸》、《孟子》传之，时谓桦叶四书"②，传为佳话。

由宋入金的诗人宇文虚中、高士谈、吴激等，以他们的诗文给金初文坛带来了生气。金朝中期以后的著名文学家蔡珪、党怀英、王庭筠、王寂、赵渢、杨云翼、赵秉文、元好问、李纯甫、李俊民、王若虚、麻九畴、段克己等，也大都是汉人，也有高度汉化了的其他族后裔。

金代的戏剧艺术，据《南村辍耕录》卷二五"院本名目"条说："唐有传奇，宋有戏曲、唱诨、词说，金有院本、杂剧、诸宫调。"虽然作者已多不可考，但从所著录的名目判断，其内容包括历史故事，民间传说，名人轶事，等等，院本也是植根于汉族文化土壤中的艺术之花。

金代的书画风格，颇受魏晋以来，尤其是唐宋的影响，如吴激的字画俊逸得宋芾笔意；王庭筠字画也学米芾，尤善山水墨竹；赵渢"正书体兼颜苏，行草备诸家体"③；赵秉文字画"有魏晋以来风调，而草书尤警绝"④。

金代的学术，赵秉文、王若虚、杨云翼、李纯甫等均通经学；刘祁《归潜志》，元好问《壬辰杂编》，元人修金史时多所采用；刘完素、张子和、张元素、李杲等留下了不少医学著

---

① 均见《宋史》卷三七三本传。
② 丁传靖辑：《宋人轶事会编》卷十六引《一统志》，中华书局1981年版。
③ 元好问：《中州集》卷三，中华书局1959年版。
④ 同上。

作。

上述情况说明，汉族士人为发展金代文化，促进女真汉化都起到了积极的作用。

三

"一切社会变迁和政治变革的终极原因"在于"生产方式和交换方式的变更"，在于各个时代的经济。女真政治制度的变革和文化的发展，正是其社会生产方式和交换方式变更的反映；而政治制度和文化方面的汉化，也促进了女真从奴隶制生产方式向封建生产方式的过渡。女真在奴隶制没有得到充分发展的情况下，就开始了新的、向封建制的过渡。

金朝建国初期，太祖、太宗屡令契丹和汉人迁居北方和金源"内地"，使女真与汉族及其他族杂居。天辅六年（1122年），"既完山西诸州，以上京为内地，则移其民实之"①。次年，取燕京路，"尽徙六州氏族富强工技之民于内地"②。天会元年（1123年）十一月，"徙迁、润、来、隰四州之民于沈州"③。天会六年二月，又"迁洛阳、襄阳、颖昌、汝、郑、均、房、唐、邓、陈、蔡之民于河北"④。在使大批汉人迁居北方的同时，还令女真人"散居汉地"。"尽起本国之土人，棋布星列，散居四方，令下之日，比屋连村，屯结而起。"⑤ 金初的移民政策在客观上加强了女真同汉人、契丹人的接触，为改变其落后的生产方式提

---

① 《金史》卷四六《食货志一》。
② 同上。
③ 《金史》卷三《太宗纪》。
④ 同上。
⑤ 《大金国志》卷八《太宗文烈皇帝六》。

供了方便条件。

太祖、太宗时期还对蓄奴采取一些限制措施，并规定可释奴婢为良。《金史》屡见这方面的记载。如，收国二年（1116年）"二月己巳，诏曰：'比以岁凶，庶民艰食，多依附豪族，因为奴隶，及有犯法，征偿莫办，折身为奴者，并听以两人赎一为良。若元约以一人赎者，即从元约。'"天辅二年（1118年），"六月甲寅，诏有司禁民凌虐典雇良人，及倍取赎直者"。天辅六年十月，为安辑怀附，诏曰，"有能率众归附者，授之世官。或奴婢先其主降，并释为良"①。天辅七年十一月，太宗"诏女直人，先有附于辽，今夏虏获者，悉从其所欲居而复之。其奴婢部曲，昔虽逃背，今能复归者，并听为民"。天会三年（1125年）七月，"诏权势之家毋买贫民为奴。其胁买者一人偿十五人。诈买者一人偿二人。皆杖一百"。天会七年三月，"诏军兴以来，良人被略为驱者，听其父母夫妻子赎之"。天会九年四月，诏"新徙戍边户，匮于衣食，有典质其亲属奴婢者，官为赎之"②。这些措施，对于"权势之家"无限制地增加蓄奴起了制约作用。

女真土地所有制形式和占有关系的变化，是关系到封建化的最为主要的标志。女真固有的田制为"牛头地"或称"牛具税地"。"其制，每耒牛三头因一具，限民口二十五受田四顷四亩有奇，岁输粟大约不过一石，官民占田无过四十具。"后于天会四年"诏内地诸路，每牛一具赋粟五斗，为定制"③。

熙宗时期，由于金初以来女真"徙居中土，与百姓杂处"④，

---

① 以上《金史》卷二《太祖纪》。
② 以上《金史》卷三《太宗纪》。
③ 《金史》卷四七《食货志二》。
④ 《大金国志》卷三六《屯田》。

在其影响之下，牛头地制逐渐瓦解，始行"计口授田"："计其户口，给以官田，使自播种以充口。"①

及至世宗时期，女真固有的田制进一步破坏，为封建租佃关系所取代。据《金史》卷四七《食货志二》记载，"山东、大名等路猛安谋克户之民，往往骄纵，不亲稼穑，不令家人农作，尽令汉人佃莳，取租而已。"而且，这已非个别现象，"猛安谋克人惟酒是务，往往以田租人"，"猛安户不自种，悉租与民"。②此时，土地兼并现象也相当严重："豪强之家多占夺田者"；"前参政纳合椿年占地八百顷"；"山西田亦多为权要所占，有一家一口至三十顷者，以至小民无田可种，徙居山阴之恶地"；"椿年子猛安参谋合，故太师耨盌温敦思忠孙长寿等，亲属计七十余家，所占地三千余顷"③。

在世宗时期还出现了以承佃官田课利的"二地主"，"官豪之家多请占官地，转与它人种佃，规取课利。"④金王朝虽然对这种"二地主"有些限制，但已认可其存在，大定二十七年（1187年），"命有司拘刷见数，以与贫难无地者，每丁授五十亩，庶不致失所，余佃不尽者，方许豪家验丁租佃"⑤。

章宗泰和四年（1204年）九月，"定屯田户自种及租佃法"⑥，从而进一步以法律形式将土地租佃制度固定了下来。此外，章宗还采取了一系列措施，放奴婢为良，废除猛安谋克世袭制，变女真贵族为封建士大夫，令猛安谋克举进士等，在许多方

---

① 《大金国志》卷三六《屯田》。
② 《金史》卷四七《食货志二》。
③ 同上。
④ 同上。
⑤ 同上。
⑥ 《金史》卷一二《章宗纪四》。

面从法律上承认女真封建化的合法性，标志着女真封建化过程已基本完成。①

通过以上的论述，我们可以得出以下几点结论：

首先，金代女真汉化、封建化以及汉族士人的历史作用问题，是关系到金朝社会发展的一个重要问题，而且这也是我国北方其他民族建立的王朝所共同面临的一个重要问题。北方民族的汉化如何，往往是决定其政权能否长期存在的因素。元人许衡说："考之前代，北方奄有中夏，必行汉法，可及长久，故后魏、辽、金历年最多，其他不能实用汉法，皆乱亡相继。"② 这是反映了一定历史事实的。

其次，女真汉化基本是和封建化同步进行的，这也有一定的普遍意义。当中原已进入封建社会之后，北方少数民族采用其政治制度，接受其封建文化，必然会促进其由前封建生产方式向封建生产方式的迅速过渡。

最后，在统一多民族国家的形成过程中，作为主体民族汉族的封建士人与其他阶层共同为我国各民族的同化和融合起了重要的作用。

（原载《宋辽金史论丛》第二辑，中华书局1991年版）

---

① 参见张博泉《金代女真"牛头地"问题研究》，《历史研究》1981年第4期。
② 《时务五事》，《元文类》卷一三，文渊阁"四库全书"本。

刘祁与《归潜志》

金元之际人刘祁所撰的《归潜志》，是金代史料中一部值得重视的著作。本文拟对刘祁的生平，《归潜志》一书的内容、史料价值以及它所反映出来的作者思想等问题作一简要的论述。

一

刘祁，《金史》有传，附在其父《刘从益传》之后，仅三十余字："（刘从益）子祁字京叔。为太学生，甚有文名。值金末丧乱，作《归潜志》以纪金事，修《金史》多采用焉。"寥寥数语，极为简略。因此有必要对散见在碑志、序跋中关于刘祁生平的零星资料，进行分析研究，以补《金史》本传之不足。

刘祁（1203—1250）[①]，字京叔，号神川遁士，浑源（今山西浑源）人，出生在一个仕宦之家。八岁时离开故乡，随同祖

[①] 关于刘祁的生卒年，《金史》本传无记载。刘祁《归潜志·序》云："甲午岁（天兴三年，公元1234年）复于乡，盖年三十二（原注：一作三）矣。"按虚岁推算，知刘祁生于1203年。又据王恽《浑源刘氏世德碑》记载，刘祁"享年四十有八"，可知卒于1250年。

父、父母"游宦于大河之南"①。其父刘从益是金卫绍王大安元年（1209年）进士，官至监察御史，因得罪上司而被罢官。后来，曾为叶县（今河南叶县）令，颇有政声。终官于应奉翰林文字。刘从益"博学强记，精经学"，"为文章长于诗"②。

家学渊源，为刘祁自幼专心于学，提供了良好的条件。他在少年时，聪慧好学，博览群书，词章经史，无所不读。他在二十岁那年，参加在南京（今河南开封）举行的进士廷试，但没有考中。"于是始大发愤，以著述自力。"③ 他写出几篇诗文之后，才华初露，深得当时名士李纯甫、赵秉文、杨云翼、雷渊、王若虚等人的赞赏，被目为"异才"，"皆倒屣出迎，交口腾誉之④"。

刘祁的一生，有一半左右的时间是在河南度过的。金朝末年，由于南宋、蒙古军联合伐金，社会动荡不安，遂决定北还故里。他在回乡途中，"生资荡然，僮仆散尽"，历遭艰险，但是随身携带的"旧书一囊"，却始终没有放弃。⑤ 经过大约一年的时间，终于在大兴三年（1234年），也就是金被宋蒙联军灭亡的那年，刘祁辗转两千里，回到故乡。时年三十二岁。他想到幼年离开家乡之后的二十余年间，亲眼见到许多富贵权势之人，过去煊赫一时，如今都已烟消灰灭；自己虽然是"贫贱一布衣，犹得与妻子辈完归，是亦不幸之幸也"⑥。又因感念"世路方艰，未可为进取谋"，便放弃功名之心，隐居山乡"默卷静学，以休

---

① 刘祁：《归潜志·序》，见《归潜志》，"知不足斋丛书"本。以下凡引自此书者，只注卷数，书名从略。
② 《金史》卷一二六《文艺传下》，中华书局1975年版。
③ 卷一四《归潜堂记》。
④ 王恽：《浑源刘氏世德碑》，《秋涧先生大全文集》卷五八，"四部丛刊"本。
⑤ 卷一四《归潜堂记》。
⑥ 《归潜志·序》。

息其心"①，在那里度过了他的后半生。

刘祁的著作，除《归潜志》外，据记载还有《神川遁士集》22卷，《处言》43卷，都已经失传。

《归潜志》凡14卷。卷一至卷六，记金朝一代名人的言行事迹，如同小传；卷七，记宣宗南渡后的种种弊政；卷八至卷十，记文章词赋和时事；卷十一，记大梁（金之南京，今河南开封）被蒙古军围攻和西面元帅崔立叛降始末；卷十二，记崔立叛降后，强令文人为他立碑颂德，以及刘祁参与此事的经过，还有刘祁的《辩亡》、杂论；卷十三，杂论，并收麻革《游龙山记》和刘祁四篇轶文、两首诗、一则轶事；卷十四，刘祁《归潜堂记》和同时人投赠的诗文，本卷当为后人所增补。

二

《归潜志》一书涉及的范围相当广泛，归纳起来，至少有以下几方面的内容。

第一，《归潜志》反映了金代社会后期政治上的腐败情况。

自从12世纪初阿骨打统一女真各部称帝建国以来，历经太宗完颜晟、熙宗完颜亶、海陵王完颜亮三朝约半个世纪的经营，金朝统治已进入华北、中原。由于女真贵族采取了与汉族较高的生产力发展水平相适应的统治方式，金代社会有了长足的进步。到世宗、章宗时，金朝达到了强盛的顶点。

社会财富的聚敛和国家的强盛，是统治阶级对广大人民群众实行残酷掠夺和压榨的结果。各族人民采取各种方式反抗女真贵族的残暴统治，社会矛盾日趋尖锐。与此同时，外部有蒙古南侵

---

① 卷一四《归潜堂记》。

和南宋北伐，进一步加剧了金朝政权的危机。宣宗贞祐二年（1214年）迁都南京。从此，金朝统治更是每况愈下了。

《归潜志》记载了金朝后期，特别是宣宗南渡以后的黑暗政治。面临着蒙古军的入侵，金朝君臣却胸无远略，苟且偷安。宣宗缺乏越王勾践卧薪尝胆以报会稽之辱的志向，只求"苟安幸存，以延岁日"。宣宗懦弱无能，而又猜忌多疑，苛刻成风，喜用近侍为耳目，"以伺察百官"，实行特务统治，那些近侍，则"以谄谀成风"，每有灾异或民间疾苦，辄以"恐圣上心困"为借口，竟不敢上奏给皇帝知道。

帝王后妃，将相贵戚大都奢侈腐化，挥霍无度，沉湎于纸醉金迷的生活之中。《归潜志》卷七记载，宣宗皇后的妹妹成国夫人"奢侈尤甚，权势熏天，当涂者往往纳赂取媚，积赀如山"。平章政事完颜白撒，"以内族位将相，尤奢僭，尝起第西城如宫掖然，其中婢妾百数，皆衣缕金绮绣如宫人。"

当朝的宰相也多无所作为，"往往无恢复之谋，上下同风，止以苟安目前为乐，凡有人言改革，则必以生事抑之。"[①] 所以，比较正直的人，多不得录用。即使录用也不能久长，很快就会被辞掉。

儒吏之间的矛盾与斗争，也是金朝吏治中的一个痼疾。《归潜志》卷七载，宣宗贞祐（1213—1217年）间，术虎高琪为相，为了树党固权，想擢用文人以为羽翼。司谏许古和侍御史刘元规见高琪擅权，相继上奏弹劾，高琪大怒，斥罢二人。因此，"大恶进士，更用胥吏"。由于宣宗和宰相高琪等当权者奖用胥吏，压抑士大夫，所以造成吏权大盛。统治阶级内部的争斗，加深了金朝政权的危机。

---

① 卷七。

第二，《归潜志》反映了金朝猛安谋克制的衰落。

猛安谋克本是女真氏族社会末期部落联盟组织，后来发展成为金代的军事、生产、行政组织，并且推广到契丹、汉人居住的地区。猛安谋克在金代社会中曾经发生过积极的作用。女真进入华北、中原以后，猛安谋克户逐渐丧失了过去那种剽悍的战斗作风，生活腐化起来，慢慢变成了不劳而食的封建化地主。伴随着女真族封建化的完成，猛安谋克制度的最后瓦解，便成了不可避免的必然趋势。

《归潜志》为我们提供了有关这方面的一些史实。书中多处记载，南渡后，不少世袭猛安谋克渐渐弃武就文，往往好文学，喜与士大夫交游，并且热心于考进士。

军队也过惯了安逸的生活，毫无斗志。卷六说，"南渡之后，为将帅者，多出于世家，皆膏粱乳臭子。若完颜白撒，止以能打毬称。又完颜讹可，亦以打球号杖子元帅。又完颜定奴，号三脆羹。有以忮忍号火燎元帅者，又纥石烈牙忽带（原注：一作牙虎带）号卢鼓椎，好用鼓椎击人也"。他们到处为非作歹，以致民间小儿啼哭时，大人常用某将帅的名字来恫吓，其暴虐凶残，可想而知。

金朝后期，兵制弊病甚多。"每有征伐或边衅，动（辄）下令签军，州县骚动，其民家有数丁男好身手，或时尽拣取无遗，号泣怨嗟，阖家以为苦。"有时为了应战，还把年迈之人拉去充军，如前户部郎中侍御史刘元规年近六十岁，竟被选为"千户"（猛安），刘祁的父亲、前监察御史刘从益也被选为"千户"。难怪刘祁不胜感叹地说，这样组织起来的军队，"战欲其克胜，难哉！"①

---

① 卷七。

第三，《归潜志》反映了金朝社会经济凋敝、财政状况的混乱。

金朝统治者为了增加收入，多次进行"通检推排"，残酷地搜刮民脂民膏，以至于出现如《归潜志》卷九所说的情况，"催科督赋如毛，百姓不安"。由此可见，各族人民所承受的经济剥削极为繁重。

南渡后，由于财政拮据，朝廷滥发货币。《归潜志》卷一〇说："金朝钱币，旧止用铜钱。正隆、大定、泰和间，始铸新钱，余皆宋旧钱。及高岩夫（汝砺）为三司副使，倡行新钞法。初甚贵重，过于钱。以其便于持行也。尔后兵兴，官出甚众，民间始轻之，法益衰。南渡之初，至有交钞一十贯不抵钱十文用者。官商大贾多因钞法困穷，俗谓坐化。官知其然，为更造，号曰宝券、新券。初出，人亦贵之，已而，复如交钞。官又为更造，号曰通货，又改曰通宝，又改曰宝货，曰宝泉、珍宝、珍会，最后以绫织印造，号珍货，抵银。一起一衰，迄因国亡而钱不复出矣。"这段记载，可使我们对金代后期币制混乱的情况有一个概略的了解。

第四，《归潜志》以相当多的篇幅记述文人交游和他们的文章词赋，为研究金代文学提供了可贵的资料。

谈到研究金代文学的重要文献，当然要首推刘祁同时代人元好问所编的金人诗词选集《中州集》，但是，元好问不收录当时在世人的作品；而《归潜志》则记述了金源一代，特别是金朝后期刘、元同时代人的一些轶事和诗词文章，所以也很值得重视。

后世见到的金人诗词，有的就是凭借此书才得以流传的。如，海陵王为藩王时，替人题在扇上借以明志的两句诗，"大柄若在手，清风满天下"，便最早见之于《归潜志》，又如，被刘祁称为"真帝王诗也"的章宗《宫中绝句》:"五云金碧拱朝霞,楼阁峥嵘帝子家。三十六宫帘尽卷,东风无处不扬花。"也首见于此书。

有的诗词,虽非仅见于《归潜志》,然而通过此书,可以起到与其他书互相参证的作用。比如,金初著名诗人宇文虚中的《念奴娇》就是如此。原词为:"疏眉秀目,看来依旧是,宣和妆束。飞步盈盈姿媚巧,举止知非凡俗。宋室宗姬,秦王幼女,曾嫁钦慈族。干戈浩荡,事随天翻地覆。一笑邂逅相逢,劝人满饮,旋旋吹横竹。流落天涯俱是客,何必平生相熟。旧日黄华,如今憔悴,付与怀中醁。兴亡休问,为伊且尽船玉。"① 关于这首词的作者,其说不一,而刘祁在《归潜志》卷八中就记载了从父亲那里听来的宇文写作这首词的本事。宇文和另外一位著名诗人吴激都是奉命由宋使金而被留下的,他们一直怀恋故土。有一天,刘祁与吴激等会饮,酒间有一妇人,是宋朝宗室流落到此。"诸公感叹,皆作乐章一阕。宇文作《念奴娇》,有'宗室家姬,陈王幼女,曾嫁钦慈族。干戈浩荡,随天地翻覆'之语。"词中个别文字稍异,可能是由于传闻之误或版本不同所致,但是据这一记载,可以断定《念奴娇》确系宇文虚中所作。

第五,《归潜志》记载了大梁被围及崔立叛降始末。

自从金开兴元年(1232年)蒙古军围金的南京,至次年崔立叛降期间,正值刘祁从淮阳(今河南淮阳)去那里省亲,他据自己的所见所闻,对这一事件作了详细的记录,从而使我们得知由于金朝的腐朽统治和蒙古军入侵,给中原广大人民群众所带来的深重灾难。刘祁在书中写道,大梁被围时,"百姓食尽,无

---

① (明)陈耀文辑《花草粹编》卷二〇引张孝纯《朝野遗记》,文渊阁"四库全书"本。

以自生，米升值银二两，贫民往往食人，殍死者相望。"不仅平民百姓如此，富贵人家也不能幸免。因"公私乏食"，"士庶之家，出其平日珠玉玩好、妆具环佩、锦绣衣衾，日陈于天津桥市中，惟博鬻升合米豆，以救朝夕"①。

除上述几方面内容之外，《归潜志》卷一三《北使记》还记载了吾古孙仲端（《金史》作乌古孙仲端）向作者讲述的他于定兴四年至五年（1220—1221年）奉命出使蒙古的见闻，有助于我们了解金元之际西域的风土人情，可资研究那个时期历史者参考。

从《归潜志》一书的内容，已不难看出它所具有的史料价值。此书之所以可贵，还在于：第一，它系作者将"昔所与交游"的"一代伟人"的言行见闻，"随得随书"，免得"湮没无闻"，以供异时修史参考，并且他还声明"所传不真及不见不闻者皆不敢录"，因此，书中所记之事，大都信实可靠；第二，与《归潜志》微有异同，也是反映金末丧乱的史料，还有元好问著的《壬辰杂编》，可惜此书已经失传，而《归潜志》却完好地保存下来，所以就更为后人所珍视。

《归潜志》因保存了许多宝贵的史料，所以元人在修《金史》时，曾多处采用它。

清人对《归潜志》也有很高的评价。王士禛《归潜志序》说："辽金立国规模不甚相远，而金源人物文章之盛，独能颉颃元宋之间，非数君子纪述之功，何以至是欤！"充分肯定刘祁通过此书保存金代史料的功绩。

康熙皇帝在《全金诗序》中说："金有天下，武功文治灿然昭明。人材之萃，多在大定、明昌之间，骎骎乎盛矣！然北元南

---

① 分别见卷一一、卷一二。

宋终金之世，争伐聘问殆无暇日，其典章名物，湮没于当时而不传于后者，不知凡几也。太原元好问撰《中州集》，以人属诗，以事属人，后世有'诗史'之目，而浑源刘祁亦著《归潜志》，可与《中州集》相参互证焉！盖其人文之可考者，犹赖此两书之存也。……顾金去今垂六百年，其礼乐声明载在艺林之咏者，若非《中州》《归潜》二书，后之人亦乌从而知之？"①

李慈铭在《越缦堂读书记》卷八中评论《归潜志》说："京叔多交金源名士，熟于掌故，其所闻见，皆足以传信。"又称《归潜志》为"说部之佳者"，"足称小史，与他书之偶存故事者不同。"同时，李慈铭又批评刘祁"文笔颇拙"和"文人轻薄"。其实这种指责都欠稳妥。《归潜志》的文笔虽不值得称道，但是无伤于它的史料价值，

三

最后，对《归潜志》一书中表现出来的作者思想作一点探讨。

刘祁在他前半生中，历经章宗、卫绍王、宣宗、哀宗四朝，正处在金朝统治江河日下，直到最后土崩瓦解的这样一个历史时期。他的家庭和个人处境也发生了很大的变化。刘祁早年，家境富裕，"专心于学，生事不问。食未尝不肉也，寝未尝不帷也，出游未尝无车马也，役使未尝无僮仆也"②。后来，逢遭丧乱，归还故里，四壁萧然，整日为生计劳神。国家命运与个人身世的变迁，对他后半生思想的形成有明显的影响。

---

① 文渊阁"四库全书"本。
② 卷一三。

一方面，由于他亲身经受了朝政腐败和他族进犯给包括他在内的各阶层人们带来的灾难，使他对民间疾苦有一定的了解，并且体会到稼穑之难。他说："富贵权势之人，生长纨绮中，或不遭患难摧折，至老非惟不知稼穑之艰难，流于奢淫，以蠹国病民，抑又不知世间温饱安逸之正味。"① 基于同样原因，刘祁对我国先秦两汉以来传统的重农思想也有了切身的体验。通过大梁被围时城中乏食，人们"视金银如泥土"，使他体会到，"明君贵五谷而贱金玉，诚知其本也。古人云：'薪如桂，米如珠'，岂虚言哉！"②

　　另一方面，刘祁的经历，使他的思想经常处在十分矛盾的状态之中。由于深受家庭教育的熏陶，自幼热衷于功名；但是却没有考中进士，只好转向埋头著述。当着他族进犯的紧要关头，传统的道德观念使他要保持"名节"；然而崔立叛降之后，逼迫包括他在内的一些文人为其立碑颂德时，刘祁不敢拒绝，特别是当他听别人说"子有老祖母，老母在堂，今一触其锋，祸及亲族"③ 时，刘祁为避免陷于"大不孝"，参与了这件有碍"名节"、颇不光彩的事情，后来他还特地写了《录崔立碑事》一文为自己申辩，并"以志少年之过"。刘祁还乡后，名其所居为"归潜堂"，自号为"神川遁士"，以明退隐之志，但是他一直盼望有朝一日"为时所用"，而且书中所论之事，也多关涉国家盛衰兴亡。作为像刘祁这样的地主阶级知识分子，在当时产生上述矛盾的心理状态，是不足为怪的。甚至可以说，它正反映了拥有相当数量的封建士人的思想面貌。

---

① 卷一三。
② 卷一二《辩亡》
③ 卷一二《录崔立碑事》。

我们在上面已经谈到了刘祁于书中许多地方抒发了针砭时弊、历数盛衰兴亡教训的议论，而他的《辩亡》一文，则纵论金代历朝帝王功过，集中地反映了他的历史观。此文可以说是他关于这方面论述的一个总结。

刘祁认为，由金初崛起至章宗发展到"盛极"的主要原因是：符合民心（"顺百姓望"）；擢用人材（初期"能用辽宋人材"，世宗时"所用多敦朴谨厚之士"，章宗时"能吏直臣曾得显用"），保持安定局面（世宗时"不烦扰，不更张，偃息干戈，修崇学校，议者以为有汉文景风"）。金朝自章宗以后，由盛转衰的主要原因是：君臣上下"皆无维持长世之策"，"暗于用人"，外戚小人干政，一些大臣宿将和"敢言敢为者，皆投置散地"，"遗之草泽"；固守旧习，"分别番汉人""不变家政"，"偏私族类，疏外汉人"等等。这些看法，都在一定程度上反映了当时的客观实际，值得重视。刘祁身为一介"布衣"，却能关心国家兴亡，探索盛衰成败的历史教训，这是那些浑浑噩噩、宴安自处的朝廷命官所不能比拟的。

（原载《史学月刊》1982年第3期）

《夷坚志》中的宋金关系和金代社会

宋人洪迈（1123—1202）撰《夷坚志》① 是一部著名的志怪小说集，历来受到文人、学者的关注。如，宋人陆游《题夷坚志后》诗云："笔近反离骚，书非支诺皋。岂惟堪史补，端足擅文豪。"② 清人阮元说："书中神怪荒诞之谈居其大半，然而遗文轶事可资考镜者，亦往往杂出其间。"③ 近人鲁迅称其"偏重事状，少所铺叙"，"以著者之名与卷帙之多称于世"④。可见它不仅在文学史上有一席之地，而且有一定的史料价值。据粗略统计，《夷坚志》中有不下八九十篇直接涉及宋金关系和金代社会，为研究宋金战争给社会造成的危害、南北经济文化交流及金代社会生活等，提供了一些有用而形象的信息，可据以印证和补充史书中的记载。在金代文献资料相对不足的情况下，尤其值得予以重视。

以下拟分几个方面叙述。

---

① 中华书局1981年版。
② 《剑南诗稿》卷三七，见《陆游集》，中华书局1976年版。
③ 《揅经室外集》卷三。"四部丛刊"本。
④ 《中国小说史略》，人民文学出版社1973年版，第81页。

一 宋金战争及其造成的社会动乱

《夷坚志》中有多篇涉及宋金战争及其造成的社会动乱的内容。

关于宋金战争。如《负御容赴水死》载：靖康元年，金兵围太原，"凡二百六十日，城中军民饿死者十之八九"①。《光州兵马长》载："光州经建炎之乱，被祸最酷。民死于刀兵者，百无二三者得免。"②《王宣宅借兵》载："王左丞家在姑苏，值建炎胡暴，奔泊近村……虏逢人辄杀，有数百尸聚一处。"③《罗赤脚》载："金虏攻饶风关，尽锐迭出，大将吴玠御之，杀伤相当，犹坚持下去。"④ 以上都较具体地反映了宋金战争造成双方军民大量丧亡的事实。《夷坚志》虽为小说，许多记述与史料记载基本相符。如太原之战，《靖康小录》曰："太原之围，自乙巳十二月至丙午九月初三日方破"，"城中饿死者十将八九"⑤。与《负御容赴水死》一致。

关于战争造成的社会动乱。如《丹州石镜鼓》载：丹州于"绍兴中，地虽陷虏，而秦民聚众起义欲归本朝（宋朝）者未尝绝，此寨常屯万人……关中群寇，蚁聚无时，战争辄败衄而退。岁余，胜兵至十万，遂据延安称王"⑥。《李婆墓》载："绍兴丁巳岁，伪齐之末，群盗肆行，焚庐发冢，略无虚日。"⑦ 反映了

---

① 《三补》。
② 《支癸》卷七。
③ 《志补》卷一〇。
④ 《丙志》卷二。
⑤ 徐梦莘：《三朝北盟会编》靖康中帙二八，上海古籍出版社1987年版。
⑥ 《支甲》卷二。
⑦ 同上。

由宋金战争而引发的社会动乱。

尽管宋代史料中有关这方面的记载丰富，《夷坚志》在这点上也许并未增加什么，然而从它与史料的一致之处，可以看出其参考价值。

二 人口流动和南北通婚

《夷坚志》中有些篇章记载了靖康之乱以后北方人口大量南迁的情况。

《杨三娘子》载："青州人韦高，避靖康乱，南徙居明州。"① 《仙岩三羊》载："建炎中，北方士大夫多寓居南土。"② 《水阳陆医》载："建炎中，挈家居船间。"③《田道人》载："田道人者，河北人，避乱南渡，居京口。"④ 《圣七娘》载："建炎初，车驾驻跸扬州。中原士大夫避地南来，多不挈家。"⑤ 《蓑衣先生》载：何蓑衣，淮阳朐山人，"家素富盛，为鼎族，遭乱南来，寓姑苏"⑥。反映出宋金时期北方人口大量南迁，特别是迁徙至东南沿海的事实。

与此同时，宋人流寓华北、东北者也屡见不鲜。《太原意娘》就是反映这类主题中较精彩的一篇。故事大意说，宋朝京师人杨从善陷于金国云中（治今山西大同），一次赴燕山（今北京）办事，饮于酒楼。见壁间有署名"太原意娘"的题字和词作，都是

---

① 《志补》卷一〇。
② 《丙志》卷一七。
③ 《丁志》卷一〇。
④ 《丁志》卷一一。
⑤ 《支景》卷五。
⑥ 《志补》卷一二。

"寻忆丈夫之语"。杨从善从中判断意娘即是表兄韩师厚妻王氏。杨从善找到意娘后，据她自述：金宋战争时，与丈夫"避地至淮泗，为虏（金）所掠。其酋撒八太尉者欲相逼"，意娘誓不受辱，引刀自刎。大酋之妻韩国夫人怜之，亟命救疗，并将她留在身边。几天之后，杨从善又见宋朝使者韩师厚于同一酒楼所题之悼亡词。杨从善找到韩师厚，向他说及日前会见太原意娘事。韩说：在遭掠时，亲见她自刎而死。这时酒楼外老媪说：意娘确实在这里，然非生者，而是韩国夫人"悯其节义"，将她葬此。韩师厚回馆后，见到意娘鬼魂，向她表白，誓不再娶。然而数年后，韩食言再娶，不数日而卒。① 这个故事传递了金宋战争造成无数家人离散，留居金国的宋人的哀愁，和平时期南北频繁交往以及当时宋金人理论道德观念等多方面的信息，具有史料价值，值得一读。

明人冯梦龙编《喻世明言》中收有被研究者认为是宋元时旧篇的《杨思温燕山逢故》②，就是根据这篇《太原意娘》改编、扩充而成的。其中说到，杨思温（即《太原意娘》中之杨从善）于元宵佳节时，见"一轮明月婵娟照，半是京华流寓人"。这自然是文学语言，难免夸张，但靖康间金国俘获徽钦二帝、六宫皇族及大批工匠、艺人北去，则是历史事实。

伴随金与辽、宋战争造成的社会动乱，人口迁徙以及和平时期的经济、文化交流，金宋民间不同民族的通婚便成了常见的社会现象。这在《夷坚志》中也有反映。如《乐先生》载：契丹末年，常胜军校庞太保娶契丹族耶律氏为妻。既而，金人灭辽，兀术（完颜弼）至燕，"见耶律氏美，纳之而杀其夫，后封越国王妃"。其中谈到辽之常胜军和兀术为越国王均为事实。洪迈接

---

① 《丁志》卷九。
② 许政扬校注本"前言"，人民文学出版社1995年版。

着写道:"先公(洪皓)在燕时,熟识其(越国王妃耶律氏)状。予奉使日,接伴使曰工部侍郎庞显忠,盖耶律在庞氏时所生也。"① 应该是可信的。《解洵娶妻》载:靖康、建炎之际,解陷入金国,"自汴都过河朔,孤单羁困",当地人见他可怜,"为娶妇"②。《李弼违》载:胡生娶四川都转运使之女,"女尝陷虏,后乃嫁胡"③。《淮阴张生妻》载:"绍兴辛巳冬,虏(金)骑南下,淮人率奔京口……已而(完)颜亮至,张妻卓氏为夷酋所掠,即与之配。"④

金宋时期,主要由战争导致的人口南北流动及民间通婚,在客观上对南北开发和经济文化交流起了一定的推动作用。

三 民间信仰

《夷坚志》中有多篇叙及金宋民间佛、道及其他信仰,这里仅举涉及金国的例证。

(一) 佛教

《铁神塔》载:"蔚州(今河北蔚县)城内浮图中有铁塔神,素著灵验,郡人事之甚谨。"⑤《赵和尚》载:僧宗印,本陕西土人,姓赵氏,弃俗为僧。"靖康时,在长住大刹"。入金后,自称"在古佛中当与净明维摩等","前后度僧五百"⑥。

---

① 《志补》卷一八。
② 《志补》卷一四。
③ 《丙志》卷三。
④ 《支丁》卷九。
⑤ 《甲志》卷一。
⑥ 《丙志》卷四。

（二）道教

《河东道人》载：建炎中，"虏（金）患方炽"，有河东道人以其所居县邑"当有灾殃"，于是转徙到异地。后月余，"彼县白日地陷，居人尽没"①。《虏亮死兆》载：绍兴三十年，有客告诉洪迈说："以太一局……当以冬至前有萧墙之变。"后果符所言。② 太一，本为金初萧抱珍所创道教派别。

（三）其他信仰

《夷坚志》中还有一些篇幅反映金国民间的其他信仰，其中多是承袭北宋汉人的。

后土。即社神、地祇、土地神。《黑风大王》载：汾阴后土祠本汉唐以来故址，绍兴陷金。有女真统军黑风大王者领兵路过，"乘醉欲入阁观后真容，有媟渎之意"，不听劝阻，遂有火光烟雾袭来，统军大惧，"百拜祷谢"，并于次日"斋洁致祭"，捐钱赎过。③ 这座后土祠应是晋南万泉（今山西万荣）后土祠。祀主为女性形象。

关于后土的说法颇多，也较混乱，这里试作一点说明。一般认为，后土即社神、地祇④，为大地之神。历来社神配祀是有变化的，最早的社神为共工之子句龙。《春秋左传》昭公二十九年："共工氏有子曰句龙，为后土……后土为社。"后来，唐、宋、金、元的太社均奉祀句龙。如《大金集礼》卷三八《沿祀杂录》载：大定七年（1167 年）仲秋，"为始祭太社、太稷

---

① 《支戊》卷七。
② 《丙志》卷二〇。
③ 《甲志》卷一。
④ 亦有谓后土"非地祇"。见东汉应劭《风俗通义》卷八《社神》。

文",太社"以后土句龙氏配神作主"①。如此说来后土应为男性形象。然而据后来所见,并非如此。有人考证说,从汉武帝时起,后土已成女性形象。②据《汉书》卷二二《礼乐志》载:"后土富媪,昭明三光。"张晏曰:"媪,老母称也。坤为母,故称媪。海内安定,富媪之功耳。"看来上述推断是可以成立的。宋金所祀后土也多为女性形象。宋代后土祠配祀为女性形象,已如《黑风大王》对汾阴后土祠(亦即汉武帝始立之祠)的描述。金代后土祠也是如此。《三原县后土庙碑》(泰和五年)载:"人生一世,未有须臾不资于地者,故物理论称其德曰母,神曰祇,亦曰媪。大而名之曰黄地祇,小而名之曰神州,亦曰后土。……瞻仰神像,以妇道配天,绘塑冠服一如帝后之状。"③无疑是女性形象。

岱岳、东岳。即东岳天齐大帝,简称东岳大帝。五岳都有本庙,惟东岳行祠遍及各地。宋金时期,"天下之广,一郡一邑莫不卜地建立行祠,镇庇境界迹大。"④《刘将军》载,金据齐鲁之地,改奉符县为泰安军。皇统二年,累月不雨,汉儿刘将军为守,"祷于岱兵"⑤。《淑明殿马》载:完颜亮正隆中,"泰安守不室里到郡,款谒东岳狱,遍礼群祠"⑥。

龙。《河中西岩龙》载:金皇统中,河中府大旱,太守李金

---

① "丛书集成初编"本。
② 见冯俊杰编著《山西戏曲碑刻辑考》第13—14页(中华书局,2002年)。略云:元狩二年(前121年),汉武帝于汾阴脽上立后土祠,并亲自望拜。在其后几年间,他九次驾临脽上祭后土,并正式改后土为女性形象。
③ 张金吾编纂:《金文最》卷八〇,中华书局1990年版。
④ 《岳庙新修露台记》(金泰和三年),见冯俊杰编著:《山西戏曲碑刻辑考》,中华书局2002年版,第53页。
⑤ 《支甲》卷一。
⑥ 同上。

吾祈祷未效,于是往岩西寺,焚香设席,致辞说:"亢阳为灾,五谷不入,万民将无以生,愿龙君慈仁,亟下甘泽,当肇建祠宇,岁时奉祀,以彰显大神之威灵。唯神念之。"①《野牛滩》载:野牛滩在洛京之白波。皇统间,秋夜水案涨,大雨不止。人见群蛟激跃于崖谷间。忽有牛数十,与蛟斗于山麓。天晴水落,一蛟死于树下。"有龙见于云端",人们乃知是龙化为牛,而杀蛟,"于是于其地立祠。"②《绛州骨堆泉》载:绛州骨堆有龙女祠,其下有泉,可灌溉民田万亩左右。当地农家"岁时祭享甚谨"。女真人菩察为郡守,以绛地艰于水利,欲导泉入圃,于是"敬谒祠下恳祷",并为立祠,水从新渠入圃。菩察"即率僚属往祭其庙","一郡遂赖其利"③。

占卜。前引《乐先生》载:常胜军校庞太起保妻耶律氏,往燕山乐先生卜肆问命。乐先生称耶律氏"非后妃不足以当之"。金灭契丹后,耶律氏果然被封越国王妃。《张邦昌卦影》载:张邦昌以靖康元年为少宰,奉使金国,梦一术士为作卦影,书十六字于后。明年南归,金立张邦昌为楚帝,后来谪长沙,赐自尽。据说,其称帝时间和归宿与卦词暗合。④虽然未必如此灵验,却能说明当时有此信仰。

此外,《宋中正》记载了海陵王完颜亮不信鬼神及预言祸福者。大意说:正隆初,南宋宋中正进见完颜亮"为纵陈祸福",完颜亮颇不以为然,说:"天生德于予,祸福其为予何!"又说:"使祸可禳而去,则福亦祷而来,子勿以不根之辞诳惑于我!"又有客来,海陵王说:"吾平生直心,于鬼神之事

---

① 《支甲》卷一。
② 《支甲》卷二。
③ 《支甲》卷八。
④ 《志补》卷一八。

无所畏敬。"① 反映了完颜亮对预言祸福者及鬼神之事的轻蔑。这同正史中关于海陵王不信鬼神、预言、占卜的态度的记载是一致的。《金史·海陵纪》载：迁都燕京前，完颜亮反对占卜，他说："国家吉凶，在德不在地。使桀纣居之，虽卜善地何益。使尧舜居之，何用卜为。"

四 宋金经济、文化交流

金宋在和好时期，南北保持榷场贸易，这在《夷坚志》中亦有反映。

《张本头》载："金虏据中原，每胡人临州县，必择黠民通知土俗能译语者为主，大目曰本头，一府之权，皆于此乎出。寿州下蔡县，并置榷场，大驵吴五郎主之，干办南北行商之货，所得不赀，而受制于本头张政，屡被贪虐，吴抱恨虽切，无所告愬。"② 由此可知，在金宋榷场贸易中，通晓地方风俗和两方语言者即翻译及经纪人（大驵）大获其利。《铁鼎甗》载：乾道三年，金东路总管李邦也遣仆人持"异物"铁鼎、铁甗至楚州，托统领陈涉货易。其中铁甗要价5000缗。据说"三伏内炊物于中，经一月不馊腐"，"莫知为何代屋"。反映了南北贸易中的文物走私活动。③

《夷坚志》中也有描写宋金文化交流的篇章。

《契丹诵诗》反映了辽金时期北方以唐诗为童蒙读物。契丹小儿初读书，"先以俗语颠倒其文句而习之，至有一字用两三字

---

① 《支甲》卷一。
② 《志补》卷六。
③ 《志补》卷二一。

者"。如将唐贾岛诗句"鸟宿池中树,僧敲月下门",读作"月明里和尚门子打,水底里树上老鸦坐"①。尽管在宋人眼里殊觉可笑,然而却反映了中原汉文化在北方的传播。

《完颜亮辞》则记载了金人诗词在南宋的流传,内称:建康归正官王和尚,济南人,"能诵完颜亮辞",其《咏雪·昭君怨》、《中秋不见月·鹊桥仙》云云。② 这应是宋金人最早著录完颜亮诗词者。岳珂《桯史》卷八"逆亮辞怪"亦有这两阕词③,罗大经《鹤林玉露》、刘祁《归潜志》等分别录有完颜亮其他诗词或断句,但都晚于《夷坚志》。

《蔡州小道人》记载了宋金棋艺交流和民间通婚的故事,是一篇有意思的短篇。大意说:蔡州有一村童能棋,里中无敌,自称小道人。从家乡经汴京、太原、真定云游至燕。燕有一女子妙观道人,善棋,称为国手。蔡州小道人在妙观道人对面立起"汝南小道人手谈,奉饶天下最高手一先"的标牌。小道人连败妙观道人,最后娶她为妻。④ 这个关于宋金棋艺交流和民间通婚的故事,虽然未必确有其人其事,但却较好地反映了当时的历史真实。

围棋在金国上自帝王、朝官、贵族下到士人之中,都很流行。帝王:如熙宗能"弈棋、象戏";海陵王也"好读书、学弈、象戏"⑤。朝臣:如张大节历任横海军节度使、河东路提刑使等职,"善弈棋,当推为第一,尝被(世宗)召与礼部尚书张

---

① 《丙志》卷一八。
② 《支景》卷四。
③ 个别字有出入,可以互校。今人唐圭璋编《全金元词》(中华书局1992年版)所收这两阕词,即据《桯史》。
④ 《志补》卷一九。
⑤ 见宇文懋昭《大金国志》卷一二《熙宗孝成皇帝四》、卷一三《海陵炀王》,崔文印校证本,中华书局1986年版。

景仁弈"①。贵族诗人完颜璹有"清尊雅趣闲棋味,盏盏冲和局局新"的诗句。② 女子也不乏围棋爱好者。王若虚《宫女围棋图》曰:"尽日羊车不见过,春来雨露向谁多。争机决胜元无事,永日消磨不奈何。"③ 由于围棋在朝野广为流行之故,主张保持女真旧风的世宗曾诏曰:"弈棋双陆,宜悉禁止,令习骑射。"④ 可见围棋在金国朝野的不同阶层、民族、性别间都相当流行。《蔡州小道人》中所反映的宋金流行围棋、民间交流棋艺及南北通婚是符合历史真实的。明人凌濛初据以撰写拟话本小说《小道人一着饶天下,女棋童两局注终身》,收在《二刻拍案惊奇》中。不过,将故事背景改成辽国。按《蔡州小道人》中称,小道人至"燕山","燕为虏都"(亦有本作"金都")。"虏都"应指金都。加之作者洪迈有出使金国的经历,因此说《蔡州小道人》反映了宋金棋艺交流为宜。有学者据《二刻拍案惊奇》中《小道人一着饶天下,女棋童两局注终身》论述宋辽棋艺交流,⑤ 大约是忽视《夷坚志》之故。当然,其结论大体上是不错的。辽国朝野也流行围棋,而且还有辽国向北宋索战对弈、一比高低的故事。⑥

要之,洪迈撰《夷坚志》中的一些篇幅,真实地反映了作者所处时代(12世纪)的宋金关系和金代社会生活的某些片断。通过这些记述和描写,可使我们对宋金关系和金代社会,特别是

① 脱脱等:《金史》卷九七,中华书局1975年版。
② 元好问:《中州集》卷五《内族子锐归来堂》,中华书局1959年版。
③ 《滹南遗老集·滹南王先生诗集》,"石莲龕九金人集"本。
④ 《金史》卷八〇《阿离补传》。
⑤ 见舒焚《古典通俗文学中的辽朝》,《辽史涉步》,湖北人民出版社2000年版。
⑥ 见拙著《中国风俗通史》辽金西夏卷,上海文艺出版社2001年版,第224—226页。

下层百姓的日常生活、风俗习惯、宗教信仰等有更具体的了解。这往往是"正史"等文献所无法替代的。

2004 年 11 月

（原载《辽金论稿》，湖北教育出版社 2005 年版）

大金覆亡辨[*]

金王朝于1115年建立后,经过四五十年的巩固与发展,至世宗、章宗时期,达到鼎盛阶段,此后,由盛转衰。公元1234年,终因不敌蒙宋军的联合进攻,金朝灭亡。自金末以来,就不断有人探索金国覆亡原因,见仁见智,众说纷纭。本文拟对前人诸说略作梳理和评议,以期得出较为合理的解释。

一 金亡诸说评议

1. 天意、天命说

金元之际的元好问(1190—1257)在他写的丧乱诗中,有的述及他对金亡原因的思考。如,"塞外初捐宴赐金,当时南牧

---

[*] 以往论及本文主题中之女真汉化研究的文章,主要有姚从吾:《金世宗对于中原汉化与女真旧俗的态度》(《台湾大学文史哲学报》第4期,1952)、《女真汉化的分析》(《大陆杂志》第6卷第3期,1953),陶晋生:《金代初期女真人的汉化》(《台湾大学文史哲学报》第17期,1968),宋德金:《正统观与金代文化》(《历史研究》1990年第1期)、《金代女真的汉化、封建化与汉族士人的历史作用》(《宋辽金史论丛》第2辑,1991),刘浦江:《女真的汉化道路与大金帝国的覆亡》(《国学研究》第7卷,2000),等等。

已骎骎。只知灞上真儿戏,谁谓神州已陆沉。"① 是说朝廷对北方来犯者毫无戒备,而金兵又缺乏战斗力,导致金国败亡。元好问有多处把金亡原因归结为天意。如:"兴亡谁识天公意,留着青城阅古今。"② "废兴属之天,事岂尽乖违?"③ 都是说国家兴亡本由天定。天在中国古代哲学中是个十分复杂的概念,这里不作探讨。元好问一生坎坷,对家亡国破有切肤之痛,立志以修史为己任,对金亡原因应有深刻的见解,然而,由于自幼接受传统文化教育,有根深蒂固的忠君爱国观念,也许囿于这种故君故国之思,所以在论及金亡原因时,把它归结为天意。

后来,明人也有类似的看法,认为"国之兴亡,天也,人力不与焉"。女真起自黑水,不数年,北灭辽,南蹙宋,西破夏,并至吴越荆扬,遂有天下三分之二。"是岂金人之能哉,天方相之故也。"传之子孙百余年,敌国已服,境内已宁,文恬武嬉,将骄卒惰,失去昔日的强盛。"天方相之,则举天下莫能与之争;天命去之,则合天下之师不能抗。"④ 明人虽无元好问的故君故国之思,也把解释不清楚的国家兴亡说成是天命。

2. "分别蕃汉"、非"尽行中国法"说

稍晚于元好问的刘祁(1203—1250)在《辩亡》一文集中地表述了他对金朝衰亡的分析。他认为,贞祐南渡后,宣宗"偏私族类,疏外汉人,其机密谋谟,虽汉相不得预……此所以启天兴之亡也"。又说:"大抵金国之政,杂辽宋非全用本国法,所以支持百年。然其分别蕃汉,且不变家政,不得士大夫心,此

---

① 《癸巳四月二十九日出京》,《遗山集》卷八,"四部丛刊"本。
② 同上。
③ 《学东坡移居》,《遗山集》卷二。
④ (明)何乔新:《金主如蔡州》,《椒邱文集》卷七,文渊阁"四库全书"本。

所以不能长久。向使大定后宣孝得位，尽行中国法，明昌、承安间复知保守整顿以防后患，南渡之后能内修政令，以恢复为志，则其国祚亦未必遽绝也。"① 在他看来，女真与汉人的矛盾、对立及女真汉化不彻底是导致金国最终土崩瓦解的根源。

其实，刘祁说的"分别蕃汉"之弊，是历史上以少数民族为主体建立的王朝大都存在的问题，有的王朝确实是亡于由阶级矛盾和民族矛盾所引发的农民起义，然而金朝不是。

至于说金国不能"尽行中国法"而导致亡国，更难成立。就辽金元清而论，女真、满族的汉化程度远远高于契丹、蒙古，这是不争的事实。刘祁还批评哀宗说：末帝（指哀宗）"虽外示宽宏以取名，而内实淫纵自肆"。又说哀宗"用术取人"，"暗于用人，其将相止取从来贵戚"，因此一遇劲敌而亡国。② 刘祁对哀宗的指责也嫌苛刻。金朝后期，颓势已定，哀宗无力回天，元人修撰的《金史·哀宗纪》说，哀宗"图存于亡，力尽乃毙，可哀矣"。还有清人论哀宗说："古今人主无可以失天下之詈（怨）而不幸而失之者有三主焉，曰梁简文帝，曰唐昭宗，曰金哀宗。"③ 同样表达了对哀宗的同情。

3. "金以儒亡"说

《元史·张德辉传》载，世祖忽必烈在潜邸，曾问张德辉："或云，辽以释废，金以儒亡，有诸？"张德辉答："辽事臣未周知，金季乃亲睹，宰执中虽用一二儒臣，余皆武弁世爵，及论军国大事，又不使预闻，大抵以儒进者三十之一，国之存亡，自有其责者，儒者何咎焉！"世祖然之。看来，金元之际社会上流传

---

① 《归潜志》卷一二，中华书局1983年版。
② 《归潜志》卷一二。
③ 储大文：《哀恼来山辞》，《存研楼文集》卷一五，文渊阁"四库全书"本。

"金以儒亡"一说，而金亡仕元的张德辉则持不同看法，并据理说服了忽必烈。

近来看到有文章批评张德辉是答非所问，认为"金以儒亡"的含义是指金朝因过分的汉化而丧失民族传统，最终导致亡国，并非说金国亡于儒生之手。张德辉显然误解了"金以儒亡"的意思。尽管目前我们尚未找到当时和后来论者对这句话的诠释，不过从"辽以释废，金以儒亡"的句式来看，是把辽金亡国的原因分别归结为崇佛和尊儒，这里的儒就是指儒者、儒学、儒家思想，似不能理解成汉化。尊儒与汉化有联系，却不等同。张德辉反驳"金以儒亡"的说法不无道理。

4. 成吉思汗伐金（1211年）说

《金史·承裕传》载，卫绍王大安三年（1211年），成吉思汗率兵南伐，与金军战于宣平的会河川，大败金军，入居庸关，金中都戒严，"识者谓金之亡于是役"。这是就一个具体战役所引发的后果而论的。

5. "金以坏和议而亡"说

清人赵翼在《金以坏和议而亡》一文中说，金朝末年，蒙古围汴，哀宗遣使出质乞和，蒙古已退兵，而飞虎军又擅杀北使唐庆等，"于是，蒙古之和议又绝而不可解矣，此皆不度时势，恃虚气以速灭亡也。金之先以和误人，而后转以不和自误"[①]。因此，金以和议而亡。这也是一个具体事件，恐难说它是构成金亡的根本原因。

6. 贞祐南迁说

清人李慈铭在《越缦堂读书记》的《归潜志》一目中，有两处批评刘祁的金国因分别蕃汉而亡的说法，认为"国势所趋，

[①] 《廿二史札记》卷二八，中国书店1990年版。

人习便安，即使得志，亦恐不能尽革其旧，故此不足为金人讥"。并说，"惟宣宗一败之后，即迁汴都，为大失计耳"。又说，刘祁"辨金之亡，不咎宣宗轻弃燕都，而撮拾浮谈，亦为非要"①。李慈铭认为，金国因宣宗轻弃中都、南迁汴京而亡。

贞祐南迁确是金朝的一个重大转折，金国从此一蹶不振。然而，宣宗在南迁后，倘若对内坚持拨乱反正，励精图治，选贤任能，整顿吏治，对外与南宋、西夏和好，或许不至于衰落得那么快。南迁后，吏治腐败、文恬武嬉、苟且偷安、上下无恢复之谋等诸多弊端的存在，加速了金国走向覆亡之路。

7. 哀帝用人不当说

《元史·李冶传》载，元世祖忽必烈在潜邸，曾问李冶（仁卿）说："完颜合答及蒲瓦何如？"李冶答："二人将略短少，任之不疑，此金所以亡也。"这两个人，《金史》分别作完颜合达和移剌蒲阿，是金蒙三峰山之战的金方主帅。三峰山之战是蒙古灭金过程中一次决定性的战役，蒙古军在金国境内创造了以少胜多的奇迹。金军在这次战役中惨遭失败，其精锐力量丧失殆尽，标志金国的覆亡已成定局，作为主帅的完颜合达和移剌蒲阿有其不可推卸的责任。不过，一次战役的胜负，往往是由多种因素决定的。当时蒙古正处于上升时期，而金朝已从鼎盛阶段衰落下来。在这次战役中，又遇到偶然因素，连降三天三夜大雪。对于这样的天气，蒙古军比金军更能适应一些，这就进一步加速了金军的败亡过程。接着，哀宗又急令金军撤回汴京，两帅只得遵旨北上，疲于奔命。而且这时蒙古军已经做好准备，用伏兵夹击，使金军一败涂地。完颜合达战死，移剌蒲阿被俘，蒙古军招降蒲

---

① 中华书局1963年版，第984—985页。

阿,蒲阿说:"我金国大臣,惟当金国境内死耳。"不屈而死。①

金元人对完颜合达和移刺蒲阿的评价并不坏。刘祁说,完颜合打"为人勇敢忠实,一时人望甚隆"②。《金史·完颜合达传》载:"合达熟知敌情,习于行阵,且重义轻财,与下同甘苦,有俘获即分给,遇敌则身先之而不避,众亦乐为之用,其为人亦可知矣。"左丞相张行信称赞说:"完颜合达今之良将也。"《金史·完颜合达移刺蒲阿传》赞曰:"天朝(指蒙古)取道襄汉,悬军深入,机权若神,又获天助(指三天三夜大雪),用兵犯兵家之所忌,以建万世之俊功,合达虽良将,何足以当之。蒲阿无谋,独以一死无愧,犹足取焉耳。"《金史》修撰者对完颜合达和移刺蒲阿的评价是宽容而公平的。三峰山之战注定了金国的败局,然而当时金军一方是否有比完颜合达更杰出的统帅,或者换了别的主帅就能避免失败,都很难说。因此,李冶据此提出的哀宗用人不当说,也不尽妥当。

8. 亡于钞法说

宋人吴潜说:"金人之毙,虽由于鞑,亦以楮轻物贵增创皮币。或一楮而为三缗,或一楮而为五缗,至于为十为百,然人终不以为重。其末也,百缗之楮止可易一面,而国毙矣。"③ 是说金国之亡虽由于鞑靼,但是金末的通货膨胀也是导致覆亡的重要原因。近人邓之也说,"宋金元皆亡于钞法"④,未作具体论述。书中摘录了《金史·食货志三》关于钱币的史料,作为论据。

---

① 脱脱等:《金史》卷一一二《移刺蒲阿传》,中华书局1975年版。
② 刘祁:《归潜志》卷六。
③ 《许国公奏议》卷一《应诏上封建条陈国家大体治道要务凡九事》,见李埏、林文勋《宋金楮币史系年》,云南民族出版社1996年版,第323页。
④ 《中华二千年史》卷四,中华书局1954年版,第451页。

他也是从金朝后期社会经济中币制紊乱、通货膨胀的弊端所引起的恶果而言的。

9. 汉化说

这是一种比较流行的说法。

清朝皇帝多持此说。清太宗说："当熙宗及完颜亮时，尽废太祖太宗旧制，盘乐无度。世宗即位，恐子孙效法汉人，谕以无忘祖法，练习骑射，后世一不遵守，以讫于亡。"① 清高宗（乾隆）《金章宗》诗云："乃祖嘉习国语，为孙宜守旧物。服御渐染华风，疏忌那闻吁咈。付托却喜柔弱，驯致金源道诎。惜哉大定规模，直使章宗衰讫。"诗末夹注云："章宗即位以后，未尝不知治体，然偏以典章文物为急，而诘戎肆武之道弃之如遗，遂尽变祖旧风，国势日就屡弱。又因无子疏忌宗室，以卫绍王柔弱毁智能故□之，遽而传住，不复为宗社计。渐至沦胥，金源之业盖衰于章宗矣。"② 乾隆皇帝将金国衰亡的根本原因归咎于章宗时"渐染华风"，亦即汉化。近来有文章说，女真人的彻底汉化导致了大金帝国的覆亡，为汉化说作了进一步的论述。

二　金亡原因之我见

金元之际以来有关大金覆亡原因的诸说中，天意天命说、分别蕃汉说、金以儒亡说及汉化说等，是就宏观而言的，其余则是就某一具体事件或战役所引起的后果而论的，都有一定的道理。然而，这些说法、特别是金元人诸说的提出，大都与本人的经

---

① 《清史稿》卷三《太宗纪二》，中华书局1998年版。
② 《御制诗集》四集卷四九，文渊阁"四库全书"本。

历、立场、政治主张等有关，难免受到一定的制约。如，元好问囿于故君故国之思，从其诗文中反映出他对金亡原因的思考有局限性。刘祁祖父、父亲世仕金朝，自己"平昔所志，修身齐家治国平天下"①，却没有中式，难免有怀才不遇之憾。李慈铭则称他"以其不得位为恨"②，所以刘祁批评金朝"分别蕃汉"和不能"尽行中国法"。

由于论者政见不同，往往会对同一事实得出相反的观点。比如，金王朝共存在120年，它是短是长？刘祁为了说明金亡原因是未"尽行中国法"，"此所以不能长久"③，谓其短。而元初士人许衡为阐述行汉法的必要性，说："考之前代，北方奄有中夏，必行汉法，可以长久。故后魏辽金历年最多，其他不能实用汉法，皆乱亡相继，史册具载，昭昭可见也。"④称其长。金元之际距金亡时间不久，论者对其覆亡原因本应比较熟悉，但因受种种制约，其看法反倒不易做到全面、客观。

及至清朝，距金亡已历四五百年，统治者为了长治久安，总结历史经验教训，对金亡原因的思考应该更趋理性。清太宗、高宗的金亡于汉化说，有其合理性，得到较他说更为广泛的认同。于是，许多人便把金国衰亡的轨迹归结为：儒学传播——女真汉化——国势孱弱——金国覆亡。如此，儒学的传播，便成了金国覆亡的根源，儒学便成了误国、亡国的学说。显然，这不仅与历史实际不相符合，而且在理论上也十分有害。儒学不应是金国覆亡的根源。

金源一代，由于儒学的传播，学校的兴起，科举的实施，推

---

① 《归潜志》卷一四。
② 《越缦堂读书记》第984页。
③ 《归潜志》卷一二。
④ 《时务五事》，《元文类》卷一三，文渊阁"四库全书"本。

动了社会的进步和发展。金世宗虽然极力主张毋忘旧风，保持女真风俗，而儒学却在金国得到了较广泛的传播。大定、明昌间，金朝社会出现"文风振而人材辈出，治具张而纪纲不紊"①，以及"群臣守职，上下相安，家给人足，仓廪有余"②的兴旺局面。世宗的一系列举措，大体上是遵循西汉以来的儒家治国之道。大定、明昌间鼎盛局面的出现，是同儒学在金国的传播分不开的。

再就金朝后期的一个严重社会弊端——吏治而论，也否定了儒者、儒学误国的说法。一个政权的吏治如何，关系到政道的兴废。大定初，张浩建议恢复皇统间选进士以充令史的措施。他说："省庭天下仪表，如用胥吏，定行货赂混淆，用进士也，清源也。且进士受赇，如良家女子犯奸也，胥吏公廉，如娼女守节也。"议者皆以为当。③ 大定二十三年（1183年），金世宗说："女直进士可依汉儿进士补省令史。夫儒者操行清洁，非礼不行。以吏出身者，自幼为吏，习其贪墨，至于为官，习性不能迁改。政道兴废，实由此也。"④ 由此可见，儒廉吏贪是当时君臣的共识。

贞祐南渡后，金朝政治腐败，吏权大盛，"因循苟且，竟至亡国"⑤。而这一局面恰与排斥儒士有一定的关系。宣宗性格猜忌，奖用胥吏，任用以护卫出身的术虎高琪为相。术虎高琪本无勋望，每战辄败，反而不断得到升迁。他"喜吏而恶儒"⑥，与

---

① 王恽：《浑源刘氏世德碑铭》，《秋涧集》卷五八，"四部丛刊"本。
② 《金史》卷八《世宗纪下》。
③ 刘祁：《归潜志》卷七。
④ 《金史》卷八《世宗纪下》。
⑤ 刘祁：《归潜志》卷七。
⑥ 《金史》卷一〇六《术虎高琪传》。

进士为仇。当时吏员升迁之快，远胜进士，以致"士大夫家有子弟读书，往往不终辄辍"①。术虎高琪"妒贤能，树党与，窃弄权威，自作威福"。被宣宗称为是"坏天下者"②。刘祁称蒲察合住、王阿里、李湙等酷吏，是"胥吏中尤狡刻者"，"陷士大夫数十人"，"亦亡国之政也"③。元好问也曾指出金朝后期胥吏当权之弊，他说："予行天下多矣，吏奸而渔，吏酷而屠，假尺寸之权胑民膏血以自腴者多矣。"④可见奖用胥吏、排斥士大夫实为南迁后加速金国覆亡的一大弊政。

再谈汉化与金国覆亡的关系。

那种认为女真的汉化改变了他们质朴的民族传统，养成懒惰奢靡的生活作风及彻底销蚀了其传统的尚武精神的说法，也值得商榷。金朝中期以后，女真懒惰奢靡作风的养成和尚武精神的销蚀，是客观存在。然而，这一存在是否即女真汉化的结果，或者说女真汉化究竟在多大程度上促成了这一客观存在？尚待考察和探讨。清人在论及金亡原因时即有人说，金章宗"嬖宠擅朝，而金源氏衰矣，非习汉人风俗之过也……金源氏可谓负汉人之法度矣"⑤。明确指出金国衰亡与汉化无关，是有道理的。

女真从"内地"迁往华北以后，由于生存环境的改变，生产力的提高，社会的发展，特别是世宗、章宗两朝"治平日久，宇内小康"⑥局面的出现，人们的观念和生活方式必然发生变化。因为"人们的意识，随着人们的生活条件、人们的社会关

---

① 刘祁：《归潜志》卷七。
② 《金史》卷一〇六《术虎高琪传》。
③ 《归潜志》卷七。
④ 《寿阳县学记》，《遗山集》卷三二，"四部丛刊"本。
⑤ 陆陇其：《读金史世宗本纪》，《三鱼堂文集》卷四，文渊阁"四库全书"本。
⑥ 《金史》卷一二《章宗纪四》。

系、人们的社会存在的改变而变化"①，这是一条根本的规律。不仅如此，人们处在同样的或差不多同样的经济发展阶段，他们的思想意识、道德观念必然是或多或少地相互一致。因此，女真人的懒惰奢靡作风的形成和尚武精神的销蚀，不能简单地归咎为汉化的结果。

海陵王、世宗、章宗朝，金国的政治文化重心在今北京、天津、河北、山西一带。这里的民众向有慷慨、劲勇、吃苦耐劳的性格。如，《隋书·地理志中》载："自古言勇侠者，皆推幽、并。"唐人韩愈说："燕赵古称多慷慨悲歌之士。"② 宋人苏轼说："幽燕之地自古号多雄杰。"③ 又说："劲勇沉静……燕赵之俗也。"④《宣和乙巳奉使金国行程录》载，南京（今北京）"人多技艺，民尚气节，秀者则力学读书，次则习骑射，耐劳苦"⑤。由此可见，懒惰、奢靡、怯懦并不是汉人性格的主流。

一般来说，懒惰、奢靡、怯懦等品行，是已过上升时期统治阶级的一个带有普遍性的特点，而来自外部的影响，只是起了某些助动、催化的作用，所以无须把女真汉化的消极面看得那么重。至于对少数贵族、宗室、高官以外的阶层来说，如何看待他们的所谓奢侈趋势，也要仔细分析。当社会转型时期，人们的观念有时相对滞后。大定二十七年（1187年），世宗说："国初风俗淳俭，居家惟衣布衣，非大会宴客，未尝辄烹羊豕。"⑥ 其实，金初风俗淳俭，是与那时生产力低下相一致的。社会财富增加

---

① 马克思恩格斯：《共产党宣言》，《马克思恩格斯选集》第1卷，人民出版社1979年版，第270页。
② 《送董邵南序》，《唐宋八大家文钞》卷七，文渊阁"四库全书"本。
③ 《断策下》，《东坡全集》卷四八，文渊阁"四库全书"本。
④ 《燕赵论》，《唐宋八大家文钞》卷一五六，文渊阁"四库全书"本。
⑤ 《三朝北盟会编》政宣上帙二〇，上海古籍出版社1987年版。
⑥ 《金史》卷八《世宗纪下》。

了，消费相应地发生某些变化，未必就是奢靡。

再就个案来说明女真奢靡之风与汉化关涉不大。贞祐南迁后，金国上层逐渐形成了一个由奉御、奉职之类的皇帝近侍构成的贪腐群体。"奉御、奉职皆少年不知书"①，属于吏员。虽然他们的职位不高，却深得皇帝委信，其地位反在士大夫之上。这个群体，"皆膏粱子弟，惟以妆饰体样相夸，膏面镊须，鞍马、衣服鲜整，朝夕侍上，迎合谄媚。以逸乐导人主安其身，又沮坏正人招贿赂为不法"。他们多"以贵戚、世家、恩幸者居其职，士大夫不与焉"②。这是一个典型的女真贪腐群体。完颜白撒就是这个群体中的代表人物。白撒，奉御出身，"目不知书，奸黠有余"③。他"以内族位将相，尤奢僭。尝起第西城，如宫掖然，其中婢妾白数，皆衣缕金绮绣如宫人……然为将相无他材能，徒以仪体为事"。白撒从哀宗东征，方渡河督战，就劝哀宗回奔睢阳，"众以其误国，归罪请废"。哀宗不得已，将其下狱，死于狱中。④

从完颜白撒和前面述及的术虎高琪之类的贪腐、怯懦、误国行径中，同样看不出他们受儒学、汉化的影响，反而他们都是儒学、汉化的反对者。

以上就金元以来有关金国覆亡诸说作了简要的梳理和评议，并着重对流行较广并带有全局性的"金以儒亡"说和汉化说作了辨析。至于"成吉思汗伐金（1211年）说"、"'金以坏和议而亡'说"、"贞祐南迁说"、"哀帝用人不当说"等，多是极而言之，就某个事件或局部而论，它们都在一定程度上使金国一步

---

① 《金史》卷一六《宣宗纪下》。
② 刘祁：《归潜志》卷七。
③ 《金史》卷一一三《完颜白撒传》。
④ 刘祁：《归潜志》卷七。

步走向衰亡,但是都难说成是金国覆亡的根本原因。

那么,金国究竟缘何而亡?应该是由多种原因造成的。

首先,物极必反,盛极而衰,这是事物发展的必然规律。

唐朝诗人孟浩然有一句很有名的诗:"人事有代谢,往来成古今。"是至理名言。人事也好,民族也好,政权也好,都会有兴有废,有盛有衰。女真其于唐五代间,经过二百年的繁衍、生息、壮大,于1115年建立金王朝,并在十年间,一举灭辽克宋。金国历太祖、太宗、熙宗、海陵王、世宗、章宗6朝,从建立、巩固、发展到鼎盛,此后逐渐走向衰落,而这时北方的蒙古则正处于上升时期。卫绍王时,宋人已经看出金国必亡。大安三年十二月,南宋真德秀所说:"今之金国即昔之亡辽,而今之鞑靼,即乡之金国也。以垂亡困沮之势,既不足以当新胜之锋,而众叛亲离,安知无他变乘之者,此其必亡者……"① 一个已经走向衰落的民族和政权,遇到了正在兴起又极富掠夺性、而且能够适时调整策略的民族和政权,金国的迅速覆亡是已经注定了的。

其次,章宗后期、特别是宣宗南渡后的军政腐败加速了金朝的衰亡,这是内因。

章宗朝后妃参政,宰相擅权,武将跋扈,导致上层统治集团内部矛盾激化。章宗钦怀皇后死后,中宫虚位,章宗欲立李师儿,因大臣反对,进封为元妃。元妃李师儿"势位熏赫,与皇后侔矣"②。并与经童出身的佞臣胥持国互为表里,管擅朝政。民间流行"经童作相,监婢为妃"之语。③ 章宗诛郑王永蹈、镐王永中等事,都是起于李师儿和胥持国。武将专恣跋扈,朝廷政

---

① 《辛未十二月上殿奏札二》,《西山文集》卷二,文渊阁"四库全书"本。
② 《金史》卷六四《后妃传下》。
③ 刘祁:《归潜志》卷一〇。

令不能顺利推行，虽谏官屡有弹劾，却被章宗偏袒，其实也是无可奈何的表现。其继任者卫绍王柔弱无能，政乱于内，兵败于外，加剧了金国的衰落。

宣宗南迁后，金朝军政腐败日趋严重，其主要表现，有三个方面：一是吏权大盛，吏治腐败；二是上层统治者无恢复之谋，侈靡腐化，苟且为安；三是军无斗志，丧失尚武精神，缺乏战斗能力。

关于前两个方面的史实，上文略有涉及，这里就第三个方面作点说明。其实，早在章宗时，因世宗以来承平日久，武备废弛，猛安谋克"其材武已不及前辈"①，而且风俗侈靡，失去了女真昔日骁勇善战的传统。章宗虽然采取一些旨在提高猛安谋克战斗力的措施，却收效不大。及至宣宗南迁后，这个问题更趋严重。太常卿侯挚在谈及女真将帅时说："从业掌兵者多用世袭之官，此属自幼骄惰，不任劳苦，且心胆懦怯，何足倚办。"② 这时的猛安谋克军户已成了坐食阶层，毫无战斗力可言。南迁后的军政腐败和尚武精神销蚀，使一些有识之士深感忧虑，纷纷建言。如贞祐四年（1216年），监察御史陈规上书条陈八事：一曰责大臣以身任安危，二曰任台谏以广耳目，三曰崇节俭以达天意，四曰选守令以结民心，五曰博谋群臣以定大计，六曰重官赏以劝有功，七曰选将帅以明军法，八曰练士卒以振兵威。③ 应该说陈规所言，切中时弊。然而，宣宗阅后却龙颜大怒，宰执也说陈规多事，不久将他左迁外地。又如，监察御史许古因宣宗信任丞相术虎高琪，无恢复之谋，上书谴责高琪等执政者，说，"方时多难，固不容碌碌

---

① 《金史》卷九二《徒单克宁传》。
② 《金史》卷一〇八《侯挚传》。
③ 《金史》卷一〇九《许古传》。

之徒备员尸素，以塞贤路也"。他还劝宣宗说："愿令腹心之臣及闲于兵事者，各举所知，果得真材，优加宠任，则战功可期矣。"①可惜这些忠言也未得到重视。

对于金朝后期日趋严重的军政腐败等弊端，大臣屡有奏议，皇帝也并非一无所知。之所以不能得到有效地遏止，除了归根到底要从那个社会制度找原因之外，一些具体因素也是不能忽视的。比如，金朝最高统治者的无能、姑息和纵容。宣宗既乏拨乱反正之材，又拒忠臣之谏。兴定五年（1221年），御史乌古论胡鲁弹劾陕西元帅完颜赛不纵将士掳掠，不符合主上除乱救民之意，请正其罪。宣宗却以"赛不有功，诏勿问"了事。②缺乏强而有力的监察机制也是吏治腐败愈演愈烈的原因。海陵王时，为了适应加强中央集权的需要，御史台的职权和作用开始受到重视。世宗、章宗时，监察机构的作用得到发挥，对官员的管理、考核制度也逐渐确立起来。然而，到了宣宗、哀宗时，监察制度同金国总的政治形势一样，走向衰落。尽管御史台依旧存在，其地位和作用却不断下降，形同虚设。

最后，对蒙古、南宋、西夏政策失误，蒙宋联盟形成，决定了金国的覆亡，这是外因。

金国在其存在的120年间，中国境内有多个政权并存，如何处理好同邻国的关系，对于维护和巩固本国统治是至关重要的。金朝中期以来，最大的威胁是来自北方的蒙古，因此，金国应该把联合南宋、西夏，对抗蒙古作为对外政策的基本点。然而，金朝后期对外政策上出现了许多重大失误。早在章宗时，成吉思汗向金供纳岁币，金使卫王允济受贡，成吉思汗"见允济不为

---

① 《金史》卷一〇九《陈规传》。
② 《金史》卷一六《宣宗纪下》。

礼",十分不悦。允济即位后,成吉思汗鄙夷地说:"我谓中原皇帝是天上人做,此等庸懦亦为之也?"①从此加紧侵金的准备。大安元年（1209年）蒙古进攻西夏,西夏乞援于金,金国群臣说:"西夏若亡,蒙古必来加我。不如与西夏首尾夹攻,可以进取而退守。"卫绍王却说:"敌人相攻,吾国之福,何患焉?"遂不出兵。②放弃了金夏结盟的时机,也是金国对外政策的失误。正如清人评论说:"夏弱则蒙古强,于金亦有不利焉。乃金主以两国相争为福,是岂唇亡齿寒之义哉！不特启夏人之构怨,而金之亡于蒙古亦于是决矣。"③南迁后,金国北有蒙古的威胁,内有红袄军起义及耶律留哥、蒲鲜万奴的割据势力,宣宗却"南开宋衅,西起夏侮"④,分散兵力,加剧了金朝的社会危机。兴定元年（1217年）,宣宗以宋岁币不到为由,遣乌古论寿庆、完颜赛不经略南边。六月,宋宁宗下诏伐金。十一月,宣宗又诏唐、邓、蔡州元帅府举兵伐宋,从此金宋连年构兵不止。

哀宗即位后,为了全力对付来自蒙古的进攻,改变宣宗时的策略,与南宋、西夏修好。虽然取得某些成效,却扭转不了整个局势。而这时的蒙古势头正猛,南征西讨,所向披靡。正大四年（1227年）,西夏灭亡。成吉思汗死于六盘山行宫,死前留下联宋灭金的遗嘱,他的继任者在后来的灭金过程中,基本上是遵循这一战略进行的。天兴元年（1231年）七月,因金飞虎军士申福、蔡元擅杀北使唐庆,蒙金关系断绝。在蒙古加紧实施蒙宋联合灭金战略时,哀宗曾幻想联宋抗蒙,向宋借粮,并通过使臣对宋晓

---

① 宋濂等:《元史》卷一《太祖纪》,中华书局1997年版。
② 见宇文懋昭《大金国志》卷二一《章宗皇帝下》,系于泰和八年（1208年）,中华书局1986年版。此从《西夏书事》、《西夏纪》,系于大安元年。
③ 吴广成:《西夏书事》卷四〇,甘肃文化出版社1995年版。
④ 《金史》卷一六《宣宗纪下》。

以利害:"大元灭国四十,以及西夏,夏亡及于我,我亡必及于宋。唇亡齿寒,自然之理。若与我连合,所以为我者亦为彼也。"① 南宋拒绝借粮给金,对哀宗之言根本不予理睬。天兴二年十二月,蒙宋定盟,共同伐金,蒙古答应事成之后,以河南地归宋。金国后期对外政策的诸多失误,促进了蒙宋联盟的形成,导致金国最后覆亡。

三 余论

在金国覆亡后七八百年来诸多议论金亡的诗文中,"青城"这个地名频繁出现,令人关注。青城在北宋汴京(今河南开封)南。金初天会四年(1126年),金兵攻破汴京,许宋议和,将宋徽宗、钦宗及后妃、皇族解至青城,押往金国。事隔107年,金国南京(汴京)留守崔立以城降敌,蒙古军也以青城俘虏金国后妃、皇族北去,解往和林(今蒙古国鄂尔浑河上游的哈尔和林)。历史是多么无情,又如此耐人寻味。金元之际有人咏汴京青城诗云:"百里风霜空绿树,百年兴废又青城。"② 元初郝经《青城行》诗云:"天兴初年靖康末,国破家亡酷相似。君取他人既如此,今朝亦是寻常事。"③ 明清之际钱谦益论及金亡时说:"呜呼!金源之君臣崛起海上,灭辽破宋,如毒火之燎原。及其衰也,则亦化为弱主谀臣,低眉拱手坐而待其覆亡。宋之亡也以青城,金之亡也亦以青城,君以此始,亦必以此终,可不鉴哉!"④ 都表达了他们对金国覆亡教训的深刻思索。在历史上探

---

① 《金史》卷一八《哀宗纪下》。
② 见周密《癸巳杂识·别集上》"北客诗",中华书局1988年版。
③ 《陵川集》卷一一,文渊阁"四库全书"本。
④ 《牧斋初学集》卷二三《向言上》,"四部丛刊"本。

讨金国缘何而亡的人群中,既有皇帝、臣僚,也有学者、诗人,虽然他们的身份地位不同,立场观点各异,却共同表达了对这个题目的极大兴趣。无论他们是出于资治,还是意在怀古,无疑说明这是一个发人深省的问题,同样值得我们去认真探讨。

(原载《史学集刊》2007年第1期)

辽金文化比较研究

由契丹和女真族分别建立的辽、金王朝，其文化有许多近似之处，也存在不少差异。本文拟从三个方面比较辽金文化的异同，最后略作归纳和分析。在以下叙述中，谈到契丹、女真文化，是分别指两个民族的文化，而辽、金文化则是指契丹文化或女真文化同汉文化及其他族文化交流融合后的文化。契丹文化与辽文化，女真文化与金文化既有联系，又有区别。

一 契丹、女真及辽、金在食衣住等方面的异同

（一）饮食

契丹、女真起源于我国北方或东北，那里同南方相比，冬长而寒冷，无霜期短，干旱少雨，这样的自然地理环境，制约着契丹、女真社会经济和饮食文化的发展。契丹、女真的饮食，最初都较粗糙单调。契丹是游牧民族，以肉食和乳品为主。粮食食品所占比重较小，有粥、炒米、炒面之类。女真是农耕兼畜牧、渔猎的民族。"田宜麻谷"，"喜耕种"，以粮食食品为主，亦食肉乳。随着农业生产的发展和受汉人的影响，

契丹女真粮食食品比重增加，食品加工渐趋精细，有了馒头、点心等面食和米饭等。特别是女真的饮食，后来已同汉人无多大区别。

饮茶在辽金成为风尚。辽金本不产茶，所需茶叶，来自同两宋的榷场贸易及两宋贡纳等。在河北宣化辽墓壁画中有《茶道图》①，图中反映了选茶、碾茶、烹茶、用茶程序及茶具等，说明辽人饮茶的流行。而金人饮茶，更是蔚然成风。金初仅有少数上层统治者饮茶，并被视为是接受汉文化的儒雅表现。后来，饮茶逐渐在各阶层中盛行起来。《金史·食货志四》说："上下竞啜，农民尤甚，市井茶肆相属。"由于饮茶风行，茶叶消费量大增，到后期，朝廷官员纷纷要求禁茶，以减少用来换取茶叶的丝绢的消耗。

（二）服饰

契丹人装束的主要特征是髡发左衽。后来，契丹人特别是男人多改着汉服。据《契丹国志·衣服制度》载，"国母与番官皆番服"，而"国主与汉官则汉服"。辽圣宗统和间，宋人路振奉使契丹时，也看到"俗皆汉服"，唯有契丹、渤海妇女仍着"胡服"②。女真衣服也是左衽，男女留辫发。到金朝中期，女真服饰汉化成为风尚，以致世宗、章宗多次下令，禁女真人学南人衣装，犯者抵罪。契丹女真服饰发式小有区别，但汉化是其共同趋势。然而在宋人眼里看来，却认为辽金时北方汉人服饰已经"胡化"。苏辙《燕山》诗云，"左衽今已半"③；范成大《揽辔

---

① 《宣化发现大型辽代壁画墓群》，《光明日报》1993年6月7日。
② 路振：《乘轺录》，《宋朝事实类苑》卷七七，上海古籍出版社1981年版。
③ 苏辙：《栾城集》卷一六，上海古籍出版社1987年版。

录》云:"民亦久习胡习,态度嗜好与之俱化,最甚者衣装之类,其制尽为胡矣。自过淮已北皆然,而京师尤甚。惟妇女之服不甚改。"范成大还有《相国寺》诗云:"闻谈今朝恰开寺,羊裘狼帽趁时新。"而且寺中杂货,"皆胡俗所需"①,于此可见,由于契丹女真与汉人杂居,互相影响,生活方式都有很大变化,其中服饰变化尤为明显。相对来说,辽金境内契丹、女真人及汉人妇女衣装变化较为缓慢。

契丹女真的服饰不仅对境内汉人,而且对两宋也产生了影响。在南宋,许多所谓"归正人"、"归明人"即原辽、金、西夏归服者以及宋人流落邻境重新回归者,也因穿惯了当地服装,往往不改"胡服",宋朝诸军也仿效女真衣装,"左衽胡服"②。从而反映了辽宋夏金时期各民族服饰的交流。

(三)住所

契丹、女真的住所,早期有较大区别。契丹以游牧为业,居无常处,"转徙随时,车马为家"③。因居无定处,"穹庐"是契丹居住的主要形式。后来,随着农业的发展,转为定居,出现草房、板屋。有些地区的契丹人终辽之世都从事游牧,以车马为家。女真则不同,早在建国前的献祖时,即从游牧转为定居,徙居海古水,"始筑室,有栋宇之制。人呼其地为纳葛里。'纳葛里'者,汉语居室也。自此遂定居于安出虎水之侧矣"④。分布在山区的女真人则"依山而居,联木为栅","无瓦,覆以木板,或以桦皮,或以草绸缪之"。女真人居有火坑。"环屋为土床,炽火其下,与

---

① 《范石湖集》卷一二,上海古籍出版社1981年版。
② 《宋会要辑稿》兵一五之一二、一三,中华书局1957年版。
③ 脱脱等:《辽史》卷三二《营卫志中》,中华书局1997年版。
④ 脱脱等:《金史》卷一《世纪》,中华书局1997年版。

饮食起居之上，谓之炕，以取共暖"①。此外，契丹、女真住所都有东向或东南向的习俗。《旧五代史·契丹传》载，契丹"邑屋门皆东向"。契丹毡帐、宫殿等，都是坐西朝东。甚至连辽朝寺院如今大同华严寺、北京大觉寺以及龙泉寺遗址等，均坐西朝东。女真亦"门皆东向"②。直到现代，东北仍有此俗，如《柳边纪略》卷一载，宁古塔一带"屋皆东南向"。

  辽金都有五京制度。辽金修建或扩建的诸京，多是依仿中原都城制度修建的。如辽中京大定府（今内蒙古宁城县）即"择良工于燕、蓟，董役二岁，郛郭、宫掖、楼阁、府库、市肆、廊庑，拟神都（唐东都洛阳）之制"③修建而成。我国考古工作者于1959年至1960年对中京遗址进行全面勘测和重点发掘，对这座辽代中期新建城市的布局有了较清楚的认识，"它比辽代初期所建的上京，更多地模仿了中原都城的制度"④。金上京是模仿北宋汴京而建的，只是规模"仅得十之二三而已"⑤。金中都是在辽南京（燕京）基础上扩建的。主持建中都的张浩是受汉文化影响较深的渤海人，苏保衡是汉人，而具体负责修建的梁汉臣、孔彦舟则原为宋朝人。中都布局多是模仿北宋汴京，甚至城内许多名称都是沿用汴京的名称。如汴京正北门名通天，金中都正北门为通玄；汴京皇城北门为拱辰，中都也设拱辰门；宫城的东华、西华门名也是仿效北宋宫城门。

  辽虽有五京，然而皇帝一年中的大部分时间并不在五京宫殿

---

① 徐梦莘：《三朝北盟会编》政宣上帙三，上海古籍出版社1987年版。
② 同上。
③ 《辽史》卷三九《地理志三》。
④ 《新中国的考古发现和研究》，文物出版社1984年版。
⑤ 宇文懋昭：《大金国志》卷一二《熙宗孝成皇帝四》，崔文印校证本，中华书局1986年版。

中，而在行宫，即所谓"捺钵"。

捺钵是同契丹人生活方式相联系的一种重要制度和富有特色的民族文化。捺钵就是行营、行帐、营盘，即辽朝皇帝出行时居止的帐幕。《辽史·营卫志中》云："长城以南，多雨多暑，其人耕稼以食，桑麻以衣，宫室以居，城郭以治。大漠之间，多寒多风，畜牧畋渔以食，皮毛以衣，转徙随时，车马为家。此天时地利所以限南北也。辽国尽有大漠，浸长城之境，因宜为治，秋冬违寒，春夏避暑，随水草就畋渔，岁以为常。四时各有行在之所，谓之'捺钵'。"辽朝皇帝春捺钵捕鹅钩鱼，夏捺钵避暑议政，秋捺钵射鹿，冬捺钵避寒议政、猎虎。四时捺钵，并非仅限于游幸，而且也是政治中心之所在。捺钵制度对后来的金、元、清都产生了影响。金代中期以前，有春水秋山之制，春水捕鱼，秋山打猎。宣宗贞祐南迁之后，史书中不再有关于春水秋山的记载了。金朝前期虽然承袭了辽代捺钵之制，但有所不同。辽居留时间较长，金居留时间短暂；辽之行动复杂，金之行动简单。尤其不同者，辽以捺钵为经常，故政治中心即在于此，而金则主要出于游幸，与政治关系不大。后来的元、清，也有捺钵风习，略与金近似，其重要性不能与辽相比。

二 契丹、女真及辽、金在文学艺术、宗教信仰、岁时风俗等方面的异同

（一）文学艺术

辽金文学艺术都具有明显的北方民族朴野、粗犷、清新的特色以及深受唐宋影响的一面，同时辽金又有其不同之处。

契丹和辽代流传下来的文学作品不多。其中，契丹帝王、后妃、贵族文学家的作品占有很大比重。这是辽代文学的一个重要

特点。辽中期以后的圣、兴、道三宗，都善诗词，通音律。圣宗"幼喜书翰，十岁能诗。既长，精射法，晓音律，好绘画"①。曾出题诏宰相以下赋诗，并御制曲百余首，还亲以契丹大字译白居易《讽谏集》。兴宗亦亲制诰词，并赐诗给宠臣，还曾与宋使"钩鱼赋诗"。道宗的文学修养更高，曾以《君臣同志华夷同风》诗进呈皇太后，相臣李俨作《黄菊赋》献道宗，道宗作绝句题其后赐之。诗曰："昨日得卿《黄菊赋》，碎翦金英填作句。袖中犹觉有余香，冷落西风吹不去。"② 道宗的诗作，经人编成《清宁集》。

契丹宗室善诗者以阿保机长子耶律倍最为著名。《辽史》卷七二本传称他"通阴阳，知音律，精医药、砭焫之术。工辽、汉文章，尝译《阴符经》"。耶律倍擅长五言诗，现存《海上诗》一首。清人赵翼高度评价此诗，称"情词凄惋，言短意长，已深有合于风人之旨矣"③。《辽史》有多处记载宗室中善诗文者。如平王耶律隆先"博学能诗，有《阆苑集》行于世"；耶律国留"善属文"，在狱中著《兔赋》、《寤寐歌》，为世所称。其弟资忠"博学，工辞章"，著《西亭集》；耶律庶成"善辽汉文字，于诗尤工"④；等等。

辽朝后妃善诗，在文学史上也是一个很显著的特点。如辽道宗宣懿皇后萧观音，"工诗、善谈论，自制歌词，尤善琵琶"⑤。王鼎《焚椒录》记载了萧观音因作《四心院》词及《怀古》诗而被耶律乙辛诬陷、酿成冤案的经过。清人评价《四心院》词

---

① 《辽史》卷一〇《圣宗纪一》。
② 陆游：《老学庵笔记》卷四，中华书局1979年版。
③ 《廿二史札记》卷二七，中国书店1987年版。
④ 以上分别见《辽史》卷七二、八八、八九本传。
⑤ 《辽史》卷七一《后妃传》。

说:"怨而不怒,深得词家含蓄之意。斯时柳七(永)之调尚未行于北国,故萧词大有唐人之遗意也。"[1] 天祚帝文妃萧瑟瑟也"善歌词",曾作歌讽谏天祚帝。

据现存文献来看,辽代文学作品中,契丹人作品多于汉人,而在契丹文学家中,帝王、后妃,贵族又占较大比重。这不排除文献记载的局限性,但在当时少数契丹上层统治者才有条件接受文化教育,因而出现一些文学家,也在情理之中。

金代女真皇帝、宗室文学家则不像辽朝那么多而形成一大特点,但也出现几位诗人,如海陵王完颜亮,宣孝太子完颜允恭、章宗完颜璟和宗室完颜璹等。尤其是完颜亮的诗词,具有鲜明的个性。女真后妃不见像契丹萧观音、萧瑟瑟等那样的诗人。金代文学家和流传下来的作品数量,大大超过辽代。其中虽然也有女真帝王、宗室及其他女真人文学家,但以汉族文学家占绝大多数。

辽金文学风格,一般来说,朴野、清新是它们的共性,而金代文学较辽代更为成熟。清人在评论金代文学时,盛赞其"北地之坚强,绝胜江南之柔弱","与唐宋元明相颉颃"[2]。这一评价,虽有过誉之嫌,但对金代文学所具有的特点,则确是应予重视的。

金代文学与辽代相比,之所以能达到更高的水平,是同金王朝科举制度、学校教育制度更臻完备,各阶层文化素质普遍提高,以及我国传统文化在北方得到了更广泛的传播等因素相联系的。

(二) 美术

契丹辽朝的绘画以描绘契丹人生活方式如狩猎、骑射、游牧

---

[1] 徐釚:《词苑丛谈》卷八,上海古籍出版社1983年版。
[2] 《金文最·序》,《金文最》,中华书局1990年版。

等场面居多，被后人称之为北方草原画派。他们用绘画强烈地表现本民族生活方式，这是辽朝绘画艺术的一个特点。据有关画史记载，辽朝画家多达数千人。

耶律倍是辽朝初期的著名画家。《辽史》卷七二本传说他"善画本国人物，如《射骑》、《猎雪骑》、《千鹿图》，皆入宋祕府"。《宣和画谱》卷八载："（耶律倍）尤好画，多写贵人酋长，至于袖戈挟弹，牵黄臂苍，服用皆缦胡之缨，鞍勒率皆环奇，不作中国衣冠，亦安于所习者也。"宋朝宫廷所藏有15种之多，"双骑图一，猎骑图一，雪骑图一，番骑图六，人骑图二，千角鹿图一，吉首并驱骑图一，射骑图一，女真猎骑图一"。

胡瓌、胡虔父子也是辽朝有名的画家，胡瓌有作品流传至今。《五代画记补遗》"走兽门第三"称胡瓌"善画番马"，"其穹庐部族、帐幕旗饰、弧矢鞍鞯，或随草放牧，或在驰逐弋猎，而又胡天惨冽，沙碛平远，能曲尽塞外不毛之景趣，信当时之神巧绝代之精技欤！"据《宣和画谱》卷八著录的宋朝御府收藏胡瓌画作有65幅，从其标题可知均以契丹游牧生活为主题。如《卓歇图》、《牧马图》、《射骑图》、《射雕双骑图》、《按鹰图》、《牧驼图》等。胡瓌的传世作品《卓歇图》反映了契丹狩猎生活的片断。在画法上继承了中原地区汉唐以来的现实主义传统，其主题则是契丹生活的写照。胡瓌之子胡虔也以画蕃马闻名，"世谓丹青之学有父风"[①]。

辽朝壁画艺术更是丰富多彩，也以反映契丹人生活风情，如狩猎、骑射、出行、归来、宴饮等居多。此外，也有少数描绘北方四季山水之作。

---

① 《宣和画谱》卷八，"丛书集成初编"本。

金代的绘画则有所变化，风行"文人画"和山水画，以画梅、兰、竹、菊和山水、宫阙、楼台等居多。如任询的诗文书画都很有名，绘画擅长山水画。金元人赵秉文、王恽等曾为任询所画《华清宫图》撰写序跋题记，给以很高的评价。王恽说，任询山水"山骨郁茂，林屋黯密，盖学中立而逼真者也"[①]。杨邦基也以善画山水人物而闻名。从金元人为他的画作题诗中可以略知其作品有《雪谷早行图》、《山居老闲图》、《秋江捕鱼图》、《行客关山图》以及《百马图》、《奚官牧马图》等，可见杨邦基作品主题多为山水人物及鞍马。李早善画人物和马，见于后世著录的有《蕃马图》等。武元直长于山水，有《曙雪》、《桃源图》、《风雨回舟图》等。王庭筠善山水、墨竹。其子王曼庆亦"善墨竹，树石绝佳，亦能山水"[②]。

北方草原风俗画的风格，在金代绘画中得到了继承和发展。传世的张瑀《文姬归汉图》被认为是历代同类题材中水平最高的作品。

金代壁画达到了很高的水平。尤其是山西繁峙岩上寺壁画堪称我国壁画艺术的瑰宝。其中所展现的楼台亭榭、酒楼茶肆、民居村舍等，会使人们不禁想起北宋张择端的《清明上河图》来。此外，有关伦理道德、忠孝节义以及佛教故事等，也是金代壁画中常见的题材。

辽代绘画和部分金代绘画都具有鲜明的北方民族特色，这是它们的共同之处。而它们的区别在于，随着两宋文人画与山水画的发展，金代绘画深受其影响，在文人画与山水画创作上亦有了很大发展。

---

① 《秋涧先生大全文集》卷三七，"四部丛刊"本。
② 《图绘宝鉴》卷四，"丛书集成初编"本。

(三）宗教信仰

契丹、女真的宗教信仰大体相近。他们像许多古老民族一样，都曾经盛行自然崇拜、灵魂崇拜、祖先崇拜和天神崇拜，不过各自有本民族的仪式。在满—通古斯语系诸族中流行的萨满教，在契丹与女真中都有不同程度的流行。契丹人有一些近似萨满教的仪式，而《三朝北盟会编》政宣上帙三中则有关于女真人信奉萨满教的明确记载，称完颜希尹"奸滑而有才"，"国人号为珊蛮。珊蛮（按，即萨满异译）者，女真语巫妪也。以其通变如神"。这应是我国历史文献中最早出现的关于萨满教信仰的记载。

佛教、道教在辽金有不同程度的传播。辽朝尤其盛行佛教，契丹帝王特别是圣宗、兴宗、道宗三朝及妇女（从皇后、公主到平民）崇佛，十分突出。金朝受辽、宋影响，佛教也很流行。辽金两朝雕印并流传至今的汉文大藏经《契丹藏》和《赵城藏》是我国宝贵的佛教文化遗产。

道教在辽朝各阶层中也有一定的传播。到了金朝，由于新道教（全真、大道、太一）的创建，使得这个土生土长的宗教在北方得到空前广泛的发展。金朝受中原思潮的影响，也出现了儒释道三教合一的趋势。

（四）岁时风俗

辽金岁时节日，既分别保留有契丹、女真民族的若干传统风俗，又在不同程度上吸收了汉族的许多风俗。

辽朝的许多节令，如立春、人日、中和、上巳、端午、夏至、中元、中秋、重九、冬至等，显然是直接或间接从中原传入的。这里所谓间接，就是指唐朝时地处东北的地方政权——渤海国深受唐朝文化影响，中原的一些岁时节日及风俗在当时已经传到那里，后为契丹所承袭。契丹有些习俗，如上元观灯，端午采艾叶和以五彩丝缠背，重九登高、饮菊花酒等，都与中原相同。然而也有许多节令，虽然名称来自中原，但风俗内容不同，仍然保留了契丹固有的一些风俗和仪式。如正旦，有令巫师在帐篷"外边绕帐撼铃执箭唱叫，于帐内诸火炉内爆盐，并烧地拍鼠"，谓之"惊鬼"的习俗。上巳，"国人以木雕为兔，分两朋走马射之"①。中元、中秋、冬至等节俗，也都与中原大异其趣。此外，契丹还保留有一些纯本民族的节日，如"放偷日"等。

女真岁时风俗，有少数节令如重五、中元、重九等，保留有女真传统的拜天、射柳等俗，女真还承袭了契丹的"放偷日"等，金朝大多数节令不仅名称而且连习俗内容基本都与中原相同。这就是说，在习俗汉化上，女真比契丹走得更远。

三 契丹、女真及辽、金在婚姻丧葬、伦理道德及政治观念等方面的异同

（一）婚嫁

契丹女真早期都有过掠夺婚、隶役婚、收继婚、交换婚等形式。后来，辽金王朝都采取若干措施，限制原始婚俗。如辽太宗时，曾诏"除姊亡妹续之法"；金朝初年，太祖"诏自收宁江州已后同姓为婚者，杖而离之"，太宗时也颁布过类似的诏令，并禁"继父继母之男女无相婚嫁"②等。辽金统治者为了维护其统

---

① 叶隆礼：《契丹国志》卷二七《岁时杂记》，上海古籍出版社1985年版。
② 以上分别见《辽史》卷三《太宗纪上》、《金史》卷二《太祖纪》、卷三《太宗纪》。

治地位，对皇族后族通婚有严格限制。辽朝"王族惟与后族通婚"，"王族后族二部落之家，若不奉此主之命，皆不得与诸族之人通婚"①。金朝对天子纳后，王姬下嫁也很重视门第，"后不娶庶族"②。"昏因有恒族"，皇族（完颜）通常只在徒单、唐括、蒲察、拏懒、仆散、纥石烈、乌林荅、乌古论、裴满等几个大姓中娶后尚主，"无子娶后必于是，公主下嫁必于是"③。

（二）丧葬

土葬和火葬是契丹女真的主要丧葬方式。与同时期的两宋相比，契丹女真盛行火葬是其共同之处。契丹女真行火葬，是原始葬俗遗留和受佛教传播影响的结果，同时也有北方民族间互相承袭的因素在内。辽金境内汉人和同时期宋人因受儒家观念影响较深，认为火葬乃身后之戮，是十分残忍和大逆不道的事情，因此许多人抵制火葬。元好问《续夷坚志》卷三载，吕忠嗣平生通晓经学，每以古人自期，他临终时对诸子说："我死无火葬，火葬是为戮尸。"金元之际王恽《论中都丧祭礼薄事状》说："切惟送终，人子之大事，今见中都风俗薄恶，于丧祭之礼有亟当纠正者，如父母之丧，例皆焚烧，以为当然，习既成风，恬不知痛。""其在汉民，断不可训。"④ 这大体上反映了金元时期在汉人中流行反对火葬的传统观念。

契丹女真都有一种将祭祀死者用的酒食和其他物品一并焚烧，谓之"烧饭"的习俗。后来的蒙古也有此俗，不过在仪式上略有差异。始于契丹的"烧饭"之俗，又是从其先世乌桓鲜

---

① 《契丹国志》卷二三《族姓原始》。
② 《金史》卷六三《后妃传上》。
③ 《金史》卷一二〇《世戚传》。
④ 《秋涧先生大全文集》卷八。

卑那里继承发展而来的。这一习俗的形成是北方几个民族间传承的结果。

（三）伦理道德

辽朝建立前后，契丹社会发展落后于中原，受儒家文化影响的熏陶较少，如《辽史·后妃传》所说，"风化视中土为疏"。契丹仍保留有许多本民族旧俗。从贵族到平民，妇女贞节观念淡薄，离婚、再嫁乃至三嫁四嫁为司空见惯之事，成为世俗。随着社会的发展，儒家文化在北方的传播，以及辽朝统治者开始提倡妇女守节、表彰命妇寡居者、限制再嫁等，到辽中期以后，人们的贞节观念明显加强。忠孝节义等观念，也逐渐成为辽人的伦理道德规范。

女真人大体上经历了类似的过程。金初，女真有接续婚"旧俗"，那时妇女再嫁不受非议。随着家庭形态和人们观念的变化，妇女改嫁呈现逐渐减少的趋势。有些受汉文化影响较深的女真妇女则至死不改嫁。葛王（后来的金世宗）妃乌林荅氏为免遭海陵王戕害而自杀身亡。她在上世宗的遗书中有"忠臣不事二君，贞女不更二夫"[①]之句，已同汉族妇女的传统观念一致。不过与此同时，从上层到平民，女真妇女再嫁仍不乏其例。在汉族妇女中，对离婚、再嫁等事普遍看得重些。总的来说，金朝中期以前，女真的贞节观念同中原汉人相比，较为淡薄，而到了后期，已同汉人相差不多了。

（四）命名

辽金时期的契丹、女真人命名，也受汉族影响。帝王除

[①] 《金文最》卷五。

了有本民族的姓名外，还有汉名，并有赐国姓给有功者及帝名避讳等制度。在姓氏上，契丹只有耶律和萧两姓，终辽之世没有改变。女真则不同，早在辽金之际就有女真改汉姓之例，后来改用汉姓者日渐增多，世宗、章宗时为保持女真旧俗，一再下令禁止女真改译或改称汉姓，表明这时改译或改称汉姓已是相当普遍的现象。尽管朝廷三令五申地加以阻止，但还是没有遏止这一趋势的发展。据陶宗仪《南村辍耕录》卷一"氏族"条载，金元之际已有31个女真（包括附隶于金朝的其他族）姓改称改译汉姓。另据陈述考证，在其他28姓中，也有或多或少的女真（包括附隶金朝的其他族）成分渗入[①]。

（五）民风

由于自然环境，社会发展及各民族传统文化等因素造就了辽金各族的民风有许多相同之处。

契丹早期以渔猎、游牧为生，逐水草而居，飘忽不定，艰苦的生活环境培养了他们坚韧尚武，吃苦耐劳的精神。契丹人善战，能寒，"弯弓射猎本天性"[②]。《辽史·后妃传》也说："辽以鞍马为家，后妃往往长于射御，军旅田猎，未尝不从。"太祖、景宗、兴宗皇后等都在军旅中建立战功，"古所未有，亦其俗也"。这是其他朝代所少见的。

辽国汉人、渤海人也多豪爽强劲，能吃苦耐劳。《乘轺录》说，"辽海民勇劲乐战"。《宣和乙巳奉使金国行程录》称，燕京（今北京）"民尚气节，秀者读书，次习骑射，耐劳苦"。

---

① 《金史拾补五种》之《女真汉姓考》卷一，科学出版社1960年版。
② 苏辙：《虏帐》，《栾城集》卷一六，上海古籍出版社1987年版。

金代女真人善骑射，"耐寒忍饥，不惮辛苦"①，民风朴厚，"最为纯直"②。

北方汉人质直尚义。从幽蓟到关中，即今天津、北京、河北、山西、陕西一带的民众，历来有质直尚义的风尚。唐人韩愈说，"燕赵古称多感慨悲歌之士"。北宋苏轼说，"燕赵之地自古号多豪杰"，"劲勇而沈静，燕之俗也"。这里的汉人秉承了前人的风格。对此，金人也有许多论述。施宜生说：渔阳山水雄秀，"功名豪杰之士，多生其间"③。赵秉文说："河朔之地，沃野千里……其山川风气，雄深郁津，故其人物魁杰多秀异，有平原之遗风，廉蔺之英骨。"又说："三晋多奇士，其土风之然乎！"④元好问说："关中风土完厚，人质直而尚义，风声习气，歌谣慷慨。"⑤

类似的记载，在后人的诗文、地志中也屡见不鲜。如元人郝经说，金元间燕人"豪劲任侠，深厚敦雅，犹有唐人遗风焉"；清人编纂的《天府广记》称燕人"俗重气侠，好结纳，其相赴生死，亦出于仁义"⑥；等等。

由上可见，北方汉人质直尚义是有传统的。

社会发展对风尚的形成与演变也有很大影响。金代在世宗、章宗时期达到鼎盛阶段，章宗泰和间开始走下坡路，到宣宗南迁后，更是江河日下。社会风尚的变化也与这一发展趋势相关联。金朝上升时，相对来说民风朴厚，尚俭，富有朝气。鼎盛时期过

---

① 《三朝北盟会编》政宣上帙三。
② 《金史》卷七《世宗纪中》。
③ 《渔阳重修宣圣庙碑》，《金文最》卷六七。
④ 《寓乐亭记》，《闲闲老人滏水文集》卷一二，"石莲盦九金人集"本。
⑤ 《送秦中ചਣ人引》，《遗山先生文集》卷三七，"四部丛刊"本。
⑥ 以上见《日下旧闻考》卷一四六《风俗》，北京古籍出版社1983年版。

后，社会风气随之败坏。元人杨奂说，"金大定中君臣上下以淳德相尚"，"明昌以后，朝野无事，多侈靡成风"。[1] 宣宗贞祐南迁后，连军队也过惯了安逸生活，毫无斗志。一些将帅多出于世家的膏粱子弟，往往只知打球射猎。哀宗时，金朝亡征已很明显，世风愈发不可收拾。当此之际，"大夫士以自保为幸。或高蹈远引脱屣世务，或酣歌饮酒，苟延岁月"[2]。金朝末期，各阶层人们处于这种醉生梦死状态，表明此时距金朝的灭亡已经为期不远了。

四 对契丹、女真及辽、金文化异同的归纳和分析

契丹女真及辽金文化的相似性，可分以下几种情况：

一是共同或接近的自然环境、生产力发展水平、文明程度等使契丹女真饮食文化具有若干共性。辽金地处北方，具有山地、高原、平原、草原等多种地形，为牧畜、狩猎、农业等发展提供了条件。与两宋相比，北方气温较低，无霜期短，干旱少雨，作物品种少，加之生产力低，以及文明程度落后等，这些都制约着契丹女真饮食文化的发展水平，决定了契丹女真饮食较粗糙、单调。随着农业的发展，南北往来增多及受汉族影响，这种情况逐渐有所改变。契丹女真的住所，都有东向或东南向的习俗。文献中有关契丹居室朝东的记载尤多，对此，一般都用契丹崇拜太阳来解释。本文认为此俗最初形成，还应与气候因素有关，北方冬天多西北风，居室东向或东南向可以避风。

二是社会发展的一般规律的作用，使得契丹女真及辽金文化

---

[1] 《跋赵太常拟试赋稿后》，《元文类》卷三八，文渊阁"四库全书"本。
[2] 元好问：《御史孙公墓表》，《遗山先生文集》卷二二。

具有某些相似性。如婚姻制度，契丹女真在建国前后都保留有接续婚、隶役婚、交换婚等原始婚制的残余。辽金建立后分别对此采取一些措施，予以限制。丧葬形式，契丹女真同许多民族一样，以土葬、火葬为主要形式。宗教信仰，同某些北方民族一样，有祖先崇拜、自然崇拜、天体崇拜等，流行萨满教，后来又信奉佛教、道教。再如，契丹女真妇女在婚姻和家庭生活中有较大的自由和较高的地位，贞节观念淡薄，辽金中期以后，妇女所受封建礼教约束渐多，地位有所下降。

三是契丹女真接受汉文化影响，以及契丹与女真之间，辽与金之间制度、风俗的传承，也使辽金文化出现相似之处。如文字，契丹初无文字，辽初直接借汉文字字形增损而创制了契丹大小字。女真初亦无文字，金太祖时完颜希尹依仿汉人楷字，因契丹字制度，合本国语，制女真字，是为女真大字。其后，金熙宗又颁行女真小字。辽金的若干制度，如祭礼、仪礼、法制、职官、学校、科举等，多是借鉴吸收中原制度，或是女真承契丹风俗，金承辽制。因此，契丹与女真，辽与金，往往有相似性。辽金正统观念的形成与发展等，也是在中原传统观念影响下而形成和发展起来的。

契丹女真及辽金文化差异的形成，大致分两种情况：

一是族源不同。从民族划分上，契丹属东胡系统，是游牧民族；女真属肃慎系统，是农耕兼渔猎、畜牧的民族，后来以农耕为主。与生产方式相联系，反映在住所上，契丹长期以"车帐为家"，而女真则很早就已定居，并有火炕。

二是借鉴、吸收汉文化程度不同及自身因素、所处时代等差别，导致辽金文化呈现差异。如辽金的正统观念、伦理道德观念等都是同本国传统文化在北方的传播及辽金社会发展相联系的。辽金作为少数民族建立的政权，都反对中原王朝那种"贵诸夏轻夷狄"的正统论，主张淡化或反对以华夷之别区分正统与非正统的观念。然而由于时间的推移，儒家思想在北方的传播，金代较辽代更为广泛深入，女真汉化程度较契丹更高。文献中关于辽人正统观念的言论，仅有只言片语的记载，而金朝海陵王及赵秉文、王若虚等的观点较辽人更富有理论高度。辽金人伦理道德的差异，也属于这种情况。关于辽金岁时节日风俗的差异，其名称大都来自中原，不过辽代节日风俗保留有较多的契丹旧俗，而金代则从名称到风俗内容，都基本同中原一致了。

从以上的论述中，我们似可得到一些启示。其一，不同民族地域间的联系和交流，必然促使双方制度、文化互相产生影响，其中较落后民族和地区在借鉴吸收外族、外域制度文化后，所得到的发展和提高更为明显。其二，尤其是创造性地借鉴吸收外族外域制度、文化，对于本民族本地区的社会发展可以发挥更为积极的作用。如辽朝实行南北面官制度，"因俗而治"，"以国制治契丹，以汉制待汉人"，取得了很好的成效。金朝借鉴中原科举制度和学校制度，设置女真进士科和女真学，为提高女真民族素质发挥了作用。其三，借鉴吸收外族外域制度、文化的程度越是全面深广，本民族文化特色被保留下来者就会越少。从文献记载和大量考古资料中，我们可以发现，就文化特色来说，女真和金不及契丹和辽鲜明。

（原载《北方论丛》2000年第1期）

辽金人的忠孝观

忠孝是中国古代伦理的重要内容,中国传统文化的组成部分。在当前中国传统伦理研究中,对辽金殊少涉及。本文拟对辽金人的忠孝观略作论述,并从中考察契丹、女真文化与汉文化的交流与融合,以及辽金人对中国传统文化的传承。

一

先谈孝。

孝观念与小农经济的生产方式有直接的关系,它同其他伦理道德一样,"归根到底都是当时的社会经济状况的产物","它或者为统治阶级的统治利益辩护,或者当被压迫阶级变得足够强大时,代表被压迫者对这个统治的反抗和他们的未来利益。"①

"孝"字和孝观念在我国古代文献中很早就出现了。如《尚

---

① 恩格斯:《反杜林论》,《马克思恩格斯选集》第3卷,人民出版社1972年版,第132—134页。

书·尧典》:"克谐以孝。"《诗·大雅·下武》:"永言孝思,孝思维则。"①

先秦时期是中国伦理思想发端和奠基时期。② 在此期间,孝悌被提到十分重要的地位。《论语·学而》:"孝弟也者,其为人之本与。"《孟子·告子下》:"尧舜之道,孝悌而已矣。"③ 秦汉至隋唐时期,是中国伦理思想(主要指儒家伦理思想)的确立和发展时期。董仲舒将春秋战国以来儒家理论中的一些基本观念概括为三纲五常。三纲,即君为臣纲,父为子纲,夫为妇纲;五常,即仁、义、礼、智、信。董仲舒还把忠孝与五行相配,并以其贯穿纲常,说:"五行者,乃孝子忠臣之行也。""圣人之行,莫贵于忠,土德之谓也。""夫孝者,天地之经也。"④ 忠孝成了纲常中最重要的道德规范。此后,以忠孝为核心的三纲五常遂作为中国传统理论体系而确定下来。

宋代理学的出现进一步发展了董仲舒的伦理思想,认为三纲五常不仅是道德的来源,而且是万物的本原。二程、朱熹等把人际间的伦理纲常视为天经地义的天理,使之同现实政治紧密联系起来。宋代理学伦理思想的产生,标志着中国封建地主阶级正统伦理思想的完备和定型。⑤ 在两宋统治者和新儒学家的倡导之下,《孝经》开始被列为十三经之一,宣扬孝道的蒙学读物、家规、乡约也大量出现。两宋伦理观念对同时期辽金伦理观念的形成和发展产生很大影响。

---

① 黄侃手批:《白文十三经》,上海古籍出版社1983年版,第2、112页。
② 见张岱年、朱贻庭《绪论》,朱贻庭主编《中国传统伦理思想史》,华东师范大学出版社2003年版,第16—17页。
③ 黄侃手批:《白文十三经》,第1、71页。
④ 董仲舒:《春秋繁露》卷一一《五行之义》、卷一〇《五行对》,"四部丛刊"本。
⑤ 见张岱年、朱贻庭《绪论》,《中国传统伦理思想史》,第21页。

契丹早期民智未开，"其无礼顽嚣，于诸夷最甚"①。此时尚无孝观念。"子孙死，父母旦夕哭；父母死则否，亦无丧期。"②"父母死而悲哭者，以为不壮"，"父母死，以不哭为勇"③。大体上与匈奴"贵壮健，贱老弱"的风习近似。这种道德观念同人们在生产活动中的地位和作用相联系，也同当时社会经济发展阶段相适应。

当然，以上是指契丹的主体而言。至于那些进入中原、并且汉化了的契丹人的观念同汉人已无多大差别。如唐朝名将李光弼，"其先，契丹之酋长"，自幼能读班固《汉书》，"丁父忧，终丧不入妻室"，堪称孝子。其异母弟光进，"性亦孝悌，双旌在门"④。

契丹建国之后，特别是辽太宗克晋以后，中原文物、制度大量入辽，辽朝"稍用汉礼"。那些流行于中原的伦理道德观念，经契丹统治者的倡导，在北部中国也传播开来。

契丹统治者对孝道的提倡，表现在许多方面：

1. 辽朝九帝，除太祖阿保机、天祚帝耶律延禧首末两帝外，其余诸帝谥号都有"孝"字。如太宗谥孝武惠文帝，世宗谥孝和庄宪帝等。

2. 契丹皇帝每以忠孝为修身齐家治国平天下的原则。太祖征乌古部途中，闻皇太后不预，一日驰六百里还，侍太后。圣宗"行孝治于天下"⑤。圣宗对子侄说："惟忠惟孝，保家保身。"⑥

---

① 叶礼隆：《契丹国志》卷二三《国土风俗》，上海古籍出版社1985年版。
② 欧阳修、宋祁：《新唐书》卷二一九《契丹传》，中华书局1997年版。
③ 欧阳修：《新五代史》卷七二《四夷附录》，中华书局1997年版。
④ 刘昫等：《旧唐书》卷一一〇《李光弼传》，中华书局1997年版。
⑤ 张俭：《圣宗皇帝哀册》（太平十一年），见陈述辑校《全辽文》卷六，中华书局1982年版。
⑥ 《契丹国志》卷一四《诸王传》。

3. 契丹皇帝旌表孝义之家，惩治不孝之人。统和元年（983年）诏："民间有父母在，别籍异居者，听邻里觉察，坐之。有孝于父母，三世同居者，旌其门闾。"① 开泰元年（1012年），圣宗旌表"六世同居"、"四世同居者"。

孝道在契丹贵族显宦中成为被广泛遵循的道德规范。如耶律安抟，幼年"居父丧，哀毁过礼，见者伤之"。长大后，"事母至孝"②。耶律义先惕隐常戒其族人曰："国中三父房，皆帝之昆弟，不孝不义，尤不可为。"③ 时人称义先"于国忠也，于家孝也"④。

许多契丹人以"孝"字命名。如国舅详隐萧陶瑰有子名孝穆、孝先、孝忠、孝友。

至于汉人官员更是以忠孝为修身齐家治国平天下的重要准则。辽初，羁留契丹的唐节度使、汉人韩延徽因怀念乡里，遂亡归唐省亲，返辽后，对太祖说："忘亲非孝，弃君非忠。"⑤ 统和间，礼部侍郎、参知政事邢抱朴"以母忧去官"，"人以孝称"⑥。

孝道同样是评价各族妇女的道德标准。《赵德钧妻赠秦国夫人墓志铭》（应历八年）载，种氏"为女以贤著，为妇以孝闻"⑦。《耿延毅妻耶律氏墓志铭》（统和三十年）载，耶律氏（本姓韩，汉人）"闺壶成其雍穆，舅姑存其孝敬"⑧。

---

① 脱脱等：《辽史》卷一〇《圣宗纪一》，中华书局1997年版。
② 《辽史》卷七七《耶律安抟传》。
③ 《辽史》卷九〇《耶律义先传》。
④ 赵学俨：《耶律义先墓志铭》（咸雍八年），陈述辑校：《全辽文》卷八，中华书局1982年版。
⑤ 《辽史》卷七四《韩延徽传》。
⑥ 《辽史》卷八〇《邢抱朴传》。
⑦ 《全辽文》卷四。
⑧ 《全辽文》卷五。

《王泽妻李氏墓志铭》（重熙十四年）称李氏"奉姑舅之孝……"①

我国古代文献中记载有大量孝行故事，世代流传。据所见相关资料，知元人郭居敬辑虞舜以下二十四人孝行，序而诗之，名为《二十四孝》，又有人配以插图，名《二十四孝图》。从多处金代墓葬中发现二十四孝图（详后）可知郭撰《二十四孝图》不是最早的版本，后来也有若干版本，成为民间广泛流行的蒙学读物。鲁迅对二十四孝故事颇不以为然，十分反感，称其"虚伪"，"污蔑了古人"。他还对故事的真实性提出质疑，认为有些故事与文献记载不符。②不过，孝行故事的流行反映孝道已成为中原汉族民间道德规范则是不争的事实。

这些故事在辽代民间相当流行，许多辽墓中发现有反映孝道的刻石画和壁画。辽宁鞍山汪家峪辽画像石墓室内有孝子、孝妇故事。如孝孙原谷、大舜耕田、杨香打虎、庭坚涤器、茅蓉杀鸡奉母、闵子御车、唐氏乳姑、郭巨埋儿、江革行佣、曾子采樵、王裒泣墓、丁兰刻木、王密舍子救弟、郯子鹿乳奉亲、董永卖身等。画像石年代约在 1023—1031 年。③辽宁锦西、辽阳辽金画像石墓有多幅孝悌、孝妇故事画。④北京门头沟斋堂辽壁画墓也有丁兰事母、赵孝兄弟、孝孙原谷等孝悌故事画。⑤

以上诸孝行故事中的人名略有出入，当是在流传过程中所据版本不同或传写致误。其中大舜、杨香、黄庭坚、闵子（闵损、

---

① 向南编：《辽代石刻文编》，河北教育出版社 1985 年版，第 240 页。
② 《二十四孝图》，《朝花夕拾》，人民文学出版社 1973 年版，第 20—26 页。
③ 见许玉林《辽宁鞍山市汪家峪辽画像石墓》，《考古》1981 年第 3 期。
④ 见雁羽《锦西大窝铺辽金时代画像石墓》、王增新《辽宁辽阳县金厂辽画像石》，《考古》1960 年第 2 期。
⑤ 见鲁琪、赵福生《北京市斋堂辽壁画墓发掘简报》，《文物》1980 年第 7 期。

闵子骞）、唐氏、郭巨、王衰、江革、曾子、丁兰、郯子、董永等均入二十四孝。其他也是较流行的孝行故事，有的收入清至民国间据二十四孝扩充编撰的《百孝图》、《重编百孝图说》之类。

女真早期及建国前后，无孝观念可言。"父死则妻其母，兄死则妻其嫂，叔伯死侄亦如之。"① 皇帝死无山陵，丧葬"仪制极草创"。金灭辽后，"所用执政大臣多汉人，往往说以天子之孝在乎尊祖，尊祖之事在乎建宗庙"，女真"方开悟，遂筑室于内之东南隅，庙貌、祀事虽具，制度极简略"②。熙宗、海陵之后，作为体现帝王孝道的祖庙、山陵制度逐渐建立和完善起来。熙宗自幼受业于辽朝降金汉人文学家韩昉，深受儒家思想熏陶。即位后，仿照唐宋制度，实行改革，积极推行中原礼教，倡导儒家孝道。皇统五年（1145年），《增上祖宗尊谥诏》曰："稽孔圣达孝之说，见武王追尊之文，著在礼经，遂为永法。"③ 海陵王完颜亮雅好儒学，崇尚汉文化。天德三年（1152年）始置国子监，为养士之地。

世宗、章宗时期儒学得到更广泛的传播。世宗说："女真旧风最为纯直，虽不知书，然其祭天地，敬亲戚，尊耆老，接宾客，信朋友，礼意款曲，皆出自然，其善与古书所载无异。"④认为女真原始、质朴的旧风与儒家思想并无二致，这是对儒家思想的认同。世宗经常以孝悌教诲子侄和近侍。他对皇太子及亲王说："人之行莫大于孝弟。孝弟无不蒙天地之佑。汝等宜尽孝于父母，友于兄弟。"⑤ 大定二十三年（1183年），世宗采纳梁肃

---

① 徐梦莘：《三朝北盟会编》政宣上帙三，上海古籍出版社1987年版。
② 张棣：《金房图经》，《三朝北盟会编》炎兴下帙一四四。
③ 《大金集礼》卷三，"丛书集成初编"本。
④ 脱脱等：《金史》卷七《世宗纪中》，中华书局1975年版。
⑤ 同上。

之谏,仿汉代羽林军皆通《孝经》故事,以女真文《孝经》千部分赐护卫亲军。《孝经》还是国子学、太学入学考试科目之一,由国子监印行,授诸学校。章宗明昌元年(1190年)制定科举考试出题之制,府试以《六经》、《十七史》、《孝经》、《论语》、《孟子》等内出题,并诏亲军习《孝经》、《论语》。

金朝还以多种方式奖赏孝义之家。凡"三代同居孝义之家,委所属申覆朝廷,旌表门闾,仍免户下三年差发"。"为祖父母、父母、伯叔父母、姑、兄、姊、舅姑割股者,并委所属申覆朝廷,官支绢五匹、羊两控、酒两瓶,以劝孝悌。"[①]

以上措施的颁行,都反映了金朝统治者对孝道的认同和倡导。

在儒家思想熏陶和统治者的大力提倡之下,孝道、孝悌逐渐成为金代伦理道德规范之首。大定时人王朋寿在唐于立政撰类书《类林》基础上,增广门类,改订次序,逐篇系之以赞,撰成《增广分门类林杂说》,旨在宣扬"人君之圣智聪明,臣子之忠贞,父子兄弟之孝慈友爱"[②]。其中头两篇便是孝行和孝悌。《孝行篇》赞云:"孝乎为孝,百行之先。"《孝悌篇》赞云:"人之爱厚,莫甚天伦。"[③]王若虚《跋王进之墨本孝经》也说:"孝悌百行之冠冕,孝经六艺之喉衿。圣人大训,不待赞扬而后知也。学者自童稚读书,必始于此。"[④]

在"百行孝为先"观念影响下,女真、汉人中都出现许多孝行故事。《金史》、《孝友传》、《列女传》中多有这方面的记

[①] 宇文懋昭:《大金国志》卷三五《杂色仪制》,崔文印校证本,中华书局1986年版。

[②] 《增广类林序》,见张金吾编纂《金文最》卷三八,中华书局1990年版。

[③] 《金文最》卷二〇。

[④] 《滹南遗老集》卷四五,"丛书集成初编"本。

载。如庞迪"性纯孝",父病,医药无效,迪"仰天泣祷,刲股作羹",治好了父病。① 温迪罕斡鲁补十五岁"居父丧,不饮酒食肉,庐于墓侧。母疾,刲股肉疗之,疾愈"。王震,母患疾,"刲股肉杂饮食中,疾遂愈"。刘政,"母疾,昼夜侍侧,衣不解带,刲股肉啖之者再三"。母死后,"庐于墓侧者三年"②。聂舜英父伤时,刲股为父疗伤,父死后,葬父次日"绝脰而死"③。尽管这些割股疗疾、治好病伤的故事未必可信,然而却反映了孝道已成为不同民族、不同性别、不同年龄者的道德规范。

孝行、孝悌被作为美德懿行而载入官修"正史"之《孝友传》、《列女传》之外,在墓志中更是屡见不鲜。如《王氏先茔碑》云:王杰,字邦美,"教其子弟,一以孝友忠信,里闬少年有悍戾不率者,亦必委屈镌谕,使之改而后已,由是中外重之"。④《千户贾侯父墓志铭》云,贾佐,字巨平,"事父兄以孝悌闻待朋友以忠孝称,乡党宗族莫不服其淳德"⑤。《遗安先生言行碣》云,王䃂,字逸宾,"孝子亲,友于弟,诚于人年,笃于己。远近论文行,必曰王逸宾矣"。《孝义县丞崔公墓铭》云,崔宪,字子贞,"慈祥孝友,笃密恺悌,人年无得而称焉,然天下大夫言善人年,必子贞云"⑥。

在山西、河南等地的金代墓葬中还发现有许多反映孝行故事的画像石刻和壁画。1979年在山西永济发现贞元元年(1153年)青石棺,棺帮上绘有二十四孝图,每图标有内容题记。左

---

① 《金史》卷九一《庞迪传》。
② 以上见《金史》卷一二七《孝友传》。
③ 《金史》卷一三〇《列女传》。
④ 《滹南遗老集》卷四一。
⑤ 《滹南遗老集》卷四二。
⑥ 赵秉文:《闲闲老人滏水文集》卷一一,"丛书集成初编"本。

为王武子、刘殷、田贞、杨香、刘明达、王祥、袁觉、赵孝宗、孟宗、姜诗、王怖、老莱子；右为鲁义姑、蔡顺、鲍山、郯子、郭巨、闵子骞、丁栏、曾参、韩百榆、曹娥、董永、舜子。①1983年在山西长子发现正隆间壁画墓中有二十四孝人物画。依次为：舜子、刘明达、董永、鲍山、赵孝宗、杨昌（香）、元觉、姜师、鲁义姑、曾参、蔡顺、闵子骞、睒子、陆绩、刘殷、丁兰、王祥、郭巨、王武子妻、韩伯榆、田真兄弟、孟宗、曹娥、老来子。②山西沁源、闻喜等地金代大定、明昌间壁画墓中也有孝子或二十四孝故事。③1973年在河南焦作市郊发现承安间画像石墓，有曹娥哭江寻尸、丁兰刻木奉母、杨香打虎救父、郭巨为母埋儿得金、王祥卧冰求鲤、孟宗哭竹、闵子骞单衣顺继母等。④这些石刻画和壁画多为海陵王、世宗、章宗时期的作品。

二

再谈忠。

忠，《说文解字》云："忠，敬也。从心，中声。"有尽心竭力、厚、恕、正直等意。这里特指忠君。

忠是孝的延伸和提升，就其历史渊源，忠观念出现的时间略晚于孝。中国古代社会是宗法与政治相结合的社会，在宗法伦理关系基础上建立了政治体系，修身齐家与治国平天下一致，由孝而忠，忠孝一体。西汉中期以后，忠孝逐渐成为衡量世人行为的

---

① 张青晋：《山西永济发现金代贞元元年青石棺》，《文物》1985年第8期。
② 山西省考古研究所晋南工作站：《山西长子县石哲金代壁画墓》，《文物》1986年第12期。
③ 杨富斗：《山西省闻喜县金代砖雕壁画墓》，《文物》1986年第12期。
④ 河南省博物馆：《河南焦作金墓发掘简报》，《文物》1979年第8期。

首要标准。

10—13世纪，两宋社会的阶级矛盾和民族矛盾激烈，忠君更加成为统治者大力提倡和备受社会舆论关注的道德规范。这对辽金人忠观念的形成和发展也产生很大影响。

契丹早期，其酋长由推举产生，"若有征发，诸部皆须议合，不得独举"①。那时自然无忠观念可言。契丹大贺氏部落联盟首领虽有名为李尽忠者，为唐武卫大将军、松漠都督，其名字反映出忠观念的存在，不过那是唐朝所赐。②另外，还有史料载，契丹建国之前，耶律曷鲁劝进阿保机时说：阻午可汗后"相传十余世，君臣之分乱，纪纲之统隳"③。其实，这是以当时况前世，阻午可汗以后的一个时段里，契丹无君臣之分，也不应有忠观念。

契丹建国后，其最高统治者像中原帝王一样，将忠孝作为维护自身统治地位和巩固社会秩序的手段以及臧否世人道德行为的准则。如太祖八年平息皇弟刺葛等谋反后，称刺葛等"残害忠良，涂炭生民……实不得已而诛之"④。天显十年（936年），太宗立石敬瑭为大晋皇帝册云："武略文经，乃由天纵；忠规孝节，固自生之。"⑤圣宗雅爱诸侄，每诫之曰："惟忠惟孝，保家保身。"⑥又曾手书耶律铎轸衣裙曰："劝国忠君，举世无双。"⑦

辽朝中期以后，忠孝逐渐成为朝野普遍认同的道德规范。

---

① 刘昫等：《旧唐书》卷一九九下《契丹传》，中华书局1997年版。
② 见欧阳修、宋祁《新唐书》卷二一九《契丹传》，中华书局1997年版。
③ 《辽史》卷七三《耶律曷鲁传》。
④ 《辽史》卷一《太祖记》。
⑤ 薛居正等：《旧五代史》卷七五《晋书·高祖纪一》，中华书局1997年版。
⑥ 《契丹国志》卷一四《诸王传》。
⑦ 《辽史》卷九三《耶律铎轸传》。

《耶律仁先墓志铭》（咸雍八年）撰者称赞墓主："于国忠也，于家孝也，于民惠也，于官廉也，于人信也。"① 咸雍间，耶律氏（小字常哥）作文以述时政说："君以民为体，民以君为心。人主当任忠贤，人臣当去比周。"②《辽史·列女传》称赞她"居闺阃之内不忘忠其君"。辽天祚帝即位，御史中丞耶律石柳上书弹劾耶律乙辛诬杀道宗皇后的罪行，说他"蔽先帝之明，诬顺圣，构害忠谠，败国罔上，自古所无"，力主"尽收逆党，以正邦宪，快四方忠义之心"③。此外，契丹有人以"忠"字命名，如圣宗时有萧孝忠。

以上反映了忠已成为辽人的重要道德规范。

女真人的忠观念也是金朝建立后逐渐形成和发展起来的。

太祖、太宗时期，女真人尚无明显的忠观念。《金虏节要》载："完颜晟（太宗）常浴于河，牧于野，其为君草创斯可见也。盖女真初起，阿骨打徒为君也，粘罕徒为臣也。虽有君臣之称，而无尊卑之别。"④

熙宗即位之后，在汉族士人的劝导和汉文化的影响之下，皇帝至高无上的权威与相应的礼仪开始确立起来。由辽入金的汉族官员程寀上书熙宗言事称："臣窃谓臣以归美报上为忠，天子以追崇祖考为孝"⑤。此后，忠君成为金朝皇帝极力倡导的道德规范。如大定元年（1161年），世宗在即位大赦改元诏中，历数海陵王完颜亮过恶时指出："位叨宰相，不思尽忠匡救，敢行篡弑。"⑥

---

① 《全辽文》卷八。
② 《辽史》卷一○七《列女传》。
③ 《辽史》卷九九《耶律石柳传》。
④ 《三朝北盟会编》炎兴下帙六六。
⑤ 《金史》卷一○五《程寀传》。
⑥ 《三朝北盟会编》炎兴下帙一三三。

世宗在与侍臣论古今为臣贤与不肖时说:"惟忠惟孝,匡救辅益,期致太平。"① 到金朝后期,特别是国家受到外来势力威胁时,忠义就更成为朝廷所褒奖、社会所关注的行为。贞祐三年(1215年),中第进士刘炳上书条陈便宜十事,其二曰:"结人心以固本如此,民则孝忠徇义,无有二致";其五曰:"褒忠义以励臣节。"②《金史·忠义传》序云:"金代褒死节之臣,既赠官爵,仍录用其子孙。贞祐以来,其礼有加,立祠树碑,岁时致祭,可谓至矣。"

金源一代,各民族都有以忠字命名者。如完颜忠、耨盌温敦思忠、仆散忠义、抹撚尽忠(以上女真),萧怀忠(奚)、卢克忠(汉)等。这些名字大都出现于熙宗、海陵王之后。

此外,诸如"忠以报国,孝以起家","惟忠惟孝","忠臣不佐二主"③之类成了流行的名言警句和评价人物的标准,也反映了金朝忠观念的流行。

三

最后,对以上所述作一归纳,并就与忠孝相关的问题再谈几点看法。

自西汉董仲舒在先秦儒家思想基础上建立以三纲五常为核心的中国封建伦理体系后,至两宋时期它已发展成为儒家伦理为主干,以道、佛为补充的完整与成熟的中国封建伦理体系。而三纲

---

① 《金史》卷八八《纥石烈良弼传》。
② 《金史》卷一〇六《刘炳传》。
③ 以上分别见元好问《大丞相刘氏先茔神道碑》,《元遗山先生集》卷二八,"四部丛刊"本;张万公《殷铎墓表》,《金文最》卷九〇;《金史》卷一二一《忠义传》。

中君为臣纲、父为子纲所体现的忠孝是这一传统伦理的核心。

契丹、女真分别出现于北魏和五代，当时以忠孝为核心的伦理思想在中原已进入发展时期，而契丹、女真的社会经济发展阶段落后于中原，尚未形成明显的忠孝观念。

辽金建立后，特别是辽太宗克晋后，金熙宗、海陵王后，随着社会的发展、儒学的传播、统治者的倡导、民族的融合等，忠孝观念开始形成和发展起来。从相关文献记载和考古资料判断，大体上辽在圣宗以后、金在世宗以后，忠孝已成为辽金社会的主流伦理观念。当然，这并非说辽金中期以后人人都是忠臣孝子。承安五年（1200年），平章政事徒单镒在论为政之术疏说："仁、义、礼、智、信，谓之五常；父义、母慈、兄友、弟敬、子孝，谓之五德。今五常不立，五德不兴，缙绅学古之士弃礼义，忘廉耻，细民违道畔义，迷不知返，背毁天常，骨肉相残，动伤和气，此非一朝一夕之故也。今宜正薄俗，顺人心，父父子子夫夫妇妇，各得其道，然后和气普洽，福禄荐臻矣。"他提出，为政之术的当务之急就是"正臣下之心"，"导学者之智"[①]。《金史·徒单镒传》称徒单镒所言"皆切时弊"，章宗"虽纳其说，而不能行"。说明忠孝虽是当时社会认同的伦理观念，却无法让人人成为忠臣孝子。

金朝后期，以赵秉文（1159—1232）为代表的学者有关儒家经书及纲常、忠孝的解说和论述，是对两宋理学伦理思想的继承和发挥。赵秉文直接继承了《大学》、《中庸》及周敦颐、二程思想。他重复修身齐家治国平天下的说教，并认为中庸是"百世常行之道"，主张"亲亲长长，尊贤贵贵"，保持"时中"，以应"时变"。还说，仁义礼智信是"天下之通道"，君臣

[①] 《金史》卷九九《徒单镒传》。

父子夫妇兄弟朋友是不可须臾离开的道,可以离开就不是道了。他推崇周、程"绍千古之绝学,发前人之秘奥"①。赵秉文的论说被时人杨云翼、元好问等誉为是最纯正的儒学。元好问也主张用仁义礼智"四德"、君臣父子兄弟夫妇朋友"五典"及忠孝等德行教化世人,并用以修身齐家治国平天下。②

忠孝在辽金人及后来元人那里,超越了民族、地区乃至国别的畛域,就是说人们对当时的外族、邻国、敌国及前朝的忠臣孝子同样表现出尊重和崇敬,反映了忠孝观念的深入人心。如北宋抗辽名将杨业(924—986)因孤军奋战、重伤被俘,绝食而死。辽人感其忠勇,于古北口修建杨无敌庙,反映了辽人对敌国忠臣的景仰。宋神宗熙宁十年(1077年),秘书监集贤院士苏颂使辽,路过此庙,有《和仲选过古北口杨无敌庙诗》:"汉家飞将领熊罴,死战燕山护我师。威信仇方名不灭,至今遗俗奉遗祠。"③宋哲宗元祐四年(1089年),翰林学士苏辙使辽也有《过杨无敌庙诗》:"驰驱本为中原用,尝享能令异域尊。"④ 表达了宋人对杨业功绩的称颂和对辽人修建杨无敌庙的赞叹。正隆间,金海陵王完颜亮攻宋,宋将姚兴拒金兵于尉子桥,力屈而死。完颜亮《哀姚兴》诗云:"独领孤军将姓姚,一心忠孝为南朝。元戎若解征兵援,未必将军死尉桥。"⑤ 表达了完颜亮对南宋忠臣的赞许和惋惜。北宋末政宣间,曾为五代后唐裴约立旌忠庙。明昌五年(1194年),章宗谕礼部"许引宋事","褒崇忠

---

① 以上见《闲闲老人滏水文集》卷一《大学》。
② 见《令旨重修真定庙学记》,《元遗山先生集》卷三二。
③ 《苏魏公文集》卷一三,中华书局1988年版。
④ 《栾城集》卷一六,上海古籍出版社1987年版。
⑤ 祝诚辑:《莲塘诗话》卷上,见陈衍辑撰、王庆生增订《金诗纪事》,上海古籍出版社2003年版,第3页。

义"。于是,泽洲刺使许安仁有《过旌忠庙诗》云:"国家昏乱识忠良,叹息君侯事晚唐。"① 讴歌裴约事迹。正大九年(1232年),金将完颜陈和尚于金蒙三峰山之战后败走钧州(今河南禹县),被俘拒降,惨遭杀害。蒙古军"大将义之,酹以马湩"。并祝曰:"好男子,他日再生,当令我得之。"② 至正三年(1343年),元顺帝诏修辽宋金三史时,史臣议凡例,"前代之忠于所事者请书之无讳","朝廷从之"③。

以上所举事例,既体现了辽宋金元人对历史的尊重,也反映了10—13世纪忠孝已成为汉、契丹、女真、蒙古等各民族一致认同的伦理道德观念和行为规范,从而体现了中国传统文化的历史继承性和强大凝聚力。

忠孝作为中国传统伦理的重要组成部分,它有精华,也有糟粕。在过去的一些研究中,往往是批判其消极作用而忽视其积极因素。诚然,忠孝像其他道德观念一样,是阶级的道德,是为统治阶级的统治和利益辩护的,但是它在历史上对维护社会稳定和发展生产起过一定的作用。在封建社会里,国家(政权)、君主往往被混为一体。特别是国家和民族遭到外来势力威胁时,忠君与爱国是很难分开的。一般来说,这时的忠君有其积极意义。如前面提到的完颜陈和尚,他通《孝经》、"小学"、《论语》、《春秋左氏传》等,深受儒家思想影响。宣宗时,为忠孝军总领,在同蒙古军作战中,至死忠于金国。死后,宣宗"诏赠镇南军节度使,塑像褒忠庙,勒石纪其忠烈"④。又如,正隆间,海陵

---

① 《山右石刻丛编》卷二二,见《辽金元石刻文献全编》一,北京图书馆出版社2003年版,第204页。
② 《金史》卷一二三《完颜陈和尚传》。
③ 《金史》卷一二一《忠义传序》。
④ 《金史》卷一二三《完颜陈和尚传》。

王决意南伐，有太医祁宰上书说，"宋人无罪，师出无名"，不宜南伐。结果被海陵戮于市。世宗、章宗时，先后因祁宰"以忠言被诛"而赠官，谥曰"忠毅"①。无论是抵御外来侵扰，还是不惜杀身、敢言直谏，其行为有益于民族的发展和社会的进步，应视为爱国主义行为。这时忠君与爱国是一致的，对这种忠君不应否定。

（原载《史学集刊》2004年第4期）

---

① 《闲闲老人滏水文集》卷一二。

辽金妇女的社会地位

从10世纪初到13世纪前期的三百多年间，北部中国先后处在辽金政权统治之下。由于辽金统治民族契丹和女真的社会发展水平、文化传统等同中原汉族都存在很大差异，所以不能不对其社会结构、社会生活等产生影响；表现在妇女社会地位上，也有不同于其他朝代的某些特点。然而目前关于辽金妇女史研究成果寥寥[1]，本文拟就辽金妇女地位问题作一概括论述。

一　辽代妇女与婚姻、家庭及贞节观念

契丹从见诸《魏书》记载起到辽朝建立前后，社会发生了很大的变化，其婚姻制度也经历了从原始群婚向一夫一妻制的过渡。

---

[1] 据笔者所见，涉及这方面的论文有向南、杨若薇《论契丹族的婚姻制度》（《历史研究》1980年第5期），武玉环《试论辽代妇女崇佛》（《辽金史论集》第五辑，文津出版社1991年版），徐秉愉《辽金元妇女节烈事迹与贞节观念之发展》（《食货》10卷6期）；专著有拙著《金代的社会生活》（陕西人民出版社1988年版），王可宾《女真国俗》（吉林大学出版社1988年版）等。

契丹早期的婚姻制度，像许多民族都经过的阶段一样，为氏族外婚，部落内婚。建国后，仍然保留有许多群婚的残余。随着社会的不断发展，契丹族传统的婚姻制度逐渐趋于瓦解。

从有关史料中，可以看到契丹存在过多种婚姻形式：

隶役婚。这是契丹早期的一种婚姻形态。由于缺乏直接记载这方面的文献，可从与契丹相近的民族中得到一点线索。据《旧唐书·室韦传》载：契丹的"别种"室韦，"婚嫁之法，男先就女舍，三年役力，因得亲迎其归，役日已满，女家分其财物，夫妇同车而载，鼓舞共归"。《新唐书·室韦传》亦载："婚嫁则男先佣女家三岁，而后分以产，与妇共载，鼓舞而还。"这就是说，男子先嫁到女方，服役三年之后才能携妇同归男家。室韦既为契丹"别种"，契丹当大体相同。

续嫁与收继。契丹婚姻中有姊亡妹续制度。姊姊死后，由妹妹嫁给亡姊之夫。太宗会同三年（940年）十一月，才明令废除"姊亡妹续"之法。① 然而这种婚姻形态与风俗，仍禁而不止，直至辽朝末年尚有例证。《萧抱鲁墓志铭》（大安六年）载：抱鲁夫人耶律氏早亡，"次娶耶律氏，以为继室，亦早亡，继娶次夫人妹"②。此外，契丹还有"妻后母、报寡嫂"之俗。

交换婚。《契丹国志》卷二三《族姓原始》载："番法：王族惟与后族通婚，更不限以尊卑。其王族、后族二部落之家，若不奉北主之命，皆不得与诸部族之人通婚。"是辽朝王族耶律氏与后族萧氏交换婚配。

由于契丹脱离母系氏族制未远，在其婚姻制度中仍保留有许多旧的残余，契丹妇女在婚姻缔结中所受的约束也相对要少一

---

① 脱脱等：《辽史》卷二《太宗纪》，中华书局1974年版。
② 陈述辑校：《全辽文》，中华书局1982年版。

些。比如在隶役婚形态下当处于一定的主动地位。

从辽朝初期契丹的一些礼仪中，仍可反映出对母系血缘关系的重视。如"拜奥礼"即是。《辽史·国语解》说："凡纳后，即族中选尊者一人，当奥而坐，以主其礼，谓之奥姑。送后者拜而致敬，故云拜奥礼。"《辽史·公主表》载，"契丹故俗，凡婚燕之礼，推女子之可尊敬者坐于奥，谓之奥姑。"阿保机的女儿质古幼时即为奥姑。这一习俗是母系社会妇女主婚的痕迹。

契丹作为北方游牧民族，正如《辽史·列女传》序所说："风化视中土为疏"。建国后，仍保留有许多本民族的特点。契丹妇女再嫁为世俗、贞节观念淡薄就是其一。

契丹妇女从贵族到平民，离婚再嫁乃至三嫁、四嫁为司空见惯之事。据《辽史·公主表》载：景宗四女淑哥，初嫁卢俊，后因与之不谐，表请离婚，改适神奴。圣宗二女岩母堇初嫁萧啜不，后改适萧海里，不谐，离之。又适萧胡睹，不谐离之。又适韩国王萧惠。圣宗八女长寿，初嫁大力秋，后大力秋因罪伏诛，改嫁萧慥古。兴宗长女跋芹，初嫁萧撒八，后因不谐，离之，改嫁萧阿速，"以妇道不修"，徙中京，又嫁萧窝匿。道宗三女特里，初嫁萧酬斡，因萧得罪，离之，改适萧特末。《辽史·公主表》共载公主36人，其中再嫁、三嫁、四嫁者5人，约占14%。民间各族女子再嫁也很普遍。张峤《马直温妻张馆墓志铭》（天庆二年）载，张馆有妹先嫁韩秉信，早逝，"再适守卫少卿"[①]。墓志撰者张峤系张馆之弟，将其姊妹再嫁之事镌刻墓志中，并无掩饰回护。由此也可以想见，再嫁当是平常之事。如果将史籍中有关辽朝妇女再嫁的事例，在民族和时段上略作分析的话，则契丹比汉族多，圣宗朝以前较以后明显。

---

① 《全辽文》卷九。

随着社会的发展，受中原传统文化影响的加深，辽人的贞节观念也有所变化。统治者逐渐提倡妇女守节，限制再嫁。圣宗统和元年（983年），"诏赐物命妇寡居者"①，表彰命妇寡居。开泰六年（1017年），则进而明令"禁命妇再醮"②。《辽史·列女传》中记载了三名烈女的事迹：或是其丈夫罹难、亡故，誓不再嫁；或是宁死不为贼辱。所载三烈女均为契丹人，出现在圣宗朝之后的道宗和天祚帝时期。这从一个侧面反映出辽朝中期以后，人们的贞节观念较前已有明显增强。当然，根据流传下来的极为有限的材料来看，在同一个时期里，妇女再嫁和拒绝再嫁的事例并见，说明贞节观念正处在一个不断演变的过程之中。

二 辽代妇女与政治

我国自先秦以来，由于种种原因，不乏后妃执政事例，但契丹后妃在辽朝军国大事中所起的重要作用，则是其他朝代所少见的。兹据《辽史·后妃传》将自太祖皇后述律氏至天祚帝元妃萧氏凡16位后妃中8位参预军国大事者的主要事迹，列表如下，从中不难看出其政治地位。

后妃姓名	主要事迹
太祖淳钦皇后述律氏，名平（应天地皇后）	"简重果断，有雄略"。协助太祖奋击党项、黄头、臭泊二室韦，大破之，名震诸夷。太祖崩，后称制，摄军国事。另《辽史·地理志一》："太祖开拓四方，平渤海，后有力焉。"

---

① 《辽史》卷一〇《圣宗纪一》。
② 《辽史》卷一五《圣宗纪六》。

续表

后妃姓名	主要事迹
太宗靖安皇后萧氏，小字温	"虽军旅、田猎必从"
世宗怀节皇后，小字撒葛只	察制作乱，"后乘步辇，直诣察制"
世宗妃甄氏	"与参帷幄，密赞大谋"
景宗睿智皇后萧氏，名绰，小字燕燕（承天皇后）	景宗崩，尊为皇太后，摄国政。"与斜轸、德让参决大政"。"习知军政，澶渊之役，亲御戎车，指麾三军"，"圣宗称辽盛主，后教训为多"
圣宗钦哀皇后萧氏，小字耨斤	圣宗崩，"自立为皇太后，摄政"
兴宗仁懿皇后萧氏，小字挞里	道宗即位，尊为皇太后，"亲督卫士，破逆党"
天祚帝皇后萧氏，小字夺里懒	"女直作乱，从天祚西狩"

在辽代帝王的16位后妃中，以不同程度参预军国大事者与无明显参政记录者各占一半，而"称制"，"摄军国事"者3人。尤其是太祖皇后述律氏（应于大明地皇后）奋击室韦；景宗皇后（承天皇后）指挥三军，与北宋战于澶渊，主持签订具有重大历史意义的盟约；兴宗仁懿皇后亲破重元之乱；均在维护和巩固辽朝统治秩序中建立了业绩，更是"古所未有"（《辽史·后妃传》语）。

契丹妇女在社会上的重要地位，还表现在皇后拥有自己的宫卫——斡鲁朵和附属宫卫的民户及军队，公主可拥有头下军州。如景宗女秦晋大长公主所置军州，拥民户万户；圣宗女晋国长公主军州，有户四千；燕国长公主有户四千。她们在军州内所征税赋，除酒税外，归自己所有。

辽代后妃参政以至称制、摄军国事者如此之多，贵族妇女在社会上拥有重要地位,这些都不应看作是偶然事件,而是有其社会根源的:第一,契丹是一个北方游牧民族,顽强善战,他们"以鞍马为家",不仅男子如此,妇女也不示弱。宋人欧阳修在一首诗中写道:"儿童能走马,妇女亦腰弓。"①《辽史·后妃传》亦称后妃"长于射御,军旅田猎,未尝不从"。这是她们参预军政的先决条件。倘若弱不禁风,如何率军征战,驰骋疆场,其业绩也无从谈起。第二,契丹从见诸文献记载到建立王朝,虽然已有几百年的时间,但他们脱离母系制毕竟不甚久远。因此在建国之初及以后很长一段时间里,契丹社会在许多方面还保留有母系制的残余,妇女的才干得以发挥。第三,契丹受传统礼教的约束与影响较中原汉族为轻。千百年来,体现男尊女卑的封建礼教制约着历代妇女的言行,历史上北方民族入主中原之后,均程度不同地受到熏染,逐渐汉化。中国封建传统礼教对契丹也产生很大影响,然而契丹没有完全汉化,男尊女卑的观念不及汉族那么根深蒂固,这也为契丹妇女特别是贵族妇女在政治、军事生活中发挥作用提供了条件。

契丹妇女不仅在社会政治、军事中表现了非凡的才干,在文学上也显露出令人瞩目的才华。在流传下来的为数不多的辽朝文学作品中,以萧观音(道宗室懿皇后)、萧瑟瑟(天祚帝文妃)为代表的女性文学作品占有重要地位。

萧观音"工诗、善谈论,能自制歌词,尤善琵琶"②。其传世作品,文有《谏猎疏》。后人称赞其"文仅百二十余言,而词意并茂,有宋人所不及者"③。诗词有《伏虎林应制》、《君臣同志华夷同风应

---

① 《奉使道中五言长韵》,《居士易》卷一二,"四部丛刊"本。
② 《辽史》卷七一《后妃传》。
③ 吴梅:《辽金元文学史》,商务印书馆1944年版,第4页。

制》、《回心院》、《怀古》等。《回心院》更为后人所称道。清人徐 钪谓《回心院》词"怨而不怒,深得词家含蓄之意,斯时柳七 (永)之调,尚未行北国,故萧词大有唐人遗意也"①。《怀古》云: "宫中只数赵家妆,败雨残云误汉王。惟有知情一片月,曾窥飞燕入 昭阳。"萧观音因作《回心院》、《怀古》等诗词,被耶律乙辛、单 登诬陷,道宗令其自尽,为辽宫一大冤案。②

天祚帝文妃亦"善歌诗",是又一位杰出的契丹女诗人。她因 "女直作乱,日见侵迫"而天祚帝仍"畋游不恤,忠臣多被疏斥", 遂作歌讽谏。词曰:"勿嗟塞上兮暗红尘,勿伤多难兮思夷人。不如 塞奸邪之路兮,选取贤臣。直预卧薪尝胆兮,傲壮士之捐身。可以 朝请漠北兮,夕枕燕云。"另有咏史诗云:"丞相来朝兮剑佩鸣,千 官侧目兮寂无声。养成外患兮嗟何及!祸尽忠臣兮罚不明。亲戚并 居兮藩屏位,私门潜畜兮爪牙兵。可怜往代兮秦天子,犹向宫中望 太平。"萧瑟瑟忧国之心跃然纸上。后来亦因被诬赐死。③

此外,契丹女文学家还有秦晋国妃萧氏④、耶律常哥⑤等。

契丹女文学家在辽代文学史上所占的重要地位,是其他朝代 所很难比拟的。难怪吴梅在《辽金元文学史》中有"谓非山川 灵秀之气独钟于后不可也"之叹。

三 辽人的妇女观

契丹妇女在婚姻与家庭生活中,总的来说比其他朝代有较多

---

① 《词苑丛谈》卷八《辽萧后十香词》,上海古籍出版社1981年版。
② 见王鼎《焚椒录》,"说郛"本。
③ 《辽史》卷七一《后妃传》。
④ 见陈觉《秦晋国妃墓志铭》,《全辽文》卷八。
⑤ 见《辽史》卷一〇七《列女传》。

的自由和较高的地位。当然这只是相对而言的。正如恩格斯指出的:"在历史上出现的最初阶段对立,是同个体婚制下的夫妻间的对抗同时发生的,而最初的阶级压迫是同男性对女性的奴役同时发生的。"①

下面就来看看辽代妇女在当时人们观念中和法律上所处的地位。

(一) 将妇女与"小人"并提,同被视为祸乱的根源

太祖五年(911年)阿保机弟弟剌葛、迭剌、寅底石、安端等谋反,直至八年初平定叛乱。阿保机论及此事时对左右说:"昵比群小,谋及妇人,同恶相济,以危国祚。虽欲不败,其可得乎?"② 应历十三年(963年),穆宗因北汉主刘钧事契丹不及从前其父世祖刘旻之时,借故刘钧诛杀其父故吏段常,遂遣使责难刘钧说:"段常尔父故吏,本无大恶,一旦诬告,诛及妻子,妇言是听,非尔而谁?"③ 辽朝末年秦晋国王耶律淳乘乱称帝(世称北辽),当天祚帝闻耶律淳病死后,下诏历数其罪过,其中有"辄申遗令,擅建长秋,妄委妇人,专行伪命"云云。④ 显然从辽朝开国皇帝,到亡国之君,都将"妇人"视为危及"国祚"和酿成过恶的祸根。

在辽人心目中,女子有才,尤其是喜好音乐,更是其招致祸端之本。王鼎在《焚椒录》中记录了宣懿皇后被诬之冤案始末,并且指出宣德(宣懿)皇后取祸的原因有三,即"好音乐

---

① 恩格斯:《家庭、私有制和国家的起源》,《马克思恩格斯选集》第4卷,人民出版社1972年版,第61页。
② 《辽史》卷一《太祖纪上》。
③ 李焘:《续资治通鉴长编》卷四,乾德元年,上海古籍出版社1986年版。
④ 《闻耶律淳卒诏》(保大二年),《全辽文》卷三。

与能诗善书","假令不作《回心院》,则《十香词》安得诬出后手乎?"元人修《辽史·后妃传》亦说,"宣懿度曲知音,岂致诬蔑之阶乎"?这大抵反映了辽元时人们比较流行的观念。另从陈觉《秦晋国妃墓志铭》(咸雍五年)亦可反证这点,墓志称颂墓主人秦晋国妃"博览经史,聚书数千卷,能于文词,其歌诗赋咏,落笔则传诵朝野,脍炙人口",接下来的一句是:"性不好音律,不修容饰,颇习骑射。"是辽人以好音律为女性之大忌。

(二) 赞颂推崇符合封建礼教规范的妇女

契丹进入阶级社会之后,由于它同周围汉族等接触增多,所受汉族先进文化影响日深,我国传统伦常礼法、观念也逐渐成为辽朝统治者所大力倡导和为社会所接受的规范及品评妇女的准绳。如《赵德钧妻赠秦国夫人种氏墓志铭》(应历八年)称种夫人"玉性含贞,兰仪擢秀,为女以贤著,为妇以孝闻"①。《韩瑜墓志铭》(统和九年)载,韩瑜死后,"继室夫人萧氏,诚叹未亡,礼无再嫁"②。李翊在《特建尊胜陀罗尼幢经记》(统和十八年)中称其亡妣"禀亲教而洞晓妇仪,承闱训而妙熟女史,加以瑰姿态逸,从夫之淑慎遐彰,仪静体闲,守德之功容兼备"③。《耿延毅妻耶律氏墓志铭》(统和三十年)赞颂耶律氏为"世之贤姬,邦之淑媛,品德兼备,二物安和"④。《耶律弘益妻萧氏墓志铭》(乾德八年)赞耶律弘益妻萧氏(名弥勒女,道宗之妹,天祚皇帝之姑)"秉五常之性,执四德之维……故美誉远

---

① 《全辽文》卷四。
② 《全辽文》卷五。
③ 同上。
④ 同上。

延，休称遍达"①。从以上列举辽人对几位不同出身的契丹和汉人女性的评价，表明我国传统封建礼教已在辽朝各族中逐渐得到广泛的传播，大体上反映了当时人们在这方面的观念。

（三）辽代妇女在法律上的地位

大约在景、圣两朝以后辽朝法律渐臻完备。对契丹与汉人，皇亲贵族与平民，在某些方面，能一律对待。《辽史·刑法志上》说，圣宗朝以前，契丹与汉人相殴致死，其法轻重不一，"至是一等科之"。又，太平六年（1206年）诏曰：因国家有契丹、汉人，所以以南、北二院分治之。其目的是为了"去贪枉，除烦扰"，"若贵贱异法，则怨必生"，如此"则法废矣"。所以明令"自今贵戚以事被告，不以事之大小，并令所在官司按问，具申北南院覆问得实以闻"。如不以实具报，或受请托，"以本犯人罪罪之"。统和二十九年（1011年），"以旧法，宰相、节度使出选之家子孙犯罪，徒杖如齐民惟免黥面。诏自今犯罪当黥，即准法同科"。这是说以前贵族官宦子孙犯罪免于"黥面"之刑的优待，至此也被取消了。

辽代初年，奴婢的人身往往得不到保障。如东丹王耶律倍性情刻急好杀，"婢妾微过，常加刲灼"②。圣宗朝以后，在这方面有所进步。统和二十四年（1006年）诏："若奴婢犯罪至死，听送有司，其主无得擅杀。"③ 开泰六年（1017年），"以公主赛哥杀无罪婢，驸马萧图玉不能齐家，降公主为县主，削图玉同平章事"④。兴宗重熙间，同知点检司事耶律裦履欲娶秦晋长

---

① 《全辽文》卷一〇。
② 《辽史》卷七二《宗室传》。
③ 《辽史》卷六一《刑法志上》。
④ 《辽史》卷一五《圣宗纪六》。

公主孙,其母与公主婢有隙,所以对袅履说,如能除去此婢,"乃许尔婚"。袅履以计杀之,婚成,事觉,"以大辟论"①。重熙二年(1033年),兴宗因"黥面"之刑过于残酷,"一黥其面,终身为辱",遂免除此刑。以后凡"犯终身徒者,止刺颈";"奴婢犯逃,若盗其主物",主人无得"擅黥其面",只可刺臂及颈。②

奴婢可在一定的范围内告发主人。统和二十四年,"诏主非犯谋反、大逆及流死罪者,其奴婢无得告首"③,说明如果主人犯有谋反、大逆及流死罪者,奴婢是可以告发的。

强陵幼女治罪。穆宗应历十二年(962年),国舅帐郎君萧延之奴海里"强陵拽剌秃里年未及[笄]之女,以法无文,加之宫刑,仍付秃里以为奴。因著为令"④。

强掠人女治罪。兴宗朝,宁远军节度使萧白因强掠乌古敌烈都详稳敌鲁之女为妻,理应治罪,因钦哀皇后说情免死,但仍"杖而夺官"⑤。

以上表明辽代的民女乃至奴婢的人身在法律上得到一定的保护。

四 金代妇女与婚姻、家庭及贞节观念

从文献资料来看,女真妇女在婚姻缔结中有较大的自由。

洪皓《松漠记闻》载:女真的富家子弟常常在夜晚携酒馔

---

① 《辽史》卷八六《耶律袅履传》。
② 《辽史》卷六二《刑法志下》。
③ 《辽史》卷六一《刑法志上》。
④ 同上。
⑤ 《辽史》卷六二《刑法志下》。

骑马到嗢热（又作兀惹，族名，金代并入女真）居地，其地妇女听说他们来到，多聚拢围观。有的与之一起饮酒，或以歌舞助兴。双方互相戏谑，如果有意，便跟随女真人而去，"父母皆不问"。留数载生了子女，再回娘家，称为"拜门"。男方须向女家父母"执子婿之礼"。《三朝北盟会编》政宣上帙三载："富者则以牛马为币，贫者则女年及笄行歌于途，其歌也乃自叙家世妇工容色，以伸求侣之意，听者有未娶欲纳之者，即携而归，其后方具礼，偕女来家，以告父母。"

在女真婚俗中，有所谓"纵偷"（或称放偷）之俗。在每年正月十六日（或作正旦），放偷一天为戏。在这天里可以盗窃别家财物、车马以至妻女。"先与室女私约，至期而窃去"，"女愿留则听之，自契丹以来皆然"①。实际上这也是男女自由择偶的一种形式。

在相亲、订亲、成亲的仪式中，也保留某些尊重女性的旧俗。订婚时，男方及亲属需带酒馔到女家，而"妇家无大小，皆坐炕上，婿党罗拜其下，谓之'男下女'"。礼毕，男方牵马百匹，少者十匹，供女方家长选择。成亲之后，男方留女家，"执仆隶役，虽行酒进食皆躬亲之。三年然后以妇归"②。此所谓隶役婚。

以上一些风俗，大体反映金初女真女子在择偶和家庭生活中仍有相当大的自由和较高的地位。不过这些显然都是作为原始氏族制残余而存在的。

随着社会的发展，妇女的地位日趋下降，即使是在与上述母系制残余存在的同时，也有许多反映妇女在家庭生活中受到如同

---

① 洪皓：《松漠记闻》，"丛书集成初编"本。
② 同上。

奴婢待遇的事例。如女真处于辽朝统治下时，其六世祖景祖曾以其妻质于别部。① 建国前，康宗乌雅束时，因年景歉收，民间竟有靠卖妻偿债者。② 粘罕因故欲将其妻"配部落之最贱者"，妻不肯屈从，被"射杀之"。直至熙宗皇统间，颁行新法，竟规定"殴妻至死，非用器刃者不加刑"③。妇女在家庭中居然处于为人质、抵债务，甚至无辜遭杀戮的地位。这类现象与上述女真女子可以自由择偶大体上同时存在于金朝建国前后，表明女真社会处在急剧变动的历史时期所呈现出的复杂情况。

关于女真妇女再嫁问题。在女真早期及金朝建立后的相当长的时期里，仍行接续婚。"妇女寡居，宗族接续之。"④ "父死则妻其母，兄死则妻其嫂，叔伯死则侄亦如之。"⑤ 接续婚是女真"国俗"、"旧俗"，再嫁无疑是理所当然之事，不会受到非议。但是随着家庭形态和人们思想意识的变化，这种婚姻形式逐渐由盛转衰。

尽管这种婚姻形式渐趋式微，但是从上层到民间，女真妇女改嫁仍很常见。《金史·后妃传》载：海陵王昭妃阿里虎，姓蒲察氏，初嫁宗磐子阿虎迭。阿虎迭被诛，再嫁宗室南家。海陵即位后，以婚礼纳之。蒲察阿虎迭女叉察，初嫁特里，后改嫁乙剌补，后海陵王纳之。这里除海陵王纳阿里虎、叉察属于强娶，而她们被海陵纳前的改嫁，则反映了当时女子再嫁是很平常的事情。

与此同时，在受汉文化影响较深的女真妇女中，有的则至死

---

① 脱脱等：《金史》卷六三《后妃传上》，中华书局1975年版。
② 《金史》卷二《太祖纪》。
③ 《松漠记闻》。
④ 《金史》卷六三《后妃传上》。
⑤ 徐梦莘：《三朝北盟会编》政宣上帙三，上海古籍出版社1987年版。

也不再嫁，乌林荅氏是葛王（后来的金世宗）妃，海陵王即位后，有一次乘葛王在济南，将她召来中都（今北京），乌林荅氏为自己不受辱及葛王免遭戕害，自杀身亡。据载，她在上世宗书中说："女之事夫，其心惟一，而后谓之节，故曰忠臣不事二君，贞女不更二夫，良以此也。"①

在汉族妇女中，对离婚再嫁一般看得较重。有浑源雷氏，嫁给应州丁倅为妻，有人告其"服内成亲"，"婚遂听离"。丁对雷氏说："绝婚本非你我二人之意，然而你是否要改嫁别人？"雷氏说："我若再嫁，当令两目瞎。"遂寡居十八年而终。②

金代约从海陵、世宗朝起，由于逐渐摒弃旧婚俗和受中原封建礼教的影响，在一部分女真人中开始提倡贞操，讲究女道，贞节观念渐强。总的来说，中期以前，女真人的贞节观念同中原汉人相比，还是淡薄一些。到了金后期，已同汉人很接近了。

五 金代奴婢、姬妾与娼妓

金代的奴婢、姬妾与娼妓虽然名分不同，但其来源、地位等颇有近似之处，是一个值得注意的阶层。

（一）奴婢

从金初起，一直有限制扩大奴婢及赎奴、释奴的诏令颁布，甚至在贞祐南渡后，仍有放免奴婢的规定，说明这是金代社会的一个重要问题。金代奴婢，主要来源有罪没、战俘、债务等途。

金代户等中有"监户"与"官户"。据《金史·食货志一》

---

① 张金吾编纂：《金文最》卷五〇，中华书局1990年版。
② 见元好问《续夷坚志》卷三，中华书局1986年版。

载,"凡没入官良人隶宫籍监为监户,没入官奴婢隶太府监为官户"。二者均为奴隶,其不同之处:一是"良人"没入官,一是"奴婢"没入官;一为隶属宫籍监,一为隶属太府监。他们都是籍没入官的奴隶。

监户与官户地位低下,受到社会的歧视。《金史·后妃传下》载,李师儿"因其家有罪,没入宫籍监",她虽深得章宗宠幸,欲立为后,但由于其出身"微甚",大臣固执不从,竟终不能立后。元好问在《张文贞公神道碑》中也载有此事,内引张文贞公(名万公)话说:"元妃本出太府监户,细微之极,岂得母天下?"① 刘祁《归潜志》卷一〇亦称其为"监户"。虽然上述对李师儿的出身记载不同(一为官户,一为监户),但都可说明两者地位的微贱。

金代在对辽宋的战争中,将许多俘虏沦为奴婢。金初对辽战争中,"取契丹所得妃嫔儿女,尽分配诸军充赏"②。在金宋战争中,掳获妇女尤多。天会四年(宋靖康元年,1126年)闰十一月二十五日,既平赵宋,俘其妻孥三千余人,宗室男、妇四千余人,贵戚男、妇五千余人,诸色目三千余人,教坊三千余人,分别解往金国,"男十存四,妇十存七"③。又据《三朝北盟会编》靖康中帙五二载,靖康二年(1127年)正月二十五日,"金来索诸色人",一次即索"露台、祗候妓女千人",蔡京、童贯、王黼、梁师成等家歌舞及宫女数百人。《南征录汇》则载,"自[靖康二年]正月二十五日,开封府送人、物络绎入寨,妇女上自嫔御,下及乐户,数逾五千。"史料中有关这类记载很多,虽

---

① 《遗山先生文集》卷一六,"四部丛刊"本。
② 曹勋:《北狩见闻录》,"丛书集成初编"本。
③ 《宋俘记》,"靖康稗史"本。

然很难廓清金人索人总数，但当不会少。这些人被解往金国后，有相当多的人沦为奴婢。金初著名词人吴激有一阕脍炙人口的《人月圆》（宴张侍御家有感）就是叙述一位赵宋"宗室家姬"流落金国成了张家"侍儿"，为客人宴饮"佐酒"的故事。① 洪皓使金被羁留期间，听说宋朝将领刘光世庶女在金沦为奴仆，为人养猪，遂将她"赎而嫁之"，如此"衣冠之家略为人奴者"，被他赎者竟达数十人②，说明被俘宋人沦为奴婢者之多。

金代虽从建国之初即不断发布赎奴释奴诏令，然而直到金末，也没有彻底消除奴婢的存在。如平章政事完颜白撒，其相府"如宫掖然"。"其中婢妾百数，皆衣缕金绮绣如宫人"③，这可能是金代蓄婢妾最多者。

（二）姬妾

金代的一夫一妻制同其他民族一样，实际上只是对妇女而言的，男子则不受这个限制。《松漠记闻》载，"契丹、女真诸国皆有小倡，而良人皆有小妇、侍婢。"小妇，即妾，海陵王时还曾明确规定，"庶官许求次室二人，百姓亦许置妾"④。

金代的妾往往被人同"仆"、"婢"并提。金代战事频繁，常将战争中的男女俘虏偿给军士或其他人充做奴婢或妻妾。《南征录汇》载，金国相在攻下赵宋汴京后说，"自来囚俘皆为仆妾"，其地位之低下，是可想而知的。妾在有的家庭中，遇到悍

---

① 见洪迈《容斋随笔》卷一三，刘祁《归潜志》卷八，元好问编《中州乐府》等。
② 见李心传《建炎以来系年要录》卷一四九，绍兴十三年，中华书局1988年版。
③ 刘祁：《归潜志》卷七，中华书局1983年版。
④ 脱脱等：《金史》卷五《海陵纪》，中华书局1975年版。

妇，连生命都难保全，《金史·纥石烈志宁传》载，志宁妻"妒甚"，"尝杀孕妾"。妾除了在家庭供役使外，有才艺者还被用来招待宾客，侑酒歌舞。洪皓使金被羁留时，赴张总侍御家宴，便有"侍妾"歌其所作《江梅引》词。①

(三) 娼妓

古之所谓妓，与后世稍异，本指女乐，后来才指专以妓为业者。大约从唐时起，已用来称呼专业娼妓，同时也是音乐歌舞等女艺人的统称。金代娼妓与唐宋略同，有私妓和官妓、营妓。

私妓，如《续夷坚志》卷一载，"太安界南征兵掠一妇还，云是希文（包拯）孙女，颇有姿色，倡家欲高价买之"，当系以妓为业。

官妓、营妓，按字义，分别指供官吏和军士娱乐的妓。

官妓大约起于唐天宝以后。唐宋均很盛行，以致官吏凡有宴会，无不召妓。金代沿唐宋之旧，亦有此风。王寂《南乡子》词小序记载了他在通州遇见的官妓："大定（世宗年号）甲辰，驰驿过通州，贤守开东阁，出乐府缥缈人，作累累驻云新声，明眸皓齿，非妖歌嫚舞欺儿童者可比，怪其服色与侩等伍，或言占籍未久，不得峻陟上游。问之，云小字梅儿。"② 这是官妓为过驿官员歌舞助兴的事例。元好问《续夷坚志》卷四所记"承安、太和间，以才色名河东"的"寿阳歌伎梁梅"也属这类。同书卷一又载，"泰和末，雷景漙任寿州防御使，弟希颜亦到官，有官妓香香"，这是官妓供任上官员娱乐之例。

营妓，与官妓实无多大区别。《归潜志》卷六载，金朝悍将

---

① 见《容斋随笔》卷三，商务印书馆1935年版。
② 《拙轩集》卷四，"石莲盦九金人集"本。

纥石烈牙虎带镇守宿州、泗州，有御史大夫合住因事过宿州，牙虎带馆之酒肉，"妓歌于前"。及夜，"因使其妓侍寝"。等到天明，合住将行，牙虎带令妓向合住索钱，"合住愕然"，牙虎带尽以其所带的缯帛付妓，并说："岂有官使人而不钱者乎？"由此可见，官吏宿妓例应付钱，然而实际上大都不付，所以才有上述故事。上书同卷又载："宿州有营妓数人，皆其所喜者，时时使一妓佩银符，屡往州郡取赇赂，州将夫人皆远迎，号'省差行首'，厚赠之。"

从上可见，官妓、营妓是专为任上和过驿官员侍宴、歌舞、侍寝等而设的。其中虽有像牙虎带所在宿州的被戏称为"省差行首"而占尽风光的营妓，但毕竟不多，何况那也不过是他兴之所至，并非出于对娼妓人格的尊重。

金代狎妓之风略逊于唐宋，文人诗词中所见不多。官员狎妓，除上述外，尚有肆无忌惮者。《金史·刑志》载：监察御史陶钧竟"携妓游北苑，歌饮池岛间，迫近殿廷"。事觉，被杖六十了事。

奴婢、姬妾、娼妓的情况比较复杂，她们的生活条件、处境等也许相差悬殊，有的甚至"衣缕金绮绣如宫人"，或被奉为"省差行首"。这不仅是个别的，而且她们毕竟要仰俯于人，被人驱使，毫无真正的尊严可言。

六　金代妇女与政治

在金朝后妃中，参预朝政者不多，起积极作用者更少，其地位不及契丹妇女那么显要。据《金史·后妃传》、《大金集礼》等载，9朝皇帝凡19位后妃，其中有3人在军国大事中起了不同的作用。其一，太祖光懿皇后裴满氏，《金史·后妃传》对其事迹无载，然《大金集礼》卷六称她"间豫兵机，谋无不中，历资千古，实惟一人"。其中虽难免溢美之词，但我们有理由据以相信，她是在建立金王朝过程中建立了功勋的女中豪杰。其二，熙宗悼平皇后裴满氏。据《金史·后妃传》载，她"干预朝政，无所忌惮，朝官往往因之以取宰相"。还曾"掣制熙宗"数年，后被熙宗所杀。其三，是前面提到的章宗元妃李师儿。她"势位熏赫，与皇后侔"①，以致有大臣上书切谏，内有"妾上僭后，夫人失位"之语②。后妃参政有多种因素所致，存在某些偶然性，不能孤立地以其多少来衡量妇女地位高低，但从中还是可以反映出一些妇女在总体上参政程度和地位的。

七　金人妇女观

（一）抨击后妃干政与女人误国

熙宗悼平皇后裴满氏和章宗元妃李师儿是金朝为数不多的干政后妃，而她们所受到的抨击也最多，并且均死于非命，这也反映了时人反对妇女参政的观念。

悼平皇后裴满氏死后谥号"悼皇后"。"悼"，按谥法："肆行劳祀曰悼"，"恐惧徙处曰悼"③，均非美谥，都是贬损之意。《金史·后妃传》称："宗弼既没，旧臣亦多物故，后干预政事，无所忌惮"云云，其实从宗弼死到熙宗被杀，不过一年多的时间。本传中将熙宗晚年嗜杀归罪于悼后的"掣制"，也显得牵强，海陵王说"后死无罪"。章宗李师儿因"势位熏赫，与皇后

---

① 《金史》卷六四《后妃传下》。
② 元好问：《朝列大夫同知河间府事张公墓志》，《遗山先生文集》卷一七。
③ 《谥法》卷四，"丛书集成初编"本。

佯"招致非难，以致在章宗死后，有人"媒蘖李氏罪恶"，卫绍王下诏令元妃自尽，并株连其家。宣宗时以"其事暧昧无具据"，李氏家族遂得平反。① 刘祁谓元妃亦"止于奢纵，不能害政蠹民也"②。李师儿出身"微贱"，聪慧机敏而致高位，才是她遭此境遇的根本原因。

金人关于女人误国的观念，还可从当时社会上流行的蒙学读物反映出来。有一种名为《类林》的类书，系前人所编，金人王朋寿为之增广，并且作赞。其中《女祸篇》赞曰："世衰道微，重色轻德。政移宠嬖，祸生肘腑。始也专政，终于亡国。冶容诲淫，灭身殄族。丽华玉树，绿珠金谷。以励后人，戒之无忽"③。所述虽为历史故事，但反映了金人的观念。一般说来，蒙学读物所反映的观念，应是有代表性的。

（二）赞颂女性恪守妇道

金人一方面抨击后妃干政，女人误国，另一方面大加褒扬妇女遵从封建礼教的言行。如章宗立真妃（唐括氏）制文中有"用光四德之书"句。④ 四德即指历来推崇的妇女应有的四种德行。《周礼·天官·九嫔》曰："掌妇女之法，以教九卿妇德、妇言、妇容、妇功。"郑玄注云："妇德谓贞顺，妇言谓辞令，妇容谓婉娩，妇功谓丝枲。"金人将"四德"作为褒扬之词写入立妃制文之中，说明这已成为宫廷后妃道德的规范。

这种观念，在社会上其他阶层中也有表现。许多墓志对女墓主的褒扬也不外乎此。如《清河张氏夫人墓铭》（大定二十二

---

① 《金史》卷六四《后妃传下》。
② 《归潜志》卷一〇。
③ 《金文最》卷二〇。
④ 见赵秉文《闲闲老人滏水文集》卷一〇，"石莲盦九金人集"本。

年）中称墓主张季玉"夫人之性，惠敏而静，闺门之间曰严与敬……妇德既完，妇道可观"①。《太原王氏墓记》（承安四年）称墓主王氏先人娶某某为妻，"温纯孝义，克勤妇道"②。郭黻《师节妇传》称："自古妇人，见于旌表纪录者，不必他才能，但孝节贞烈而已。有一于此，足以光华彤管，歆艳青史。"③

（三）金代妇女在法律上的地位

随着女真汉化和封建化的发展，对妇女、奴婢的人身给予一定的保护。大定十八年（1178年）颁布肆杀奴婢罪："定杀异居同亲奴婢、同居卑幼，辄杀奴婢及妻无罪而殴杀者罪。"④ 在量刑上，对妇女相对地从轻处置。大定二十五年（1185年），世宗"以妇人在囚，输作不便，而杖不分决，与杀无异，遂命免死输作者，决杖二百而免输作，以臀、背分决"⑤。明昌五年（1194年），尚书省奏："在制，《名例》内徒年之律，无决杖之文便不用杖。缘先谓流刑非今所宜，且代流役四年以上俱决杖，而徒三年以下难复不用。妇人比之男子虽差轻，亦当例减。"遂以二年以下者杖六十，二年以上杖七十，而"妇人犯者并决五十"，著于《敕条》⑥。

从以上的论述，似可得出这样的结论：辽金妇女在婚姻和家庭生活中有较大的自由和较高的地位。离婚再嫁，从贵族到平民都很常见，一般不受社会舆论的非议。贞节观念淡薄。当然这只

---

① 《拙轩集》卷六。
② 《金文最》卷九〇。
③ 《金文最》卷一一四。
④ 《金史》卷七《世宗纪中》。
⑤ 《金史》卷四五《刑志》。
⑥ 同上。

能是从总体上而言。辽金两代的情况又有所不同，而且各代前后也有变化。上述特点，就辽代而论，从时间上划分，圣宗朝前较以后明显；在民族上区分，契丹比汉族突出。金代则海陵、世宗朝前较以后明显；女真比汉族突出。这也就是说，随着社会的发展，辽金妇女在婚姻、家庭中的地位逐渐下降，所受封建礼教约束越来越多。辽代后妃参政颇具特色，金代则不那么明显，其他朝代就更不能与其相比了。

社会上的现象是复杂的，特别是契丹和女真这两个北方民族在进入中原以后，受到汉文化的猛烈冲击，加速了其封建化的过程，处在一个大变革的历史时期。加之辽金政权统治的地域广阔，民族较多，社会发展很不平衡，因此反映在辽金妇女地位问题上，也呈现出颇为复杂的现象。比如上面曾谈到的契丹上层妇女在政治生活中有较高的地位，然而从辽太祖到天祚帝都将妇女视为祸乱的根源，表明契丹在观念上接受了中原传统文化的某些影响，然而长期形成的社会结构、社会习俗等，都不是很快就能发生根本改变的。再如，圣宗时期明确规定命妇不得再嫁，而与命妇同属贵族阶层的公主再嫁直至圣宗以后仍不乏其例。金代也有类似上述的复杂情况。再加上我们可资利用的资料有限，更为廓清这个问题增加了难度。我们只能钩沉索隐，力求在现有资料的基础上得出切近实际的判断来。

（原载《中国史研究》1995 年第 3 期）

辽金文人与酒

古今文人大都与酒结下不解之缘，撰出无数艺文，留下诸多佳话。辽金地处北方，那里民风朴厚，豪爽率直。于酒，则朝野同好，崇尚剧饮，也有与酒相关的轶事、诗文与佳话。这些酒事，虽不能与某些盛世相比，但它毕竟是我国风俗史、酒文化中不应缺少的篇章。故略述一二，以补遗缺。

一 辽代文人与酒

契丹人很早就会酿酒。《隋书·契丹传》载：契丹风俗，其父母死后，便把尸体置于山树之上，经过三年后，收其尸而焚之。"酹而祝曰：'冬月时，向阳食。若我射猎时，使我多得猪鹿。'"酹，即洒酒于地，表示祭奠。这是文献中有关契丹人酒与歌的最早记录。阿保机未立时，为连任"夷离堇"（官名。《辽史·国语解》："统军马大官。"）也借助了酒力。《契丹国志》卷二三载：契丹初有八部，常推一人为王，以统八部，每三年以次相代。到阿保机时，他"以中国之主无代之者"为由，不肯放弃这个位置。于是召集诸部大人说："我有盐池之利，诸部所食。然诸部知盐池之利，而不知盐有主人，可乎？当来犒我。"诸部大人"以牛酒会盐池"，"阿保机伏兵其旁，酒酣伏发，尽杀诸部大人，复併为一国，东北诸夷皆畏服之。"后来，阿保机建立辽朝，是为辽太祖。清人有诗咏此事说："盐池杯酒戎机伏，却胜天皇十万兵。"①

辽朝建立之初，太祖忙于战争，未遑文事。及太宗时，取中原图书、礼器而归，逐渐备典章，修制度。至景宗、圣宗间，辽代社会经济逐渐发展到鼎盛时期，以儒学为代表的传统文化也在北方得到广泛传布。辽朝帝王、后妃、王室、贵戚等上层人物，由于其优越的政治地位和经济条件，得风气之先，有较多机会濡染汉文化。在见诸记载为数不多的辽代文学家中，他们占有相当大的比例，这可谓是辽代文学史上的一个特点。

谈文人与酒，便从这一群体说起。

辽朝中期以后的圣宗、兴宗、道宗既是辽朝的名君，又是有较高汉文化修养的文人。他们善诗词，通音律，好绘画。史载，圣宗在承平之时，经常与番汉群臣纵酒吟诗，"出题诏宰相已下赋诗，诗成进御，一一读之，优者赐金带"②。圣宗曾制曲百首，并以契丹大字译白居易诗《讽谏集》，有"乐天诗集是吾师"句。兴宗更能附庸风雅，于重熙五年（1036 年）四月，仿效晋以来文士于上巳日曲水流觞故事，"幸后弟萧无曲第，曲水泛觞赋诗"③。同年，在一次秋狩中获熊三十六，随后御元和殿，以《日射三十六熊赋》、《幸燕诗》为题，试进士于宫廷，并赐宴及第进士。是为辽朝科举殿试之始。清人查嗣瑮有诗咏此事云：

---

① 陆长春：《辽宫词》，见《辽金元宫词》，北京古籍出版社 1988 年版。
② 叶隆礼：《契丹国志》卷七《圣宗天辅皇帝》，上海古籍出版社 1985 年版。
③ 脱脱等：《辽史》卷一八《兴宗纪一》，中华书局 1997 年版。

"紫濛川外月初寒,队队银貂小契丹。不射黄羊调酪酒,传分三十六熊蹯。"① 道宗的诗赋造诣更高,曾以《君臣同志华夷同风诗》进呈皇太后。《辽史》本纪中多处记载道宗或皇太后"大宴群臣","命各赋诗",以诗酒为乐。

虽然文献中记载的辽朝文人与酒的轶事不多,但却能反映出他们的机敏与才学。试举几例说明。

其一。兴宗重熙间,北宋富弼使辽,辽伴使于馆驿中款待富弼。席间,照例行酒令。辽伴使云:"蚤登鸡子之峰,危如累卵。"富弼答云:"夜宿丈人之馆,安若泰山。"又云:"酒如线,因针乃见。"答云:"饼如月,遇蚀则缺。"② 对答自如,比喻巧妙。

其二。宋哲宗时,蔡京接待辽使李俨,留馆多时。"一日,俨方饮,忽持盘中杏曰:'来未花开,如今多杏。'京即举梨谓之曰:'去虽落叶,未可轻离。'"③ 这里"杏"与"幸","梨"与"离"谐音。用谐音字联句行酒令,是当时的一种风尚。

其三。辽天祚帝时,北宋林摅奉使辽国,伴使在馆中接待林摅。当时辽国"新为碧室,云如中国之明堂"。酒席间,契丹伴使行酒令说:"白玉石,天子建碧室。"("白玉石"三字合起来为"碧")林摅对曰:"口耳王,圣人坐明堂。"("口耳王"合起来为"圣")契丹伴使嘲笑说:"奉使不识字。只有口耳壬,却无口耳王。"(意为"圣"字系由"口耳壬"组成,而非"口耳王")林摅大窘,几至辱命。④

从上述几则辽人与酒的故事,显见我们对其文化修养不可估

---

① 《全辽诗话》,岳麓书社1992年版,第11页。
② 韦居安:《梅磵诗话》,见《全辽诗话》第152页。
③ 陆游:《老学庵笔记》卷四,中华书局1979年版。
④ 赵彦卫:《云麓漫钞》卷一〇,"丛书集成初编"本。

计过低。

辽人虽尚豪饮，却不强劝别人为过量之饮。宋范镇《东斋记事》云："契丹有冯见善者，于接伴劝酒，见善曰：'劝酒当以其量，若不以量，如徭役而不分户等高下也。'"① 这一故事屡为当时与后世论酒者所引述。谓其高论"足醒古今之迷"，可为"强人以酒者"诫。堪称古今酒事中的警句。

饮酒向来是触发文人灵感的媒介。据有人统计，我国最早的诗歌总集《诗经》中有 74 章言及饮酒，约占总篇幅 305 首的 24% 强。李白现存诗文 1050 首，言及饮酒者 170 首。杜甫现存诗文 1400 多首，言及饮酒者 300 余首。② 辽人及北宋奉使辽国者所撰与饮酒有关的诗文为寂寥的辽文苑及酒文化增添了些微内容，并为后人了解辽国风土人情留下了可贵的资料。如耶律楚材用汉文翻译辽寺公大师《醉义歌》（原诗为契丹文）是传世篇幅最长的辽诗。诗序称，寺公大师"长于歌诗，其旨趣高远，不类世间语，可与苏（轼）、黄（庭坚）并驱争先耳"。诗中借饮酒谈古论今，直抒胸臆。前半部抒发诗人对乡间生活的陶醉，可使人们联想起陶诗、杜诗的意境；后半部反映出诗人的思绪徜徉于儒、释、道之间，将其熔为一炉。全诗具有丰富的思想内涵和较高的艺术价值，是酒文化的佳作。

辽朝灭亡后，契丹皇族耶律大石率部西迁中亚，重建辽朝，史称西辽。其疆域东起哈密，西至咸海，北达叶尼塞河上游，南抵阿姆河。那里盛产葡萄，当地人有酿造葡萄酒的传统。西辽人继承了他们酿造和饮用葡萄酒的技术与习尚，进一步发展了酒文化。金元之际的耶律楚材是契丹人后裔，东丹王耶律倍的八世

---

① 中华书局 1980 年版。
② 见李华瑞《中华酒文化》，山西人民出版社 1995 年版，第 205 页。

孙。他在西辽被蒙古灭亡的同年（1218年），应成吉思汗之召赶赴西域，在那里前后共居十年，写下许多名篇，其中咏及葡萄酒者更为出色。如《赠蒲察元帅七首》其一颈联、尾联云："花开杷榄芙渠淡，酒泛葡萄琥珀浓。痛饮且图容易醉，欲凭春梦到卢龙。"其二云："积年飘泊困边尘，闲过西隅谒故人。忙唤贤姬寻器皿，便呼辽客奏筝篆。葡萄架底葡萄酒，杷榄花前杷榄仁。酒酽花繁正如许，莫教辜负锦城春。"其六颔联、颈联云："黯紫葡萄垂马乳，轻黄杷榄灿牛酥。金波泛蚁斟欢伯，雪浪浮花点酪奴。"其七颔联云："玛瑙瓶中簪乱锦，琉璃锤里泛流霞。"又，《庚辰西域清明》颈联云："葡萄酒熟愁肠乱，玛瑙盃寒醉眼明。"楚材咏饮酒诗甚多，佳句亦举不胜举，这里只好打住。此外，从其《戏作二首》"葡萄新酒泛鹅黄"（自注，"白葡萄酒色如金波"）、"葡萄酒熟红珠滴"[①] 句，可知当时的葡萄酒已分红、白两种了。

　　宋人使辽诗中言及饮酒者颇多，这里撷其几首，以见一斑。余靖与刁约的两首汉语、契丹语混用的绝句，虽乏诗意，含有戏谑，却别具一番情趣。余靖诗云："夜筵设罢（侈盛也）臣拜洗（受赐也），两朝厥荷（通好也）情斡勒（厚重也）。微臣雅鲁（拜舞也）祝若统（福佑也），圣寿铁摆（嵩高也）俱可忒（无极也）。"[②] 刁约诗云："押燕移离毕，看房贺跋支，饯行三匹裂，密赐十貔狸。"据沈括《梦溪笔谈》卷二五云，此诗"皆纪实也"。"移离毕，官名，如中国执政官。贺跋支，如执衣防阁。匹裂，似小木罂，以色绫木为之，加黄漆。貔狸，形如鼠而大，穴居，食果谷……"两诗真实地描绘了辽国款待宋使的友好场

---

① 以上分见《湛然居士文集》卷五、卷六，中华书局1986年版。
② 《契丹国志》卷二四。

面。读罢这两首杂用汉、契语的绝句,不禁使我想起近代以来上海一带流行的汉英混合的"洋泾浜"英语与此颇有相似之处。王安石《北客置酒》云:"紫衣操鼎置客前,巾鞲稻饭随粱饘。引刀取肉割啖客,银盘臂臑薨(音考,干肉)与鲜。殷勤劝侑邀一饱,卷牲归舍觔更传。山蔬野果杂饴蜜,獾脯乿腊加炰煎。酒酣众吏稍欲起,小胡捽耳争留连。为胡止饮且少安,一杯相属非偶然。"① 显然这是一席盛大的宴会。虽然诗读起来颇觉拗口,但是它对我们领略契丹人的豪爽性格及饮食文化大有裨益。王安石《出塞》诗有"涿州沙上饮盘桓,看舞春风小契丹"句,也是辽人尚饮与善舞的写照,常为后人所征引。此外,彭汝砺《望云岭饮酒》有"天色与人相似好,人情似酒一般深"(原注:"接伴待制举酒云:'人情似酒一般深'")句。刘跂《使辽作十四首》中云:"置酒穹庐晓,僧山合管弦。应缘地褊小,难遣舞回旋。风急皮毛重,霜清湩酪羶。君看东向坐,贵重尽童颜。"②也都借饮酒描绘北国风情,抒发诗人感慨。

  辽人的绘画艺术,包括卷轴与壁画都不乏反映宴饮的佳作。如辽朝著名画家胡瓌之子胡虔有《雪猎图》,元明之际的贝琼有诗咏此画云:"日暮两狼归捷鞍,燕支劝酒左右弹。一时快意良不恶,金刀割鲜行玉盘。"③ 画中当有饮酒场面。在出土的辽墓壁画中,反映契丹人四时捺钵、游猎、出行、宴饮等题材居多。如翁牛特旗解放营子辽墓、敖汉旗康营子等辽墓壁画,都有描绘贵族宴饮的场面。

  上述辽代文人与酒的轶事、诗歌与绘画等,为后人认识辽代

---

① 《临川文集》卷六,文渊阁"四库全书"本,并据《全辽诗话》第287页校。
② 《学易集》卷三,文渊阁"四库全书"本。
③ 《清江诗集》卷四,文渊阁"四库全书"本。

社会和酒文化提供了珍贵资料。倘无饮酒作契机，其中许多话题便无从说起。那么，我们今天所能了解到的辽国风情与文化无疑要打些折扣了。

二 金代文人与酒

据《隋书·靺鞨传》载，女真人的先世靺鞨即有"嚼米为酒"之俗，此酒已有一定度数，"饮之亦醉"。女真人大约至迟于景祖乌古迺时，饮酒已成风气。据《金史·世纪》载，乌古迺"嗜酒好色，饮啗过人"。世祖劾里钵曾乘醉骑驴入室，可见酗酒已成司空见惯之事。金朝建立后，随着粮食产量的提高及北宋酿酒技术的传入，女真酿酒业有了长足的发展。至于辽金时期的燕京（今北京）一带所产的粮食酒久负盛名，人称"燕酒名高四海传"①。燕酒中以金澜（音 è，一作"斓"）酒最为有名。宋人周煇《北辕录》云，"燕山酒固佳"，"极为醇厚，名金澜，盖用金澜水以酿之也"。至于原北宋四京及北方诸路所产酒不下一二百种。如酴醾、琼酥、瑶池、兰芷、玉液、香桂、琼浆、流霞、金波、莲花等②。入金后，这些酒中，除部分北宋后妃家酒外，应有相当数量被保留下来。从这么多颇富文化内涵的酒名也可想见宋金时期我国北方酒文化的发达。

女真人本来就有酿酒、饮酒传统，建立金朝后，又承袭了北宋的酒文化，因此金代文人与酒的话题比辽更多。

金初，活跃于文坛者是辽、宋（主要是宋）入金的文人。

---

① 王启：《王右辖许送名酒久不到以诗戏之》，《中州集》卷八，中华书局1959年版。

② 张能臣：《酒名记》，"说郛"本。

这种局面被后人称之为"借才异代"。南宋一些使臣出使金国，往往被金羁留不遣，他们借饮酒赋诗排遣愁绪，抒发感怀，表达对故国和家人的思念。特殊的生活经历，使他们与诗酒之缘比其他文人更深。金初文坛基本为这些"异代"文人所占据，而他们许多名篇的产生，都与饮酒有关。其中以宇文虚中和吴激所填《念奴娇》、《人月圆》的本事最为动人。洪迈《容斋随笔》卷一三载："先公（洪皓）在燕山，赴北人张总侍御家集，出侍儿佐酒，中有一人，意状摧抑可怜，叩其故，乃宣和殿小宫姬也。坐客翰林直学士吴激赋长短句纪之，闻者挥涕。其词曰：'南朝千古伤心地（一作"事"），还（一作"犹"）唱《后庭花》。旧时王谢，堂前燕子，飞向谁家。恍然相遇，仙姿胜雪，宫髻堆鸦。江州司马，青衫泪湿，同是天涯。'"① 此即《人月圆》词。同席，宇文虚中在吴激之前曾填《念奴娇》词。据刘祁《归潜志》卷八载："酒间，有一妇人，宋宗室子流落，诸公感叹，皆作乐章一阕。宇文作《念奴娇》，有'宗室家姬，陈王幼女，曾嫁钦慈族。干戈浩荡，事随天地翻覆'之语。"② 《朝野遗记》载《念奴娇》全文云："踈眉秀目。看来依旧是，宣和装束。飞步盈盈姿眉巧，举世知非凡俗。宋室宗姬，秦王幼女，曾嫁钦慈族。干戈浩荡，事随天地翻覆。一笑邂逅相逢，劝人满饮，旋旋吹横竹。流落天涯俱是客，何必平生相熟。旧日黄华，如今憔悴，付于杯中醁。与兴亡休问，为伊且尽船玉。"③ 只是情节稍异，谓是张孝纯在云中府粘罕（完颜宗翰）座上所见，因赋此词。此外，尚有多种笔记、词话记载此事。宋人张端义《贵耳

---

① 商务印书馆 1935 年版。
② 中华书局 1983 年版。
③ 文渊阁"四库全书"本。

集》所载与《容斋随笔》同，而《烬余录》谓作者为阎苍舒。今人唐圭璋编《全金元词》认定为宇文虚中所作。

除上述《念奴娇》、《人月圆》外，由宋入金文人还有许多充满真情实感的与酒有关的诗词。如宇文虚中《又和九日》云："强忍玄猿泪，聊浮绿蚁杯。"又，《中秋觅酒》云："应分千斛酒，来洗百年忧。"高士谈《庚戌元日》云："旧日屠苏饮最先，而今追想尚依然。故人对酒且千里，春色惊心又一年。"① 等等。都是借饮酒赋诗来抒发故国之思的。

金朝帝王中，其汉文化修养最高者当属海陵王完颜亮和金章宗完颜璟。在他们传世不多的诗词作品中，都有咏酒事者。如完颜亮《鹊桥仙·待月》云："停杯不举，停歌不发，等候银蟾出海。不知何处片云来，做许大、通天障碍。虬髯撚断，星眸睁裂，唯恨剑峰不快。一挥截断紫云腰，仔细看、嫦娥体态。"② 其勃勃雄心，在词中表现得淋漓尽致。章宗的诗词则是另一种风格。如《翰林待制朱澜侍夜饮》："夜饮何所乐，所乐无喧哗。三杯淡酦酿，一曲冷琵琶。"章宗还命后妃用纤纤玉手切开金黄色的橙子，以橙皮为酒杯，与其共饮"洞庭春"酒，填《生查子·软金杯》词："风流紫府郎，痛饮乌纱岸。柔软九回肠，冷却玻璃盏（一作"盏"）。纤纤白玉葱，分破黄金弹。借得洞庭春，飞上桃花面。"③ 完颜璹是女真贵族中最著名的文学家，其《思归》诗中有"新诗淡似鹅黄酒，归思浓如鸭绿江"④ 句，比喻新颖别致。

金代文坛的"一代宗工"元好问创作的诗歌中以饮酒（如

---

① 以上见《中州集》卷一。
② 岳珂：《桯史》卷八，中华书局1981年版。
③ 以上见刘祁《归潜志》卷一，中华书局1983年版。
④ 《中州集》卷五。

含酒、饮、醉、宴、酌等）见于题目者就有 40 首左右，而实际言及饮酒的诗歌将超过其多少倍，其中有许多脍炙人口的篇章。元好问《饮酒》五首和《后饮酒》五首，大有陶渊明退居田园以诗酒自娱的情趣，并寄托了他的理想。《饮酒》其二云："去古日已远，百伪无一真。独余醉乡地，中有羲皇淳。圣教难为功，乃见酒力神。谁能酿沧海，尽醉区中民。"其五云："此饮又复醉，此醉更酣适。徘徊云间月，相对澹已默。三更风露下，巾袖警微湿。浩歌天壤间，今夕知何夕。"① 元好问还写过一些恬静幽美的田园诗，他在《朝中措》词中赞美田园生活："小亭幽圃，酴醾未过，芍药初开。炉山一壶春酒，主人莫厌频来。"② 读来令人陶醉。元好问还借咏饮酒或以酒为喻，反映重大题材。如《西园》云："百草千花雨气新，今朝陌上有游尘。皇州春色浓于酒，醉杀西园歌舞人。"③ 西园本为北宋汴京园林。此诗应是诗人对金宣宗南迁汴京后朝野紧步亡宋后尘、过着纸醉金迷生活的讽喻。以饮酒为题材，自制曲词《小石调》，被列为元曲牌之一，是元好问的另一贡献。据《南村辍耕录》卷九"万柳堂"条载：一天，陶宗仪与文友在京师外万柳堂会饮，有歌女歌《小圣乐》，其下片云："人生百年有几，念良辰美景，休放虚过。贫富前定，何用苦张罗？命友邀宾宴赏，饮芳醑，浅酌低歌。且酩酊，从教二轮，来往如梭。"④ 赵孟頫听罢，即席赋诗一首。《小圣乐》即《小石调》曲，"元遗山先生好问所制，而名姬多歌之，俗以为《骤雨打新荷》者是也"。

金代其他文人也有许多咏饮酒、酒肆的小诗，清新悠闲，

---

① 以上见《遗山先生文集》卷一，"四部丛刊"本。
② 《新乐府》卷一，见《元好问全集》卷四一，山西人民出版社 1990 年版。
③ 《遗山先生文集》卷一一。
④ 中华书局 1980 年版，《全元散曲》所收文字略有出入。

令人神往。如："别墅酒旗依古柳，点溪花片落新香。"① "山花山雨相兼落，溪水溪云一样闲。野店无人问春事，酒旗风外鸟关关。"② "青芜平野四围山，山郭依依紫翠间。村远落长人去少，一竿斜日酒旗闲。"③ 元好问还在《蒲桃酒赋》序中谈到他的一位朋友在无意中发现葡萄经自然发酵而成酒的故事。这位朋友的家乡安邑（今山西运城东北）出产葡萄，而当地人不知用来酿酒。贞祐间，有一民家从山中避寇归来，见外逃前家中竹器所盛葡萄枝蒂已干，而汁液流在下面的陶器中，"熏然有酒气"，"饮之，良酒也"。元好问说，"世无此酒久矣"。说明当时山西乃至他流寓过的河南、山东的有些地方都不会酿造葡萄酒。

饮酒也是金代绘画常见的题材。由于传世作品甚少，我们可从历代文人为金代绘画所撰题跋中窥见一斑。如金人王寂为杨邦基（字德懋，号息轩）所绘《山居老闲图》题诗云："松屋竹窗水石间，野人门户不曾关。官租了却迎神罢，社酒鸡豚日日闲。"④ 元人张蓍为李早《女真三马》扇头题诗云："雾鬣风鬃剪剔新，郎君□□玉为人，四带纱巾绣方领，醉鞭踏尽燕台春。"⑤ 元好问为武元直（字善夫）《秋江罢钓》题诗云："暮山明月晓溪云，今古仙凡此地分。醉后狂歌问渔叟，残年何计得随君。"⑥ 金代壁画中则留下了酒楼的形象。今山西繁峙岩上寺金代壁画中，绘有一座酒楼，楼顶酒旗高挑，上写"野

---

① 马定国：《清平道中》，《中州集》卷一。
② 刘昂：《即事二首》，《中州集》卷四。
③ 吕中孚：《小景》，《中州集》卷七。
④ 《拙轩集》卷三，"丛书集成初编"本。
⑤ 《蜕庵诗集》卷二，"四部丛刊"本。
⑥ 《遗山先生文集》卷一四。

火攒地出，村酒透瓶香"。楼内座客满堂，有人品茶饮酒，有人说唱卖艺。①

南宋使金文人的咏饮酒诗不仅为金宋文苑丰富了内容，为酒文化增添了风采，还为后人了解金国风情提供了资料。宋周麟之《金澜酒》诗云："生平饮血狐兔场，酿麋为酒毡为裳。犹存故事设茶食，金刚大镯胡麻香。五辛盈拌雁粉黑，岂解玉食罗云浆？"②诗中虽不乏偏见，但可从中体验到北国风俗。范成大出使金国，除撰行程录《揽辔录》外，有使金绝句72首，其中5首言及酒和酒楼。如《翠楼》云："连衽成帷迓汉官，翠楼沽酒满城欢。白头翁媪相扶拜，垂从今日几度看。"翠楼为原北宋相州著名酒楼，如今已属金国，宋使与当地父老相见，都不胜感慨。又，《临洺镇》有"北人争劝临洺酒，云有棚头得兔归"句。原注云："洺酒最佳，伴使以数壶及新兔见饷。"反映出金人的热情好客及以射猎为乐的情趣。《燕宾馆》云："九日朝天种落欢，也将佳节劝杯盘。苦寒不似东篱下，雪满西山把菊看。"原注云："燕山城外馆也。至是适以重阳，房重此节，以其日祭天，伴使把菊酌酒相劝。西望诸山皆缟，云初六日大雪。"③反映出820多年前北京人过重阳节的情景，既有中原汉人传统，又保留某些女真人习俗。重阳节前北京已经降雪，西山皆白，这情景如今已不复见。看来古今气象已发生了很大变迁。

(原载《社会科学战线》1999年第2期)

---

① 见张亚平等《山西繁峙岩上寺的金代壁画》，潘絜兹《灵岩彩画动心魄——岩上寺金代壁画小记》，《文物》1979年第2期。
② 《海陵集》，《日下旧闻考》卷一四九引。
③ 《范石湖集》卷一二，上海古籍出版社1981年版。

双陆与民族文化的交流和融合

双陆是中国古代的一种博戏。始行于曹魏，盛行于隋唐，至南宋稍显衰落。然而，在与南宋同时及其前后的辽金元的契丹、女真、蒙古和汉人中却得到广泛的传播。这个事实从一个侧面反映了中国北方民族对中原文化的传承，见证了各民族文化的交流与融合[①]。

一

双陆，一般认为原创于古印度，本名波罗塞戏，在中国文献中初见于后秦释道朗《涅槃经》："樗蒲、围棋、波罗塞戏……一切戏笑，悉不观作。"属佛门应禁之戏。唐智周《涅槃经》疏云："波罗塞者，此翻象斗，是西国象马戏法。"又说："波罗塞戏是西域兵戏法。二人各执二十余小子，乘象或马，于局道争

---

① 述及双陆演变的著作有郭双林、肖梅花著《中华赌博史》（中国社会科学出版社1995年版）；张如安著《中国象棋史》（团结出版社1998年版）；陈高华、史卫民著《中国风俗通史》元代卷，宋德金著《中国风俗通史》辽金卷（上海文艺出版社2001年版）等。

得要路以为胜。"① 南宋洪遵《谱双》序说："双陆最近古,号雅戏。以传记考之,获四名:曰握槊、曰长行、曰波罗塞戏、曰双陆。盖始于西竺。"② 后世相关论述也都支持双陆源于古印度的说法。

然而,双陆与握槊、长行、波罗塞戏的关系如何,即它们是同一博戏,还是有所区别?则历来说法不一:(一)认为双陆与握槊、长行、波罗塞戏系同一博戏。如上引洪遵所言。明谢肇淛《五杂俎》卷六说:"双陆一名握槊,本胡戏也……又名长行,又名波罗塞戏。"③ 明方以智《通雅》卷三五称:"握槊、长行局、波罗塞戏、双陆,要一类也。"④ 也属此说。(二)认为握槊、长行、双陆虽一脉相承,但有差异。唐李肇《唐国史补》卷下谓长行"其法生于握槊,变于双陆"⑤。明胡应麟《少室山房笔丛》卷四〇说:"李肇所言,则唐之长行正与今双六合,而李以为生于握槊,变于双六,则唐之双六或反与今不同,而洪氏《谱双》合而为一,尚似未妥。总之,三者亦小在异同之间,非必相悬绝也。"⑥ 认为三者随着时间的延续而有所不同,但区别不大。(三)强调双陆与长行的差异。清孔继涵《长行经》根据双陆与长行所用芜、琼(骰子)、局、枰(棋盘)、马(棋子)等的差别而认为它们是"大同而实异"⑦。由明入清的周亮工《书影》卷五说:"予按李易安《打马图序》云:'长行、叶子、

---

① 见郭双林、肖梅花《中华赌博史》第37页;张如安《中国象棋史》第14—15页。
② 《说郛》120卷本,上海古籍出版社影印1989年版。
③ 辽宁教育出版社2001年版。
④ 文渊阁"四库全书"本。
⑤ 《唐五代笔记小说大观》上,上海古籍出版社2000年版,第197页。
⑥ 上海书店2001年版,第421页。
⑦ 见郭双林、肖梅花《中华赌博史》,第39页。

博塞、弹棋，世无传焉。'若云双陆即长行，则易安之时，已无传矣。岂双陆行于当时，易安独未之见；或不行于当时，反盛于今日耶！则长行非双陆□矣。"①

显然，至明清之际，关于握槊、双陆、长行的关系已是言人人殊了。

双陆是何时传入中国的？宋高承《事物纪原》卷九引《续事始》曰："陈思王曹子建（植）制双陆，置投子二。"②洪遵也说："双陆，刘存、冯鉴皆云魏曹植始制。考之《北史》胡王之弟为握槊之戏，近入中国。又考之竺贝双陆出天竺，名为波罗塞戏。然则外国有此戏久矣。其流入中国则曹植始之也。"③

文献中既称双陆源于印度，又谓曹植始制双陆，该如何解释？据《续事始》载"曹子建制双陆，置投子二"推测，可能是此戏本不用投子，而曹植在引进时对棋具略作改动，增用投子④，使之本土化。因此，径称曹植制双陆也是顺理成章的。

至于握槊、双陆、长行的关系究竟如何的问题，将在后面的论述中试作说明。

先来考察此戏从曹魏到隋唐五代时期的流行情况、名称变动及其异同等。

南北朝时，握槊、双陆在北、南方各族中均有流行。

《魏书》卷九一《艺术传》载："赵国李幼序、洛阳丘何奴并工握槊。此盖胡戏，近入中国，云胡王有弟一人遇罪，将杀之，弟从狱中为此戏以上之，意言孤则易死也。世宗（元恪，

---

① 古典文学出版社1957年版，第137页。有的版本径将□补作"明"。是。
② "丛书集成初编"本。
③ 《谱双》卷五，《说郛》120卷本。
④ 投子，初用木制，唐时改用骨制作，亦称"骰子"。后来俗称色子。

499—515年在位）以后，大盛于时。"① 这时的元魏距曹魏已历二三百年，仍称此戏"近入中国"似嫌费解，以致有人认为"流于曹魏"实为元魏之误，然而这也只是一种推测，尚缺乏足够的资料证实。不过南北朝时期各族中流行握槊、双陆则无疑义。《北史》卷三一《高昂传》载："[高]昂与北豫州刺史郑严祖握槊。"同书卷四八《尔朱世隆传》载："初，世隆曾与吏部尚书元世儁握槊，忽闻局上皎然有声，一局子尽倒立，世隆甚恶之。"尔朱氏为羯胡。《北齐书》卷五〇《和士开传》载："世祖（561—565年在位）性好握槊，士开善于此戏。""世祖时，恒令士开与太后握槊。"和士开先人为西域胡商，本姓素和氏。世祖高湛为鲜卑化的汉人。《南史》卷八〇《侯景传》载，南朝梁之中记室参军萧贲"尝与王（湘东王萧绎，后来的梁元帝，552—554年在位）双六，食子未下，贲曰：'殿下都无下意。'王深以为憾，遂因事害之"。

从以上事例可见南北朝时期在王室、贵族中都有好握槊、双陆者，而双陆在北方少数民族政权上层社会中尤为流行。

南朝宋刘义庆撰《世说新语》、北齐颜之推撰《颜氏家训》分别是记载汉末至晋代士大夫言行轶事的小说集或评论朝廷、品藻人物的重要子书，其中"巧艺"、"杂艺"目仅有弹棋、围棋、投壶之类，而不及握槊、双陆，或许说明汉末至魏晋南北朝时，此戏在普通士人和民间的流行尚不很广泛。

至隋唐五代时期，握槊、双陆、长行在朝野广泛流行起来。

握槊

唐刘𫗧撰《隋唐嘉话》卷中载："薛万彻尚丹阳公主，太宗

---

① 中华书局"二十四史"缩印本，1997年。以下所引《北史》、《北齐书》、《南史》、新旧《唐书》、《辽史》、《金史》、《元史》等同。

尝谓人曰：'薛驸马村气。'主羞之，不与同席数月。帝闻而大笑，置酒召对，握槊，赌所佩刀子，佯为不胜，解刀以佩之。罢酒，主悦甚，薛未及就马，遽召同载而还，重之逾于旧。"① 唐中期韩愈（768—824）《示儿》诗云："酒食罢无为，棋槊以相娱。"② 槊，即握槊。与韩愈同时期的刘禹锡（772—842）撰《观博》，说："客有以博戏自任者，速余观焉。初，主人执握槊之器，置于庑下。""是制也，通行之久矣，莫详所祖。"③ 反映了唐朝中期握槊在士人中的流行，然而当时人们对此戏的原始已经说不清楚了。

双陆

唐代盛行双陆，文献记载颇多。唐张鷟《朝野佥载》："（高宗）咸亨（670—674 年）中，贝州潘彦好双陆，每有所诣，局不离身。曾泛海，遇风船破，彦右手挟一板，左手抱双陆局，口衔双陆骰子。二日一夜至岸，两手见骨，局终不舍，骰子亦在口。"④ 潘彦视双陆如同生命，这虽是个别事例，但可以看出此戏的魅力及其在民间的流行。

唐朝宫中，双陆盛行。武则天梦双陆不胜是双陆史上一个很有名的故事。《新唐书》卷一一五《狄仁杰传》载：武后召谓狄仁杰曰："朕梦双陆不胜，何也？"当时狄仁杰与王方庆俱在，二人同辞对曰："双陆不胜，无子也。天其意者以儆陛下乎？""后感悟"，即日遣人召还庐陵王（即中宗李显）。此事不见《旧唐书》，《资治通鉴》也不载此事。而当时流传的《狄梁公传》则载有武后梦双陆不胜一事。《通鉴考异》云："世有《狄梁公

---

① 中华书局 1979 年版，第 25 页。此事又见王谠《唐语林》卷五。
② 《东雅堂昌黎集注》卷七，文渊阁"四库全书"本。
③ 《全唐文》卷六〇八，中华书局 1987 年版（影印本）。
④ 中华书局 1979 年版，第 158 页。

传》，云李邕撰，其辞鄙诞，殆非邕所为。"① 宋洪迈则据家藏的李繁撰《大唐说纂》所载"武后问石泉公王方庆曰：'朕夜梦双陆不胜，何也？'曰：'盖谓宫中无子'"推测，"《新唐书》是兼采二李（李邕、李繁）之说，而为狄为王，莫能辨也"②。无论武后梦双陆不胜是对狄仁杰还是对王方庆所说，但从他们君臣问答中可以反映出当时宫中盛行双陆。"宫中无子"是双关语，宫与子既是双陆术语，又喻宫廷与子嗣。君臣对答从容，比喻恰当，表明武则天与狄仁杰（或王方庆）都很熟悉此戏。否则，大臣想不出此喻，武后也不会立即感悟。又，唐薛用弱《集异记》"集翠裘"条载：

> 则天时，南海郡献集翠裘，珍丽异常，张昌宗侍侧，则天因以赐之，遂命披裘，供奉双陆。宰相狄梁公仁杰时入奏事，则天令升座，因命梁公与昌宗双陆。梁公拜恩就局，则天曰："卿二人赌何物？"梁公对曰："争先三筹，赌昌宗所衣毛裘。"则天谓曰："卿以何物为对？"梁公指所衣紫䌷袍曰："臣以此敌。"则天笑曰："卿未知此裘价逾千金，卿之所指为不等矣。"梁公起曰："臣此袍乃大臣朝见奏对之衣，昌宗所衣乃嬖幸宠遇之服，对臣之袍，臣犹怏怏。"则天业已处分，遂依其说，而昌宗心赧神沮，气势索莫，累局连北。梁公对御就褫其袍，拜恩而出。及至光范门，遂付家奴衣之，乃促马而去。③

---

① 司马光：《资治通鉴》卷二〇六，则天后圣历元年，中华书局1963年版。
② 洪迈：《容斋四笔》卷八，商务印书馆1935年版，第75—76页。
③ 《说郛》100卷本，上海古籍出版社1989年版（影印）。

这个故事进一步说明武则天、狄仁杰等对双陆的爱好，而且狄仁杰还是双陆高手。

喜好双陆，在唐朝宫廷中并非个别现象。如《旧唐书》卷五一《中宗韦庶人传》载，中宗李显复位后，韦皇后"受上官昭容（婉儿）邪说，引武三思入宫中，升御床，与后双陆，帝（中宗）为点筹，以为欢笑，丑声日闻于外"。又如，唐代画家周昉曾画《杨妃架雪衣女乱双陆图》①，宋蔡戡撰《跋周昉〈双陆图〉》②。又如，王建（约767—约830）《宫词》一百首中有一首咏宫中双陆："分朋闲坐赌樱桃，收却投壶玉腕劳。各把沉香双陆子，局中斗累阿谁高。"③《全唐诗》卷798后蜀花蕊夫人《宫词》也收有此词。说明盛唐以后乃至五代时，双陆都是深得宫中喜爱的博戏。

长 行

唐肃宗朝户部员外郎邢宇《握槊赋》序说："握槊，今人谓之长行，斯博弈之徒与。观其进退迟速，虽存于大体，因时适变，必务于权舆，施之于人，可以义存。"④明确指出，当时握槊已称长行。韦绚（801—866?）撰《刘宾客嘉话录》载："贞元中，有杜劝好长行。"⑤温庭筠（？—866）《南歌子》词有"井底点灯深烛伊，共郎长行莫围棋"⑥。张读（834或835—886?）《宣室志》补遗载："……于壁角得一败囊，中有长行子

---

① 见周亮工《书影》卷五。雪衣女：据乐史撰《杨太真外传》载，广南进白鹦鹉，洞晓言词，呼为雪衣女。
② 《定斋集》卷一三，文渊阁"四库全书"本。
③ 《全唐诗》卷三〇二；《十家宫词》作："分明闲坐赌樱桃，休却投囊玉腕劳。各把沉香双陆子，局中斗得垒高高。"（中国书店1990年版）
④ 《全唐文》卷四三六。
⑤ 《唐五代笔记小说大观》上，上海古籍出版社2000年版，第825页。
⑥ 见《李清照集笺注》，上海古籍出版社2002年版，第347页。

三十个,并骰子一双耳。"① 虽是一则志怪故事,但可以说明当时长行的流行。

根据以上记载推测,长行之名大约出现于握槊、双陆之后,至迟在唐玄宗、肃宗朝时已有之。

综上所述,双陆从印度传入之初,按音译称波罗塞戏。此戏在流播过程中,略有变化,或称握槊,或称双陆。握槊,是就棋子而言。槊,据《说文解字》卷六:"槊,矛也。"所谓握槊,犹手握槊,象形也。双陆是就棋盘或骰子而言:一说,棋盘左右有六路(称作"梁"),因称双陆(双六),如《谰言长语》云:"双陆盘中彼此内外各有陆梁,故名双陆。"② 一说"子(棋子,称作"马")随骰行,若得双六,则无不胜也"③。大约到唐玄宗、肃宗朝又有所谓长行,是从握槊、双陆演变而来的,但变化不会很大,因此当时即有人谓"握槊,今人谓之长行"。

唐以后长行之称已很少见诸文献记载,其规矩与制度却流传下来。辽金元的双陆,应是唐时长行,或者说唐之长行被称为双陆,长行之名遂被湮没。这也许就是李清照所说"长行、叶子、博塞、弹棋,近世无传"的原因。此外,前引明胡应麟说"唐之长行,正与今双六合,唐之双六反与今不同",也说明了以上推论。

后世有论者指出,长行与双陆的主要区别在于所用棋子不同。双陆是"二䒕十二棋,长行则二琼三十棋"④。恐未必尽然。如唐赵抟《废长行》(辨其惑于无益之戏而不务恤民也)诗云:

---

① 《唐五代笔记小说大观》下册,第 1081 页。
② 《古今图书集成·博物汇编艺术典》卷八〇七《博戏部》。
③ 谢肇淛:《五杂俎》卷六,辽宁教育出版社 2001 年版。
④ 孔继涵:《长行经》,见郭双林、肖梅花《中华赌博史》第 39 页引。

"紫牙镂合方如斗，二十四星衔月口。贵人迷此华筵中，运木手交如阵斗。"① 这里的"二十四星"当指双方各十二马，合计二十四马。显然，诗中所引长行是二十四棋（马）。而南宋葛立方《韵语阳秋》卷一七引用此诗却称之为双陆诗②，是南宋人已将双陆、长行视为同一博戏了。

尽管唐代中后期的握槊、双陆、长行或许如李肇所言略有变化，然而宋以后人们往往将三者当作同一博戏。在辽金元流行的双陆中，以双方各15马者居多，但也有各用12马者，如"广州双陆"之"佛双陆"便是如此③。所以，棋子数多少不应是区别双陆与长行的依据。本文以下将辽金元的握槊、双陆、长行当作同一类博戏论述。

二

继唐五代之后，北宋时双陆在宫廷和士人中依然相当流行。

宋徽宗《宫词》中即有两首咏双陆。其一："双陆翻腾品格新，屡赢由彩岂由人。坐中时有全娇态，才见频输特地嗔。"其二："黄昏人寂漏初稀，嫔御相从奉直归。慵困尚寻嬉戏事，竟将双陆且忘机。"④ 又，宋人传奇《李师师外传》载，宋徽宗曾赐李师师"藏阄、双陆等具"；宋徽宗与李师师"双陆不胜，围棋又不胜，赐白金二千两"⑤。可见双陆是北宋宫中常见

---

① 《全唐诗》卷七七一，文渊阁"四库全书"本。
② "丛书集成初编"本。
③ 见《谱双》卷三。
④ 《十家宫词》，中国书店1990年版。
⑤ 见鲁迅校录《唐宋传奇集》，人民文学出版社1956年版。

的博戏。江南士人朱贞白有咏莺粟子诗云："倒排双陆子，稀插碧牙筹。既似柿牛妳，又如铃马兜。鼓槌并擑箭，直是有来由。"① 说明北宋士人中亦行双陆。

及至南宋，双陆稍呈衰落之势，然而远不像有论者所说此戏"几乎绝迹"②。认为双陆在南宋几乎绝迹，主要是依据南宋洪遵和陈振孙的两条记载。洪遵《谱双》序说："双之不绝者无几矣。"陈振孙《直斋书录解题》卷一四亦称"此戏今人不复为"③。然而，这只是限于局部地区或个人见闻。洪遵说："阅时盖久，中州泯泯罕见，而殊方偏译类能为之。"④ 因此，确切地说，应指中原一带罕见此戏。所谓"殊方偏译"，不仅指北方的辽金，还包括南方。洪遵之父洪皓由金归宋后，被贬英州（治真阳，今广东英德）、袁州（今江西宜春），死于南雄州（今广东南雄）。洪遵曾往真阳、番禺探望其父，听说"有所谓南双者"，于是"摭古审今，悉辑诸书所载汇而著之"⑤。因此《谱双》一书除了参考古今文献记载之外，还包括撰者实地考察所得。该书卷三"广州双陆"条包括啰嬴双陆、下嚫双陆、不打双陆、佛双陆、三堆双陆。其中啰嬴双陆，"番禺人多为之"；佛双陆，"广中儿辈多为之"；而南番双陆不仅行于三佛齐（印尼苏门答腊）、阇婆（故地在印尼爪哇或苏门答腊）、真腊（柬埔寨），而且"番禺人亦有能者"。既然连广州儿童都能为之，应该说这里的双陆是相当流行的。

不仅如此，双陆在东南地区也有流行。南宋吴曾《能改斋漫

---

① 江少虞：《宋朝事实类苑》卷六三，上海古籍出版社1981年版。
② 如《辽宋西夏金社会生活史》，中国社会科学出版社1998年版，第290页。
③ "丛书集成初编"本。
④ 《谱双》序。
⑤ 同上。

录》卷六"双陆"条记载了他同善双陆者谈论双陆之事。大意说,《狄仁杰家传》载武后对狄仁杰说:"朕昨夜梦与人双陆,频不胜,何也?"狄说:"双陆输者,盖谓宫中无子。"而《新唐书》删去"宫中"二字,止云"双陆不胜,无子也"。吴曾与"善博者论之,博局有宫,其字不可削。盖削之,则无以见宫中之意"①。显然,吴曾与"善博者"都很喜好和熟悉双陆,因此才会指出《新唐书》狄仁杰传削去"宫中"是不妥的。吴曾,崇仁(在今山西)人,卒于严州(治建德,在今浙江)。《能改斋漫录》编成于宋高宗绍兴二十四年至二十七年(1154—1157年)。吴曾与"善博者"论双陆之地,当在他晚年生活地浙江,那里应有双陆的流行。又如南宋后期著名词人刘克庄(1187—1269),更是爱好并精通双陆。刘克庄,福建莆田人,曾任建阳(今属福建)令,以龙图阁学士致仕。其活动地区应在福建、浙江。他曾在两首《贺新郎》词中述及"棋枰"、"槊棋"。其中一首作于淳祐四年(1244年),有"少时棋枰曾联句"②;另一首有"不但槊棋夸妙手,管城君,亦自勍敌"③句。刘克庄自幼喜好棋槊,长成后自称槊棋妙手,文章无敌。他的主要活动地区福建、浙江有握槊流行也是不言而喻的。还有一位宋元之际的著名词人、学者周密(1232—1298)《浣溪沙》词云:"浅色初裁试暖衣,画帘斜日看花飞。柳摇蛾绿妒春眉。象局懒拈双陆子,宝弦愁按十三徽,试凭新燕问归期。"④词中描写闺中少妇在春日里以象棋、双陆打发时光,盼

---

① 中华书局1960年版。

② 胡云翼选注:《宋词选》,中华书局1962年版,第384页。胡注:"这里的枰,疑为槊之误。"

③ 欧阳代发、王兆鹏编著:《刘克庄词新释辑评》,中国书店2001年版,第404页。

④ 《草窗词补》,"丛书集成初编"本。

望丈夫早日归来的愁绪。

因此，说双陆在南宋几乎绝迹是不确切的，充其量只能说南宋不及唐代那么盛行而已。

三

双陆在南宋虽稍显衰落，然而在其同时或前后的辽、金、元境内却得到了广泛的流行。

双陆是深得辽金朝野喜好的博戏和娱乐活动。《辽史》、《续资治通鉴长编》、《松漠记闻》、《契丹国志》等史料中，都有关于契丹皇帝、后妃同臣僚、外使打双陆的记载。辽圣宗统和六年（988年）九月，皇太后幸韩德让帐，厚加赏赉，"命从臣分朋双陆以尽欢"①。开泰二年（1013 年），北宋晁迥出使契丹还宋后上奏真宗皇帝说："（辽主）夏月以布易毡帐，藉草围棋、双陆。"② 辽兴宗曾与皇太弟耶律重元打双陆，并"赌以居民城邑"，结果兴宗屡败，前后连输数城。一天，兴宗又赌双陆，伶官罗衣轻指其局说："双陆休痴，和你都输去也！""帝始悟，不复戏。"③ 辽道宗末年，女真首领阿骨打进见道宗，"与辽贵人双陆，贵人投琼，不胜，妄行马，（阿）骨打愤甚，拔小佩刀欲刺之"，从行者悟室（完颜希尹）连忙劝止，才未酿成大祸④。又，耶律大实（大石）曾与粘罕（宗翰）"为双陆戏，争道相忿，粘罕心欲杀之而不言"，大实（大石）害怕，连夜弃其妻，携五子宵遁⑤。

---

① 《辽史》卷一二《圣宗纪三》。
② 李焘：《续资治通鉴长编》卷八一，大中祥符六年，中华书局 1985 年版。
③ 《辽史》卷一〇九《罗衣轻传》。
④ 洪皓：《松漠记闻》卷下，"丛书集成初编"本。
⑤ 叶隆礼：《契丹国志》卷一九《大实传》，上海古籍出版社 1985 年版。

考古工作者于1974年5月在辽宁法库叶茂台7号辽墓发现一副漆木双陆。有棋盘一块，长方形，木子三十枚，骰子二枚。在棋盘的两长边分别雕有一半月形窠，其左右各有六个圆坑，计十二个。木子旋制，长身平底，上有执柄，黑白各十五枚。骰子为方形。该墓时代为辽代前期，墓主是一名契丹贵族妇女①。这一重要发现，更加证明了双陆在北方民族中的流行以及文献中有关双陆形制记载的可靠。

金朝宫廷与士大夫中也有双陆（握槊）的流行。金章宗时，左宣徽使卢玑年七十而致仕。章宗曾诏卢玑预天寿节宴，"命玑与大臣握槊戏，玑获胜焉。"卢玑又从章宗秋山，章宗赐名马，并说："酬卿博直。"②皇帝以赐名马作为卢玑握槊获胜的博值，不仅说明章宗对卢玑的眷遇，而且也反映此戏在宫中的流行。元好问《中州集》卷五载，史公奕（字季宏）为大定二十八年进士，再中博学宏词科，"程文极典雅，遂无继之者"。累迁著作郎、翰林修撰、同知集贤院，以直学士致仕。公奕不仅"文章书翰，皆有前辈风调，下至棋槊之技，亦绝人远甚"③。反映了双陆在金朝士大夫间的流播。

双陆不仅受到契丹、女真王室贵族公卿的爱好，而且也是辽金民间常见的娱乐活动。金朝初年，南宋使金被羁留15年的洪皓见到"燕京茶肆，设双陆局，或五或六，多至十，博者蹴局，如南人茶肆中置棋局也"④。金元之际的元好问在一篇志怪小说

---

① 见辽宁省博物馆、辽宁铁岭地区文物组发掘小组《法库叶茂台辽墓记略》（《文物》1975年第12期）；冯永谦、温丽和《法库县文物志》，辽宁民族出版社1996年版，第237页。
② 脱脱等：《金史》卷七五《卢彦伦传》，中华书局1997年版。
③ 中华书局1959年版。
④ 洪皓：《松漠记闻》卷下，"丛书集成初编"本。

中述及其外祖母在夜间忽"闻骚窣声,少之,触双陆棋子乱,啧啧有声"①。都说明双陆在民间的流行。

由于双陆等博戏在金朝朝野各阶层中的风行,致使维护女真旧俗、抵制汉化的金世宗于大定八年(1168年)颁布诏令,限制品官赌博:"制品官犯赌博法,赃不满五十贯者其法杖,听赎。再犯者杖之。且曰'杖者所以罚小人也。既为职官,当先廉耻,故以小人之罚罚之。'"②

元朝统一中国,双陆在更大的范围内得到流传。《元史》卷二〇五《奸臣传》载,元顺帝常在殿内与奸臣哈麻"以双陆为戏"。《青楼集》载:"玉莲儿,端丽巧慧,歌舞谈谐,悉造其妙。尤善文楸握槊之戏。尝得侍于英庙,由是名冠京师。"③反映了双陆在上自皇帝大臣下至青楼歌舞之妓不同阶层中的流行。

从元代多次翻刻的《事林广记》一书中,更加反映出宋元时期双陆在民间的广泛传播。《事林广记》,宋末陈元靓编,是一部民间日用百科全书型的类书。历来民间日用百科类书都很注重实用性,要随着时间的变化和社会的需要而不断进行增删。《事林广记》的宋末原本今已不传,现存的元、明刊本都是屡经增广和删改的。目前通行的有三种版本,即至顺建安椿庄书院刻本(简称"至顺本"),后至元六年建阳郑氏积诚堂刻本(简称"后至元本")和日本元禄十二年翻刻元泰定二年刻本(简称"泰定本")。这三个版本,尽管目次编排不同,内容也有增删,然而其中都有"双陆格制"、"双陆事始"、"双陆盘马"等条目,以及"北双陆盘马制度"或曰"双陆盘式图"④。至顺本还

---

① 《续夷坚志》卷一《王确为兄所挞》,中华书局1986年版。
② 《金史》卷四五《刑志》。
③ 《古今说海》,巴蜀书社1988年版。
④ 见中华书局影印本,1963年版、1999年版。

有两人打双陆的插图，从服饰、发型和周围环境来看，两人是地位较高的蒙古人①。这是宋元代民间流行双陆的写照。

辽宋金元时期的双陆分多种，有北双陆、广州双陆、南番双陆、东夷双陆等。北双陆包括平双陆（一名契丹双陆）、打间双陆、回回双陆、七梁双陆、三梁双陆（一名汉家双陆）等；广州双陆，包括啰嬴双陆、下㩧双陆、不打双陆、佛双陆、三堆双陆；南番双陆，包括四架八双陆（流行于三佛齐、阇婆、真腊）、南皮双陆、大食双陆；东夷双陆，即日本双陆。在诸双陆中，以北双陆、尤其是平双陆即契丹双陆流行较广，东北、华北广大地区等流行的多为平双陆。平双陆之所以流行广泛，主要原因是其方法简易，而其他如三梁双陆等，较为复杂，"能者什一而已"②。

北双陆打法，由二人对局，分黑白两方，各执十五马（棋子），用骰子二枚，依骰子点数而行。白马自右归左，黑马自左归右。以一方的马全部过门而进入后六梁，亦即"入宫"为胜，得一筹。每局以七八筹，或多至十五筹为限，率先满者为胜。所赌之物，因打双陆者的身份地位而异。如辽兴宗与皇弟耶律重元"赌以居民城邑"；金章宗赐名马给重臣卢玘，作为博值；而在辽金贵族、富人之间则"以金银、奴婢、羊马为博"；至于贫者是以杯酒，不分输赢，双方共饮③。

这里要附带辨正一个问题，即打马非双陆。在今人的著述中，有把打马与双陆视作一种博戏者④，值得一辨。其实，根据

---

① 见陈高华、史卫民《中国风俗通史》元代卷，上海文艺出版社2001年版，第435页。

② 见《谱双》卷五。

③ 同上。

④ 如《元代社会生活史》（中国社会科学出版社1996年版），第376页；《辽宋夏金社会生活史》，第290页。

相关文献记述，已可说明打马非双陆。李清照《打马图经序》说："长行、叶子、博塞、弹棋，近世无传。""独采选、打马，特为闺房雅戏。"① 如前所述，长行与双陆同属一类博戏，或长行即双陆。李清照明确将打马与之区别开来。陈振孙《直斋书录解题》卷一四云："今世打马大略与古樗蒲相类。"而樗蒲与双陆是不同的博戏。元至顺本《事林广记》卷六《文艺类》大标题下，"投壶、双陆、打马"并列，表明是三种博戏。周亮工说："徐君义谓打马之戏今不传。予友虎林陆襄武近刻易安之谱（按，指李清照《打马图经》）于闽，以犀象蜜蜡为马，盛行其中。近淮上人颇好此戏，但未传之北地耳。"② 不仅说明当时在南方仍有打马之戏流行，而且他也是将打马与长行、双陆作为不同博戏而记述的。明唐寅（伯虎）为重刻洪遵《谱双》所写序言中说"今樗蒲、弹棋俱格废不传；打马、七国棋、汉官仪、五木等戏，其法俱在，时亦不尚；独象棋、双陆盛行。"③ 打马之法仍在，但"时亦不尚"，而"象棋、双陆盛行"，打马非双陆也。近人尚秉和也说："李易安有《打马图经》，图较双陆尤复杂，而马以能过函谷关为胜。自宋以后，为之者少。"④ 胡道静在1963年中华书局影印本《事林广记》前言中说"……文艺类载有当时种种娱乐活动的方式和方法，如投壶、双陆、打马"等，都是将双陆、打马作为不同活动而提出的。

如果说上引前贤只是泛论的话，那么我们将打马与双陆作一比较，便会发现二者的参与人数，所用棋盘、棋子、骰子及方法等均不相同。

---

① 《李清照集笺注》，第340页。
② 《书影》卷五。
③ 清翁同龢抄本，见郭双林、肖梅花《中华赌博史》，第90页。
④ 《历代社会风俗事物考》，岳麓书社1991年版，第392页。

（一）人数。打马，据李清照《打马图经命词》载，"凡置局，二人至五人，钩聚钱置盆中，多寡从众；然不可过四五人之数，多则本采交错，多至喧闹矣。"[①] 而双陆一般是二人对局。

（二）棋盘。《事林广记》和"说郛"本《打马图》与《谱双》中的双陆图有很大差别。

（三）棋子。李清照说：打马有两种，"一种一将十五马者，谓之'关西马'；一种无将二十马者，谓之'依经马'"[②]。又据清周中孚《郑堂读书记·补遗》载，宋人撰打马书者非一，用五十马者居多，独李清照《打马图》用二十马[③]。马"用犀象刻成，或铸铜为之如大钱样，刻其文为马，文各以马名别之，或只用钱，各以钱文为别，仍杂采染其文"[④]。其形状大约如后来的象棋子。而双陆子则如同鼓槌或罂粟子，前引唐朱贞白《莺粟子》诗中便有"倒排双陆子"句。双陆子数一般各用十五枚。有法库辽墓出土双陆实物及洪遵《谱双》所载文字与插图为证。

（四）骰子。打马用三枚骰子，而双陆一般用二枚。

（五）方法。据李清照《打马图经》和洪遵《谱双》所述，两者打法不同，且前者复杂，后者简易。

既然打马与双陆是不同的博戏，为何被人误作一种，我想问题可能出在引用《事林广记》时疏于甄别。

《事林广记》因系民间日用百科类书，出自坊肆，草率粗疏，校订不细，毛病颇多。日本翻刻的泰定本附有该版增补题记"此书因印匠漏失版面，已致有误君子，今再命工修补外，新增添六十余面以广其传"云云，也说明此书存在版面错乱之弊。

---

① 《李清照集笺注》，第373页。
② 同上书，第340页。
③ 同上书，第353页。
④ 同上书，第376页。

几种版本中有关双陆、打马的版面即是一例。至顺本卷六《文艺类》收投壶、双陆、打马三种博戏，其中仅有"投壶格范"小标题，而双陆前无小标题，最后一目"打双六例"文末与打马图连排，中间也无打马小标题。后至元本则将"打双陆例"与打马的"下马例"连排。这些都容易使人误解打马图或"下马例"等同属双陆。泰定本虽与后至元本略有不同，然而仍是在双陆下页接排打马图及"本采例"、"下马例"等，而且还将"北双陆盘马制度"图排在打马诸条之后，更为混乱。这也许就是使人将打马与双陆混为一谈的原因所在。

草率简单、版面错乱是古代民间类书的常见通病。如明万历二十四年刊本《万书萃宝》卷一七《八谱门》"双陆规局"条曰："双陆者，先正司马文正公始定新格局，斥侥幸之胜，盖其意欲归之正也。"① 其实，"先正司马文正公始定新格局"云云，是洪遵为司马光《投壶格范》或曰《投壶新格》作的题跋，与双陆无涉。元刊《事林广记》几个版本中所云"司马文正公始定新格局"系指投壶而非双陆，也是明白无误的。而明万历《万书萃宝》的编者却把这个题跋与双陆混在一起，可见其草率粗疏。

四

双陆自公元 3 世纪曹魏时传入之后，到 6 世纪北朝时，在帝王公卿中已相当流行。这或许是由于双陆本为"胡戏"，在那里更容易被人接受的缘故。及至唐五代时，有更多的"胡俗"和

---

① 见吴蕙芳《万宝全书：明清时期的民间生活实录》，台湾政治大学丛书 2001 年版，第 572 页。

外来文化传入中原,并逐渐与汉文化相融合。双陆在这一大背景下盛行起来,并成为中国传统文化的组成部分。

在以契丹、女真、蒙古诸族为统治民族的辽金元时期,双陆已经与象棋、围棋等一样,被当作汉族文化组成部分而受到重视和流行起来。

契丹族是北方游牧民族,在建国前后已接触中原文化,但受汉族传统文化影响尚很有限。到圣宗时,辽朝经过几十年的发展,达到鼎盛时期。特别是澶渊之盟的缔结,实现南北和好,加强了辽宋的沟通与联系,为传统文化在北方的传播创造了条件。圣宗以后,儒学受到辽朝统治者的尊崇。科举制度的实施,使儒学有了更广泛的传播。《辽史》卷一〇三《文学传上》:"至景、圣间,则科举聿兴,士有由下僚擢升侍从,骎骎崇儒之美。"就反映了这一事实。辽代双陆的相关记载均出现在圣宗朝以后,也是同汉文化的传播相一致的。

女真与契丹稍异,其基本生活形态是渔猎、畜牧和农耕,而非游牧,比契丹更接近汉族,儒家思想、传统文化在金国得到更深广的传播。

大约从金熙宗完颜亶时起,在女真上层统治者中率先出现汉化趋势。完颜亶自幼曾受业于辽朝降金的汉族文学家韩昉,很早就能"赋诗、染翰"。嗣位后,在汉族士人影响熏陶之下,仿照唐宋制度,设置卫仪,"入则端居九重,出则警跸清道,视旧功大臣浸疏,且非时莫得相见"。平时"雅歌儒服,烹茶焚香,弈棋战象","徒失女真之本态"。他称旧功大臣为"无知夷狄",而旧功大臣则谓他"宛然一汉家少年子也"[①]。海陵王完颜亮的

---

① 以上见李心传《建炎以来系年要录》卷一一七,绍兴七年十一月,中华书局1988年版;徐梦莘:《三朝北盟会编》,炎兴下帙六六,上海古籍出版社1987年版。

汉文化情结比熙宗还深。他自幼好读书,"嗜习经史",交结儒生,"见江南衣冠文物朝仪位著而慕之"。至于"学弈、象戏、点茶"更是无所不好①。

由此可见,雅歌儒服,烹茶焚香,弈棋战象等都被视作汉文化的象征。这里虽未言及双陆,然而当时人往往是把象棋、围棋、双陆相提并论的。如前引《长编》云"(辽主)夏月以布易毡帐,藉草围棋、双陆",洪遵《谱双》云"独象棋、双陆盛行"等。"舶来"的双陆和"土产"的围棋、象棋在辽金人眼中都是汉文化的体现。金世宗曾命西南路招讨都监高通赴任后制止那里双陆的流行,他说:"女直旧风,凡酒食会聚,以骑射为乐。今则弈棋、双陆,宜悉禁止,令习骑射。"②也是把双陆、围棋视为汉文化的象征而力主限制的。

到了元代,双陆作为中国传统文化的组成部分而受到当时不同阶层,特别是士人的重视和爱好。

双陆出现在许多形式的文学作品之中,双陆史上的一些故事成为士人乐道的典故和佳话,不仅丰富了文学创作,而且赋予双陆以更多的文化内涵。

由金入元的元曲四大家之一白朴《清平乐·同施景悦赌双陆不胜戏作》有"今日风流磨折,翠袘输与绯袍"句③,即指武则天命狄仁杰与张昌宗打双陆,二人赌以绯袍和翠袘,结果张昌宗将翠袘输与狄仁杰的故事。张元翰《金缕曲·双陆》词云:"此博谁名汝,想当年,波罗塞戏,涅槃经语。天竺传来双采好,幺六四三二五。要随喝、随呼随数。从得三郎绯衣了,再曾

---

① 见宇文懋昭《大金国志》卷一三《海陵炀王上》崔文印校证本,中华书局1986年版。
② 《金史》卷八〇《阿离补传附子方》。
③ 白朴:《天籁集》卷下,"石莲盦汇刻九金人集"本。

逢，潘彦知音侣。同入海，亦良苦。"① 词中"波罗塞戏，涅槃经语"，"天竺传来双采好"，是对双陆传入历史的最概括的描述。"要随喝、随呼随数。从得三郎绯衣了。"应指唐明皇（三郎）与杨贵妃为"采选"戏的故事。唐代采选戏所用骰子（投子）为六面，只有幺（一）点为红色，其余为黑色。明皇与杨贵妃采戏，将败，唯骰子重四（即两枚皆为四点）才能转败为胜。于是明皇连声吆喝，果然成重四。明皇大悦，遂命高力士赐绯（改四点黑色为大红色），风俗因而不易②，相沿至明清。不过，采选非双陆，惟二者都用骰子。潘彦携双陆入海，已见前引唐张鷟《朝野佥载》。元谢宗可《双陆》诗中有"曾记唐宫为赐绯"、"御前夺取翠裘归"③ 句，也分别用了唐明皇赐绯和狄仁杰胜张昌宗的故事。此外，李孟（道复）、揭傒斯（曼硕）、宋无、任士林（叔实）等都有咏双陆诗。④ 元散曲中也不乏咏双陆的佳作。如张可久《观张氏玉卿双陆》、佚名《喻双陆》等。⑤

元代杂剧、散曲、诗词等不同文学作品中留下的有关双陆的篇章，可使我们对这种已经失传的博戏获得多一点形象认识及对当时人们心态多一些了解。如宋无《双陆》："金缕纹桑䲭局新，红云倒浸一池莲。星环紫极无多点，月印银潢有两弦。"前两句是描述桑木棋盘与双陆棋子，第四句则是指棋盘上新月形的门。谢宗可《双陆》诗"重门据险应输掷，数点争雄莫露机"句，是说战术。白朴《清平乐·同施景悦赌双陆不胜戏作》有"闲

---

① 唐圭璋编：《全金元词》下，中华书局1992年版，第720页。
② 见乐史《杨太真外传》；赵翼《陔余丛考》卷三三（河北人民出版社1990年版）。
③ 《元诗选》初集，中华书局1987年版，第2册，第1508页。
④ 李孟：《双陆》，揭傒斯《赋双陆》，任士林《看双陆》，分别见《诗渊》第2册第1319、1468页；宋无《双陆》，见《元诗选》初集第2册第1290页。
⑤ 见陈乃乾辑《元人小令集》，中华书局1962年版，第265、413页。

寻博弈，饱饭消长日。自笑家储无甔石，百万都教一掷"。反映了这位金朝显宦后人入元后的沮丧心态和潦倒生活。张元翰《金缕曲·双陆》"翻覆输赢须臾耳，算人间万事都如许。且一笑，看君赌"是借发挥，把双陆之戏比作人间万事。李寿卿撰《月明和尚度柳翠》杂剧是描写月明和尚（佛门第十六尊罗汉）点化杭州名妓柳翠（原为观音菩萨净瓶内的杨柳枝叶，偶污微尘而被罚往人间）返本还元的故事。其中有月明和尚借与柳翠弈棋、双陆、蹴气球并设禅喻劝她消除尘念的情节。月明指着打双陆用的"色数儿"（骰子，色子）说："二对着五，二双属阴，五单属阳，上下是阴阳相对着；三对四，四双属阴，三单属阳，上下也是阴阳相对着。柳翠也，原来这两块骨头上有阴阳之数。"① 体现了佛家、易家的思维。

尤其值得重视的是，如果说辽金时期人们仅把双陆视为汉族文化象征的话，那么金末元初之后，人们已把会双陆列入中国各民族士人应具备的才艺。

由金入元的关汉卿是一位深入市井、走进下层、具有多种才艺的伟大元杂剧作家。他在散曲［南吕·一枝花］《汉卿不伏老》中说："我也会围棋，会蹴鞠，会打围，会插科，会歌舞，会吹弹，会嚥作，会吟诗，会双陆。"另一版本作："我也会吟诗，会篆籀，会弹丝，会品竹；我也会唱《鹧鸪》，舞《垂手》；会打围，会蹴鞠，会围棋，会双陆。"② 元无名氏《逞风流王焕百花亭》杂剧称赞风流王焕的才艺说："围棋递相，打马投壶，撇兰撅竹，写字吟诗，蹴鞠打浑，作画分茶，拈花摘叶，达律知

---

① 《元曲选》第4册，中华书局1991年版，第1346页。
② 《雍熙乐府》卷一〇《彩笔情词》，引自李汉秋、周维培校注《关汉卿散曲集》，上海古籍出版社1990年版，第27、32页。

音……九流三教事都通，八万四千门尽晓。端的个天下风流，无出其右。"① 剧中人物王焕虽是北宋末年人，然而作品反映出的观念却是元人的。其中所谈士人诸般才艺亦即"风流"② 的标准与前引关汉卿散曲是一致的。

元代士人已把双陆同中国传统的围棋、投壶、蹴鞠、书画、歌舞、音律等技艺，乃至契丹、女真、蒙古等北方民族所擅长的"打围"等活动一律作为"天下"亦即中国境内各民族士人"风流"的标准。

五

最后，对本文作一简要的归纳。

双陆源于古印度，于曹魏时传入中国，到南北朝时已在上层统治者中传播开来，被视之为"胡戏"。唐朝时有许多"胡俗"和外国文化传入中原，更是双陆盛行的时期。双陆在流行过程中，人们对它作了一些变动和改进，使之更加适应时人的趣味和要求，更为本土化。唐五代时期，双陆已逐渐融合于中国传统文化之中。两宋时期，双陆继续流行。在与两宋同时的辽国和金国，双陆被视为汉文化的象征而受到爱好者的青睐或反对者的抨击和限制。及至金末元初，在人们的心目中，双陆不惟是汉族文化的象征，"会双陆"已作为品评"天下"士人"风流"的标准之一，成了域内各族士人所应具备的文化素质和修养。

双陆自传入后，人们对它的认识经过了这样一个过程：由

---

① 《元曲选》第4册，第1427页。
② 《辞海》"风流"条，有风俗教化，流风余韵，风度、标格，英俊的、杰出的等多种含义。此处似以风度、标格近之。

"胡戏"到被视为汉族文化的象征,到成为品评"天下"士人"风流"的标准之一;从佛门"悉不观作"的应禁之戏,到元杂剧中成为和尚点化俗人的手段。这一过程不仅折射出中国各民族文化的交流与融合,还反映了外来文化传入后融入中国传统文化的轨迹。经过消化和改进的双陆戏,同传入时那种"西域兵戏法",已有很大不同,并且具备了中国传统文化的内涵。双陆从"胡戏"而变成与围棋、象棋等并列的活动,充分体现了中国传统文化的开放性、包容性及其融会不同文化的能力。

(原载《历史研究》2003年第2期)

说"本命年"

长期以来,在我国北方城乡民间广泛流行本命年习俗。本文拟就与本命年相关的问题,如何谓本命年,本命年习俗的演变,本命年与干支、生肖的关系等,略作考索与探讨。

一 何谓本命年

本命年的含义有三:

(一)指同人生年干支相值之年。如某人生于甲子年,再过60年,又逢甲子,即是某人的本命年,或省称本命,又称元命。如唐白居易《七年元日对酒》诗之四云:"今朝吴与洛,相忆一欣然。梦得君知否,俱过本命年。"诗人自注云:"余与苏州刘郎中同壬子岁,今年六十二。"① 是说白居易(772—846)与刘禹锡(字梦得,772—842)均生于壬子年(722年),写此诗时年62岁,已过了一个壬子年(832年),故说"俱过本命年"。这里的本命年即指生年的下一轮干支(60年)。宋人宋敏

---

① 《白氏长庆集》卷三一,文渊阁"四库全书"本。

求《春明退朝录》卷下："至道二年（996年），司天冬官杨文镒建言：历日六十甲子外，更留二十年。太宗以谓'干支相承，虽止于六十，本命之外，却从一岁起首，并不见纪年。若存两周甲子，共成上寿（120岁）之数，使期颐之人，犹见本年号'。令司天议之。司天请如上旨，即造新历颁行。可之。"①说当时的历书均以60年为限，宋太宗为使长寿者能在历书上见到印有本命年号，于是改印"两周甲子"即120年历，使百岁之人能再见本年号。这也是以重逢干支（60年）为本命年。范成大（石湖）《丙午新年六十一岁，俗谓之元命，作诗自贶》云："岁复当生次，星临本命辰。四人同丙午，初度再庚寅。"诗人自注云："仆与今丞相王公、枢使周公、参政钱公皆丙午，又顷皆同朝，故用此事稍的也。"②范成大与王、周、钱诸公皆生于丙午（1126年），此诗写于下一个丙午的农历新年，即公历1187年初。此时范成大正当60周岁，61虚岁。这也是以60周岁为本命年。又从诗题得知，当时本命年俗称元命。

（二）指与生年相属相值之年，即12周岁及其倍数。如某人生于子年属鼠，丑年属牛等，每隔12年，重值鼠年、牛年，分别为他们的本命年。如今人们所称本命年，以这种居多。

（三）本命有时又单指生年、相属。

《隋书》卷二九《袁充传》载："仁寿（隋文帝年号）初，（袁）充言上（指隋文帝）本命与阴阳律吕合者六十余条而奏之……"③又如现代作家许地山《凶手》第一幕："我见地上有点新挖的痕迹，拨开看，原来是七个小纸人，上面写道大哥的生

---

① 中华书局1980年版。
② 《石湖居士诗集》卷二六《范石湖集》，上海古籍出版社1981年版。
③ 中华书局1997年版。以下所引二十四史，均同此。

时本命。"这里的本命应是指生年、相属。

二　汉至唐宋时期的本命年习俗

（一）本命有吉凶之征

《三国志》卷二九《管辂传》载，辂曰："吾额上无生骨，眼中无守精，鼻无梁柱，脚无天根，背无三甲，腹无三壬，此皆不寿之验。又吾奉命在寅，加月食夜生。天有常数，不可得讳，但人不知耳……""是岁八月，为少丞。明年二月卒，年四十八。"管辂在叙述自己的骨相、面相均为"不寿之验"后，又说"本命在寅，加月食夜生"，认为这些都属短寿之征，说明当时有将本命同一个人的寿考相联系的习俗。又，前引《隋书》卷二九《袁充传》载袁充上表曰："皇帝载诞之初，非止神光瑞气，嘉祥应感，至于本命行年，生月生日，并与天地日月、阴阳律吕运转相符，表里合会。此诞圣之异，宝历之元。"袁充称赞隋文帝"本命行年"等与天地日月、阴阳律吕等相合，为吉征，因取年号"仁寿"。当然这里不排除袁充有奉承之意，但也反映出当时有本命蕴涵吉凶祸福的说法。

（二）本命禁忌

1. 皇帝本命在午者，忌丧车行"午道"。

《旧唐书》卷一三〇《李泌传》：代宗将丧，"灵驾发引，上（德宗）号送于承天门，见辒辌车不当道，稍指午未间。问其故，有司对曰：'陛下本命在午，故不敢当道。'上号泣曰：'安有枉灵驾而谋身利。'卒命直午而行"。说代宗将葬，陵车起驾，德宗称要送至承天门。然而他见辒辌车（丧车）不在纵横交错的"午道"上行驶，便问随行大臣。有司回答说，德宗"本命在午",故不敢行"午道"。后因德宗的阻止,才"直午而行"。唐德宗李适生于壬午(742年),大臣因其"本命在午"而不敢让丧车行"午道",可见当时皇帝本命禁忌之多。

2. 与本命年干支相同的日子,不宜临丧。

《续资治通鉴》卷五〇宋仁宗皇祐元年正月条云:"庚戌,太傅邓国公张士逊卒。"车驾临奠。"翼日,(仁宗)谓辅臣曰:'昨日有言庚戌是朕本命,不宜临丧;朕以师臣之旧,故不避。'文彦博曰:'唐太宗辰日哭张公谨,陛下过之远矣。'"宋仁宗赵祯生于庚戌(1010年),从仁宗转述辅臣之言,可见当时忌讳在同自己生年干支相同的日子临丧。仁宗因重与张士逊的"师臣之旧",故而不避。①

3. 禁杀与皇帝本命相属相同的动物。

朱弁《曲洧旧闻》卷七:"崇宁(徽宗年号)初,范致虚上言:'十二宫神,狗居戌位,为陛下本命。今京师有以屠狗为业者,宜行禁止。'因降指挥,禁天下杀狗,赏钱至二万。"② 此议更为可笑。这位大臣因当朝皇帝属狗,竟要发布诏令("指挥")禁止民间杀狗,使得当时舆论哗然。有太学生说:"朝廷事事绍述熙丰(熙宁、元丰,神宗年号),神宗生戊子年,而当年未闻禁畜猫也。"如今朝廷处处标榜"绍述"神宗,而神宗属鼠,当年也未因此而不让养猫,真是辛辣的嘲讽。又,吴莱《三朝野史》:"理宗祀明堂,徐清叟为执绥官,玉音(指理宗)问曰:'猫儿捕鼠如何?'清叟急机答曰:'爱之欲其生,恶之欲其死。'应对虽捷,然理宗本命属鼠,一时答问不觉触突天听。理宗度量恢宏,亦不之咎。"看来连说杀死与皇帝相属相同的动物都是犯

---

① 中华书局1994年版。
② 《宋元笔记小说大观》第3册,上海古籍出版社2001年版,第3008页。

忌的。只是由于理宗"度量恢宏"才没有责备冒犯者。

以上所举事例虽然不多，但不难看出，有关本命、本命年的禁忌相当广泛。从唐德宗、宋仁宗、宋理宗对这些禁忌并不拘泥，以及太学生对因皇帝属狗而禁民间杀狗的嘲讽也可以看出，时人对这些禁忌并非都是奉行不疑的。

三 辽代本命年习俗的传承

如果说汉至唐宋时期的本命年习俗主要表现在日常风俗禁忌上的话，而辽朝本命年习俗已被正式纳入朝廷的礼仪，反映了辽朝对本命年的重视。近代以来的本命年习俗已可从辽朝看到某些雏形。辽朝在本命年习俗的传承与发展上起了重要作用。

契丹有一种传统的、同本命年习俗相联系的重要礼仪，即"再生礼"。据说是始于其先人阻午可汗时。《辽史·国语解》说："再生礼，国俗，每十二年一次，行始生礼，名曰再生。惟皇帝与太后、太子及夷离堇得行之。又名覆诞礼。"《辽史》卷五三《礼志六》载："凡十有二岁，皇帝本命年前一年季冬之月，择吉日。"由此可知，契丹族体现本命年习俗的再生礼只有皇帝、太后、太子及夷离堇（《辽史·国语解》："夷离堇，统军马大官。会同[辽太宗年号]改为大王"）才可举行，其余人是无资格的。

辽朝再生礼颇为有趣。行礼之日，以童子和产医妇（助产者）置室中。一妇人执酒，一男性老者持矢箙（箭袋），立于室外。祭奠神主过后，皇帝入再生室。产医妇致辞，并"拂拭帝躬"。男性老者拍打矢箙，说"生男矣"。此后，群臣称贺。产医妇持酒进献皇帝，太巫及群臣向皇帝进献"襁褓、彩结等物"①。

从产医妇抚摸帝身及进献襁褓（即包裹婴儿用的布帛、小被之类）等程序看，再生礼显然是重演或称模拟皇帝出生的过程。

如果进一步推究这种奇特风俗的寓意何在？它或许同一些民族的"贱老贵幼"习俗有关。我国许多北方民族，特别是游牧民族，生存环境恶劣，生产力低下，多有"贱老贵幼"风习。如匈奴"壮者食肥美，老者食其余。贵壮健，贱老弱"②。契丹"子孙死，父母晨夕哭之；父母死，子孙不哭"③。"父母死而悲哭者，以为不壮"④。女真"贵壮贱老"⑤。蒙古"贱老而喜壮"⑥。契丹再生礼的初起，可能有希冀首领重新获得生命，永远年轻的意思。据说非洲原始民族有"杀耄君"的习俗。即当首领到衰老时，众人就将其杀死，另立年轻人。契丹已不杀首领，而是希望通过这种"再生"、"覆诞"的仪式，使其返老还童。⑦

《辽史》卷五三《礼志六》赞曰："再生之仪，岁一周星，使天子一行是礼，以起孝心……母氏劬劳，能无念乎。"《辽史》编撰者将契丹再生仪同儒家观念联系起来，恐出傅会，显得牵强。不过从《礼志》中明确提及"本命"、"十有二岁"、"一周星"等，说明辽朝契丹以12年一逢本命年，则是毋庸置疑的。近代流行的12年重遇本命年的风俗，如儿童穿红背心、红裤衩，

---

① 脱脱等：《辽史》卷五三《礼志六》。
② 司马迁：《史记》卷一一〇《匈奴列传》。
③ 刘昫等：《旧唐书》卷一九九下《契丹传》。
④ 叶隆礼：《契丹国志》卷二三《国土风俗》，上海古籍出版社1985年版。
⑤ 徐梦莘：《三朝北盟会编》政宣上帙三，上海古籍出版社1987年版。
⑥ 赵珙：《蒙鞑备录》，"丛书集成初编"本。
⑦ 参见林瑞翰《契丹民族的再生礼》，《大陆杂志》4卷2期，1952年。

成人系红腰带等俗，颇似契丹再生仪中的"襁褓"、"彩结"之类。

四　金元以来的本命年习俗

金元以来本命年习俗继续得到传承与发展。

《金史》卷八五《永蹈传》载：崔温、郭谏、马太初等曾与永蹈（世宗之子）的家奴"私说谶记灾祥"，家奴将他们推荐给永蹈。崔温说："丑年有兵灾，属兔命者来年春当收兵得位。"永蹈深信其说，图谋作乱，事泄，被赐自尽。崔温说"属兔命者"云云，即指以兔为本命者。说明当时流行以本命主休咎之说。元人方回有诗云："丙寅小运流年换，丁亥当生本命过。"①

明清时期本命年及其风俗的流布，更为广泛。

《金瓶梅词话》第十二回"潘金莲私仆受辱，刘理星魇胜贪财"详细描述了潘金莲因失宠而求刘瞎子魇胜的故事：刘瞎子问过潘金莲生辰八字后，说："娘子庚辰年，庚寅月，乙亥日，己丑时……依子平正论：娘子这八字中虽故清奇，一生不得夫星济，子上有些妨碍。""又两重庚金，羊刃大重，夫星难为，克过两个才好。"又说："今岁流年甲辰，岁运并临，灾殃立至，命中又犯小耗，勾绞两位星辰打搅，虽不能伤，只是主有比肩不和，小人嘴舌，常沾些啾唧不宁之状。"②

据刘瞎子所述，潘金莲为"庚辰"年生，而"今年流年甲辰"。从"庚辰"到"甲辰"恰好24年，可知潘金莲时年24周岁，是本命年。所谓"岁运并临，灾殃立至"，说明当时流行本

---

① 《过白土市》，《桐江续集》卷一四，文渊阁"四库全书"本。
② 人民文学出版社1992年版。

命年有灾殃的说法。为了解除灾殃及重获西门庆欢心，刘瞎子要她"用柳木一块，刻两个男女形象，书着娘子与夫主生辰八字。用七七四十九根红线扎在一处"。并用红纱蒙住男子眼睛，用艾塞其心，用针钉其手，用胶粘其足，暗藏在枕头内。又书符一道，烧成灰，搅在茶内，给西门庆喝了。潘金莲一一照办。用过"符水镇物"之后，两人果然"似水如鱼，欢会如常"。刘瞎子所依据的"子平正论"，是指宋人徐子平的星命之术。一般认为徐子平遵奉唐殿中侍御史李虚中之法，为后世所宗，故称子平。韩愈《殿中丞侍御史李君墓志铭》载：李虚中"最深于五行书，以人之始生年月日所直日辰，支干相生，胜衰死王相斟酌，推人寿夭贵贱利不利，辄先处其年时，百不失一二"①。看来推命之法，至李虚中而极精。由此可知，以五行甲子推知休咎，干支占命还可追溯得更为久远，大约在汉时已有此法。②

《红楼梦》第二十五回"魇魔法叔嫂逢五鬼，通灵玉蒙蔽遇双真"描写赵姨娘为暗算王熙凤和贾宝玉，贿赂马道婆魇胜的故事：马道婆向赵姨娘要了张纸，拿剪子铰了两个纸人儿，问了他二人"年庚"（即出生年月日时，其中生年即本命），写在上面；又找了一张蓝纸，铰了五个青面鬼，叫他并在一处，拿针钉了："回去我再作法，自有效验的。"待马道婆作法以后，宝玉口内乱嚷尽是胡话，而王熙凤则手持明晃晃的刀，见鸡杀鸡，见犬杀犬，见人就要杀人。后来，来了一僧一道，才使二人解脱厄运，恢复常态。③

近代以来，本命年风俗仍然盛行不衰。主要有"扎红"，即

---

① 中华书局1987年版。
② 见赵翼《陔余丛考》卷三四"子平推命"，河北人民出版社1990年版。
③ 人民文学出版社1959年版。

儿童穿红背心、红裤衩,成人系红腰带之俗。华北、东北地区都是如此。

当然各地区的具体风俗不尽相同。在西北青海河湟地区,人们认为在本命年里灾殃必多,有所谓"本命禳解"的风俗。老人每逢本命年的元日,通过"禳解",祈求消灾免难,逢凶化吉。其方法是举行祝寿仪式,晚辈向老人敬献红裤、红布、红腰带等。①

在北方一些地区还有跳姑圈之俗。儿童在12周岁生日那天,将头剃光,四周留发一圈。好像尼姑,故称。其实这一发型颇似匈奴或契丹人髡发。此俗或许与契丹有关。在北京、天津及东北地区,还有"跳墙"。婴儿降生后,为了好养活,家长将其带到寺观,求僧道起名,所谓"寄名"。到12周岁时,跳墙还俗。及期,家长带孩子到原寄名寺观,焚香祷祝。孩子手持簸箕、扫帚扫地,然后站到板凳上,将手中拿的铜钱向后撒去,跳下板凳,跑回家中。②

此外,全国各地普遍流行在60周岁举行庆贺寿诞的风俗。在文人中,则有在"还历"(61虚岁,60周岁,又称"还甲")之年由其友好、弟子为之编撰还历纪念文集以为寿礼的习俗。

上述本命年风俗,直至20世纪上半叶,在北方许多地区都有流行。尤其是扎红、跳姑圈、跳墙等俗,为笔者及同龄人在东北所亲见。50—70年代,这些风习已很少见到。80年代以来,在本命年里穿红裤衩、系红腰带之风又重新流行起来。近来,每当农历新年来临之际,在街头地摊上还会发现出售印有生肖的红腰带,较过去的红腰带又进了一步。此外,还出现了以"本命

---

① 《中国风俗辞典》,上海辞书出版社1991年版,第232—233页。
② 《中国风俗辞典》,第236、228页。

年"为题的影视作品。在大陆以外的华人地区知识界中不乏为师友编"还历"纪念文集的事例。以上所述，都反映了本命年这一传统习俗的广泛流布。

五 本命年与干支纪年、十二相属

目前，我们还不能判定本命年及其风俗最初出现的确切时间，但是它同干支纪年、十二相属的密切关系是显而易见的。本命年说出现在干支纪年和十二相属之后当是顺理成章的。

据清人赵翼考证，我国很早即以干支纪日，而以干支纪年则较晚出，不迟于西汉。至于十二相属，即鼠牛虎兔龙蛇马羊猴鸡狗猪与十二地支连在一起，成为子鼠、丑牛、寅虎、卯兔、辰龙、巳蛇、午马、未羊、申猴、酉鸡、戌狗、亥猪，首见于王充《论衡》卷三《物势篇》和卷二三《言毒篇》，十二相属起于东汉。①

明人陆深说，扬雄（前53—18）《方言》以十二生肖配十二辰为人命所属。②尽管《方言》是否为西汉扬雄所撰尚存争议，但《四库全书总目提要》称，"反覆推求，其真伪皆无显据"③，故仍题扬雄。如果西汉已有《方言》及以十二生肖配十二辰为人命所属说，则本命年说在西汉时即已出现了。

以十二生肖配年为号，所谓狗儿年、羊儿年者，当起于"北俗"④，即源于北方少数民族，并在它们中间得到广泛流行。

---

① 见《陔余丛考》卷三四"十二相属起于后汉"条，河北人民出版社1990年版。
② 《春风堂随笔》，"说郛"本。
③ 卷四〇《小学类》"方言"条。
④ 见《春风堂随笔》、《陔余丛考》卷三四"十二相属"条。

《北史》卷五七《宇文护传》载，其母寄宇文护家书云："昔在武顺镇，生汝兄弟，大者属鼠，第二属兔，汝身属蛇。"《新唐书》卷二一七下《回鹘传下》载，黠戛斯"以十二物纪年，如岁在寅则曰虎年"。《宋史》卷二五一《吐蕃传》载：仁宗遣刘涣使其国，唃厮罗"道旧事则属十二辰属，曰兔年如此，马年如此"。《蒙古秘史》亦以十二生肖纪年，有鸡儿年、狗儿年、鼠儿年、虎儿年等。赵珙《蒙鞑备录》载："大朝又称年号曰兔儿年龙儿年。自去岁（1220）方改曰庚辰年，今曰辛巳年（1221）是也。"是知蒙古国于1220年才改用干支纪年的，此前以生肖纪年。然而在元代民间仍行生肖纪年。刘因《续十二辰诗》凡12句，每句含一生肖。① 元顺帝至正间，民间有童谣云："富汉莫起楼，贫汉莫起屋，但看羊儿年，便是吴家国。"② 元朝时，十二生肖纪年还传到了邻国真腊（柬埔寨）、占婆（越南）、暹罗（泰国）等。周达观《真腊风土记》"正朔时序"条载："十二生肖亦与中国同，但所呼之名异耳。如以马为卜赛，呼鸡为蛮，呼猪为直卢，呼牛为个之类也。"夏鼐校注本引伯希和注云："按柬埔寨与占婆、暹罗并用十二生肖，与中国同。其合干支为一甲子，与中国制无异，似由中国输入者也。现在柬埔寨之十二生肖，为一牛，二虎，三兔，四龙，五蛇，六马，七山羊，八猴，九鸡，十狗，十一猪，十二鼠。"③

　　随着中古以来北方民族在国家政治生活中占有越来越重要的地位，辽金元清分别为契丹、女真、蒙古、满族所建立，它们之中长期流行的十二生肖纪年法在民间得到广泛使用。与之相联系

---

① 刘因：《静修文集》卷九，"丛书集成初编"本。
② 权衡：《庚申外史》，中州古籍出版社1991年版。
③ 以上见夏鼐《真腊风土记校注》，中华书局1981年版，第122、127页。

的本命年习俗由原来的60岁和12岁及其倍数并行,而逐渐变成以后者为多。传承至今天的本命年一般也是指12岁及其倍数。

六 小结

本命年在民俗学中属人生仪礼。它产生于六十干支和十二生肖纪年出现之后,大约出现于西汉,或称不迟于东汉。本命年习俗涉及禁忌、星命、占卜、魇胜等。总的来说,它同我国许多传统民俗一样,以禁忌、趋吉避凶为主。六十寿诞的习俗则增添了喜庆内容。

历史上不同时期的风俗政策,对其传承与流布产生一定的制约作用。如辽朝将本命年习俗纳入朝廷礼仪,对其传承与流布无疑起了推动作用。20世纪50—70年代,由于当时对封建迷信及某些正当信仰的抑制,使本命年习俗几近敛迹。而80年代以来,伴随改革开放和宽松环境的出现,本命年等旧俗,也随之重新流行。本命年习俗既有迷信成分,也有某些无害或积极因素。在今天社会主义精神文明建设中,应提倡传统风俗中的有益因素,摈弃其消极因素。如本命年习俗中,六十寿诞活动有敬老尊贤之意,可以提倡;而魇胜、星命、占卜一类,则应予摈弃。至于12年一逢本命年,可以认为是人生不同阶段新起点的开始,赋予其"再生"的积极意义。

(原载《学林漫录》第十五集,中华书局2000年版)

吴兆骞和他的边塞诗

清初,顺治十六年(1659年)春,一位二十八九岁的青年人,离开京师,驱车北上。在这关山道上,青年人想到自己少负大名,竟被罗织成罪,"从此家山等飞藿,满眼黄云横大漠"①,远离自己的亲人和故乡,谪赴几千里之外的宁古塔(在今黑龙江宁安附近),心中便有无限的哀怨。一天,来到驿站投宿,他在驿舍墙壁上信笔题了两首七绝,诗云:

忆昔雕窗锁玉人,盘龙明镜画眉新。如今流落关山道,红粉空娇塞上春。
毡帐沈沈夜气寒,满庭霜月浸阑干。明朝又向渔阳去,白草黄云马上看。②

此诗一时轰动了远近,骚人墨客多有和之者。这位题诗者,就是清代边塞诗人吴兆骞。

---

① 吴兆骞:《闰三月朔日将赴辽左别吴中诸故人》,《秋笳集》,"丛书集成"本。以下凡引吴兆骞诗,不另注者均出自此书,仅注其篇名。
② 徐釚:《本事诗》卷一二,光绪十一年刊本。

吴兆骞是一位以描写东北边疆而著称的边塞诗人,为我们研究清初东北的山川地理、民族风俗及抗俄斗争提供了一些资料,他应在东北流人史、文学史上占有一席位置。

吴兆骞(1631—1684),字汉槎,吴江(今属江苏)人,出生在一个仕宦之家。道光四年《苏州府志》卷一〇〇称他"少有隽才,童子时作《胆赋》累千余言,见者惊异"。吴兆骞自幼勤奋,长于歌诗,少年时便名满吴、楚。人称他的"词赋翩翩众莫比"①。吴兆骞与华亭彭师度、宜兴陈维崧有"江左三凤凰"之誉。② 其兄兆宽(宏人)、兆宫(闻夏)也以"诗文鸣江左",兄弟三人被人称为"延陵三凤"。他的弟弟兆宜(显令)亦善属文,有才学。吴兆骞同当时的一些著名学者、诗人如陈维崧、顾贞观、徐乾学、汪琬、王士禛等,多有过从,并曾结下很深的友谊。

顺治十四年(丁酉,1657年),吴兆骞参加江南乡试中举,不久,因科场案发而被逮系狱。

丁酉科场案是清朝最大的科场案之一。据王先谦《东华录》记载,顺治十四年(1657年)十一月,给事中阴应节弹劾"江南主考官方猷等弊窦多端,物议沸腾。其彰著者,如取中方章钺,系少詹事方拱乾第五子","与(方)猷联宗有素,乘机滋弊,冒滥贤书,请皇上提究严讯"。清世祖(顺治)令将其"速拿来京,严行详审"。顺治十五年二月,"御史上官铉劾奏江南省同考官舒城县知县龚勋出闱后被诸生所辱,事涉可疑。又中式举人程度渊啧有烦言,情弊昭著"等情,顺治令"严察逮讯"。礼部奏请"钦定试期,亲加覆试,以核其真伪",并停止江南新科举人会试。顺治准奏,并于三月亲自覆试丁酉科江南举人。覆

---

① 吴伟业:《吴梅村全集》卷一〇《诗后集二》,上海古籍出版社1990年版。
② 《清史列传》卷七〇《吴兆骞传》,上海中华书局1928年版。

试后，或准予参加殿试，或仍准做举人，或革去举人。十一月，刑部将此案审实覆奏顺治之后。方犹等立即"正法"；"妻子家产籍没入官"；有的立即处绞，妻子家产籍没入官；其余（包括吴兆骞）"责四十板，家产籍没入官，父母兄弟妻子并流徙宁古塔"①。

这次江南科场案的起因，据近人商衍鎏《清代科举考试述录》撰述，系江南乡试发榜后，众情大哗，两主考归里之时，过常州苏州，士子随舟唾骂，至欲投砖掷瓦。好事者编剧填词，讥刺主考官，传至禁中，顺治震怒，遂有是狱。又传尤侗因高才不第，自编杂剧，嘲讽主考，以致阴应节据以弹劾。

丁酉科场案固然因弊端引起，但是，也有无辜受株连者，其中有的人本一时名士，据云，吴兆骞是"因覆试日，兵卫旁逻，战栗恐惧不能下笔，以致曳白而出，竟遭流徙之罪"②。岂不冤枉！

关于吴兆骞如何被牵扯进这一案中，当时和后来的一些官、私方记载，大都很简略。《清史稿》卷四八四《吴兆骞传》谓"以科场蜚语逮系"，其子吴桭臣在《秋笳集》跋中说"为仇家所中"。近人邓之诚《清诗纪事初编》卷三亦曾论及此事，内称"（吴兆骞）稍长为慎交社眉目，与同声社章在滋，王发争操选政有隙。顺治十四年，罹科场之狱，遣戍宁古塔。章、王所告发也。"③ 据此，似乎吴兆骞由于个人遭人嫉害而被逮。

吴兆骞到底是因丁酉科场案起，同所有中举者解往京师并遭遣戍，还是因他昔日与人有隙而为仇家所中？限于所见资料不多，不敢武断。不过，我是较倾向于前种说法的。

---

① 王先谦：《东华录》顺治朝卷三一，光绪二十五年刊本。
② 见商衍鎏《清代科举考试述录》，三联书店1958年版，第304页。
③ 上海古籍出版社1965年版。

吴兆骞于顺治十五年（1658年）春，被解送到京，经过一番审讯，覆试，于次年春，赴宁古塔，同年夏，出榆关（山海关）。

吴兆骞的流成地宁古塔，是清初的东北重镇，也是流放犯人的地方。顺治十年（1653年）于此置昂邦章京，副都统，康熙元年（1662年），改昂邦章京为宁古塔将军。

顺治十六年（1659年）秋，吴兆骞到达戍所。他"一军飘寄，囊空半文"①，常常要靠别人周济，才免遭饥寒。由于他"既无赎罪之资，而又孑身无可倚恃"②，他的妻子不远千里，于康熙二年（1663年）也来到戍所。③由于"携来二三婢仆，并小有资斧"，生活才"因以稍给"④。

为抗击沙俄的武装侵扰，宁古塔将军几次征调"流人"强壮者到军中服役，年老体弱无力服役者要交纳代役金。吴兆骞的安定生活，又中断了。

宁古塔将军设置以后，这个地方逐渐改变了"昔年陋劣光景。"已是"街肆充溢，车骑照耀"⑤，"人烟稠密，货物客商，络绎不绝，居然有华夏风景"⑥。然而，吴兆骞是"生在江南长纨绮"（吴伟业诗句）的一介书生，不善生计，所以难免日益潦倒。康熙十二年（1673年）⑦ 宁古塔将军巴海聘请吴兆骞为书

---

① 《戊午二月十一日寄顾舍人书》，《秋笳集》卷八。
② 吴桭臣：《宁古塔记略》，"丛书集成"本。
③ 此从吴兆骞《寄顾舍人书》。而吴兆骞子吴桭臣《宁古塔记略》谓其母"辛丑二月初五日到戍所，则是顺治十八年（1661年）。
④ 《戊午二月十一日寄顾舍人书》。
⑤ 同上。
⑥ 《宁古塔记略》。
⑦ 此据吴兆骞《寄顾舍人书》。吴桭臣《宁古塔记略》谓，"予七岁，镇守巴海将军聘吾父为书记，兼课其二子"。桭臣生于康熙三年（甲辰），依此推算，当是康熙九年（1670年）。

记，兼任他两个儿子的家塾教师，在此后的一段时间里，"馆餐丰渥，旅愁为解"①。不料，好景不长，康熙十五年（1676年），清政府将宁古塔将军治所移到吉林乌喇（今吉林市），以适应抗击沙俄的战略需要。巴海赴吉林上任后，虽然聘请吴兆骞的仍不乏其人，但是其收入远非在巴海处可比，聊以维生而已。

在吴兆骞流戍的岁月里，他的一些朋友为他重归故里而四处奔波。康熙十五年，顾贞观（字华峰，号梁汾）填《金缕曲》两首，"以词代书"，寄给吴兆骞。

其一曰：

季子（即吴兆骞）平安否？便归来，平生万事，那堪回首？行路悠悠谁慰藉？母老家贫子幼。记不起从前杯酒。魑魅搏人应见惯，总输入他覆雨翻云手。冰与雪，周旋久。

泪痕莫滴牛衣透，数天涯依然骨肉，几家能彀？比似红颜多命薄，更不如今还有。只绝塞苦寒难受，廿载包胥承一诺，盼乌头马角终相救。置此札，君怀袖。

其二曰：

我亦飘零久。千年来，深恩负尽，死生师友。宿昔齐名非忝窃，试看杜陵消瘦，曾不减夜郎僝愁。薄命长辞知己别，问人生到此凄凉否？千万恨，从君剖。

君生辛未吾丁丑。共些时冰霜摧折，早衰蒲柳。词赋从今须少作，留取心魂相守。但愿得河清人寿。归日急翻行戍

---

① 《戊午二月十一日寄顾舍人书》。

稿,把空名料理传身后。言不尽,观顿首。①

这首别开生面的"词书",感情真挚,十分感人。大学士明珠之子纳兰性德(容若)看到后,为之泣下,说,此事三千六百日中,我当以身任之。顾贞观说,人寿几何?公子乃以十载为期耶?请以五载为期。纳兰性德请其父明珠相救,使吴兆骞早归故里,他曾填《金缕曲》赠给顾贞观,有"绝塞生还吴季子,算眼前此外皆闲事"句,即指此事。

由于纳兰性德的大力斡旋,徐乾学(健庵)、宋德宜等捐金赎之,吴兆骞还以其《长白山赋》入奏康熙。经过多方努力,终于得释归还。时间是康熙二十年(1681年)。②吴兆骞归来后,被纳兰性德聘为家塾教师,不久,南归故里省母,未半年,返回京师。康熙二十三年(1684年),吴兆骞卒,年54岁。

吴兆骞所撰《秋笳集》,为徐乾学于康熙十五年刻,收诗、赋、西曹杂诗,不分卷。吴振臣于雍正四年(1726年)重刻,为8卷,析徐刻为4卷,增加《秋笳前集》、《杂体诗》、《秋笳后集》、《杂著》各1卷。其中,《后集》为戍所暨归来所作,《前集》及《杂体诗》2卷,皆少年所作,《杂著》(序、表、书、记)则合新旧所抄辑而成。吴兆骞的诗文稿,因屡遭颠沛,散失甚多,所以我们见到的《秋笳集》仅仅是他所有著作中的一部分。③

---

① 龙榆生选编:《近三百年名家词选》,第66页,中华书局1962年版。
② 据吴振臣《宁古塔记略》、《清史稿》等。清道光四年石韫玉纂《苏州府志》则云:"康熙癸辛(22年),献所作《长白山赋》,圣祖览而称善。友人大学士宋德宜捐金赎之,得释归,逾年卒。"光绪九年修《苏州府志》同道光四年《苏州府志》文字稍异,年代亦同。
③ 见吴振臣《秋笳集·跋一》;邓之诚《清诗纪事初编》卷三,上海古籍出版社1965年版,第388页。

在吴兆骞的作品中，数量多、成就大者是他的边塞诗。他一生写下这么多以东北边塞为背景的诗，这在历代诗人中还是不多见的。《秋笳集》反映了17世纪六七十年代我国东北边疆的自然景色和社会面貌，可以说是一幅那个时代东北边塞风光的画卷。

吴兆骞长于对边疆自然景物的描写。诗人在一些诗中描绘了白山黑水的景色：

长白雄东北，嵯峨俯塞州。迥临沧海曙，独峙大荒秋。白雪横千嶂，青天泻二流。登封如可作，应作翠华游。(《长白山》)

勾画了作为清朝发祥地，鸭绿、图们、松花三江之源长白山的雄伟气势。"百转青林幡粟末，双流黑水接松花"(《奉送副都统安公之乌龙江》)，"地入乌龙云接海，人过元菟雪为天"(《将发沈中过子长饮怆然有作》)，"白雪长寒瓯脱里，青山不到挹娄东"(《沙岭作》)等，则描绘了松花江、黑龙江以及东北平原的北国风光。"千年冰雪晴还湿，万木云霾午未开"(《小乌稽》)，又把读者带到莽莽的原始森林。读了《秋笳集》，使我们既可从中领略到北国早来的冬景："白山冰雪秋将暮，黑水风云昼欲阴"(《郊行赠雁群》)，又可以看到塞外迟到的春天，"春衣少妇空相寄，五月边城未著花"(《帐夜》)，"寒食边庭雪，严阴郁未开。遥怜战场柳，春色几时来"(《寒食大雪》)。吴兆骞在东北生活了二十多年，到过许多地方，所以他对那里的山水景物写得生动逼真，具有显明的地方特色。

咏史怀古，是历代诗人作品中常见的题材。吴兆骞早年写的咏史诗，因与东北边疆无涉，这里从略。他在出塞、入关路上和流戍期间，写过一些咏怀东北名胜古迹和历史轶闻的作品，凭吊历史旧迹，寄托个人感慨。如他写过北方历代军事重地山海关："回合千峰路塞垣，汉家曾此限中原。城临辽海雄南部，地枕燕山控北门。寂寞鸡鸣今锁钥，凄凉龙战昔乾坤。高台谁忆中山业，远目苍苍白草昏"（《山海关》）。他在《渡混同江》、《上京》中咏怀金朝开国的历史："襟带黄龙穿碛下，划分元菟蹶关回。部余石砮雄风在，地是金源霸业开"（《渡混同江》）。"完颜昔日开基处，零落荒城对碧流。赭马久迷征战地，黄龙曾作帝王州。荒碑台殿边阴暮，残碣河山海气秋。寂寞霸图谁更问，哀笳处处起人愁。"① 诗人还在多处描写了他长期生活的地方宁古塔，如《可汗河晓望》："长河泱漭抱孤城，河渚苍苍牧马鸣。旌旆晓迷鸦岭色，风涛春走雁沙声。近边亭障千年迹②，出塞星霜万里情。羁戍自关军国计，敢将筋力怨长征。"

我们从以上的几首诗中，不难看出，诗人在咏史怀古、状物写景的同时，寄托和抒发了自己由于不幸遭遇而产生的感叹。他笔下的景物，除少数者外，大都着重渲染了东北的冷落荒凉气氛，使人读过之后，有苍凉悲苦之感。

反映东北社会生活面貌的诗，在《秋笳集》中占有重要的地位。吴兆骞长期生活在宁古塔，他所接触的人很广泛，上自将军、副都统，下至普通老翁、歌姬，他对当地的风俗民情、社会面貌有很深的了解。尤其是这个地区的各族人民和清军将士抗击沙俄侵略的爱国热忱，给他留下了深刻的印象，他在许多诗篇中记下了边疆军民抗击沙俄的场景。

---

① 作者在诗题《上京》下自注"临马耳河在宁古塔镇城西南七十里"云云。按，金上京会宁府故址不在此处，而在今黑龙江阿城。

② 宁古塔是唐代东北地方政权渤海国的上京故址，"近边亭障千年迹"，当指渤海国的遗址。

《奉送巴大将军东征逻察》诗中"巴大将军",即指巴海,康熙元年为宁古塔将军,十五年移驻吉林。诗人愤怒谴责逻察(即沙俄)的"盗边"行径,歌颂清军将士抗击逻察的正义斗争,也表达了诗人对来犯敌人的极大蔑视。

《奉赠副帅萨公》①:"彤墀诏下拜轻车,千里雄藩独建牙。共道伏波能许国,应知骠骑不为家。星门昼静无烽火,雪海风清有戍笳。独臂秋鹰飞鞯出,指挼万马猎平沙。""萨公"即萨布素,于康熙十七年(1678年)任宁古塔副都统,后来升将军,是有名的抗俄将领。吴兆骞把他比作西汉名将霍去病(骠骑将军)和东汉大将马援(伏波将军),反映了诗人对萨布素的崇敬。

《送阿佐领奉使黑斤》:"槽头征马鸣,将军欲按塞。飞沙咽鼓鼙,长云拥旌旆。持檄遥颁五国东,挥鞭直历千山外。千山不尽海东陲,黑水兼天碛路迷。金环岛户雕为屋②,石砮种人鱼作衣。③曲栈荒林纷积阻,剥落残碑昧今古。冰雪阴崖青鹘风,麋麚乱木黄沙雨。巨鹿冈头塞北门,千家部落若云屯。破羌流尽征人血,好将温貊报国恩。"在这首诗的后面,作者自注:"老羌屡侵掠黑斤、非牙哈诸种,宁古岁出大师救之,康熙三年(1664年)五月,大将军巴公,乘大雪,袭破之于乌龙江,自是边患稍息。"据此可知,阿佐领此行,很可能是巴海大败老羌之后,派他去宣慰、安抚黑斤(赫哲)、非牙哈地区的军民。诗中还告诉人们,打退老羌侵扰,取得边疆安宁要付出多大的代价!这首诗还能帮助我们了解黑斤、非牙哈少数民族的某些独特的风

---

① 诗中原注:"时专镇宁古。"
② 诗中原注:"黑斤人,耳鼻皆缀以金傍环其海者以雕,羽覆屋。"按,黑斤,即赫哲。
③ 诗中原注:"鱼皮为衣。"

土人情。至于这个地区是在清政府管辖之下,那更是不言自明的。

《秋日杂述》:"朔风毯幕拥旌旆,八阵营开筚篡高。铁马两甄横塞草,水犀三翼动江涛①,迁人未见征徭息,属国微闻战伐劳。漫道射雕多健卒,只今文士习弓刀。"诗中反映水师在松花江上操练的场面。据《清朝文献通考》卷一八二记载,于顺治十八年(1661年),"设吉林水师营,以迁移人充水手"。清廷令"健卒"、"文士"等各阶层人学习武艺,操练弓刀,以抗击沙俄的武装侵扰。

《秋笳集》中描写清军将士军旅生活的诗,还有《送巴参领》、《赠色君》、《送萨参领》、《送萨参领入都》、《秋夜师次松花江大将军以牙兵先济窃于道旁寓目即成口号示同观诸子》、《奉送副都统安门之乌龙江》等,也都在不同程度上反映了战斗景象。

从吴兆骞的许多诗句中,可以知道他盼望肃清边患,早获安定的心情。如"戍久愁横剑,兵疲忆偃戈"(《王定之过》),"十年谪戍头今白,犹著征文更出边"(《送人从军》),"插羽方催粟,传烽未罢兵。白头沙塞客,流涕问东征"(《城东书感》),"开边天子意,何敢怨长征"(《送人从军》),"从来闾左多征戍,未敢沾裳怨转蓬"(《沙岭作》),"年华已分沙场老,敢向春风恨长征"(《寒食日作》),等等。由于诗人久戍塞外,产生上述想法,是很自然的。

吴兆骞还在他的作品中倾诉了自己遭遇之不幸和对亲友、故乡的思念。如"汨罗犹是江南地,始觉灵均未可怜"(《五日阻年马河》),屈原投汨罗江,仍然不离江南,而他却远离家乡,相形

---

① 诗中原注:"时大治水军于松花江,以流人之习水者,充棹卒。"

之下，自己比屈原更可怜，表现了诗人对自己遭遇的不平之鸣和对故乡的怀念。"长城回望三千里，一曲哀歌白发生"（《晓行》），诉说了对谪戍的哀怨。有关这方面内容的诗，还有很多，尤其是《西曹杂诗》中收集了他在顺治十五年（1658年）三月从礼部被逮赴刑部提审，到顺治十六年闰三月赴关外前的诗作，着力倾诉他对自己含冤系狱的不平，以及对亲友、故乡的怀念。他在《西曹杂诗》自序中说："望慈帏于天际，白发双悲；忆少妇于楼中，红颜独倚。缄冤情而莫诉，抱幽愤以谁知。"使人读了，确有银筝呜咽之感。因这部分诗系出关前之作，这里不一一介绍了。这些诗篇，虽然就其社会意义来说，与上面提到的作品不能相比，但是对其内心的表达，则是成功的。

吴兆骞流戍塞外，对于他，与其说是不幸，毋宁说是玉成了他的文学创作，正是因为他有这段不幸遭遇，才有可能耳闻目睹到东北边塞的山山水水，风土人情以及当地军民抗击沙俄的正义斗争，不然，他就写不出如此慷慨悲凉、富有感染力的边塞诗来，也就不会有《秋笳集》，甚至连吴兆骞其人也恐怕也鲜为人知。

(原载《社会科学辑刊》1980年第6期)

读书札记

萧观音冤案与契汉文化冲突

公元10—13世纪（辽宋夏金时期）是中国各民族文化交流与融合的重要历史阶段。以北方游牧民族契丹为主体建立的辽王朝在典章制度、思想观念、风尚习俗等方面，既借鉴吸收许多中原汉族传统文化，又保留某些本民族固有的文化特色。在契丹和汉族文化交流与融合过程中，曾留下许多佳话，也酿成不少悲剧。辽道宗宣懿皇后萧观音冤案就是两种文化冲突中一出最具典型意义和名副其实的悲剧。在越剧、粤剧等剧种中有一出名为《凄凉辽宫月》的剧目，便是演绎萧观音冤案的。1946年9月，上海进步越剧工作者演出此剧，时在上海的周恩来同志曾以很大的兴趣观看了演出。

此剧本事出自辽王鼎撰《焚椒录》。

辽道宗皇后萧氏，小字观音，自幼能诵诗，旁及经书子书。长大后，容貌端庄秀丽，为萧氏诸女之冠。萧观音工诗，喜书，善谈论，并能自制歌词。好弹筝，尤善琵琶。道宗称帝，立萧观音为懿德皇后（乾统初，追谥宣懿皇后）。

萧观音深受中原汉文化熏陶，并具有很高的汉文化素养。一次，萧观音从行道宗秋猎，到了一个名叫伏虎林的地方，受命赋诗曰："威风万里压南邦，东去能翻鸭绿江。灵怪大千俱破胆，那叫猛虎不投降。"萧观音还有《君臣同志华夷同风应制》诗，诗曰："虞廷开盛轨，王会合奇琛。到处承天意，皆同捧日心。文章通谷蠡，声教薄鸡林。大宇看交泰，应知无古今。"这两首诗虽为应制唱和之作，却慷慨豪迈，大气磅礴，表现了北方女性粗犷豪放的性格，并有激励道宗进取和树立大辽为"正统"的政治文化内涵。

萧观音生下皇子濬后，更一度备受道宗恩宠。然而好景不长，危机和悲剧逐渐随之而来。道宗在位既久，肆意射猎，怠于朝政。萧观音常慕唐太宗徐贤妃（徐惠）行事。贞观末年，唐太宗东征西讨，修治宫室，百姓劳怨，徐贤妃上疏极谏，劝太宗体恤黎庶，慎终如始。萧观音以徐贤妃为楷模，乘时向道宗进谏得失。如谏猎疏说："妾闻穆王远驾，周德用衰；太康伏豫，夏社几屋。此游佃之往戒，帝王之龟鉴也。"道宗虽然"嘉纳"，而心里却颇觉厌烦，对萧观音逐渐疏远起来。

萧观音被道宗冷落，心中悲伤，遂作《回心院》词十首，并谱成曲子，以备演奏，希冀重获道宗宠幸。当时，宫中有伶官赵惟一能奏此词，因此得以经常出入宫闱。同时，有宫婢单登，本叛王耶律重元家婢，没入宫中，也善弹筝与琵琶。她每与赵惟一争能，却不被见用，心中怨恨萧观音。这时，北院枢密耶律乙辛因平耶律重元有功，正"势震中外"，"倾动一时"，"惟后家不肯相下"，因而也对萧观音十分不满。

太康元年（1075年）皇太子耶律濬参预朝政，法度修明。耶律乙辛图谋皇后和皇子心情益切，得知单登记恨皇后，俾同她串通一气，谋害萧观音。耶律乙辛命人写成粗俗、淫秽的《十香词》，单登诬萧观音说，这是宋国"忒里蹇"（皇后）所作，请皇后"御书"。如此，可称词书"二绝"。萧观音不知是计，为她手书后，又书写自己所作七言绝句《怀古》一首，诗曰："宫中只数赵家妆，败雨残云误君王。惟有知情一片月，曾窥飞燕入昭阳。"耶律乙辛借题发挥，命单登据以指控赵惟一与皇后私通。道宗轻信谗言，以"铁骨朵"击皇后，皇后几至殒命。道宗又使参知政事张孝杰与耶律乙辛鞫审此案。二人对萧观音施以钉灼烫错等酷刑。张孝杰说，《怀古》诗"宫中只数赵家妆""惟有知情一片月"两句中，含"赵惟一"三字。于是，道宗敕皇后自尽。萧观音自尽前，想最后见道宗一面，也未获准，遂作《绝命词》一首。

萧观音死后，皇太子发誓杀掉耶律乙辛，为母后报仇。然而，由于道宗颠顸昏聩，不辨乙辛之诈，终被乙辛所害。萧观音母子先后死于非命，铸成千古冤案。

萧观音冤案使我们体验到了宫廷斗争的惨烈。这一冤案不仅是不同政治集团对立斗争的后果，而且也是两种文化碰撞冲突的表现。

有辽一代，伴随疆域的扩大，社会的发展，同中原交往的增多，我国传统文化在北方得到广泛的传播，并为越来越多的契丹及北方各族不同阶层人们所认同，从而加速了契丹汉化和社会的进步。辽代是契丹族大发展、大转变的历史时期。在此期间，契汉文化的交流融合与矛盾冲突并存，呈现出复杂的局面。这种矛盾与冲突，不仅会反映在以不同人物为代表的群体里面，还表现在同一阶层、甚至同一个人的思维或行为当中。萧观音冤案的根源，固然在于耶律乙辛、张孝杰的残暴和诬陷，同时也与萧观音自相矛盾的文化背景有某些关联。

萧观音的诗词，历来受到很高的评价。清人徐釚《词苑丛谈》卷八称，萧观音《回心院》词"怨而不怒，深得词家含蓄之意。斯时柳七（永）之调尚未行于北国，故萧词大有唐人遗意也"①。近人吴梅称《回心院》"词意并茂，有宋人所不及者……"②现当代文学史家也称萧观音的诗词成就在辽代是独一无二的。这充分地反映了萧观音对中原传统文化的吸收和融会。然而，她又因循宫禁不严的契丹旧俗，竟让伶官进入宫帐，这在中原王朝是不能出现的事情。因此，王鼎《焚椒录》说，"伶官得入宫帐"和"叛家之婢使得近左右"是"此祸之所以由生也"。近人姚从吾在对萧观音冤狱作文化分析时说："单就中原儒教文化的观点，或契丹游牧社会的观点，都是不可能发生的。惟有契丹接受中原文化以后，这些阴差阳错的事情，才会发生。"③

辽天祚帝文妃萧瑟瑟与萧观音有近似的遭遇，也很不幸。萧瑟瑟自少时工文墨，善歌诗。当辽朝末年，女真崛起，天祚帝仍耽于田猎，宠任奸佞，疏斥忠良。萧瑟瑟作歌讽谏，其词曰："勿嗟塞上兮暗红尘，勿伤多难兮畏夷人；不如塞奸邪之路兮，选取贤臣。直须卧薪尝胆兮，激士之捐身；可以朝清漠北兮，夕枕燕云。"文妃还有咏史诗云："丞相来朝兮剑佩鸣，千官侧目兮寂无声。养成外患兮嗟何及，祸尽忠臣兮罚不明……"忧国之心，跃然纸上。天祚帝却"见而衔之"④。

辽代文学史上，除了萧观音、萧瑟瑟之外，还有耶律常哥、秦晋国妃萧氏等女性作家。《辽史·列女传》载：耶律常哥，太师适鲁之妹，"能诗文"，"咸雍间，作文以述时政"。枢密使耶律乙辛爱其才，屡求诗，常哥赠以回文。"乙辛知其讽己，衔

---

① 上海古籍出版社1983年版。
② 《辽金元文学史》，上海商务印书馆1934年版，第24页。
③ 《辽道宗懿皇后十香词冤狱的文化的分析》，见杨家骆主编《辽史汇编》第8册，台北鼎文书局1973年版。
④ 脱脱等：《辽史》卷七一《后妃传》，中华书局1997年版。

之。"《秦晋国妃墓志》载：秦晋国妃萧氏，"博览经史，聚书数千卷……能于文词，其歌诗赋咏，落笔则传诵朝野，脍炙人口"。"历观载记，虽古之名妃贤御，校其梗概，则未有学识该洽、襟量宏廓如斯之比也。"① 墓志虽不无溢美，然秦晋国妃萧氏的学识文辞必非寻常，也应是事实。

以萧观音、萧瑟瑟、耶律常哥、秦晋国妃萧氏等为代表的契丹上层妇女作家群的出现，是辉耀辽代文坛的一道风景线，反映了北方游牧民族契丹对中原农耕民族汉文化的吸收与融会；而萧观音等冤案的发生，也表明两种文化冲突的客观存在。

（原载《光明日报》2006年2月21日第11版）

---

① 陈述辑校：《全辽文》卷八，中华书局1982年版。

读《龙龛手镜》札记（三则）

《龙龛手镜》是辽代僧人行均编撰的一部汉字字书，收字数量较此前的《说文解字》、《玉篇》等字书有所增加，字体类别兼收正体、俗体、古体、今字及或体。排列顺序，采用四声和部首相结合的体例，也与《说文解字》专以部首为序不同。《龙龛手镜》以其广收奇字和开启音序检字法先河，对后来的字书编撰产生重大影响，在我国字书史上和传承中华文明、丰富文化遗产上具有不容忽视的地位。《龙龛手镜》作为流传至今为数极少的辽代重要文献之一，也应引起研究者的足够重视。

这篇小文，是笔者读了中华书局影印"高丽本"后所写的三则札记，并非全面论述此书。

一 《龙龛手镜》在我国字书史上的地位与作用

《龙龛手镜》的作者行均，字广济，俗姓于。关于行均更详细的情况，后人所知不多，只能从智光《新修龙龛手镜序》（以下简称"智序"，辽统和十五年刻本）得到一点线索。智光，字法炬，燕台悯忠寺（今北京法源寺）沙门。"智序"称行均为

"上人"。据《释氏要览·称谓》引古师云："内有德智，外有胜行，在人之上，名上人。"自南朝宋以后，多用作对和尚的尊称。"智序"又说，行均"派演青齐，云飞燕晋"。派演，指宗族支派繁衍；飞云，有才情奔放、远走高飞等释义。据此推测，行均可能出身于山东的望族，而后来活动于北京、河北、山西一带。"智序"说，行均"善于音韵，闲于字书"，"寓金河而载缉，九仞功绩，五变炎凉……"论者多谓金河指金河寺，在山西五台山下。因河中碎石如金，故名金河寺。行均前后历时五载，于统和十五年（997年）在此撰成《龙龛手镜》。

宋熙宁（1068—1078年）间，《龙龛手镜》从契丹传入宋境。① 也就是说，在辽国刻印该书后的七八十年，宋人才得见此书。《龙龛手镜》的宋刻本，因避宋太祖祖父嫌名（赵匡胤的祖父名敬，与"镜"同音），改名《龙龛手鉴》。

行均撰《龙龛手镜》的缘起，主要是为适应僧人读佛经而编撰的。"智序"说："……故祇园高士，探学海洪源，准的先儒，导引后进，挥以宝烛，启以随函。郭迻但显于人名，香严唯标于寺号。流传岁久，抄写时讹。寡闻则莫晓是非，博古则徒怀惋叹。不逢敏达，孰为编修？有行均上人……"又说：行均"睹香严之不精……"。这里的"香严"、"随函"、"郭迻"等，或指当时流行的字书，或字书作者，或附有注音的佛经。其中香严，据《汉语大词典》"香严"条载：

> 佛教语。香洁庄严。《维摩诘经·香积佛品》："时彼佛与诸菩萨方共坐食，有诸天子皆号香严，悉发阿耨多罗三藐三菩提心，供养彼佛及诸菩萨。"《楞严经》卷五："如来印

---

① 见沈括《梦溪笔谈》卷一五，中华书局1958年版。

我,得香严号;尘气倏灭,妙香密园,我从香严,得阿罗汉。"宋黄庭坚《有闻帐中香以为熬蝎者戏用前韵》之一:"但印香严本寂,不必丛林遍参。"

又据《龙龛手镜》注文中出现的"香严"推测,它应是带注音的佛经。如卷2,"滔":《经音义》,晦、退二音。香严又音泯。又如卷1,"籔":香严、随函同籔,苏走反。

至于所谓香严、随函、郭迻等具体情况,清代学者已不甚了然。钱大昕《十驾斋养新录》卷一三《龙龛手鉴》条说:"注中所引,有旧藏、新藏、随文、随函、江西随函、西川随函诸名。又引应法师音、郭迻(或作郭氏)、琳法师说。予考之宋艺文志,有可洪藏经音义随函三十卷,未知其为江西与西川也?僧元应有一切经音义十五卷,其即应法师乎?"[①]

按:郭迻,据《通志》卷七著录音义类书目有《郭迻音诀》,故《龙龛手镜》中的"郭迻音"当指此书。

"智序"用典过多,艰涩难读,不过其大意还是清楚的。就是说,当时社会上常见的字书,因流传岁久,辗转传抄致误,已经不能适应人们的阅读需求,行均深感"香严之不精",于是撰成《龙龛手镜》。

《龙龛手镜》共收 26430 余字,注文 163170 余字,总共 189610 余字。该书按部首和四声相结合排列而成。部首按平、上、去、入四声顺序排列,凡 242 部,其中平声 97 部,上声 60 部,去声 26 部,入声 59 部。每字下详列正体、俗体、古体、今字以及或体,以反切或直音注音,并有简单注释。

《龙龛手镜》以前的字书,有东汉许慎撰《说文解字》,收

---

① 商务印书馆 1957 年版。

9353字,加上重文1163字,共计收字头10516,字头为小篆,按部首排列,是我国第一部字典。晋吕忱撰《字林》,收12824字,按《说文解字》部首排列,已佚。南朝梁顾野王撰《玉篇》,收22726字,亦按部首排列,是我国现存的第一部楷书字典。《龙龛手镜》分部,与《说文解字》、《玉篇》有很大差别。而所收字数,超过前两者。此书收字虽"不免于雅俗兼陈",然而"网罗可云繁富"①。

《龙龛手镜》每字之下详列正、俗、今、古及或作诸体,是"因唐颜元孙《干禄字书》之例而小变之者也"。《干禄字书》按平、上、去、入四声分为四部分,同一声调下的字,再按韵部排列。每字分正、俗、通三体。至于《龙龛手镜》凡部首之字,以平、上、去、入四声为序,各部之字亦用四声为序,这一体例又为南宋李焘撰《说文五音韵谱》所沿袭,"用其例而小变之"②。《龙龛手镜》的编排次序,既因袭了唐颜元孙《干禄字书》的体例,又为宋李焘《说文五音韵谱》提供了借鉴。

《龙龛手镜》在字书检字、收字及标注征引出处等方面,都给后来的字书、韵书编撰以很大影响。

金人韩孝彦撰《四声篇海》15卷,该书是以《玉篇》542部,依36字母次之,更取《类篇》及《龙龛手镜》等书,增杂部37,共579部,凡同母之部,各辨其四声为先后,每部之内又计其字画之多少为先后,以便于检寻。继《说文解字》首创部首检字法之后,《龙龛手镜》、《四声篇海》则开了音序检字法的先河。

明章黼撰《韵学集成》13卷,书中其字多收《篇海》、《龙

---

① 见《四库全书简明目录》卷四,古典文学出版社1957年版。
② 见《四库全书总目》卷四一,中华书局1987年版。

龛手鉴》的怪体。① 由于《龙龛手镜》多收其他字书中所不收的古体、俗体、或体等冷僻字，大大地丰富了汉字数量，明人杨慎说，"自仓颉、沮诵而下，科斗、鸟迹以还，为八分，为楷隶，其变够矣。《说文》训纂字止九千，《玉篇》、《龙龛》至亿万，异体别构，俗创讹音，实繁其文焉。"②

《龙龛手镜》在注文中标明征引出处，也为后世所效法。如，清余萧客撰《古经解钩沉》30卷，其书便是"仿《资暇集》、《龙龛手镜》之例，兼著其书之卷第，以示有征"。③ 在著述中注明引文出处，至今仍是学人遵循的学术规范。

《龙龛手镜》所引注音及出处，计有：《诗》、《易》、《说文》、《玉篇》、《广雅》、《释名》、《字林》、《本草》、《博物志》、《白虎通》、《经音义》、《高僧传》、《续高僧传》、《西域记》、《弘明集》、《广弘明集》、《随经》、《中阿含经》、《贤愚经》、《方等陀罗尼》、《阿差末经》、《三法度论》、《放光般若》、《七佛神咒经》、《兜沙经》、《安般守意经》、《僧护经》、郭逡、郭氏、旧藏、新藏、江西随函、西川经、香严、应法师、琳法师等等。其中，多数书名明确，无须说明。有的则是简称，如《本草》，似应指《神农本草经》，成书于秦汉时期，系我国最早的药物学专著。《经音义》，应指《一切经音义》。其同名书有两种：一为唐玄（或作元）应撰，25卷，又称《众经音义》、《玄应音义》；一为唐慧琳撰，100卷，又称《慧琳音义》。此外，尚有辽希麟撰《续一切经音义》10卷。《龙龛手镜》所引《经音义》未详指何者。《西域记》，指唐玄奘撰《大唐西域记》；郭

---

① 见《四库全书总目》卷四四，中华书局1987年版。
② 《升庵集》卷二《分隶同构序》，文渊阁"四库全书"本。
③ 《四库全书总目》卷三三。

逸、郭氏，如前考，指所撰《音诀》；应法师，指玄应法师，即《玄应音义》；琳法师，指慧琳法师，即《慧琳音义》。至于"随函"，据《宋史·艺文志》著录有《可洪藏经音义随函》30卷，《崇文总目》卷一〇也有《藏经音义随函》30卷，当为同一书，亦即后晋可洪撰《新集藏经音义随函录》30卷。然而，其为《龙龛手镜》所引旧藏、新藏、江西随函、西川经中的哪一种，就不得而知了。

《龙龛手镜》还为解决典籍中冷僻字注音和训诂难题提供了方便。

宋杨简撰《慈湖诗传》卷九；《毛诗·墓门》："墓门有棘，斧以斯之。夫也不良，国人知之。知而不已，谁昔然矣。墓门有梅，有鸮萃止。夫也不良，歌以讯之。讯予不顾，颠倒思予。"鸮，尸骄反，讯，补音息悴切。按原本三字脱。《释文》又作"谇"。《开元五经文字》，"谇"音祟，注云：《诗》"歌以谇之"。《龙龛手鉴》：虽醉切，亦引此诗，而以"讯"为"谇"，以"之"为"止"。① 又，宋项安世撰《项氏家说》卷四"歌以讯之"条，也说《龙龛手鉴》作"歌以谇止"，正与上文"有鸮萃止"相叶。古文"之"、"止"字字形相近。②

宋胡三省撰《通鉴释文辨误》卷一二载："乾祐元年，羌族㖫毋杀绥州刺史李仁裕。"史炤《释文》曰："㖫，其字未详。"余按：《龙龛手镜》，"㖫"音"夜"。

当今，一部以解释汉字的形、音、义为主要任务的大型语文工具书《汉语大字典》中，附录《中古音字表》，是正文里注有中古音反切及直音的字。表中音据，见于《广韵》、《集韵》、

---

① 文渊阁"四库全书"本。
② 同上。

《切韵》、《类篇》、《玉篇》、《龙龛手鉴》、《改并四声篇海》、《五音集韵》8部书,《龙龛手镜》即在其中,也说明它在字书收字、注音上的贡献。

以上例子足以说明《龙龛手镜》受到后世学人的重视,其学术价值是毋庸置疑的。

《龙龛手镜》卷四收录"衚"、"衕"、"街"等字,为研究"胡同"的来源和释义增加了根据。关于北京称街巷曰胡同,已有许多人著文研究,一般认为"胡同"源于蒙古语。对此,早有学者提出反驳,如贾敬颜《"胡同"释义》明确指出:"胡同之称本汉语,即衚衕,与火巷、火弄同义,一言巷,一言巷中之道,元人合二字为一,乃街巷之意。凡以蒙古语解释胡同者,皆误也。"①"云飞燕晋"的行均在《龙龛手镜》中所收的相关字例,为"胡同"原本是汉语的论点增加了佐证。如,**衚**:俗。音胡。衕:同、洞二音。衕,通街也。街:今。胡降反,街巷也。与巷同。注文中的"今"指今体;"俗",指俗体。

此外,《龙龛手镜》最初本是为佛教徒诵读佛经而编撰的字书,它的刊行为清除读经障碍,扩大佛经传布发挥了作用。此书不仅在出版几十年后流传到北宋,后来还传到朝鲜半岛和日本,对汉传佛教在东亚的传播也起了一定的作用。

辽代传世文献,至元代时已觉匮乏,苏天爵说:"辽人之书有耶律俨《实录》,故中书耶律楚材所藏,天历间进入奎章阁。次则僧行均所撰《龙龛手镜》。其他文集、小说,亡者多矣。"②虽经后人网罗放失,广为搜寻,有所增益,仍很有限,所以《龙龛手镜》就显得弥足珍贵。

---

① 《民族历史文化萃要》,吉林教育出版社1990年版,第202页。
② 《三史质疑》,《滋溪文稿》卷二五,中华书局1997年版。

二 《龙龛手镜》与简化字及其他

20世纪50—60年代，国家有关部门为了缓和与减少汉字学习和书写中的困难，国务院于1956年1月公布《汉字简化方案》，收简化字515个、简化偏旁54个。1964年，中国文字改革委员会又根据国务院关于简化偏旁类推的指示，编制《简化字总表》，共收2236字，确定了简化字的字形规范。1986年10月，国家语言文字工作委员会重新发表《简化字总表》，对原表作了微小的修改。在《龙龛手镜》所收的大量古体字、俗体字中，有许多成了今天简化汉字的来源。

现依《龙龛手镜》卷次，列举如下：

卷一：

优，音尤，五谷精，如人白发也。

从，音從（繁体）。

恋，音甚。按：与今音不同。

峡，侯夹反，巫峡，山名。

属，俗。

园，五丸反，圆削也。与刓（音完）同。

韵，音韻（繁体）。

卷二：

蚕，俗。

坏，正，普杯反，坏，未烧瓦坏也。音、义与今"坏"同。

圣，苦没反，汝南人云致力于地中曰圣。按：出自《说文解字》卷一三下："汝颖之间谓致力于地曰圣，从土从又，读若兔窟，苦骨切。"

荐，在见反，再也，仍也，数也。按：唐柳宗元《祭姊夫崔使君简文》:"痛毒荐仍,振古所无。"即用此义。

启,明星也。

隙,俗。裂也,孔也。

犹,音尤,犬吠声也。

赶,其月反,举尾走也。按:源自《说文解字》。

卷四:

机,居履反,木机,小案之属也。按:古通"几"。

篆,古。

肤,音夫,皮肤也。

胶,胡交反,胶声也。

时,古。

旧,其九反。

确,正。胡角、苦角二反。石地也。按:同"埆",土地瘠薄。

邮,笛、由二音,乡名,亭名。

迁,七仙反,葬择也,又标记也。

麦,俗。

籴,俗。音笛。市买米粟也。

丰,芳容反,丰,美好也。又,伏风反。

隶,羊至反。本也,及也。又音代。按:"逮"的本字。

其中,注文"俗",指俗体;"古",指古体。

综观以上例证,大致可分几种情况:一,音、义(或其中一项)与今相同或相近,如:优、从、峡、属、韵、蚕、启、隙、赶(今用其引申义)、篆、肤、时、邮、麦、丰等。二,与今音同、音近,而义不同,如:犹、胶、迁等。三,音、义与今皆不同,仅用其字形,如:恋、圣、确、隶等。

通过以上举例,不难发现《龙龛手镜》对简化汉字所作出的重大贡献。

此外，《龙龛手镜》中还收录若干合音字、合义字，有些至今仍在使用。合音字，如："甭"。合义字，如："歪"，俗。苦乖反。"孬"，乌怪反。按：与今音 nao 不同。

三 《龙龛手镜》误读举例

辽释行均《龙龛手镜》一书，许多人大约是从宋人沈括《梦溪笔谈》中知道的。《梦溪笔谈》卷一五载：

> 幽州僧行均集佛书中字为切韵训诂，凡十六万字，分四卷，号《龙龛手镜》。燕僧智光为之序，甚有词辩。契丹重熙二年集。契丹书禁甚严，传入中国者，法皆死。熙宁中，有人自虏中得之，入傅钦之家。蒲传正帅浙西，取以镂板。其序末旧云："重熙二年五月序。"蒲公削去之。观其字音韵次序，皆有理法，后世殆不以其为燕人也。

然而，这段记述有误。

其实，早在宋人晁公武《郡斋读书志》卷一下，就已指出沈括记载之误：

> 《龙龛手镜》三卷。右契丹僧行均撰，凡二万千四百三十字，注十六万三千一百余字，僧智光为之后题云，"统和十五年丁酉。"按《纪年通谱》耶律隆绪尝改元统和，丁酉，至道三年（997 年）也。沈存中言契丹书禁甚严，传入中国者，法皆死。熙宁中有人自契丹得此书，入傅钦之家，蒲传正帅浙西取以刻板，其末题云，"重熙三年序，蒲公削

去之。"今本乃云统和,非重熙。岂存中不见旧题,妄记之邪?①

辽刻《新修龙龛手镜》卷首"智序"也明确记载,"统和十五年丁酉七月一日癸亥序"。所以,沈括可能未见原书,至少没有看到辽刻本。清人修《四库全书总目提要》卷四一《龙龛手鉴》条下也记载:"今按此本为影抄辽刻,卷首智光原序尚存。其纪年实作统和,不作重熙,与晁公武所说相合,知沈括误记。"然而,至今有研究者在谈及《龙龛手镜》时,仍然沿袭沈括之误。

沈括说《龙龛手镜》系"行均集佛书中字为切韵训诂",也不甚确切。诚如《四库全书总目》卷四一所说:"虽行均尊其本教,每引《中阿含经》、《贤愚经》中诸字以补六书所未备,然不专以释典为主。沈括谓其集佛书中字为《切韵》训诂,殊属不然。不知括何以云尔也。"《龙龛手镜》一书中,不仅限于佛书,还遍收编撰者当时所能见到的一切正体、俗体、古体、今字及或体。

《龙龛手镜》有多种版本,据笔者所见及版本学家著录,有《续古逸丛书》、《四部丛刊续编》影印江安傅氏双鉴楼藏宋刊本,北京图书馆藏宋刻本,北京大学影印本,琉璃厂影印汲古阁旧藏本及"四库全书"本等。现在流行较广的为中华书局1985年(2006年第2次印刷)影印"高丽本",其"出版说明"对了解此书有所帮助,但是也有误导。比如,"说明"中说:"《龙龛手镜》成书时,把书传入别国者,依法处以死刑。所以,这部书直至熙宁年间才有人得之俘虏手中,而始传入宋。"显然,

---

① 文渊阁"四库全书"本。

这段文字源于沈括《梦溪笔谈》。然而，"出版说明"作者的说明出了偏差。沈括原话"有人自虏中得之"，是说有人从契丹（辽国）得之。这里的"虏"，是宋人对契丹的蔑称，而非指俘虏。

清人钱大昕批评行均的《龙龛手镜》，说它"以意分部"，收"歪"、"甮"、"孬"等字，是"里俗妄谈"，"污我简编"，"指事、形声之法扫地尽矣！"① 李慈铭说："《龙龛手镜》一书，所收芜讹谬，多不可训。"② 都属攻其一点不及其余之举。《龙龛手鉴》尽管有收字重复、分部较乱之弊，然而，多收古体、俗体、或体等奇字，正是它的主要特点之一。对于了解六朝以至唐五代时期人们使用俗字情况，对于研究汉字流变的重要意义，正是《龙龛手镜》的价值所在和备受后世学人关注的原因。

（原载《文史知识》2008 年第 1 期）

---

① 钱大昕：《跋·龙龛手鉴》，《潜研堂文集》卷二七，文渊阁"四库全书"本。
② 《越缦堂读书记》下，中华书局 1963 年版，第 1303 页。

"烧饭"琐议

"烧饭"是契丹、女真、蒙古诸族的一项重要习俗，辽金元史料中多有记载。但是由于这些史料大都语焉不详，给了解这一习俗造成很大困难。

国学大师王国维是最早留意此俗并予以论述者。他在《观堂集林》卷一六《烧饭》一文中说，"烧饭本契丹、女真旧俗"。然而并非始自辽金，系源于乌桓人死后葬则焚烧死者的乘马、衣服等物之俗，"烧饭之名则自辽金始，而金人尤视为送死一大事"。不仅"契丹、女真并有此俗，蒙古亦当有之"。"满洲初入关时，犹有此俗。吴梅村《读史偶述》诗云：'大将祁连起北邙，黄肠不虑发邱郎，平生赐物都燔尽，千里名驹衣火光。'后乃以纸制车马代之，今日送三之俗，即辽金烧饭之遗也。"① 这种见解的支持者进一步指出，"烧饭"之俗是许多北方古民族所共有的。所烧之物甚广，举凡死者生前所用之物几乎无一不在被烧之列。杀马（甚至杀奴婢）殉葬与烧饭祭祀是一回事，"殉

---

① 河北教育出版社2003年版。

与"祭"并无绝对的差别。认为"烧饭"与"燔柴"毫无关系①。第二种意见说烧饭即火葬②。第三种意见主张烧饭既非殉葬，也不是火葬，而是祭祀。烧饭"主要指祭祖，也用指祭天"，并说"烧饭必须燔柴"，"燔柴可以当作烧饭的开始动作"③。

以上三种意见虽然大相径庭，却可开阔思路，有利于我们对这个问题进行深入探讨。其中第二种意见主张烧饭即火葬，显系误解，而且也无史料根据，可以暂且置之不论。第一、第三两种意见均有可取之处，本文拟对烧饭之俗发表一点粗浅看法，并对两种意见中的部分论点试作演绎和补充。

一 烧饭的起源同殉葬的关系

烧饭的含义，据李焘《续资治通鉴长编》天圣九年（辽兴宗景福元年，1031年）六月条记载："（辽圣宗）既死，则设大穹庐，铸金为像，朔、望、节辰、忌日并致祭。筑台高逾丈，以盆焚酒食，谓之烧饭。"（《契丹国志》卷二三同）；《三朝北盟会编》政宣上帙三云："死者埋之而无棺椁。贵者生焚所宠奴婢、所乘鞍马以殉之。所有祭祀饮食之物尽焚之，谓之烧饭。"《虏廷事实》云："尝见女真贵人初亡之时，其亲戚、部曲、奴婢设牲牢、酒馔以为祭奠、名曰烧饭。"《元史·祭祀志》"国俗旧礼"条云："葬后，每日用羊二次烧饭以为祭，至四十九日而后已。"

根据上述记载，烧饭乃是指死者葬后，每当朔、望、节辰、忌日等焚烧酒食的祭祀仪式。如果我们对烧饭内涵所作归纳不错

---

① 贾敬颜：《"烧饭"之俗小议》，《中央民族学院学报》，1982年第1期。
② 《黑龙江畔绥滨中兴古城和金代墓群》，《文物》1977年第4期。
③ 陈述：《谈辽金元"烧饭"之俗》，《历史研究》1980年第5期。

的话，那么从所能见到的史料判断，烧饭之俗仅见于辽金元的契丹、女真、蒙古诸族之中，因此可以认为此俗始自契丹。

毋庸讳言，在许多北方民族中都曾有焚烧鞍马衣物，乃至杀人殉葬的习俗。如《三国志·魏志·乌丸鲜卑东夷列传》注引王沈《魏书》云，乌桓"葬则歌舞相送，肥养犬，以彩绳缨牵，并取死者所乘马、衣物、生时服饰，皆烧以送之"。《周书·异域列传·突厥传》："择日，取亡者所乘马及经服用之物，并尸俱焚之，收其余灰，待时而葬。"此外，尚有只杀人马而不烧者，如《三国志·魏志·乌丸鲜卑东夷列传》载，夫余"杀人殉葬，多者百数"。《旧唐书·北狄传》载，靺鞨人死后，"杀所乘马于尸前设祭"。等等。

尽管这些风俗与烧饭不无近似之处，但差别也是明显的，一是次数不同，据上引《续资治通鉴长编》所载，烧饭在朔、望、节辰、忌日进行，而乌桓、突厥殉葬之物均是一次烧之；二是所烧对象不同；烧饭仅指焚烧祭祀之酒食，而乌桓、突厥殉葬之物则包括所乘马以及其他衣物。因此，烧饭不是殉葬的延续形态。而在《辽史·礼志二》"凶仪"中之"丧葬仪"记载："圣宗崩，兴宗哭临于菆涂殿。……乃以衣、弓矢、鞍勒、图画、马驼、仪卫等物皆燔之。"显然此仪比属于"爇节仪"的烧饭更接近于乌桓、突厥的殉葬。

随着社会的进步，人们认识到此俗过于消耗财力物力，朝廷遂开始采取限制措施。辽圣宗统和十年（992年），"禁丧葬礼杀马，及藏甲胄、金银、器玩"①。兴宗重熙十一年（1042年），"禁丧葬杀牛马及藏珍玩"②。后来则逐渐以纸制车马代之，王国

---

① 脱脱等：《辽史》卷一三《圣宗纪四》，中华书局1974年版。以下所引"二十四史"，同此。
② 《辽史》卷一九《兴宗纪二》。

维所谓送三之俗当是从这种殉葬仪式演化来的，而不是辽金烧饭之遗俗。

总之，尽管烧饭与焚烧衣物在大的分类上同属"凶仪"，有其近似之处；但是二者分属凶仪中的"薨节仪"和"丧葬仪"，非为一仪，不可混同。

二 烧饭只用于祭祀死者而不用于祭天

为了说明这个问题，不妨先来列举《金史》中有关烧饭的一些记载。《后妃·世宗元妃李氏传》云：大定二十一年二月，"戊子，妃以疾薨。……甲申，葬于海王庄。丙戌，上如海王庄烧饭"。《镐王永中传》云："明昌二年正月辛酉，孝懿皇后崩。……二月丙戌，禫祭，永中始至，入临。辛卯，始克行烧饭礼。"《夔王允升传》云：贞祐元年九月，允升薨，"既殡，烧饭。上（宣宗）亲临奠"。《张万公传》云："泰和七年，薨。命依宰臣故事，烧饭，赗葬。"《张暐传》云："明昌二年，太傅徒单克宁薨，章宗欲亲为烧饭……"。《乌古论元忠传》云：乌古论元忠卒，"讣闻，上（章宗）遣宣徽使白琬烧饭，赗物甚厚。"等等。以上几乎包括了《金史》中所有关于烧饭的记载，说明女真烧饭都用于祭祀死者，而无祭天之例。

有关辽代烧饭的记载，一般也不是用于祭天。唯有叶隆礼《契丹国志·道宗纪》云："帝（辽道宗）遣林牙左监门卫大将军耶律防、枢密直学士陈颛诣宋求真宗、仁宗御容。……帝以（宋真宗、仁宗）御容于庆州崇奉。每夕宫人理衣衾，朔日、月半上食，食气尽，登台而燎之，曰烧饭。惟祭天与祖宗则然。"仔细推敲这段文字，无非是说辽宋和平时期，辽道宗把宋真宗、仁宗视同自己先帝一样崇敬。虽然文中称"惟祭天与祖宗则然",但就此处所记之事而言,显然是指祭祖而不是祭天。并且该书中也没有烧饭祭天的具体事例。

三 烧饭与"燔柴"无涉

有人根据《辽史》中"燔柴祭天"的记载而把它同烧饭联系起来,认为燔柴是烧饭的开始动作,烧饭必须燔柴,并以此作为烧饭除祭祖外也用指祭天的重要依据(参见上引陈述文)。这一结论的根据,也嫌不够充分,对此已有人提出异议(参见上引贾敬颜文),笔者想再作一点补充。

《辽史》中确实屡有"燔柴祭天"的记载,如《太祖纪》云:辽太祖"元年春正月庚寅,命有司设坛于如迂王集会埚,燔柴告天,即皇帝位"。六年冬十月壬辰,"还次北阿鲁山,闻诸弟以兵阻道,引军南趋十七泺。是日燔柴"。七年,"十二月戊子,燔柴于莲花泺。"等等。但是这些记载,一无尽焚酒食之举,二又明言祭天,因此没有理由将它同祭祖的烧饭联系起来。另据《辽史》附《国语解》对柴册(燔柴)所作解释:"柴册,礼名。积薪为坛,受群臣玉册。礼毕,燔柴,祀天。阻午可汗制也"。同样看不出含有焚烧酒食的迹象,故燔柴与烧饭无涉。

烧饭是必须焚烧柴禾的,但是作为礼名的"燔柴"或称"柴册",它当有其特定的内涵,即应如《国语解》中所述的仪式,先"积薪为坛,受群臣玉册",然后"燔柴",而其目的在于"祭天"。此外,则都不宜称之为"燔柴"。

燔柴的历史颇为久远。《礼记·祭法》云:"燔柴于泰坛,祭天也。"孔颖达疏云:"燔柴于泰坛者,谓积薪于坛上,而取玉及牲置柴上燔之,使气达于天也。"辽代燔柴仪式,与此近似,它们之间当有一定的渊源关系。契丹及其先人在同内地汉族的长期交往过程中，其礼仪、习俗曾受到汉族的一些影响，本是不难理解的事情。《礼记》所载"燔柴"也明言祭天而非为祭祖，这是辽代燔柴用于祭天而不用祭祖以及燔柴与烧饭无涉的佐证。

四 烧饭不是"抛盏"

关于"抛盏"（又称"排食"），胡峤《陷北记》云："兀欲（辽世宗）入祭，诸部大人惟执祭器者得入，入而门阖。明日开门，曰抛盏礼毕。问其礼，皆秘不肯言。"《大金国志·熙宗纪年一》云：天会十三年春，熙宗即位，命"诸郡立太宗之灵，抛盏烧饭（原注：北俗），吏民挂服及禁音乐，一月而罢"。《金虏节要》云："（绍兴）四年冬，虏主吴乞买以病死，传位于谙版孛极烈都元帅完颜亶。……于五年之春，方告诸路郡邑，立吴乞买之灵，抛盏烧饭，虏俗也。"由于他们对此事秘而不言，所以无法知其细节。论者多因"抛盏"、"烧饭"往往并称连言，便认为二者属于同一事实的两个名称，烧饭系"抛盏烧饭"或"排食抛盏"之省称。这个见解似乎有一定的道理，但是因为没有提出力证，所以总觉得不甚惬意。而据《辽史·礼志一》"吉仪"之"祭山仪"记载："大臣、命妇右持酒，左持肉各一器，少后立，一奠。命惕隐东向掷之。"依笔者管见，这段文字似可作为"排食抛盏"的注解。故抛盏同烧饭不能相混，因为二者分属"祭山仪"和"蓺节仪"。也许有人会提出质疑：上述史料中所载辽世宗、金熙宗明明是祭祀死者，岂可使用"吉仪"？其实不难解释：他们都是即位之后至先帝灵前"抛盏、烧饭"的，先用吉仪（排食抛盏）以庆贺即位登极，次以凶仪（烧饭）祭祀死者聊表慎终追远之意，这亦是顺理成章之事。

又据《金史·礼志八》所载拜天仪云:"金因辽旧俗,以重五、中元、重九日行拜天之礼。……其制,剡木为盘,如舟状,赤为质,画云鹤文。为架高五、六尺,置盘其上,荐食物其中,聚宗族拜之。"此仪包括"拜"、"排食抛盏"、"饮福酒"等动作,由此更可证明排食抛盏无疑是设祭祀天而非烧饭祭祖了。

(原载《中国史研究》1983年第2期)

"跨鞍""捧镜"之俗源流

旧时我国北方婚仪的"亲迎"（所谓"六礼"之一）礼中有新人跨马鞍和捧铜镜的风俗。对此，清朝至民国间所修华北、东北地区的方志多有记载。华北地区，如光绪《顺天府志》："新妇及门，婿以马鞍置地，妇跨过，曰'平安'。"民国《天津志略》载，新妇上轿，"胸必悬小镜，谓可心明眼亮也"。嘉庆《束鹿县志》："新妇至男家，以马鞍横于中门，使跨而过，义取安也。"东北地区，如光绪《吉林通志》载：婚日，婿行亲迎礼，"妇帕首，胸负铜镜"，"又置鞍于门阑（音niè，古代门中央所竖短木）跨而过。"民国《奉天通志》："新妇降舆，头幂红帕，以小铜镜二系于胸前背后。置马鞍于门限，覆以红毡，使新妇跨鞍而入，取平安之意。"民国《黑龙江志稿》载，新婚夫妇拜天地毕，"有女童二人执宝瓶、铜镜左右立，由伴娘授与新妇置怀中，导入房"。北方其他县志也大都载有跨马鞍、捧铜镜之俗，大同小异。马鞍多由新娘跨，也有由新郎或新郎新娘同跨者。以鞍与安谐音，取平安之意；亦有谓取"安子"之意。至于铜镜，多由新妇持佩，或胸怀，或背负，或手捧。对其含义，除《天津志略》称"心明眼亮"

外，多未加说明。①

清代至民国间北方地区民间婚礼中盛行的跨马鞍、捧铜镜之俗，早在唐五代时即已出现，两宋时已很流行。唐段成式《酉阳杂俎》续集卷四："今士大夫家昏礼露施帐谓之入帐，新妇乘鞍……"《新五代史·刘岳传》载，刘岳撰《书仪》两卷，"其婚礼亲迎，有女坐婿鞍合髻之说"。北宋孟元老《东京梦华录》卷五："新人下车檐，踏青布条或毡席，不得踏地，一人捧镜倒行，引新人跨鞍蓦草及秤上过……"南宋吴自牧《梦粱录》卷二〇："方请新人下车，一妓女倒朝车行捧镜，又以数妓女执莲炬花烛，导前迎引，遂以二亲信女使，左右扶持而行，踏青锦褥或青毡花席上行，先跨马鞍，蓦背平秤过……"②

关于跨鞍之俗的渊源，唐人已明确指出是承袭"北朝"、"北人"风习。如苏鹗《苏氏演义》卷上云："婚姻之礼，坐女于马鞍之侧，或谓此北人尚乘鞍马之意。"前引段成式《酉阳杂俎》续集亦云，"……新妇乘鞍，悉北朝余风也"。段、苏所论，已为当今婚姻史、风俗史研究者所认同，《中华文明史》第五卷、陈鹏《中国婚姻史稿》等都曾述及。然而由于史料匮乏，论者均未能对这一结论作进一步的阐述。

今据《辽史》，可对此说作一点补充说明。《辽史·礼志五》"皇帝纳后之仪"载："皇后车至便殿东南七十步止，惕隐夫人请降车。负银罂，捧縢，履黄道行。后一人张羔裘若袭之。前一妇人捧镜却行。置鞍于道，后过其上。"这是对契丹人婚仪中流行"捧镜倒行"和"跨马鞍"之俗的最为明确的记录，而且同

---

① 以上所引见《中国地方志民俗资料汇编》华北卷、东北卷，北京图书馆出版社1997年版。

② 孟元老等：《东京梦华录》（外四种），文化艺术出版社1998年版。

清代至民国时北方民间婚俗十分吻合。由此，进一步证实了跨鞍之俗为"北朝"余风、"胡人"遗俗的可信。这里所说"胡人"，应指鲜卑；而契丹源出鲜卑，均属东胡系。《魏书·契丹传》谓库莫奚为鲜卑宇文部"别种"，而契丹与库莫奚为"异种同类"。《新唐书·契丹传》亦载："契丹，本东胡种，其先为匈奴所破，保鲜卑山。"关于契丹族源尚有另一种说法，《旧五代史·契丹传》、《宋会要辑稿·蕃夷》等均称契丹为"匈奴之种"，世居鲜卑故地。其实作为契丹和库莫奚族源的鲜卑宇文部系来自匈奴。《后汉书·乌桓鲜卑列传》载，东汉和帝永元中，大将窦宪遣右校尉耿夔破匈奴，北单于逃走，鲜卑因此转徙据其地。"匈奴余种留者尚有十余万落，皆自号鲜卑，鲜卑由此渐盛"。因此，说契丹为"鲜卑别种"或"匈奴之种"并无大的抵触，而其习俗保存了较多的鲜卑遗风也是顺理成章之事。基于这一认识，无疑为段、苏所论跨鞍之俗渊源增添了佐证。虽然段、苏只说跨鞍而未及捧镜，但从《辽史》及后来诸多方志记载，捧镜与跨鞍往往是前后连续的仪式，因此似以可推测二者同源。

那么，跨鞍、捧镜究系何意？前引方志多谓跨鞍取平安之意，偶有称取"安子"之意者。而捧镜则是"心明眼亮也"。既然此俗源自北方少数民族，那么由谐音而来的诠释，恐非原意，当出于汉人的演绎。

虽然唐人已有称"鞍者，安也，欲其安稳同载者也"①，但此说似乎流行不广。宋人《东京梦华录》、《梦粱录》亦未加解说。而明确谓跨鞍之俗取平安之意，约始于明代。明沈榜《宛署杂记》卷一七"民风"载，"新妇及门，初出舆时，婿以马鞍

---

① 苏鹗：《苏氏演义》卷上，辽宁教育出版社1998年版。

置地，令妇跨过其上，号曰平安。"徐咸《西园杂记上》："今人家娶妇皆用鞍与宝瓶，取平安之意。"有学者称，这是对跨鞍之义的"又一变矣"①是中肯的。跨鞍之意，究其本源，应是"北人尚乘鞍马之意"。鲜卑、契丹均为游牧民族，妇女也多尚武，擅长骑射。如《辽史·后妃传》说："辽以鞍马为家，后妃往往长于御射，军旅田猎，未尝不从。"《辽史·仪卫志一》亦载："契丹故俗，便于鞍马"，"妇人乘马"。因此，新娘跨鞍之俗应源于尚鞍马之意。此外，近人冯家昇氏在论及契丹皇后跨马鞍之意时，将其同契丹族青牛白马传说相联系，认为"鞍表示马，马属男，意由牛车就马也"，"得非以车象征女，以马象征男乎？"②此说虽嫌宛转，但可备一说。

至于捧镜，谓取"心明眼亮"之意，似嫌牵强，而应与北方民族的萨满教信仰有关。我国北方阿尔泰语系满—通古斯语族和蒙古语族的一些民族，如匈奴、突厥、契丹、女真、蒙古、满族以及赫哲、鄂伦春、鄂温克、达斡尔等都信奉一种大体相同的巫教。女真语称巫妪为"珊蛮"（萨满异译）。宋徐梦莘《三朝北盟会编》上帙三留下了关于珊蛮的最早记载：金人"兀室（完颜希尹）奸猾而有才……国人号为珊蛮。珊蛮者，女真语巫妪也，以其通变如神"。铜镜则是萨满教常用的法具之一。虽然未见文献中有关鲜卑、契丹这方面的记载，但铜镜在女真人生活中已很习见。辽金之际，北宋许亢宗出使金国，在宴会上曾见有五六个妇女面涂丹粉，身着艳服，"各持两镜，高下其手，镜光

---

① 见陈鹏《中国婚姻史稿》，中华书局1994年版，第261页。
② 见《契丹祀天之俗与其宗教神话风俗之关系》，载《冯加昇论著辑萃》，中华书局1997年版。

闪烁，如祠庙所画电母"①。这一舞蹈，颇有萨满教仪式的味道。明清关于萨满教的记载渐多。清何秋涛《朔方备乘》卷四五便载有萨满以铜镜驱祟治病的情形："降神之巫曰萨麻（萨满异译），帽如兜鍪……外悬二小镜如两目状"，能"飞镜驱祟，又能以镜治疾"云云。根据铜镜在北方民族萨满教信仰中的功能，推测契丹人婚仪中新娘"捧镜却行"乃取其驱祟治病之意，恐不致大误。

通过上述对北方婚仪中"跨鞍"、"捧镜"之俗源流的考述，可见契丹在北方民俗文化流变中的传承作用。正是由于辽朝流行此俗，才使得千年之后的华北、东北地区民间仍盛行不衰，为北方民俗文化增添了内容。当然这期间也有所变化。如捧镜，辽宋时由伴娘之类充任，近代大都改由新娘本人；马鞍，原为新娘跨坐，近代有的地方改由新郎或新郎新娘同跨。这一风俗的喻义，也在漫长的历史过程中被"汉化"，赋予了新的含义。这如同佛教传入中国后，经过一番传播，逐渐实现了"禅教并重"和"儒释合流"，使佛教这一外来文化融入中华文明之中。当一个民族的文化被另一个民族所吸收和接受，总是要或多或少地融进后者的体验和观念，这是一个带有普遍性的规律。

（原载《学林漫录》第十四集，中华书局1999年版）

---

① 《宣和乙巳奉使金国行程录》，见赵永春编《奉使辽金行程录》，吉林文史出版社1995年版。

谈桦木与东北古代文明

早从远古时代起,树木就在人类的生活中占有极其重要的位置。人类的祖先类人猿就是成群地生活在树上的。恩格斯说:"大概首先由于它们的生活方式的影响,使手在攀援时从事和脚不同的活动,因而在平地上行走时就开始摆脱用手帮助的习惯,渐渐直立行走。这就完成了从猿转变到人的具有决定意义的一步。"① 虽然类人猿从树上走了下来,脱离动物界而转变为人类,但是他们的衣食住行仍然离不开树木。我国古史传说中的"构木为巢"、"钻木取火"、"刳木为舟"等,便反映了这一历史事实。

在我国东北地区的历史上,人类与树木的这种密切关系则表现在一些民族同桦木所结下的不解之缘。

桦木科植物分布在北半球寒带和温带。从苏联东部西伯利亚到我国东北,以及朝鲜北部和日本的广袤区域里,特别是东北的大小兴安岭和长白山地区,是桦木的重要产地。据统计,北半球

---

① 《自然辩证法》,《马克思恩格斯选集》第 3 卷,人民出版社 1972 年版,第 508 页。

的桦木属植物有四十多种，而东北就占十二种之多，包括赛黑桦、黑桦、白桦、东北白桦、风桦、岳桦、杵榆桦、辽东桦、小叶桦、圆叶桦、油桦、柴桦。这些名目繁多的桦木大都细致坚硬，木理顺直，适于作建筑材料和制作家具之用。①

关于桦木在东北的分布，许多史志都有记载。如《黑龙江外记》卷八云，"山谷多桦木"；《吉林外记》卷七云，"吉林诸山皆有之"；《柳边纪略》卷三云，"桦木遍山皆是"。可见东北桦木覆盖之广，产量之多。

这一地区，自古以来居住着肃慎、挹娄、勿吉、室韦、靺鞨、契丹、女真、满族、赫哲、鄂温克、鄂伦春以及汉族等。他们在物质和精神生活中，都与桦木有或多或少的联系，其中有些民族与桦木的关系是至为密切的。

肃慎是我国东北最古老的民族之一，世代生活在白山黑水之间。肃慎及其后裔从商周时期起，便向中原王朝进贡"楛矢石砮"。《国语·鲁语》："武王克商，通道于九夷、百蛮，使各以其方贿来贡，使无忘职业。于是肃慎氏贡楛矢石砮，其长尺有咫。"《三国志·魏书·东夷传》云："挹娄在夫余东北千余里……其弓长四尺，力如弩；矢用楛，长尺八寸，青石为镞。古之肃慎氏之国也。"《晋书·四夷传》谓："肃慎氏一名挹娄……有石砮，皮骨之甲，檀弓三尺五寸，楛矢长尺有咫。……魏景元末，来贡楛矢石砮、弓甲、貂皮之属。"《宋书·符瑞志下》谓孝武帝大明三年（459年），"肃慎氏献楛矢石砮。高丽国译而至"。《魏书·勿吉传》谓：太和十二年（488年），"勿吉复遣使贡楛矢方物于京师"。《旧唐书·靺鞨传》云："靺鞨，盖肃慎

---

① 参见刘慎谔主编《东北木本植物图志》，科学出版社1959年版，第193—205页。

之地，后魏谓之勿吉。……兵器有角弓及楛矢。"此外，室韦亦有"角弓、楛矢"①。

"楛矢"究系何物？长期以来没有定说。归纳起来：一说是木化石（今称矽化木）做的箭杆。《辽东志》、《大明一统志》、《宁古塔记略》、《柳边纪略》等均持此说。一说是桦木做的箭杆，今人干志耿、孙秀仁认为矽化木来源有限，并且以它做箭杆是从来未有过的，也是不可能的。而桦木则是大小兴安岭和长白山的特产木种，并且适于做箭杆。"桦木"、"楛矢"的满文注音相同，"桦皮树"的蒙文汉字注音为"楛矢"。他们从文献、考古、语言学上多方面论证了"楛木"必为桦木无疑②，从而为楛矢即桦木说提供了证据。

从后来生活在这一地区的各民族多以桦木为弓箭，也可以作为楛木即桦木的旁证。如《契丹国志》卷二三《衣服制度》云，契丹人"弓以皮为弦，箭削桦木为簳"。《黑龙江外记》卷八云："土人以（桦）为箭筈。"直到清代，当地人仍以桦木制的箭筈为贡品，"岁贡箭筈八千枝，有桦，有柳，有青杨，亦在齐齐哈尔城东采取。"

桦木还是制弓的原料。桦"树皮似山桃，有紫黑黄花纹，可裹弓"③。鄂温克人的弓即是用黑桦木、落叶松木黏合而成的。因桦木带有韧性，以其为弓的里层，两层木胎之间再夹以鹿、狲的筋，用细鳞鱼皮熬胶将其粘固，使之不易折断。④

桦木对于生活在东北各民族的衣食住行，具有至关重要的意义。

---

① 欧阳修、宋祁：《新唐书》卷二一九《室韦传》，中华书局。
② 见《黑龙江古代民族史纲》，黑龙江人民出版社1987年版，第63—70页。
③ 萨英额：《吉林外记》卷七，"丛书集成初编"本。
④ 见秋浦等《鄂温克人的原始社会形态》，中华书局1962年版，第12页。

如上所述，桦木既然是制作射猎用的弓箭的原料，而射猎所获取的皮毛、肉类又成为他们的衣食之源，说明桦木同他们的衣食所具有的密切关系。

19世纪，俄国旅行家马克在黑龙江流域考察，看到那里的满珲（鄂伦春）人，在夏季里，"男人戴着装饰各种花纹的圆锥形桦皮帽"。妇女"偶尔戴着桦树皮帽"①。凌纯声在《松花江下游的赫哲族》一书中谈到赫哲人在夏天也是"用桦树皮做夏帽以遮日光，并以御雨。帽式为锥形"。赫哲人还喜欢用桦树皮制造器具及食具，因为它"质轻，便于携带，而制造又容易"。有桦皮碗、杯、勺、漏斗、水桶等。②

桦木与人们在住行方面的关系就更为直接和密切了。

桦木、桦皮历来是那里居民构筑屋室的原料。《北史·室韦传》说，钵室韦（室韦的一支）"用桦皮盖屋"。《三朝北盟会编》政宣上帙三载，女真族"俗依山谷而居，联木为栅，屋高数尺，无瓦，覆以木板，或以桦皮，或以草绸缪之"。是知室韦、女真等即用桦皮覆盖屋顶，借以遮风避雨，御寒防暑。

清代的满、汉族人有以桦木、桦皮为窝棚、栅栏的习惯。《柳边纪略》卷一云："四面立木若城（原注：名曰障子）而以栅为门（原注：《金志》'联木为栅'），或编桦枝，或以横木，庐舍规模，无贵贱皆然。惟有力者大而整耳。"《吉林外记》卷七载："以桦皮盖窝棚，并有剥薄皮，缝联作油单，大雨不漏。"乾隆四十三年（1778年），清高宗弘历在《周斐》（原注："汉语桦皮房也。"）诗序中说："桦皮厚盈寸，取以为室，覆可代

---

① P.马克：《黑龙江旅行记》，商务印书馆1977年版，第294页。
② 国立中央研究院历史语言研究所单刊甲种之十四，南京，1934年，第74、68页。

瓦,旁作墙壁、户牖。即以山中所产之木用之,费不劳而工省。乃我满洲旧风无殊。周之陶复陶穴也。"诗云:"野处穴居传易传,桦皮为屋鲜前闻。风何而入雨何漏,梅异其梁兰异棼。占吉檐头鹊常报,防寒墙角鼠还熏。称名则古惟淳朴,却匪斐然周尚文。"[①]说明满人还有居住在古朴的桦皮屋中者。《黑龙江外记》卷六亦载,桦皮可做穹庐,"冬用毡毳,夏用桦皮及苇"。

民族调查材料告诉我们,鄂温克、鄂伦春人直到现代仍住在以桦皮搭盖的被称为"仙人柱"的帐幕中。"仙人柱",俗名撮罗子,是圆形尖顶,里面用树干架成,外面覆盖桦树皮,冬天则用兽皮。

桦木还是制作交通工具的原料。桦皮船是人们行驶于黑龙江及这一带其他河流中的主要交通工具。《吉林通志》卷二七引李重生《赫哲风土记》云:"其渡水之舟曰拨子,俗名大红船,剥桦木皮缝作鸡卵形而平,其底长六尺余,只可容二人,一人坐于中,一人立前摇楫,一日可行数百里。"《吉林外记》卷七云,"以桦皮作船,大者能容数人,小者挟之而行,遇水则渡,游行便捷。"马克在他的《黑龙江旅行记》中,多处记载当地居民乘桦树皮船出行、捕鱼。说明桦皮船在水上航行中所占有的重要地位。

由于桦皮船的载重量、漂浮稳定性和坚固耐久方面都不如木船,后来逐渐被木船所代替,然而并未完全被取代,现代鄂温克、鄂伦春人还有使用桦皮船的。

勒勒车(辘辘车)是草原上的重要交通工具,车盖也有以桦皮为之者。《黑龙江外记》卷四云:辘辘车以"牛曳之,一童子尝御三五辆,载粮草类,然富者乘之,以毡毳为盖,蔽风雪,间

[①]《御制诗集》四集卷五四,文渊阁"四库全书"本。

亦用桦皮，式如棺，号桦皮车"。

马的鞍具也以桦木制作。桦树皮可裹鞍镫，桦木可做鞍版。当地人们以桦木鞍版为土产佳品，互相赠答，此物为人们所钟爱。

文献和民族调查资料表明女真、赫哲、鄂温克、鄂伦春人等，能用桦木、桦皮制作出许多生活用品。如，女真人常以桦皮为角，吹作呦呦之声，呼鹿射之。鄂伦春人的鹿哨也是用一小块三角形对折起来的桦树皮。鹿哨是许多民族猎取麋鹿的必备之物。史志还记载，桦皮可缝"栲栳"（盛物容器），大的担水，小的盛米面，称为桦皮斗。现在的鄂伦春人仍用桦皮制作篓、箱、水桶、针线盒、碗等用具。

这些制品不仅具有实用价值，有的还是工艺品。马克记载他在黑龙江下游地区的一条船上找到一个写着汉文和满文的夹子，用桦树皮制成，装饰着桦树皮剔花。他非常喜欢这个奇特的物品，因此立刻用几个小物什将它换了下来。①

桦皮可代替纸张。金朝初年，南宋洪皓使金被留期间，为完颜希尹家庭教师，无纸则取桦叶写《论语》、《大学》、《中庸》、《孟子》传之，时谓"桦叶四书"，传为佳话。

因此，桦木不仅是东北某些民族衣食住行中须臾不可离开的东西，而且在他们的精神生活中也占有一定的位置。

桦木还在沟通东北与中原的联系中发挥了作用。前已述及，从肃慎时起就向中原进贡"楛矢石砮"，直至清代，东北还要向朝廷贡纳桦皮，并且设置专门官员，承办有关事务。《柳边纪略》云："拉发北数十里，特设桦皮厂，有章京（原注：按《会典》，设采桦皮六品官一员），有笔帖式，有打桦皮人。每岁打

---

① 《黑龙江旅行记》，第233页。

桦皮入内务府。而辽东桦皮，遂有市于京师者矣（原注：按《会典》，康熙二十六年以前，间一年取宁古塔桦皮九千斤）。"《吉林外记》卷七亦云："乌拉向有桦皮屯，世管佐领，带领兵丁，剥取入贡。雍正年间，裁去世管佐领，将兵丁拨给官地交粮，改为吉林八旗。"由是观之，桦木是肃慎以来的东北古代民族与中原进行频繁交往的一种媒介。

最后，似可得出这样的结论：人类在从诞生前后起，就同树木有着极为密切的关系，这种关系在东北某些民族的物质生活和精神生活中，则往往表现在它们与桦木的关系上。桦木在东北某些民族形成其共同经济生活的过程中，曾或多或少地发挥了作用，而且它还为加强东北边疆与内地的联系作出了贡献。桦木是同东北的古代和近代文明联系在一起的。

（原载《北方文物》1985年第3期）

善疑与求实

——从华罗庚对卢纶《塞下曲》的质疑想到的

我偶然从一篇札记中读到著名数学家华罗庚对唐代诗人卢纶《塞下曲》的质疑。《塞下曲》是众人熟知的名篇，诗曰："月黑雁飞高，单于夜遁逃。欲将轻骑逐，大雪满弓刀。"华罗庚认为卢纶诗有常识性错误，而且也是不真实的。于是写了一首五言诗质问卢纶："北方大雪时，群雁早南归。月黑天高处，怎得见雁飞。"一位朋友读后对我说，华罗庚的质疑不对。我国西北地区无霜期短，飞雁和落雪在那里是可以同时出现的。何况，即使夜间看不见雁飞，还能听到雁叫嘛！后来他写了一篇短文在《人民日报》"大地"副刊上发表，还引起了小小的争论。华罗庚和朋友的较真精神使我感动，并引起我的一些思索。这个故事确实可以给我们诸多启示，我也来谈谈一管之见。

首先，华罗庚作为一位数学大师却对旧体诗词有如此兴趣，并且能用这种体裁表达自己对卢纶诗的理解，是难能可贵的。如今学人，往往是治自然科学者对人文科学不屑一顾，治人文科学者对自然科学一窍不通。不仅如此，即使在人文科学或自然科学范畴之内，也是畛域分明，不能越界。这种状况令人担忧。

其次，华罗庚读书善疑的精神值得效法。笔者也曾多次诵读卢纶《塞下曲》，只是为其描绘的意境和气势所吸引，却从未想过它是否合理。善于发现问题、解决问题，乃是推动科学和学术发展的一个重要前提。这就是古人提倡的"学则须疑"、"于无疑处有疑，方是进矣"（宋儒张载语）的解疑求新精神。我想华罗庚之所以能成为一位数学大师，当是与他读书善疑分不开的。

最后，学无止境。华罗庚的善疑精神十分可贵，然而窃以为他对卢纶诗的诘难尚嫌证据不足。他或许是以现代北京气候来理解这首唐诗的，忽视了时空的差异。关于这点要多说几句。

《全唐诗》卷二七八收录此诗的原题为《和张仆射塞下曲》，凡六首，此为其第六首。卢纶（748—800）为"大历十才子"之一，以工五言诗著称。浑瑊镇河中府（治今山西永济蒲州镇）时，卢纶曾为河中元帅府判官。《塞下曲》之名，出于汉乐府《出塞》、《入塞》，属《横吹曲辞》。卢纶此诗大约作于他任河中元帅府判官之时，诗中所反映的地理环境应是今山西、陕西、内蒙古一带。

其实，唐代以来，在以北方和西北地区为背景的边塞诗中，飞雁与落雪并见者屡见不鲜。如唐王昌龄《从军行二首》之二曰："断蓬孤自转，寒雁飞相及。万里云沙涨，平原冰霰涩。"霰，又称米雪，是雨点下降时遇冷而凝结成的白色不透明的小冰粒，多在下雪前或下雪时出现。边塞诗人岑参以轮台（在今新疆）为背景的诗，如《首秋轮台》曰："异域阴山外，孤城雪海边。秋来惟有雁，夏尽不闻蝉。"《奉陪封大夫九日登高》曰："九日黄花酒，登高会昔闻。霜威逐亚相，杀气傍中军。横笛惊征雁，娇歌落塞云。"封大夫即封常清，曾任安西副大都护、安西四镇节度经略支度营田副大使、知节度使事、权知北庭都护等职。岑参曾从封常清屯兵轮台。以上两首诗应是此时所作，均以轮台为背景，说明那里的秋天是可以同时飞雁与落雪的。金赵秉文《杂兴十首》之一《白霫》曰："黑山潢水解弓刀，茅屋朝来听伯劳。万里马辞边雪苦，一声雁拂朔云高。"①据《金史》本传记载，赵秉文曾任北京路节度使司支度判官。北京路治所在今内蒙古赤峰宁城，处潢水（今西拉木伦河）上游地区，正是《白霫》诗中（民族名）聚居地。《白霫》诗中的"边雪"与"雁拂"并非仅仅出于词语对仗，也是写实的。金元之际的耶律楚材于金末扈从成吉思汗西征，写了多首描绘塞外和西域的诗篇，其中亦不乏飞雁与落雪并见的景观。如《过阴山和人韵》曰："四十八桥横雁行，胜游奇观真非常。……山高四更才吐月，八月山峰半埋雪。"《和移刺继先韵二首》之二曰："翰海路难人去少，天山雪重雁飞稀。"②岑参、赵秉文、耶律楚材等都曾在塞外、西域居住多年或路经该地，诗中描绘的景象当为他们所亲历，是纪实而非虚构。因此，在我国北部和西北地区农历八九月间，同时出现飞雁和落雪是毋庸置疑的。

　　华罗庚质疑诗的另一个失误是他忽视了古今气候的变化。著名气象学家竺可桢曾对我国近五千年气候变迁进行考察，指出在殷、周、汉、唐代，温度高于现代，而唐代以后低于现代。③ 这也可以从唐宋诗中找到一点佐证。如李白《北风行》诗曰："燕山雪花大如席，片片吹落轩辕台。"固然诗人在这里是用了夸张的修辞方法，然而，今人无论怎么夸张，恐怕也不会用"大如席"来形容京津、河北一带的雪花吧！又如，南宋诗人范成大出使金国时，在一首咏金中都（今北京）九月重阳节风俗的

---

①　《闲闲老人滏水文集》卷七，"石莲盦九金人集"本。
②　《湛然居士文集》卷二，中华书局1986年版。
③　见《中国近五千年来气候变迁的初步研究》，《考古学报》1972年第1期。

《燕宾馆》诗中写道:"九月朝天种落骦,也将佳节劝杯盘。苦寒不似东篱下,雪满西山把菊看。"诗人在《燕宾馆》题下注曰:"燕山城外馆也。至是适以重阳,虏(指金人)重此节,以其日祭天,伴使把菊酌酒相劝。西望诸山皆缟,云初六日大雪。"农历九月初六日,重阳前夕已是雪满西山,一片皆白了。这也是今天北京人很难见到的气象景观吧!

尽管华罗庚对卢纶《塞下曲》的置疑难以成立,但是他那种读书善疑和求实的精神还是令人钦佩的,也是推动科学和学术发展所不可或缺的。

(原载《历史学家茶座》第 2 辑,2005 年 11 月)

称谓的嬗变及尴尬
——以"同志"、"先生"、"小姐"、"师傅"为例

人际交往离不开称谓,有些称谓千百年间并无太大的变化,有的却在不长的时间里就发生很大变化。特别是近二三十年来,某些称谓的变动之快,可谓是史无前例的,简直令人不知所措。本文就以日常生活中使用频繁的几个称谓——"同志"、"先生"、"小姐"、"师傅"等为例,略作一点考察。

同　志

"同志"一词,始见于《国语·晋语四》:"同姓则同德,同德则同心,同心则同志。"即志趣相同、志同道合的意思。又如,《新唐书·李德裕传》:"忠于国则同心,闻于义则同志。"《辽史·道宗纪一》载,道宗曾以《君臣同志华夷同风》诗进太后。这应是"同志"的本意。

作为称谓,它有多种含义。一、指志趣相同、志同道合的人。如,《辽史·王鼎传》:"适上巳,与同志祓禊水滨,酌酒赋诗。"朱熹《朱文公文集》卷二有题为《教思堂作示诸同志》

诗；同书卷六〇《答潘子善》："不知秋冬间能率诸同志一来为旬月之集，以尽所欲言者否？"元好问《遗山集》卷四〇《跋张仲可东阿乡贤记》有"又誊写别本，以示同志"句。二、近代以来，"同志"成了为共同理想而奋斗的人、特别是一个政党成员之间的称谓。如孙中山的遗嘱说："现在革命尚未成功。凡我同志，务须依照余所著《建国方略》、《建国大纲》、《三民主义》及《第一次全国代表大会宣言》，继续努力，以求贯彻。"他在致前苏联遗书的抬头称，"苏维埃社会主义共和国大联合中央执行委员会亲爱的同志"。鲁迅说："那切切实实，足踏在地上，为着现代中国人的生存而流血奋斗者，我得引为同志，是自以为光荣的。"后一种含义，是近现代被应用得最为广泛的。据《汉语大词典》载，"同志"称谓的含义还有：同心人，指夫妻；指结为夫妻；犹同性，性质相同等。不过，这几种在现代书面语言和日常生活中都很少使用。

从过去革命战争时期到新中国成立后，直至 20 世纪 50—70 年代，"同志"这个称谓曾经是那么神圣和亲切，一度成了不分尊卑、老幼、男女的称谓。彼此不必志同道合，也无须是同一党派。

几十年前，我看到过一个小册子，似乎名为《妈妈同志》，因为书名特殊，就记住了。大意说，革命者、中共老党员任锐在其夫孙炳文于上海龙华就义后，继续从事革命活动。抗日战争爆发，她辗转来到当时的革命圣地延安，先后入抗日军政大学、马列主义学院学习，与其女孙维世同班。当时，任锐已年过半百，被大家亲切地称为"妈妈同志"。在一些反映革命时期我地下工作者的影视作品中，常常有他们相见时互道"同志"的激动情景，我虽无亲身体会，想来这是有一定典型意义的。

"文革"期间，"同志"称谓的使用对某些人来说显得格外重要。在那场史无前例的运动中，从中央到地方的大批党政领导干部纷纷被打倒，成了"走资本主义道路的当权派"，这时他们都不是"同志"了。只有当他们被"解放"时，才有资格回到"同志"的队伍中来。那时叫一声"同志"，对他们来说是何等难得和重要！

20世纪80年代后，这个曾经在半个多世纪来是那么神圣、亲切、普及的称谓，却不很时兴了，被"先生"、"女士"、"小姐"等所代替。当"先生"、"小姐"之类的旧称谓重新时髦之初，许多中老年朋友去商店购物，一时不习惯称售货员为小姐，依旧叫"同志"，结果常常遭到白眼，人家认为你太土，跟不上形势。只好接受教训，尽量少用称谓。至今，我仍很留恋"同志"的称谓。几年前，我去台湾做学术访问，同一位教授聊天，谈到当前使用称谓的尴尬与困惑时说："20世纪50年代以来，大陆人们日常交往时，往往不分性别、年龄，统称同志，不必过于斟酌，十分方便。"这位教授笑着回答说："在台湾不行，现在的'同志'是同性恋者之间的称呼。"回来后，我在网上查了一查，果然如此，真是孤陋寡闻。

先　　生

"先生"也是个历史久远的称谓，《论语·为政》："有事弟子服其劳，有酒食先生馔。"据注疏，这里的"先生"指父兄。《汉语大词典》载，"先生"作为称谓，还指年长有学问的人，老师，先祖，致仕者，文人学者，道士，妓女，以相面、卜卦、卖唱、行医、看风水为业的人及一般人之间的通称，等等。不过，在现代的书面语言和口语中，多指老师、年长有学问的人，旧时民间较流行称以相面、卜卦、卖唱、行医、看风水为业的人为"先生"。近一二十年时兴的妻子称丈夫为"先生",原来古已有之。汉刘向《列女传·楚於陵妻》:"乱世多害,妾恐先生之不保命也。"这里的"先生"即指她的丈夫。

　　长期以来,在绝大多数情况下,"先生"是被用作尊敬的称谓。不过,20 世纪 50—70 年代,也作为对被打击、讽刺、调侃对象的称谓。毛泽东在《事情正在起变化》中说:"右派有两条出路。一条,夹紧尾巴,改邪归正。一条,继续胡闹,自取灭亡。右派先生们,何去何从,主动权(一个短时期内)在你们手里。"又说:"是不是要'大整'?要看右派先生们今后行为作决定。"大约从这时起,"先生"称谓除了固有的含义外,多了一层贬义。改革开放以来,在许多场合下,"先生"、"女士"之类又逐渐成为最普通的称谓。

小　姐

　　"小姐"称谓,与同志、先生相比较,出现晚而变化大。"小姐"或"小姐姐"最早见于宋金文献。如,宋李心传《建炎以来朝野杂记》乙集卷一九"女真南徙"条载,贞祐二年(1214 年)蒙古围金中都(今北京),宣宗派人议和,蒙古遣使来金国选女,宣宗以"允济(卫绍王)第四女小姐姐"秀丽聪慧,遂把她送给蒙古来使。《两朝纲目备要》卷一五和《大金国志》卷二四也有大致相同的记载。《建炎以来朝野杂记》乙集卷一九"鞑靼款塞"条载:"有刘二祖者,亦名盗也。其女刘小姐(有作"小姐姐"),亦聚众数万,皆为花帽军所杀。"岳珂《桯史》卷六"汪革谣谶"条记载,一个叫洪恭的人,"有妾曰小姐。"周密《齐东野语》卷九"李全"条载,杨安儿"尝为盗于山东,聚众至数万。有妹曰小姐姐(原注:或云其女,其后称曰姑姑），年可二十……"马纯《陶朱新录》载："吏部侍郎陈彦修有侍姬曰小姐。"从以上可见，"小姐"或"小姐姐"应是宋金时期常见的女孩儿名字。

现今流行的辞书《辞海》、《汉语大词典》等，多把"小姐"解释为宋元时对地位低下女子的称呼，或谓宋时称乐户、妓女、宫婢等。以上结论和征引史料，大体上是沿袭清人赵翼《陔余丛考》卷三八"小姐"条的考释和论证。其主要根据：一条是宋人洪迈《夷坚三志》已卷第四"傅九林小姐"：傅九"好狎游，常为倡家营办生业，遂与散乐林小姐绸缪，约窃负而逃"。另一条是钱惟演《玉堂逢辰录》："其日，勘得掌茶酒宫人韩小姐称与亲事官孟贵私通……"如果仔细推敲这两条引文，似乎只能得出林小姐、韩小姐是身为乐户、妓女或宫人的人名，未必就是称谓。打个比方，这就像当今许多女孩子名叫"媛媛"、"婷婷"、"佳佳"等，其中有人是演员、歌星，但不能说这些名字就成了演员、歌星的称谓。再者，前面谈到的金国卫绍王四女名小姐姐，也是将"小姐"解释为宋元时对地位低下女子的称呼之难于成立的有力证据。金朝中期以后，汉化程度已经很高，居然给公主取一个含义同妓女、宫婢的名字，显然是说不通的。因此，那种认为宋金时期的"小姐"是指乐户、妓女、宫婢的说法，根据不够充分。

金章宗时董解元《西厢记诸宫调》（简称《董西厢》）中，红娘称崔莺莺为姐、姐姐，张生也称红娘、崔莺莺为姐或姐姐，又据前面提及的刘小姐也有作小姐姐。由此看来，宋金时既有以"小姐"、"小姐姐"作为女孩儿的名字者，也有把未婚女子称姐、姐姐、小姐姐的。在五代、宋代女子人名中，也有用"娘"作名字的，同用"姐"字情况近似，其地位出身尊卑，也无明显区分。如，宋人罗烨《新编醉翁谈录》乙集："皇都名娼楚娘者……"癸集："此妓者谢福娘之家也。"然而，同书己集："意娘者，五代周时人也，乃儒家之女。"壬集："开封华椿年，以吏部侍郎知齐州事，娶长安郑氏，生一女，名春娘。"后两者的出身不卑。

到了元代，依然流行女子取名"姐"或"小姐"，当然，她们之中也有做妓女和宫婢的。署名"雪蓑钓隐"所辑《青楼集》记载了近百名杂剧艺人和妓女，其中有三四人名字中有"姐"或被呼为"二姐"、"三姐"等。明朱有燉《元宫词》："宫里前朝驾未回，六宫迎辇殿门开。帘前三寸弓鞋露，知是嬺嬺小姐来。"据近人傅乐淑注："元宫人称南方女子为小姐儿。"虽未举所据，也可备一说。

元代"小姐"一词，已成未嫁女子的通称。王实甫《西厢记》（简称《王西厢》）中，红娘称崔莺莺为小姐或姐姐。如，红娘说："小姐有请。""夫人着俺和姐姐佛殿上闲耍一回去来。"法聪和尚对张生说："这是河中开府崔相国的小姐。"张生称崔莺莺为姐姐、小姐，称红娘为姐姐、小娘子。又如，元郑德辉《㑇梅香》杂剧："小姐是未出嫁的闺中女，怎敢把淫词来戏谑。"在日常生活中，姐姐、小姐、小娘子等称谓大体通用，只是分寸上略有不同。称小姐，表示礼貌；称姐、姐姐表示亲近；称小娘子，似乎表示二者兼而有之。

从金《董西厢》和元《王西厢》的比较中，可以发现一点金元间"小姐"称谓的变化。在《王西厢》中，"小姐"称谓多次出现，而在《董西厢》中，红娘、张生都不称崔莺莺为"小姐"，而称姐、姐姐；在《王西厢》普救寺僧人称崔莺莺为小姐之处，《董西厢》中则称"女孩儿"。由此反映出宋金时"小姐"作为称谓，尚不普遍。

明清以来，在日常生活和戏曲中称未婚女子为"小姐"，已经很普遍，这里就无须举例说明了。至于明确称呼地位低下的女子（如妓女）为"小姐"，恐怕是宋元以后的事情。

在 20 世纪前期，"小姐"依然是对未婚女子的礼貌称谓。在茅盾的《子夜》、巴金的《家》、《春》、《秋》等作品中，诸如张小姐、李小姐、密斯张、密斯李之类的称呼随处可见。新中国成立以后，随着社会的变革，观念的更新，旧时的许多称谓在日常交往中已经很少使用，尤其是"老爷"、"太太"、"小姐"等，几乎绝迹。人们似乎已经习惯地将"小姐"同资产阶级联系起来，如果哪位女士稍稍讲究衣着打扮，便被看成是"资产阶级小姐"作风。大约从那个时代走过来的人对此都有切身的体验。自从改革开放以后，又出现了戏剧性的变化，"小姐"这个被废弃半个多世纪的称谓又突然时兴起来，以致你在商店购物时再把"小姐"称"同志"，会遭冷遇。近些年来，风尚丕变，"小姐"又同所谓"三陪"挂了钩，你仍称人"小姐"，则往往受到抢白："你叫谁小姐？"时下真是不知该如何称呼年轻女性了。

师　　傅

"师傅"，见于《春秋穀梁传》卷一〇："羁贯成童，不就师傅，父之罪也。"这里的"师傅"指老师。据《汉语大词典》载，"师傅"有如下几种含义：老师的通称，太师、太傅或少师、少傅的合称，对僧道的尊称，对衙门中衙役的尊称，对有专门技艺的工匠的尊称。在现代汉语中，"师傅"主要是指老师及对有专门技艺的工匠的尊称，特别是在工人和艺人中用的较多。"文革"开始以后的一二十年间，"师傅"一度成了使用频率极高的普通称谓。1968 年夏天，"文革"在如火如荼地进行，社会上和学校内各派武斗不止。毛泽东指示："实行无产阶级教育革命，必须由工人阶级领导。"中央决定派工宣队进学校，于是，"工人阶级必须领导一切"成了当时最为响亮的口号，大约就是从这时起，"工人师傅"的称谓随之广泛流行起来。后来推而广之，"师傅"几乎成了一个用于不同职业的普通称谓，以致出现了称"解放军师傅"、"警察师傅"之类的笑话。

称谓的变化是同社会的发展，文化的交流，观念的更新相联系的。近代资产阶级革命家给"同志"这个古老称谓赋予了新含义，在革命者内部流行。在延安时期和新中国成立后的几十年间，"同志"成了神圣、亲切而且也是普通的称谓。"小姐"称谓的几起几落，也反映了不同历史时期政治氛围和社会风尚的变化。至于"师傅"称谓在二三十年前的畸形流行，则是同那场史无前例的政治运动分不开的。

称谓的变化是一种语言现象，从根本上说不能摆脱约定俗成的制约，然而，必要的规定、倡导、呼吁是可以发挥作用的。近年来，许多地方党组织和媒体重温以往中央领导同志指示和中共中央通知精神，如，毛泽东于1959年8月3日致刘少奇、周恩来等关于在党内"建议：一律称某某同志"的信，及1965年12月14日中共中央《关于党内同志之间的称呼问题的通知》："今后对担任党内职务的所有人员，一律互称同志。"一些地方党组织重申在党内称"同志"的规定，这是令人欣慰的。我想，有关部门、社团和媒体对常用称谓的使用作些推荐、倡导和宣传，成为礼仪教育的一个内容，对于规范称谓，净化语境，减少人们日常交际中在称谓上出现的尴尬和困惑是有益的。

（原载《历史学家茶座》第6辑，2006年4月）

评论・书序

构建理论体系　提高研究水平
——重读胡乔木致黎澍的联想

笔者保存有一封胡乔木致黎澍的手书便笺复印件，原文如下：

黎澍同志：

关于这个题目，能否组织一篇或几篇有分量的科学论文，既主要从正面论证，也连带对一些反动谬论予以指名或不指名的痛驳？

胡乔木
五月廿九日

信中未署年份，应是1982年。此函不见《胡乔木书信集》。胡乔木时任中共中央政治局委员、中国社会科学院院长。黎澍（1912—1988），湖南醴陵人，著名历史学家，时任《中国社会科学》杂志总编辑、《历史研究》杂志主编。此函反映了胡乔木对学术的关注及那个时期学术与政治的关系。

"致黎澍函"是胡乔木读过国家文物局办公室编印的一份

《文物简报》（增刊，1982年4月27日）之后所写的。这份简报题目为《日本、苏联、美国、南朝鲜一些历史学家对研究我国东北历史提出的反动论点》，文末注"摘自吉林省文物局《文物工作简讯》"。简报扼要地介绍了日、美、前苏、韩等国历史学家有关历史上中国东北领土主权及辽、金、元、清史研究中的一些观点。

一、南北对立论（日本）。系日本白鸟库吉首倡。认为居住在森林的满族和居住在沙漠的蒙古族，同居住在平原地区的汉族从来就是对立的。南富北贫，决定了北方入侵南方。北魏、辽、金、元、清都是如此。中国历史上对立是常态，统一是变态。结论：东北从来就不是中国的领土。

二、异民族统治论（日本）。其代表人物为稻叶岩吉（稻叶君山）。认为中国东北一直被异民族统治着，汉人"只限于辽河流域一角，设一边郡而已"。

三、中国在边境无主权论（日本）。其代表人物为矢野仁一。认为中国对边疆从来没有行使过主权，只是在国际关系上同外国发生过政治、军事、经济等关系而已。

四、征服王朝论（美国）。其代表人物为美籍德裔汉学家魏特夫。认为游牧民族建立的是征服王朝，农耕民族建立的是被征服王朝。按，据魏特夫著《中国社会史——辽（907—1125）：总论》，将秦、汉、唐、宋、明等称为典型中国王朝；北魏、辽、金、元、清等为征服（或渗透）王朝。

五、文化主权论（前苏联）。出自前苏联学者阿列克赛·奥克拉德尼科夫。主张研究历史应以民族文化为中心，文化主权就是民族主权，它是永远独立的。西伯利亚和中国东北各民族从来都不是中国的，只有汉人才是中国人，所以长城以外不是中国的领土，沙皇俄国才是这块土地的开发者。

六、国史中心论（韩国）。其代表人物为韩国安浩相。他说，高丽不但占有东北，而且"百济的统治区已北起北京，南至扬子江南的越州"，百济王统治中国江南达四百年之久。

七、其他国家的观点。有人把唐代东北的渤海国说成是高丽人建立的国家，是高丽的北国。甚至还有人主张把古朝鲜的疆域推到中国山西境内桑干河一带。

以上就是这份简报介绍的要点。

这里还应补充一点，是简报中没有提及，又与上述近似的观点，即骑马民族论，或称骑马民族征服王朝论，日本江上波夫首倡。认为骑马民族是亚洲史上迁移和国家形成的一大要素，提出骑马民族——游牧民族——征服王朝的思想体系。此外，田村实造、村上正二等，也是征服王朝论者，不过他们所解释与论述同魏特夫略有差异。

胡乔木致黎澍信函下达时，我在《历史研究》编辑部任编辑，分工处理辽宋金元史和民族史稿件，加之我同东北地区史学界联系较多，所以编辑部决定派我专程去东北组稿，同行者还有中国社会科学出版社的一位老编辑。后来，我还在不同场合（如学术会议与平时聊天）向同行传递过这个信息。

二十多年后重读胡乔木致黎澍函和简报，除了其中带有那个时期印记的某些词语如今已觉生疏之外，信函和简报所提出的问题仍然值得引起我们的重视。简报对那些观点的归纳、概括未必十分确切，但大体上反映了近百年来外国历史学者研究辽金元清史及东北史的一些主要理论和观点。无可否认，这些观点的提出，大都是同研究者的意识形态密切相关的。尤其是"二战"前，如白鸟库吉、稻叶岩吉等的观点明显地是为日本帝国主义侵华政策制造舆论，是为政治服务的。当然，也不排除某些理论和观点中包含有属于尚待探讨的学术范畴问题。尽管论者在对南北对立论、征服王朝论、骑马民族论等观点的表述上存在某些差异，但其根本点都有相同之处，即都是过分夸大历史上北方游牧民族与中原汉民族的矛盾与对立，淡化汉民族同北方民族间的经济文化交流与融合，抹杀中原汉族传统文化对北方民族的影响，否认中华民族多元与一体的辩证统一。

上述观点中的征服王朝论、异民族统治论等，迄今在外国的中国史研究中仍然相当流行，并且对我国辽金元清和东北史研究也有一定影响。辽金元清史、东北史研究是中国通史和地方史研究中的重要组成部分，我们有责任对海外流行广泛、颇具影响力的那些理论和观点进行认真的清理和科学的评论。目前，学术界对这个问题尚缺乏足够的关注。可喜的是已有学者，如已故辽金史、东北史专家张博泉教授和著名社会学家费孝通教授等在这方面进行了深入的思考和探索，直接或间接地回应了上述理论和观点。

张博泉教授从 1986 年开始针对南北对立论的观点，提出"中华一体"命题，发表《"中华一体"论》[①] 等系列文章。1995 年又出版洋洋 40 多万字的专著《中华一体的历史轨迹》。[②] 从不同视角考察这个一体结构的各个领域及其发展和变化。他说："我所依据的就是我国是统一的多民族国家这个实际和理论。统一就是一体，多民族就是多元，民族是多元一体和一体多元，政治、经济、文化也都体现多元一体和一体多元的特点。"书中还设专章剖析征服王朝论，认为其理论核心是南北对立论，其目的是分裂中华民族，分裂中国，为帝国主义侵略中国制造理论依据。费孝通教授于 1988 年应香港中文大学邀请，发表题为

---

① 《吉林大学社会科学学报》1986 年第 5 期。
② 辽宁人民出版社。

《中华民族的多元一体格局》的学术报告，论述了中华民族多元一体格局的形成过程及其特点。张博泉、费孝通根据各自的专长，从不同视角提出了大致相同的命题。特别是"中华民族多元一体格局"的提出，得到学术界广泛的认同。如果说张博泉自《"中华一体"论》到《中华一体的历史轨迹》是在他多年研究辽金史、东北史和北方民族政权基础上，寻求研究问题的主体思想及对海外某些流行理论、观点的直接回应的话，而费孝通则是间接回应。他们都为构建我们自己的理论体系作出了贡献。

近二十多年来，中国历史学处在一个反思和探索的新时期。外国近现代史学理论、方法及其研究成果大量被引进，给我们很大的启迪，中国历史学取得了丰硕成果。为了使包括辽、金、元、清史、东北史等在内的中国史研究水准有突破性的进展，认真清理和科学评价海外流行的理论和观点，构建真正符合中国历史实际的合理和科学的学术理论体系便显得格外必要。同时，这也是所谓与海外接轨和对话不可缺少的步骤。

（原载《东北史地》2004年第4期）

《历史研究》四十年

《历史研究》杂志从1954年创刊到现在,已经走过了四十年的路程。它在四十年的风风雨雨中,同新中国史学一道成长,与社会科学事业同步前进,它的历程还从一个侧面反映出了共和国的政治风云。

1953年秋,正值新中国初期的革故鼎新、百废俱兴之际,党中央决定成立历史问题研究委员会,创办《历史研究》杂志,并组成了由郭沫若任召集人的《历史研究》编辑委员会。为创办这个杂志,毛泽东首次提出了"百家争鸣"的方针。[①] 1956年,他又明确提出"百花齐放,百家争鸣",尔后,"双百"才成为繁荣和发展我国文学艺术与学术的总的指导方针。

四十年来("文革"期间除外),《历史研究》就是在这一方针指导下不断前进的。回顾《历史研究》的历程,大体可以划分为三个阶段。

第一阶段:从1954年2月创刊到1966年5月停刊。

---

① 见刘大年《〈历史研究〉的创刊与"百家争鸣"方针的提出》,《历史研究》1986年第4期。

这是新中国史学取得巨大成就的年代，也是《历史研究》的辉煌时期。在这段时间里，史学界先后就中国古代史分期、中国封建土地制度、中国古代农民战争、汉民族形成、中国资本主义萌芽，以及"亚细亚生产方式"、中国封建社会长期延续原因、阶级观点与历史主义、历史人物评价、中国近代史分期等问题进行过热烈的讨论。关于前五个问题的讨论，被称为史学界的"五朵金花"。《历史研究》即是开展史学争鸣的一个重要园地。上述问题的讨论，有的是《历史研究》首先发起的，有的是由它的参与而开展起来的。

关于中国古代史分期（指中国奴隶制与封建制的分期）问题，新中国成立后的大讨论，是由1950年3月19日、21日《光明日报》连续发表郭宝钧《记殷周殉人之史实》和郭沫若《读了〈记殷周殉人之史实〉》为其开端的。后来，郭沫若又在《历史研究》1959年第6期发表《关于中国古史研究中的两个问题》一文，把这个问题的争论再度推向高潮。在这个问题上，众说纷纭，主要有西周封建说、春秋封建说、战国封建说、秦统一封建说、西汉封建说、东汉封建说、魏晋封建说等。其中许多有代表性的观点，如束世澂、徐中舒、王玉哲、李埏、唐兰、吴大琨、田昌五、黄子通、夏甄陶、侯外庐、日知等著名学者的文章，都是在《历史研究》发表的。

关于中国封建土地所有制形式问题的讨论，则是随着《历史研究》的创刊而开始的。侯外庐在创刊号上发表《中国封建社会土地所有制形式的问题》一文，一反以往通行的中国封建土地的地主（或领主）土地所有制说，首倡"皇族所有制"说。此后，史学界就封建社会土地所有制形式问题，亦即占支配地位的是国家所有制还是地主所有制问题展开了讨论。从1954年到60年代初，《历史研究》曾就这个问题发表了侯外庐、杨向奎、李埏、束世澂、韩国磐、蒙默、孙达人等学者的十多篇文章。

关于农民战争问题（包括农民战争与政权的性质，农民战争中的皇权主义与平均思想，农民战争与宗教的关系，农民战争的历史作用等），既是五六十年代我国史学研究中争论的热点之一，也是《历史研究》刊发论文所用篇幅较多的问题，先后发表了侯外庐、白寿彝、贺昌群、蔡美彪、戎笙、宁可、孙祚民、史绍宾、郑昌淦、胡如雷、田昌五等人的文章。

关于汉民族形成问题的讨论，《历史研究》1954年第3期发表的范文澜《试论中国自秦汉时成为统一国家的原因》一文，根据马克思主义经典作家的有关论述，首先对汉民族形成问题进行了新的探讨，揭开了关于这个问题讨论的序幕。

关于中国近代史分期问题的讨论，由于《历史研究》创刊号发表胡绳《中国近代历史的分期问题》，主张基本上用阶级斗争的观点来作划分时期的标准，以太平天国革命、义和团运动和辛亥革命三次革命高潮为主要标志，将近代史分为七个阶段，因而引起了史学界的极大重视。后来，《历史研究》又连续发表了荣孟源、黎澍、刘大年、金冲及、孙守仁、戴逸等人的文章。虽然各家意见不尽相同，但是胡绳的主张基本上为史学界所接受。

在这个阶段里，《历史研究》编辑部还编辑出版了《中国古代史分期问题讨论集》①、《中国的奴隶制与封建制分期问题论文选集》②、《中国历代土地制度问题讨论集》③、《中国近代史分期问题讨论集》④ 等，推动和配合了史学界百家争鸣局面的展开。

五六十年代的关于若干历史问题的讨论，促进了我国史学工

---

① 三联书店1957年版。
② 三联书店1962年版。
③ 三联书店1957年版。
④ 同上。

作者自觉地掌握和运用马克思主义的唯物史观研究历史,并进而为建立和发展新中国的历史科学奠定了坚实的基础。这是新中国史学的凯歌行进时期。《历史研究》在这一过程中发挥了一定的作用。毋庸讳言,在这个时期里,我国史学工作者对马克思主义的掌握与运用还难免出现教条主义和简单化的倾向,有着那个时代的"左"的痕迹,这也必然在《历史研究》中有所反映。尽管如此,《历史研究》在新中国史学发展史上的地位,是众所公认的。

第二阶段:从1974年12月复刊到1976年。

根据毛泽东的批示,经过一番筹备,《历史研究》于1974年年底复刊。处在那个特定的历史时期,《历史研究》也无例外地打上了时代的印记,留下许多值得深思和应该汲取的教训。

第三阶段:从1976年到现在。

随着以粉碎"四人帮"为标志的"十年动乱"的结束,特别是党的十一届三中全会后,迎来了我国社会科学的春天,《历史研究》也进入了一个新时期。

在本阶段的头两年时间里,《历史研究》为清理"十年动乱"给我国史学研究造成的危害,为冲破"禁区"、解放史学,为按照史学本身内在规律来对待史学,做了一些工作。从1979年起,随着党的工作重心向经济建设的转移,《历史研究》也大致完成了重归学术刊物的过渡,步入了正轨。而从1980年由月刊改为双月刊起,逐渐形成了现在的比较稳定的风格。

在这一阶段里,《历史研究》做了以下几件事:

第一是推动"文革"前若干历史问题研究的继续深入开展。1978年10月,《历史研究》和《社会科学战线》两家杂志社在长春联合发起召开中国古代史分期问题学术讨论会,继续就五六十年代史学界讨论得最为热烈的问题开展争鸣。这是在十年文化禁锢之后召开的首次史学学术讨论盛会，在国内外引起较大反响，其意义大于讨论会本身所取得的成就。此后，《历史研究》又发表了何兹全、金景芳、侯绍庄、王思治、马克垚等人的文章，使有关各说观点有所发展，更为充实。其他如关于中国封建社会长期延续的原因问题、中国封建土地所有制形式问题、农民战争问题、资本主义萌芽问题等，《历史研究》都有文章发表，反映了史学界关于这些问题研究的新进展。又如关于中国近代史基本线索及洋务运动问题等，先后发表了李时岳、陈旭麓、章开沅、张海鹏、戚其章、汪敬虞、夏东元等人的文章，提出了一些值得重视的观点，标志着这方面问题的研究前进了一大步。

第二是开拓新的研究领域。

新领域的开拓，是近十多年来史学研究的重要标志之一，比如社会史研究取得了前所未有的进展。尽管从本世纪二三十年代起就出现了一些有关社会史的论著，但在五十至七十年代的研究成果甚少。

为推动中国社会史研究的开展，《历史研究》自 1987 年起，先后与其他学术单位联合召开多次中国社会史研讨会及西方社会史学术讨论会，就有关社会史的学科建设及若干具体问题开展讨论。《历史研究》还发表了一系列关于探讨社会史研究对象、范畴、方法、意义和关于中国历代婚姻与家庭，阶级与阶层，人口与移民，习俗与风尚等方面的文章以及有关社会史研究状况的综述。

其中，特别是对阶级与阶层研究，做了较多的工作。早在 1980 年，胡乔木曾向《历史研究》编辑部建议，组发全面论述中国封建地主阶级发展史的文章。1983 年 10 月，编辑部与其他单位联合召开中国封建地主阶级研究学术讨论会，会后结集出版了《中国封建地主阶级研究》①一书。在中国近代史方面，随着新时期对洋务运动、戊戌变法和辛亥革命的重新评价与深入研究，对资产阶级的研究也更加客观，有了很大进展。《历史研究》就此重点组发文章，并与其他单位共同主办两次中国近代资产阶级研究学术讨论会，编辑《近代中国资产阶级研究》和《近代中国资产阶级研究续集》②。《历史研究》还参与主办中外封建社会劳动者生产生活状况比较研究讨论会，与主办单位编辑出版《中外封建社会劳动者状况比较研究论文集》③。尽管由于中国社会史研究起步不久，一些理论问题有待深入探讨，个案研究亦须更上一层楼，并且史学界对社会史研究还有不同的评价，然而中国社会史研究的复兴与发展，必将在新中国史学发展史上占有一席之地。

此外，关于民国史的研究，过去虽有所涉及，但将其作为断代史来研究则是近十多年的事情。外国史方面，关于西欧、美国的城市史研究，引起一些学者的重视。《历史研究》就上述问题组织编发了多篇具有一定影响的文章。

第三是对历史理论和史学理论、方法论的探讨。

近十多年，史学界关于这方面的研究呈现出十分活跃的局面，《历史研究》也就此发表文章，开展讨论。（一）关于历史创造者问题的讨论。1984年第5期发表了黎澍的《论历史的创造及其他》一文，对"人民群众是历史的创造者"，"人民是历史的主人"这一说法提出异议，他认为：一切历史都是具体的，英雄创造自己的历史，不能创造一切历史；人民群众也是自己创

---

① 中国社会科学出版社1987年版。
② 复旦大学出版社，1983、1986年。
③ 南开大学出版社1989年版。

造自己的历史，不能创造一切历史。所有的人都在既定条件的制约下参与了历史的创造。黎文的发表，在史学界引起了一场广泛的争论。这是在新时期由《历史研究》引发的一次学术讨论（虽然前此于1980年一家大报上有人就"奴隶创造历史"问题发表了不同意见，但反响不大）。此后，《历史研究》又刊登了刘大年、吴廷嘉等人的文章以及关于这个问题讨论情况的介绍，反映了目前存在的不同见解。（二）关于西方史学理论、方法论的评介研究。《历史研究》刊发的评述外国史学观念、方法、流派和发展趋势的文章，有助于史学工作者开阔视野，以收"他山之石，可以攻玉"之效。

以上就是《历史研究》走过的历程。

《历史研究》从1954年到1966年，由历史研究编辑委员会编辑；1974年复刊后，由历史研究编辑部编辑。

《历史研究》自创刊到1993年年底，共出版226期、载文3000多篇，约5000万字，目前每期总印数一万五六千册（1993年）。发行范围，除遍及我国各省市自治区外，据不完全统计，还远达日本、美国、加拿大、德国、法国、英国、意大利、奥地利、瑞士、比利时、荷兰、瑞典、澳大利亚、新西兰、俄罗斯、朝鲜、越南、印度、新加坡和香港等20多个国家与地区。

《历史研究》编辑部还于1979年编辑出版《历史学》季刊一至四期。同年，根据中国社会科学院的决定，以《历史研究》编辑部为基础，组建中国社会科学杂志社，创办《中国社会科学》杂志。为了集中力量办好两刊，《历史学》出版四期后，宣布停刊。

长期以来，《历史研究》受到学术界的重视与厚爱。在纪念《历史研究》三十五周年专号（1989年第5期）上，几位著名学者说：

——"我们这个刊物走过了漫长的道路，但总起来看，是经受住了考验的。"（季羡林）

——"《历史研究》是全国性大型刊物，它的影响大，责任也大。"（杨向奎）

——新中国成立后，史学界"把马克思主义的普遍原理与史学研究的实际对象相结合，取得了丰硕的成果，这是旧中国史学界所做不到的。在这种成就中，也有《历史研究》的功绩"。《历史研究》"虽然经历了风风雨雨，但它站住了，发展了，壮大了，成为国际学术界公认的有水平的刊物"（任继愈）。

——"《历史研究》经过曲折的道路，不仅已在学术界站住了脚跟，而且为国内外公认为我国最有权威性的历史专门刊物，为中国历史学的发展，作出了多方面的贡献。"（蔡美彪）

有关统计数据也反映了学术界对《历史研究》的肯定。北京高校图书馆期刊工作研究会和北京大学图书馆编辑的《中文核心期刊要目总览》①一书，据载文量、文摘量、被引量、综合分析和学科专家鉴定五项要素，认定全国历史类核心期刊32种，而《历史研究》居第一位。

对于人生来说，四十岁已届"不惑之年"，然而在《历史研究》四十周年时，我们作为它的编者，对如何办好刊物还难免有些困惑。《历史研究》如何在新形势下保持住已被学术界认可的水平与风格，又能有所创新？这是摆在我们面前的一个严峻的问题。如果改变了以往的风格，便不再是《历史研究》；倘若没有创新，就不能与我国历史学同步发展，更遑论学术刊物应开风气之先了。不过我们深信，只要坚持以马克思主义为指导研究历史的编辑方针，执行"百家争鸣"政策，遵循"解放思想，实

---

① 北京大学出版社1992年版。

事求是"的路线,依靠作者、读者、编者的通力合作,迎接挑战,《历史研究》就一定能够继往开来,为推动我国历史学的发展作出新贡献。

(原载《历史研究》1994年第1期)

二十世纪中国辽金史研究（节录）

20世纪是中国辽金史研究取得重大进展的时期。在此期间，同中国历史学总体发展进程一样，辽金史研究实现了从传统史学向近代史学的转变和从近代史学向马克思主义史学的转变；而在本世纪的最后20年里，则出现了前所未有的活跃局面。值此世纪之交，回顾近百年中国辽金史研究的进程，予以全面评述与总结，对于在新世纪里将辽金史研究提高到一个新水平，无疑是十分必要的。

一　20世纪上半叶的辽金史研究（略）

二　20世纪下半叶的辽金史研究（略）

三　20世纪下半叶的金史研究（略）

四　评价与展望

从对20世纪辽金史学的回顾，我们可以看出，从元人修辽金两史到明末的300年间，辽金史学十分沉寂。到了清代虽有所变化，但直至19世纪末尚未超出史料编纂整理的范畴。

19世纪末20世纪初的二三十年间，由于大量珍贵史料的发现，包括殷墟甲骨文字，敦煌及西域各地简牍，敦煌千佛洞六朝和唐人所书卷轴，内阁大库书籍档案，以及中国境内之"古外族遗文"①，极大地推动了中国历史学的发展，出现了近代实证史学，这在辽金史研究上也有所反映。20世纪上半叶，一方面，辽金史料整理继续有所进展；另一方面，有学者开始用近代实证史学方法研究辽金史。在这个时期里对辽金史学（主要是辽史学）及契丹文、女真文研究作出重要贡献者有陈述、冯家昇、傅乐焕、罗福成、罗继祖等。

20世纪后半叶，随着新中国的诞生，马克思主义史学主导地位的确立，辽金史研究者也努力以此作为指导思想从事研究。不过在50年代初到"文革"以前，以辽金史为主要研究方向的学者屈指可数，成果也很少。

近20年来，辽金史研究同许多学术领域一样十分活跃，发表论著之多，涉及范围之广，是前所未有的。关于辽金史研究的具体成果与进展，已如前面所述。从宏观上看，也有很大改观。

一是辽金史在中国通史编纂中地位的变化。元人修辽金宋三史前，关于正闰问题争论了几十年，最后决定宋辽金"各与正统，各系其年号"，这在史书编纂史上是一个进步。然而在后来的五六百年间，一些史学家却由此有所倒退，斥辽金史为不足观。直至20世纪五六十年代，中国通史著作大都将辽金附于宋代部分之后而顺便述及。近一二十年来，这种状况已有改变。蔡美彪等著《中国通史》第六册首先将辽、西夏、金史与两宋分别立章叙述，确立了辽、西夏、金史在通史中应有的地位。此后，邓广铭主编的中国大百科全书《辽宋西夏金史》也是按朝代编次的。

二是如何评价辽金两朝的历史地位和作用问题。长期以来，由于辽金两代流传下来的史料较少，传统正统观念的影响，以及

---

① 见王国维《最近二三十年中中国新发见之学问》，《清华周刊》第350期。

由此而造成的对辽金史研究薄弱等原因，导致对辽金在中国历史上的地位和作用认识不足。人们往往是更多地看到契丹女真及辽金两朝的破坏作用，而无视或轻视其成就与贡献。这种认识，不符合我国各族人民共同创造了中华文明的历史实际。近几十年来，研究者更新观念，深入开展研究，在这方面提出若干新见，已为学术界所认同。如陈述多次强调辽金是我国历史上的两个重要朝代，是又一次北朝。①

三是辽金史研究队伍的形成与壮大。六七十年代以前，专门从事辽金史研究者甚少，而近20年来一批中青年史学工作者走入辽金史研究的行列，形成一支数量可观的研究队伍。而且他们之中有许多人研究课题有所侧重，相对集中，为取得突破性进展奠定了基础。

不过也应看到，虽然辽金史研究已经取得很大进展，但是同有些断代史研究相比仍显薄弱。功力深厚的专家和堪称力作的成果不多。辽金史中还有不少领域有待开拓和深入探讨，辽金史研究还有不少事情要做。

如何把辽金史研究提高到一个新的水平？

一、纵横比较，三史兼治。不能孤立地治辽金史，而应把它置于中国历史长河中进行考察，并与同时期的五代、两宋联系起来研究。特别是宋辽金三史兼治，已为越来越多的研究者所认同。早在40年代，金毓黻论治本期史的方法时即指出，"治本期史，惟有三史兼治，乃能相得益彰"②，这是不刊之言。

二、减少低层次重复，开拓新领域。近一二十年辽金史论著，特别是文章数量大增，令人目不暇接，然而其中有相当比重

---

① 见1982年8月30日《光明日报》。
② 见《宋辽金史》，台湾洪氏出版社1974年版。

属于低层次重复，有的甚至低于已经发表过的同类文章的水准。对于别人论过的题目要有所前进或驳难，否则便失去存在的价值。同时还应努力开拓新课题，关注新领域。

三、充分利用和继续扩大史料资源。治辽金史者深为史料不足而苦恼，因而充分利用现有资料尤显必要，诸如碑刻、考古、诗文、行程录等，对研究制度、文化、社会生活等都有很大价值。至于宋元人的大量笔记、文集和史籍中有关辽金史料，如能充分利用，其成果的深度和广度将有所改观。

四、调整知识结构，开展多学科研究。为了把辽金史研究引向深入，许多课题除了需要历史学的理论和方法之外，还要借助其他学科如民族学、文化人类学、语言学等方面的理论和方法才能取得突破性的进展。这尤应成为中青年学者努力的方向。

五、加强学科理论建设。20世纪的辽金史研究曾经是同国际政治相联系的。从20世纪初，日本御用学者就开始对我国东北开展调查，制造了种种涉及我国东北主权及辽金史的若干论调，直至"二战"前后，陆续出现了"南北对立论"、"异民族统治论"，进而又有所谓"征服王朝论"（初由美籍德国汉学家魏特夫提出，后为日本学者所接受和发展）、"骑马民族论"等等。这些大体上都出于由白鸟库吉提出的旨在否定我国东北主权的"南北对立论"。几十年来，这些"理论"不仅在国外影响深广，而且至今还得到我国一些学者的赞同。如近年出版的江上波夫《骑马民族国家》中译本的译后记中说，江上波夫的"骑马民族——游牧国家——征服王朝的学术思想体系"，"对我们研究中国北方民族的国家起源问题和社会形态问题，有着带启发性的参考意义"，"没有这样一种指导思想，学术是难以避免错误的"。可见我们对这一学术思想体系不可掉以轻心。虽然近些年我国已有学者对上述体系进行清理，予以批驳，如张博泉积数十年研究地方史、辽金史和北方民族政权史的心得，撰写《中华一体的历史轨迹》①，为建构我们自己的辽金史学术体系开了先河。但此事任重而道远，并非一两本书或几篇文章可以解决，以后应继续进行更多有分量的评说。加强辽金史学的理论建设，乃是我们今后一项艰巨而光荣的任务。

（原载《历史研究》1998年第4期）

---

① 辽宁人民出版社1994年版。

佟冬与历史学

佟冬同志（1905—1996）——一位德高望重的革命前辈、著名历史学家、教育家——走了，他给弟子和熟悉他的人留下了不尽的思念和回忆。佟冬一生，无论是在延安中央马列研究院时期，还是在新中国成立后的东北人民大学（今吉林大学）、东北文史研究所、吉林省社会科学院时期，以至到他生命的最后岁月，都与历史学结下了不解之缘。本文仅就笔者所知，对他从事的史学活动及建树略作介绍和阐述。

一　关于通史研究与撰写

佟冬于1927年从家乡辽阳考入沈阳的东北大学，九一八事变后，随校流寓到北平。1938年到革命圣地延安，入中央马列研究院学习，后任中央马列研究院历史研究室研究人员。1940年1月，范文澜同志到延安，任历史研究室主任，并受命同历史研究室的其他同志分工撰写中国通史，作为干部学习之用。由范文澜担任总编，佟冬参与了此项工作。这可视为他从事中国马克思主义历史学研究的开端。

后来（1954年），据范文澜讲："由于缺乏集体写作的经验，对如何编法没有一致的意见，稿子是齐了，有的太详，有的太略，不甚合用。组织叫我索性从头写起。"① 不过在我们看到的《中国通史简编》的版权页和序言中都是注明参与者的。如据上海新知书店1947年版版权页载，"编辑者 中国历史研究会"，以下依次署名为：谢华、范文澜、佟冬、尹达、叶蠖生、金灿然、唐国华，主编为范文澜。中国历史研究会序言（1941年5月25日）说："参加本书编辑的同仁凡七人：谢华、范文澜分任第一编，佟冬、尹达、范文澜分任第二编，叶蠖生、金灿然、唐国庆、范文澜分任第三编，为了整齐体例，修饰文字，由范文澜氏任总编的责任。"从署名次序及序言，既反映了范文澜的谦虚作风，也说明其余六人参与了《中国通史简编》最初的撰写工作。

佟冬、尹达、范文澜分任的第二编为秦汉南北朝时期。记得1978年《历史研究》与《社会科学战线》两刊在长春召集中国古史分期问题学术讨论会期间，笔者在同佟冬闲谈时，他曾高兴地谈及这段往事，并说他承担了秦汉三国部分。

我们可以从该书序言中对编撰者的史学观点及本书的构想有一个粗略的了解。序言说："我们要了解整个人类社会的前途，我们必须了解整个人类社会过去的历史；我们要了解中华民族的前途，我们必须了解中华民族过去的历史；我们要了解中华民族与整个人类社会共同的前途，我们必须了解这两个历史的共同性与其特殊性。只有真正了解了历史的共同性与特殊性，才能真正把握社会发展的基本法则，顺利地推动社会向一定目标前进。这样，研究中国

---

① 《关于中国历史上的一些问题》，《范文澜历史论文选集》，中国社会科学出版社1979年版，第17页。

历史，是每一个进步中国人民应负的责任。"又说："如果利用'二十五史''资治通鉴'一类现成的史书来学习中国历史，是不是能收预期的功效？第一，这类包含千百万字的大部书籍，学习者哪有这许多时间和精力去消费；第二，这类书连篇累牍，无非记载皇帝贵族豪强士大夫少数人的言语行动，关于人民大众一般的生活境遇，是不注意或偶然注意，记载非常简略；第三，我们要探求中国社会循着怎样的道路向前发展，而这类书却竭力湮没或歪曲发展的事实，尽量表扬倒退停滞阻碍社会发展的功业。一言蔽之说，这类书不适于学习历史的需要。"所以编撰者认为，应"从广泛史料中选择真实史料，组成一部简明扼要的、通俗生动的、揭露统治阶级罪恶的、显示社会发展需要法则的中国通史"。于是他们编撰了这部通史。我想，这应是当时所有编撰者的共识。

新中国成立后，范文澜不止一次地谈到旧本《中国通史简编》有很多缺点和错误，然而它在当时却产生了很大的反响，得到广泛的流行。曾有新华出版社1942年版，上海新知书店1947年版等版本，而上海新知版在同一年内的七月、八月连续出了两版。

《中国通史简编》是较早诞生的一部以唯物史观为指导，系统地叙述几千年中国历史进程的通史著作，是中国马克思主义史学发展的重要成果。① 佟冬作为延安时期为数不多的历史学家之一，协助范文澜编撰《中国通史简编》，不仅反映了他当时在史学界的地位，也为他后来从事历史教学和社会科学研究的组织领导工作奠定了基础。

也许正是因为如此，新中国成立后，佟冬在史学界有较高的

---

① 参见陈其泰《中国近代史学的历程》，河南人民出版社1994年版，第401—411页。

地位和威望。1953年秋，正在新中国革故鼎新、百废俱兴之际，党中央决定成立中国历史问题研究委员会，创办《历史研究》杂志，并且组成了以郭沫若为召集人的历史研究编辑委员会。据刘大年先生回忆，当年出席中国历史问题研究委员会第一次会议者有：郭沫若、吴玉章、范文澜、翦伯赞、侯外庐、杜国庠、胡绳、尹达、刘大年。列席这次会议者有：黎澍和佟冬。①

我想这也是长期以来佟冬同范文澜、尹达、刘大年、黎澍等老一辈著名史学家保持交往的一个重要原因。"文化大革命"期间，范文澜根据1968年7月20日毛泽东同志派人给他传话说：中国需要一部通史，在没有新的写法以前，还是按照你那种旧法写下去，通史不光是古代近代，还要包括现代。② 他开始组织和计划编写《中国通史》。据我的回忆，当时我所在的东北文史研究所曾接到北京来函，希望派人参与其事。但因当时所内两派群众斗得火热，佟冬已被打倒，无权过问其他，此事自然没有得到回应。我想此函当同范文澜与佟冬的过从有关，应是范老想起了过去他与佟冬在延安的合作。又如，"文革"结束后，1978年分别以佟冬和黎澍任主编的《社会科学战线》和《历史研究》两家杂志联合发起在长春召开中国古史分期问题学术讨论会，在当时召开学术讨论会还不像后来那么时兴，两刊联合办会是同两位史学家的交往相联系的。

二 关于东北地方史研究

从事和推动东北地方史研究是佟冬对中国历史学所作出的又

---

① 见刘大年《〈历史研究〉的光荣》，《刘大年史学论文选集》，人民出版社1987年版；并见历史研究杂志社编《历史研究四十年》所载同文之"编者注"，历史研究杂志社1994年版，第27页。

② 见《范文澜同志生平年表》，前引《范文澜历史论文选集》第376页。

一贡献。

佟冬对生于斯长于斯的东北大地充满眷恋之情，对东北地方史情有独钟。他从60年代起，就一直想主持编撰一部东北通史。然而由于种种原因，未能如愿。他这个愿望终于在80年代部分地实现了。由佟冬主编、他的挚友关山复作序的《中国东北史》第一卷于1987年由吉林文史出版社出版。这本书就其规模和深度都超过了三四十年代出版的傅斯年著《东北史纲》和金毓黻著《东北通史》。

我们知道，早在1931年"九一八"事变后，历史学家傅斯年面对日本帝国主义侵占我国东北地区，并且鼓吹"满蒙在历史上非中国领土"，企图使其占领合法化的情势，为了对国人进行历史和国情教育，他联络方壮猷、徐中舒、萧一山、蒋廷黻等学者撰写东北通史，由他写出《东北史纲》第一卷，1932年由国立中央研究院历史语言研究所发行。书中利用大量史料证明东北一直是中国的领土，有力地驳斥了日本侵略者的妄说。继之，流寓在四川三台的辽阳历史学家金毓黻出于对故土的怀念，对日本侵略者的仇恨和对日本御用学者在东北史问题上的牵强附会、别有用心，于1941年将旧稿整理出版，是为《东北通史》上编，凡6卷30余万言。

傅、金两书是东北通史研究的奠基之作，不仅在那个特定的历史时期发挥了其史学功能，而且也是后来东北史研究者的必读之书。然而事隔四五十年，随着社会的变化，观念的更新，文献整理和考古发掘的进展，两书已显陈旧是自不待言的，当然也是我们所不应苛求于前人的。新中国成立后，特别是时至七八十年代，东北史研究取得了重大进展，为实现佟冬的多年宿愿——编撰一部全新的东北通史提供了条件。

《中国东北史》第一卷洋洋51万言，全面系统地叙述了从原始时代到魏晋南北朝时期的东北历史。书中就东北通史中的一些重要问题，如关于古代东北的地理区域，少数民族，社会性质和历史分期，东北史与全国史的内在联系与共性，东北古史的地方特点，古代东北的经济与文化等问题都发表了自己的看法。正如关山复在序言中所说，此书"立论严谨，史料丰赡，文笔流畅，叙述有序，于东北古史之研究颇多独到之处，确实是一部新颖、系统的东北地方通史专著"（第3页）。这是不过誉的。如果说三四十年代傅、金两书用史实证明东北自古就是中国的领土，驳斥了日本侵略者所鼓吹的东北在历史上非中国领土的妄说，奠定了东北史研究基础的话，那么《中国东北史》一书则是继两书之后东北史研究的又一力作，是运用马克思主义观点重新研究东北古史的重要成果。

本书由佟冬弟子分章撰写，然而从课题的确定到专著的出版，都倾注了佟冬的心血，甚至直到他生命的最后时刻，还关注《中国东北史》以后几卷的进展。我想他的弟子们是不会辜负老人家生前殷切期望的。

主持编辑整理卷帙浩繁的《静晤室日记》是佟冬晚年对东北史研究所作出的又一功绩。

著名历史学家金毓黻（室号静晤，1887—1962），毕生致力于东北史资料的搜集、整理、研究工作，著述甚丰。编纂有《奉天通志》、《辽海丛书》、《渤海国志长编》等，专著有《东北通史》上编、《宋辽金史》和《中国史学史》等。金毓黻去世后，所藏大部分图书于1964年转卖给东北文史研究所（今吉林省社会科学院）。所撰《静晤室日记》手稿捐赠给他所供职的中国科学院历史研究所第三所（今中国社会科学院近代史所）。后由佟冬提议，经历史三所所长刘大年及金毓黻家属同意，以在适当时候编撰一部金毓黻学术年谱为条件，将日记转让给东北文史研究所。《静晤室日记》手稿转让给东北文史研究所后，佟冬一直关注此事，并曾指派研究人员着手编写金毓黻学术年谱。后因"文化大革命"起而告辍。1985年底，年届八十高龄的佟冬提议组成《金毓黻文集》编辑整理委员会，并首先编辑整理《静晤室日记》。这部洋洋550万言的巨著经过有关人员的通力合作，几经周折，于1993年由辽沈书社出版。

《静晤室日记》的学术价值，正如编辑整理组在"前言"中所说：它是金毓黻的长篇读书治学札记，可于此一书中辑出学术年谱、读书札记、考古游记、金石书画经眼录、诗文集、东北地方掌故和辽海人物录等多种专书。此外，日记还迻录了大量的古史珍贵资料，收入许多已刊和未刊的论著、书札等，其中尤以有关东北史事与文献者占绝大部分。特别是有关东北近代史事的记述，有些系访问调查后所撰写，许多史实不见于正式载籍，这些口述史学资料具有极高的学术价值，是可想而知的。

以佟冬为主编的《静晤室日记》的编辑、整理与出版，是东北史研究史上的一件大事，对于推动东北史研究的进展无疑是功德无量的。

此外，佟冬先后任院长和名誉院长的吉林省社会科学院，把东北历史与文化作为该院科研主攻方向之一，以他为首任主编的《社会科学战线》长期辟有"东北历史与文化"专栏，刊发这方面的研究成果，促进了东北历史与文化的研究。

多年来，我国东北史研究取得了十分可喜的进展，这与佟冬的积极倡导和参与是分不开的。他不愧是在这方面作出杰出贡献的学者和组织领导者。

三　关于培养文史研究人才

佟冬从任东北人民大学历史系主任，到东北文史研究所所长、吉林省社会科学院院长及名誉院长,直至生命历程的终点,培养了大批文史研究人才,特别是史学研究者,这是他对发展中国历史学的第三个贡献。

这里以佟冬任东北文史研究所所长期间的一些事实为例来说明之。

东北文史研究所是东北局根据1959年周恩来同志在哈尔滨的一次讲话中提到的要改变"东北文化落后,文风不盛,人才甚少"状况的精神,经原东北局宣传部长关山复提议,于1961年建立的,由佟冬任所长。

创办这个研究所的宗旨,是培养文史专业人才及为各级领导机关输送干部。其授业方式,"参照昔日东北萃升书院的办法,或者有如京剧小科班"[①]。并且宣布不参加政治运动,不搞劳动,唯一的任务就是读书。建所后,先后从各地招收三批应届大学文史哲本科毕业生,还陆续从全国以高薪聘请一些著名老学者、老教授,如钟泰、陈直、李泰棻、陆懋德、马宗霍、洪诚、金兆梓、沈文卓、陈登原等,到所长期任职或短期讲学。

佟冬十分重视对青年学员专业基本功的培养训练。他反复强调,从事文史研究,一定要有广博厚实的基础,不要急功近利。要求学员在学习期间,不分文史哲专业,一律从"十三经"、"前四史"读起,初定四年,谓之打基础。他常说,有的人四年不行就八年。他一再强调,甘坐冷板凳,练好基本功;反对浅尝辄止,不让学员在学习期间匆忙发表文章。对于以上这些做法,可以有不同的评价。记得当时(1964年)就有一位在京任要职的著名史学家在一家理论刊物上撰文批评这个研究所的方向路线问题,说它第一步就错了。不过很快他也因方向路线问题而被批判、打倒,

---

① 关山复:《中国东北史·序》,吉林文史出版社1998年版。

成为"文革"的前奏。今天回过头来看，那种参照旧书院的修业方式未必值得提倡，但是佟冬所一再倡导的甘于寂寞、切忌浮躁、甘坐冷板凳、练好基本功的精神，则无论何时何地，都是一切从事学术研究者所应具备的品格，否则便不要从事学术研究。实践也证明了它是行之有效的治学之道。三十多年过去了，当时的一些学员回忆起那段读书生活，无不十分留恋。在学术研究上取得一定成绩者，也无不说深深得益于当年佟冬的教诲和培养。

佟冬平时对青年研究人员既严格要求，又循循善诱。严厉得近于苛刻，温和得如同春风，而其中都贯串一个爱字。当他看到身边中青年学者茁壮成长，有了新的研究成果问世时，便感到无比欣慰。他说："目睹他们'苗而秀'，'秀而实'，秋收有成，冬藏在望的成长过程，不禁为之乐而忘忧，不知老之已至。"[①] 这就是佟冬关怀中青年学者的真实写照。

从我的一段经历中，也深切体会到佟冬对晚辈的关怀与挚爱。也许是出于历史的误会吧，1969年我从东北文史研究所调到北京从军，两年后被关进京郊团河农场"学习班"接受审查，一查就是几年。在此期间，我想平生与我钟爱的历史专业的缘分算是彻底断绝了。不料，大约是1973年的一天，忽然接到佟冬来信，说他正在原东北文史研究所和吉林省哲学社会科学研究所的基础上筹建吉林省社会科学研究所，两所原来许多同志已经归队，问我想不想重理旧业？我连做梦都想重理旧业呀！然而当时正在接受审查，自己无法掌握命运。不过我还是从老人的信中增添了一线希望。1975年，我从部队转业到长春，却不能去研究所，而被遣送到一家大工厂接受改造。经过锻炼，居然当了一名很称职的装配工人。约在1977年底或1978年初的一天，工厂中

---

① 见《曹廷杰集序》，中华书局1985年版。

的一位朋友高兴地对我说：你有希望回所了，佟老在全省批判林彪、"四人帮"在吉林省代理人大会上为你鸣不平。在那个人们对政治运动尚心有余悸、许多人对我避之犹恐不及的时候，老人竟能为我主持公道，使我感动万分。不久，我被调到吉林省社会科学研究所（后改吉林省社会科学院）参与《社会科学战线》杂志的初期工作。他为了什么？不过是不愿意看到一个经国家多年培养出来的知识分子却不能从事他所热爱的事业。如此而已。从这里我看到了一位老共产党员的高风亮节。

由于佟冬在新中国成立后的四十多年中，长期从事高等教育和社会科学研究事业的组织领导工作，可谓呕心沥血，殚精竭虑，因此没有更多时间进行自己的学术研究，留下来的著作不多，这也许会使人感到有一点遗憾。然而，他却培养出了一大批中青年学者，特别是文史工作者。佟冬任职的吉林省社会科学院以及经过他的培养后分散在各地的学者，在东北史、辽金史、明清史研究，文献整理以及学术编辑与出版等方面都做出了可喜的成绩，为中国历史学的繁荣和发展贡献了力量。佟冬虽已作古，但其学术生涯却在他的弟子和后继者那里得到延续。

佟冬平生写的书不多，可他在弟子心目中就是一部永远读不完的书，是一座高耸的丰碑。这不仅仅是由于他为新中国历史学的创建作出过贡献，还在于他那几十年如一日对真理的追求，对事业的执著，对人才的爱惜，对晚辈的关怀，以及他一生不唯书、不唯上，在政治风云变幻中一身正气、不畏邪恶的高风亮节。许多人从佟冬那里懂得了应该如何读书，做人，做学问。我想，佟冬在这方面的贡献，也许比他本人多写几本书更为重要。

（原载《社会科学战线》1997年第4期；

《新华文摘》1997年第11期全文转载）

十年辛苦不寻常　东北史苑添新葩
——评佟冬主编《中国东北史》

由历史学家佟冬生前任主编、二十多位学者参加撰写，历时十数载完成的《中国东北史》（六卷）①的出版，是东北史研究乃至我国边疆史、区域史研究中的一件大事。

回顾东北史研究的历程，它大体上是与我国边疆史研究相同步的，前后历经三次高潮。第一次，19 世纪下半叶至 20 世纪初，因外国势力的入侵而激起爱国学者的研究热潮，著述可以曹廷杰《东北边防辑要》、《西伯利东偏纪要》、《东三省舆地图说》为代表。第二次，20 世纪三四十年代，是由日本帝国主义的侵略而掀起的，著作以傅斯年《东北史纲》和金毓黻《东北通史》为代表。第三次，80—90 年代。这次热潮，是 20 世纪下半叶新中国历史学发展的一个方面。与以往不同的是：研究者以马克思主义理论为指导，在观念上发生了重大变化；大量考古发现、文献整理和民族调查等为东北史研究扩大了史料来源；研究队伍大大超过从前，成果数量之多也是以往任何时期所不可比拟

---

① 吉林文史出版社 1998 年版。

的。这期间，出版了许多断代东北史、专题东北史以及东北通史著作。如通史即有张博泉先生的《东北地方史稿》、董万仑先生的《东北史纲要》、薛虹和李澍田先生主编的《中国东北通史》等。新近出版的这部《中国东北史》则可以说是东北史研究的集大成之作。下面谈谈我初读之后的几点想法。

一、《中国东北史》是第一部反映时段最长、涵盖面最广的多卷本东北通史。

此前出版的东北史专著，或局限于某个时段（如从远古到清朝，或是某个断代），或限定于某个专题（如经济史、革命史、教育史等），或是单本著作。虽然它们都在不同程度上为东北史研究作出了各自的贡献，但是编撰宗旨决定了它们不能像这部洋洋420万字的鸿篇巨制可以全方位、多侧面地向读者展现我国东北地区的历史发展全貌。它是第一部、也是目前唯一的一部多卷本东北通史专著。就这点来说，其学术地位是不言而喻的。即使将来出现更臻完备的东北通史专著，但此书在东北史研究史上乃至中国边疆史、区域史研究史上的地位是不会磨灭的。

二、该书在提供新史料、新知识、新结论方面的贡献。

该书并非仅以部头大取胜，而在许多方面提供了新史料、新知识，从而进一步印证了学术界所认同的某些结论。同时，它还填补了过去一些研究空白，提出了若干新见。以往的东北通史专著，如傅斯年著《东北史纲》、金毓黻著《东北通史》，堪称用近代史学方法从事东北史研究的奠基之作，但今天看来，其观点已显陈旧。而且限于当时的条件，他们没有也不可能达到该书的高度。近十多年来出版的一些东北史专著，限于篇幅等，也无法像该书这样提供那么多的新事实、新知识与新结论。

我认为该书对民族、经济、文化诸方面的研究与论述，尤其值得重视。

本世纪后半叶，我国民族史研究在指导思想和观念上发生了根本性变化，取得重大进展。各民族共同缔造了中华文明，已成为共识。在这方面，东北地区的发展历程，表现得尤为明显。该书在前人和时贤研究基础上，用较大篇幅叙述各民族政权的建立，社会经济文化的发展，在历史上的贡献及其与中原的关系等，这些都为民族史研究中已经取得的共识增加了论据。

该书用较大篇幅阐述以前研究薄弱的东北地区古代经济，是其又一贡献。在以前的东北史研究中，有关古代民族、文化等，出版了一些有分量的论著，然而关于东北地区经济史的论著较少，并侧重于近现代，对东北地区古代经济的研究显得薄弱。该书用很大篇幅系统论述古代经济的发展，使这个比较薄弱的环节得到充实和加强。

文化史与社会史研究，在新中国成立后的前三十多年间一直很冷清，近一二十年来，这两个领域的研究异军突起，方兴未艾，给以前较为单调、缺乏血肉之感的史学著作增添了活力。该书在这方面也下了一番工夫。

有关东北古代经济、文化和社会生活，由于元代以后特别是明清两代的文献资料较前大增，加上作者的辛勤劳作，三、四卷反映得更为充实。

三、该书在研究方法上亦有值得重视之处。

为了增加论据的可靠性和充分性，编撰者在扩大史料来源方面作了很大努力。从该书远古到辽金部分对考古资料的利用，明清部分对实录的利用，近现代部分对档案和回忆、口述史料的利用等，都可以说明这点。该书既有一般性的叙述，又有颇见功力的考证。如几处有关民族的考证，运用了民族学、语音学、历史学等方法，使考证具有说服力。史学研究中采用多学科方法及现当代史研究中重视回忆、口述史料，无疑都是提高我们研究水平的有效方法和途径，值得提倡和发扬。

四、注重遵循学术规范与技术规范。

该书对东北史这一领域研究状况的把握程度及遵循引证规则的程度，总的来说是好的。比较充分地利用了别人已有的研究成果，分别予以注解和诠释，并对某些存在歧义的问题表述了自己的观点。作为部头这么大的书，其遵循技术规范状况也比较好。此外，该书的装帧设计、版式设计、标题字体选择等，也都取得了不错的效果。

五、不足与建议。

若以更高的标准要求，或者为了将来修订重版，我想该书也有可改进之处。第一，各卷功力和篇幅不平衡。有些章节稍显成书仓卒，征引过多。应该增加独立研究成果的比重。各卷繁简程度也有差异，个别卷有压缩余地。第二，各卷标题分档及注释等不统一。要使这样一部由二十多位作者合作完成的数百万字巨著的写作风格、技术规范等完全统一起来，是很难做到却又必须尽力而为的，特别是关于技术性的统一则是可以做到的。如脚注中"正史"篇名，有的用书名号，有的则用引号。虽然两者都无不可，但在一部书中还是统一为好。第三，行文中对常见书一般是不应转引的，如果转引，亦应尽量核对原书。该书不止一处转引常见书，有的还沿袭了原引者的错误。第四，书中还有少量错别字及其他舛误。

总之，尽管《中国东北史》并非尽善尽美，尚有不足之处，但可以说它代表了本世纪内我国东北史研究所达到的水平。如果说在19世纪后半叶出现的那次东北史研究高潮中，曹廷杰的三部著述代表了那个时代东北史研究最高水平的话，那么恰值《东三省舆地图说》（1887年）问世一百年后，于1987年出版第一卷、至今全部出齐的《中国东北史》，则把本世纪的东北史研究提高到了一个新高度,在东北史研究史上具有划时代意义。同时,它也是我国边疆史、区域史研究的重要成果。因此,可以说该书的出版已经较好地实现了著者在"前言"中所说的试图编一部"比较详尽、系统阐述东北地区从古至今历史的地方通史专著"这一初衷。

(原载《中国社会科学》1999年第2期)

读《金代政治制度研究》

长期以来，金史研究在中国通史研究中处于较薄弱落后的状态；金朝历史在通史著作中往往居于无足轻重、可有可无的位置；人们在历数我国王朝时，也习惯于只言秦汉唐宋元明清，似乎两宋足以包含辽金。近二十年来，这种状况有了改变。这是同史学工作者的努力及辽金史研究所取得的长足进展分不开的。辽金史在中国通史编纂中的应有位置及辽金两朝历史的地位和作用，逐渐为更多人所认识。

近二十年来，金代政治史研究取得了很大的进展，而程妮娜教授就是在这一领域中矢志不渝、用力最勤的中青年学者之一。她从80年代初师从著名金史专家张博泉先生攻读研究生时选定"金初国论勃极烈制度研究"课题开始，一直在金代政治制度史这块园地里笔耕不辍，发表了一篇又一篇有分量的学术论文。她的新著《金代政治制度研究》①就是在此基础上提炼加工而成的，是她多年从事金代政治史研究的结晶。

《金代政治制度研究》（以下简称《研究》），凡25万字，分

---

① 吉林大学出版社1999年版。

上下两编。上编通论，由"女真奴隶制国家政治制度"和"金王朝封建政治制度"两部分组成，每部分又分若干章。下编是分论和综论。分论就汉官制度等问题作了论述，综论则可视为全书的纲领和总结。

作者撰写《研究》一书的宗旨，是要从不同国体与政治的角度对金代政治制度各方面进行整体论述，将金代政治制度中具有女真族特色的政治制度与吸纳的中原式政治制度放在同一时空中进行考察、探讨。目的是"从政治制度的角度研究在多民族国家如何将不同社会形态、不同民族的政治制度，一元化于中央集权的整体政治制度之中，而这种多元政治制度并存的政治系统，在社会发展的过程中又是如何由低级向高级发展，在发展中的特点及日趋统一的发展趋势"（第 292 页）。

综观全书，可以说作者已较好地实现了自己的初衷。

首先，本书揭示了金代奴隶政治制度到封建政治制度的演变过程。作者就金朝建国后曾经存在过的国论勃极烈制度、勃堇制度、三种不同的路制、府州县与猛安谋克制度等一一作了论述，指出它们分属于不同的政治制度，如女真奴隶制度、汉族封建制度、契丹等族政治制度、边疆氏族部落制度等，并阐明了原来占据次要地位的封建政治制度逐渐向取代奴隶制度发展的过程。关于封建政治制度时期，本书则通过对金朝三省制度、一省制度、都元帅府、京都制度与区域政治、猛安谋克官制、监察机构与制度等问题的论述，阐明了金代封建政治制度从确立到完善的过程。尽管目前史学界对于女真在建国前后是否存在过奴隶制度的问题还有不同的看法，但本书在这方面的观点可成一家之言。

其次，本书从多方面论述金代政治制度承袭辽制，具有"因俗而治"、两制或多制并存的特点，指出金代政治制度是由女真族政治制度、中原政治制度、契丹族政治制度等多族政治制度构成的，其中尤以前两者为重。在女真奴隶制国家的时期，是以女真族政治制度为主，其他两种为辅。在国家发展的过程中，汉族政治制度的比重越来越大。金王朝政治制度总体封建化完成后，中原封建制度占主导地位，兼容女真、契丹等政治制度于其中。

再次，本书论述了金代政治制度的历史地位。如通过对三省六部制演变过程的考察，指出了它对中原封建王朝政治制度的继承、发展及其对元明清的影响，金代行省制度的确立及其对后世地方行政建置的作用与影响，中央一元化统治下两种或多种制度并存的政治模式对后来元清两朝的影响等。

总之，《研究》一书对金代政治制度（主要是官僚制度）的演变、结构、特点及历史地位等都作了明晰而深入的考察与探讨，是金代政治史研究的重要成果。

下面就本书的撰写形式、理论与方法和作者治学态度谈点看法。

本书既不同于一般章节体的专史著作，也非内容驳杂的论文集，而是按作者预想的框架、体系撰写的专题论集。一般章节体金代政治制度史著作，如杨树藩著《辽金中央政治制度》[1] 概括介绍了辽金中央职官制度，《中国政治制度通史》[2] 辽金西夏卷之"金朝的政治制度"（李锡厚执笔）系统地叙述了金朝政治制度诸方面问题，都有其各自的学术价值。而《研究》一书的形式，则不受章节体例、比例的限制，根据需要，对若干问题作深入的考辨与论析，这种形式对于从事相同课题研究者来说，或许更具参考价值。当然对普通读者来说，似不如前者。它们各有千秋。

---

[1] 台湾商务印书馆1978年初版，1983年再版。
[2] 人民出版社1996年版。

金代政治制度史这一课题本身就决定了作者须运用历史学、政治学、民族学等理论和方法进行研究才能取得更大的进展。这在本书中也有反映。本书还使用了计量的方法，如在"世宗、章宗时期任用宰执的政策"一章中，利用数字和表格，使其论点更具说服力。开展跨学科研究，引进新的理论与方法，应是提高金代政治史乃至人文学科研究水平的重要途径。

《研究》一书中反映出的作者严谨的学风也是值得称道的。如众所知，同若干断代相比，金代史料较为匮乏，有些问题不易说清楚。经过作者对史料的悉心考索、比勘，对若干记载混乱的史实，作出了较为合理的解释与论析，如对勃极烈制度、勃堇制度的研究。对现有研究中殊少涉及而在金代政治制度中占有重要地位的都元帅府也有探讨。从本书对许多问题的论述中，还体现了作者缜密细致的思考，给人以启迪。如"世宗、章宗时期任用宰执的政策"一章中对盛世中的这两位皇帝依靠皇亲、国戚的分析，指出世宗重用外戚而章宗重用宗室的原因在于：世宗是通过政变而夺取皇位的，在即位之初便没有得到来自贵族的有力支持，只好倚重外戚；而章宗则是以嫡长孙的身份继皇位的，符合女真先帝的礼法，得到宗室贵族的支持，所以在宰执集团中逐渐转向重用宗室贵族。这一论断虽无什么惊人之处，但从中可以看出作者的细心。书中的若干数字和表格，都是经过烦琐、枯燥的统计而形成的。以上这些都反映出了作者的严谨学风。在学术界出现浮躁之风的时下，这种精神显得尤为可贵。

最后，正如张博泉先生在序中所说，《研究》一书是"侧重于对官僚制度的研究，不是金代政治的全部"。希望程妮娜教授在今后的金史研究中取得更大的成就。

（原载《民族研究》2000年第2期）

金代文学研究的新高度

——评周惠泉著《金代文学论》

公元12世纪初，长期生活在"白山黑水"间的女真人建立金王朝，随即挥师南下，灭辽克宋，占据了当时中国的半壁江山。在金朝的120年间，我国北方社会发生了重大变化。金源一代文学也以其独特的风貌在中国文学发展史上占有无可取代的一席之地。然而，在很长时期里，金代文学没有受到应有的关注。在本世纪的前四分之三世纪里，有关金代文学的研究著述，屈指可数。较全面介绍金代文学者，仅有苏雪林《辽金元文学》（1934年）、吴梅《辽金元文学史》（1934年）等，然而都很简略。从那时至70年代，虽然陆续有些散篇文章或小册子发表，但主要集中在对作家元好问及诸宫调《董解元西厢记》的研究上。近20年来，金代文学研究取得了前所未有的进展。其中用力最勤、成果最著者当属周惠泉先生。他先后发表系列文章及专著，参与《中国大百科全书》中国文学卷和中国文学通史系列之金代文学部分的撰写。而新近出版的《金代文学论》[①] 则可视

---

① 东北师范大学出版社1997年版。

为他从事金代文学研究的阶段性总结。全书分"金代文学总体观照"、"金代作家成就研究"、"金代文人生平考述"和"金代文学批评综论"四个板块。其中个别篇章曾散见于作者以往的论著，如今一并纳入，从而较完整地反映了作者关于金代文学研究的建树。

综观此书，以下四点值得重视。首先，宏观探索与微观考述的结合。金代文学是以往关注较少的研究领域，因此，从总体上认识它的特质、历史地位，从而把它同其他朝代文学区别开来，就显得十分必要；同时，对若干具体问题，乃至作家生平等进行考辨，也成为不可缺少的基础工作。对于这两个方面，作者都倾注了很大精力，并有所发明和进展。

在宏观探索上，书中新意迭出，多所创见。如在述及金代文学特点与作用时指出："金代文学质实贞刚、清新自然的独特风貌，为中华各民族文化优势互补、异轨同奔的历史走向增加了合力。"（第4页）在谈到金代文学特色的成因时说："伴随着民族融合的进程，中原地区汉民族的农业文化与地方游牧民族的草原文化相互影响、相互吸收，形成了金代文学新的特色、新的气象。"（第45页）在论述元好问文学成就的由来时说："元好问之所以能够在处于汉文化与北方民族文化交叉点上的金朝出现，并且堪称集大成的一代伟人，不仅有地域的、时代的条件，也有民族的条件。而融汇汉文化传统与北方民族文化传统为一炉，可以说是元好问文学成就所达到的制高点所在。这一制高点不仅属于元好问个人，同时也标志着金代文学的可贵价值和独特成就。"（第41页）作者还从金代文学研究中联想到，"在古典文学研究领域亟须树立多民族的中国文化观"（第31页）。这些论述，都足以发人深思。

在微观考证上，本书也有所发明。由于文征不足及史料撰者观点所局限，在我们见到的文献中，对金代某些作家的评价有欠公允，对他们的生平乃至生卒年也颇多疑点。这也是金代文学研究中应该解决的问题。对此，本书不乏颇见功力的考述。如对宇文虚中晚节的评价，经作者精心考索，指出与宇文虚中同时羁留金国的洪皓因未见到虚中客死金国的结局，因而对其晚节的指责有欠公允（第102页）。另外，对王寂、李纯甫、王若虚等人生平的考证，疏通了史传记载，解决了疑难问题，读后令人信服。必要的考证，对正确评价及深入研究这些作家无疑是大有裨益的。

其次，对其他学科理论方法及研究成果的借鉴和吸收。金王朝是由北方民族女真人建立的王朝。金代文学研究如不着意利用和借鉴相关学科如历史学、民族学的理论方法和研究成果，就很难取得突破性的进展。以往的金代文学研究成绩不大，究其原因，除了受传统观念影响等因素之外，盖源于此。惠泉先生在这方面所作的努力与探索是值得赞许的。从他的许多论著及本书中都不难看出，他对辽金史和北方民族史都下了一番工夫。上述许多精辟论断的得出，反映了他是把金代文学作为中华各民族文化的一个组成部分，并将其置于中国历史发展长河中去进行考察与研究的。我们可以看出，其中吸收了一些近20年来我国辽金史、北方民族史、民族学等领域的研究成果。至于对一些作者生平的考述，则采用了传统历史学的方法。采用多学科理论和方法从事古典文学研究是著者在金代文学研究上取得超越前人的重要原因之一。我想，这也应是其他学科获得突破的途径和方向。

再次，对前人金代文学批评的继承与发展。为把一个学术领域或专题的研究提高一步，对前人的研究进行全面认真的清理是一项烦琐而不可缺少的工作。否则便会胸中无数，更谈不上继承和发展。著者对金、元、明、清及今人的金代文学批评作了系统的评述。特别是历代有关金代文学批评的论述相当分散，著者钩沉索隐，将能收集到的言论辑录起来，哪怕是只言片语也不放过，然后进行归纳分析，予以评论。这样，既总结了以往的金代文学批评，又可从中汲取营养，并在此基础上把金代文学研究提高到一个新水平。不仅如此，这项工作还对从事金代历史与文化研究者提供了方便。

最后，征引宏富。一位前辈史学家主张，从事一项研究时，在占有史料上要做到"竭泽而渔"。当然真正做到这点殊非易事，但最大限度地掌握史料无疑是十分必要的。我想，在古代文学研究中，这一精神同样是适用的。本书及作者其他论著，在这方面的表现是突出的，征引金史文献及历代有关金代文学批评的著述，范围之广，不仅前人金代文学史论著作望尘莫及，而今贤也无出其右者，从而反映了作者严谨的学风。这在今天，尤为难得。

总之，惠泉先生多年的辛勤耕耘，已经结出硕果。可以毫不夸张地说，他以新著《金代文学论》为标志，把金代文学研究提高到了一个新水平。

这里也不妨谈谈本书的不足之处。本书既非论文集，也不是通常章节体的专著，而是由能反映作者金代文学研究建树的四个板块组成的。这一体例大体上是成功的。唯"金代文学总体观照"中的"金代文集概观"一节，基本属于文献评价，且略见于作者另外一部专书，本书似可不收。这样，在体例上会更臻完善。在被戏谑为"无错不成书"的今天，就本书校勘之精审，可以列入精品。

（原载《晋阳学刊》1998年第6期）

《金代的社会生活》序

金朝（1115—1234年）是公元12世纪初以生活在我国东北"白山黑水"间的女真族为主体建立的王朝，共存在了119年。金代的民族，除女真外，还有汉、渤海、契丹、奚族等。金朝的版图，北起外兴安岭，南到淮河，西起青海、甘肃、内蒙古，东濒大海，超过了同时期的南宋。

如何评价金朝的历史地位，这是一个值得重视的问题。一提到金朝，许多人就会想到外族的入侵，女真的残暴及给我国社会发展造成的破坏作用，几乎一无是处。在一些史学著作中也不乏这种倾向。姑且不说新中国成立以前出版的论著，就是近三十多年来的通史专著，对于12至13世纪我国历史的叙述，大都以宋史为中心，附带述及金史，而且往往侧重于宋金和战及金朝统治阶级对当时社会的摧残破坏。至于对金朝的政治、经济、文化、典章制度等，则语焉不详，缺乏独立系统的论述。仅有个别的通史著作在格局上有所变动，把金朝的建立和封建制度的发展列为专章进行叙述。

人们之所以对金朝历史地位缺乏公允全面的评价，其原因是多方面的：

一是史料少。据有学者著录金源一代著述达1351种[1]，但绝大多数早已散佚，流传下来的较少。

二是对金史缺乏深入的研究。在过去很长的时间里，国内史学界对于金史重在考订史籍，论证史实，以及有关历史地理、宋金关系等专题研究，而对金朝的许多重大问题尚未涉及或研究不深。

三是受正统观念影响。我国自秦汉开始逐步形成一个统一多民族的国家，在这个过程中，汉族的政治、经济、文化发展水平高于其他民族，起了主导作用，其他各少数民族也都为祖国的缔造和发展作出了贡献。特别是契丹、女真建立的辽金王朝统治北部半个中国，蒙古、满族建立的元、清王朝实现了全国性的大统一。因此，契丹、女真、蒙古、满族及辽、金、元、清各朝在我国历史上的贡献是不言而喻的。然而，长期以来正统观念在人们的头脑中已经根深蒂固，把汉民族建立的王朝视为正统，称作中国，而把少数民族及以它们为主建立的王朝看成外族、外国。目前，尽管在理论上持这种见解的人已不多见，但是这种观念在史学研究中还时有反映，这也影响了对金朝历史地位的全面评价。

近年来随着金史研究水平的提高，人们对于金朝在我国历史上的地位和作用的认识，已经有所提高。归纳起来，有以下几个方面：

第一，对北部中国的开发。

金朝继辽和北宋之后，在北部中国统治长达一个多世纪。在这个时期里，我国北方，特别是东北地区的开发取得了很大的进展。东北地区自古以来同中原王朝保持联系，中原王朝在那里设置地方行政机构，实行管辖，而到辽金时期，东北是这两个王朝

---

[1] 杨家骆：《新补金史艺文志》，台湾国防研究院出版部。

统治的重心所在，那里得到了比以往更为迅速的开发。

第二，对各种典章制度的承前启后。

金朝有许多制度是继承唐和辽宋的。比如，赋役制度，除女真固有的牛头税制外，大抵承袭辽宋之制，同时受唐朝户调和户税的影响，有户调和物力钱（即资产税）。官制，金初实行本族的国论勃极烈制度，并承袭辽宋，用汉官名。至熙宗定官制时，废除勃极烈制，行三省制，也是遵循辽宋旧制。金代地方行政区划，基本上与宋相同，而地方官制，则兼采辽宋制度。刑法制度，金朝的《皇统制》是以女真旧制为基础，兼采隋唐辽宋法制编纂而成的，最为完备的《泰和律》之十二篇篇名，与《唐律》相同。科举制度也是"兼采唐、宋之法而增损之"[①]。

金朝不仅在许多方面继承了前代制度，而且在一些方面有所创建，并影响到以后的元清两朝。比如：

猛安谋克制度。猛安谋克本是女真的军事兼地方行政组织，后来清朝所实行的兼有行政、军事和生产三方面职能的八旗制度便同猛安谋克有不少近似之处。

行台尚书省的设置。我国现代的地方行政区——省，起源于元代行中书省（简称行省）制度，而元代行省的确立，却是从金朝行台尚书省制度发展而来的。金代行台尚书省与元代行省所不同之处，在于前者还是临时性的机构，而后者已发展成为常设的行政区。

迁都燕京（今北京）。海陵王完颜亮夺取帝位之后，为摆脱女真保守势力的羁绊，实现统治重心南移，于贞元元年（1153年）从上京（今黑龙江阿城县）迁往原来辽之南京（燕京），改称中都。海陵王迁都燕京，不但加强了金朝中央集权的统治，并

---

① 脱脱等：《金史》卷五一《选举志一》，中华书局1975年版。

对后来产生重大影响，元明清三朝都以此为都城。

第三，北方文化的发展。

金代文化继承辽和北宋，并远远超过辽朝。尽管总的说来，金代文化的发展水平不及南宋，但是在某些方面已接近或超过南宋。元清两代对金代文化有很高的评价。元人修的《金史》说："金用武得国，无异于辽，而一代制作能自树立唐、宋之间，有非辽世所及，以文而不以武世也。"① 清人阮元说："大定（金世宗年号）以后，其文章雄健，直继北宋诸贤。"② 金代文化的发展，不仅表现在文学上"人文蔚起，制作炳然"③，而且在医学、天文、数学、工程建筑等方面也都有令人瞩目的建树。

第四，各民族融合的加强。

辽金以前，在我国历史上曾出现几次大的民族融合高潮，这就是春秋战国时期，十六国南北朝时期，唐五代时期。到了辽金时期，北方各民族的融合又有发展。金朝统治阶级视本朝为正统，海陵王说，"天下一家，然后可以为正统"④；世宗说，"我国家绌辽、宋主，据天下之正"⑤。金朝统治者反对各族间"贵彼贱我"⑥，强调女真、汉人"今皆一家，皆是国人"⑦，反映出当时人们对正统观念的理解。同时，金代社会出现了女真人汉化，汉人和其他人女真化的现象，大大缩小了各民族之间的差距。

---

① 卷一二五《文艺传上》。
② 《金文最·序》，见张金吾编《金文最》，光绪八年粤雅堂本。
③ 黄廷鉴：《金文最·序》，见《金文最》。
④ 《金史》卷一二九《李通传》。
⑤ 《金史》卷二八《礼志一》。
⑥ 张棣：《正隆事迹记》，见徐梦莘《三朝北盟会编》（以下简称《会编》）卷二四二，光绪四年版。
⑦ 《金史》卷八八《唐括安礼传》。

金朝的历史地位和作用,当然不止于以上这些,随着金史研究的深入,我们在这个问题上将会有新的认识。即使根据上述理解和认识,已经可以说明那种把金朝看得一无是处、一团漆黑的见解是不全面和欠公允的。

近年来金史研究者发表不少论著,为恢复和再现金朝历史面貌做了许多工作。这些研究成果,仍侧重于对政治、经济、金宋关系等方面问题的探讨,而对于社会生活、风尚习俗的研究则显得不足。

对于历代社会生活、风尚习俗的研究,也是当前我国史学研究中亟待加强的课题。

本来我国自先秦以来,历朝统治者就重视搜集社会风土民情并载之以史册。如儒家经典《礼记·王制》说,天子每年二月要派人到民间观察"民风"和"民之所好恶"。《乐记》说,乐能"移风易俗"。《荀子·强国》说,"入境,观其风俗"。《诗经》则被汉儒认为是"厚人伦,美教化,移风俗"① 的最好教材。以后各朝,相沿不改。

在我国浩如烟海的历史文献中,包括丛书、类书、正史、野史、笔记、小说、诗文、行记、地方志等,都保存有丰富的风俗史资料,为我们研究历代风俗提供了十分有利的条件。

我国近代关于风俗史研究之始,当以 1911 年张亮采出版《中国风俗史》为标志。尽管在我们今天看来,此书显得杂乱粗疏,然而其开创之功不可没,此后至 40 年代,社会风俗史研究颇有成绩,相继出版了一批有关断代或专题的社会生活史、风俗史的论著和资料。如瞿宣颖(兑之)的《汉代风俗制度史前编》、杨树达的《汉代婚丧礼俗考》,黄现璠的《唐代社会概

---

① 《毛诗·国风》,十三经注疏本。

略》、陈东原的《中国妇女生活史》、吕思勉的《中国婚姻制度小史》、陈顾远的《中国婚姻史》、王书奴的《中国娼妓史》、尚秉和的《历代社会风俗事物考》及瞿宣颖的《中国社会史料丛钞》，等等。

新中国成立以后，在马克思主义的历史唯物论指导下，关于社会风俗史的研究完全可以在已有基础上取得更大的进展，但是由于史学研究受教条主义和"左"的思潮影响，出现了上面谈到的那种情况，多注重于政治史（特别是阶级斗争史）、经济史等方面的研究，而对社会生活、风尚习俗则很少涉及。因为研究范围狭窄，所以一部丰富多彩的中国历史在史学家的笔下常常变得单调枯燥，使人读过之后，对于历史上各阶层人们的日常生活，社会风貌了无印象，这就使读者很难对我国历史有一个比较全面而形象的认识和了解。

近年来，人们愈来愈感到，史学研究要改革创新。在研究范围上，要开拓新领域，探索新问题，不然就无法适应我国当前正在进行着的社会主义现代化建设的需要。在文风上，除某些比较专门的论著外，大多数的著作应当力求清新活泼，雅俗共赏，具有可读性，以满足不同层次读者对学习历史知识的要求。要想改革创新，就要求史学工作者做多方面的努力，而大力开展社会史、风俗史的研究，则可以说是一条重要的途径。

开展社会史、风俗史的研究，不仅可以扩大史学研究范围，而且能为清除现实社会生活中的种种陈规陋习、封建主义残余以及为建设社会主义精神文明作出贡献，又具有一定的现实意义。

以上分别从断代史和专史研究的角度谈到了金史和社会风俗史研究的状况以及开展这项研究的意义。作者撰写这本小书，就是想为金代社会史、风俗史研究贡献一点绵薄之力。本书虽名之为《金代的社会生活》，但是限于时间和精力，实际上仅仅叙述了社会生活中的部分内容。愿以此作为引玉之砖，今后能有更多高水平的、比较全面的金代社会生活史、金代社会史乃至其他中国社会史、风俗史专著陆续问世。

（原载《金代的社会生活》，陕西人民出版社1988年版）

《中国历史·金史》序

金朝是女真族于 12 世纪建立的王朝，历时 120 年。在此期间，北部中国社会发生许多重大而深刻的变化，这些变化不仅对金朝本土，而且对同时期的南宋以及后来中国历史发展都产生了很大影响。

第一，政治与制度方面。

女真人在建立金朝之前，处于原始社会后期，建国后迅速进入阶级社会。随着女真社会由部落联盟发展为国家，其最高统治者也由部落联盟长——都勃极烈而成为皇帝。不过，这时的金代社会仍保留有相当多的女真族特点。完颜阿骨打称帝后，一度采用贵族议事制度——勃极烈制。许多军国大事的决策，须经勃极烈会议商议。到熙宗、海陵王时，金代社会发生了许多变化。如官制的确立，它既承袭了中原汉制的某些传统，又非一如汉制，而是有所保留和变通。金朝行台、行省之设，在我国政区建置史上具有重要意义，后来为元朝承袭和发展，成为地方最高行政机构。又如金朝科举制度，也是继承唐宋之制，并有创新。女真进士科的设置，在我国科举制度史上堪称创举，元朝设蒙古进士科，清朝设宗科，都与金制有渊源关系。又如，北京作为我国政治中心地位的确立与巩固，对后世中国影响尤为重大。清人称"自古帝王建都之地多且久莫如关中，今则燕京而已"①，而这一转变是从金朝开始的。海陵王完颜亮于公元1153年从金上京（今黑龙江阿城）迁都燕京（今北京），改称中都，遂成为金朝的政治中心。后来元、明、清均以这里为都城。北京作为我国政治中心的地位是从金朝确立和巩固起来的。

第二，经济方面。

金朝统治期间，北方中国社会经济有了很大发展。东北地区得到开发，中原的农业生产逐渐恢复和发展，作物种类增加，农业生产技术进一步提高；畜牧业也很发达；手工业在辽宋基础上有了新的发展，其中火器制造业、雕版印刷业等，均达到很高水平。随着农业、手工业的恢复与发展，商业、与邻国贸易及货币流通也发展起来。交钞的使用和随后取消交钞兑界之制，使之成为无限制通用的货币，在中国纸币发展史上具有划时代意义。不过，金朝晚期的通货膨胀也是历史上所罕见的。

第三，文化方面。

金代在文化科技的某些领域，如语言文字、文学、艺术及自然科学、医学等，都取得很大成就。如女真人创造女真大小字，为丰富祖国的语言文字作出了贡献；汉语语言学出版了几部对后世有影响的著作；文学既延续宋文学的传统，又形成本朝特色，并且出现了元好问等杰出文学家；艺术中的书法、绘画等已达到很高水平。此外，金代的天文、历算、数学和医学等也有重大发展。

---

① 姜宸英：《日下旧闻·序》，于敏中等编纂：《日下旧闻考》卷一六〇，北京古籍出版社1983年版。

金代文化从"金初未有文字",到中后期"一代制作,能自树立唐、宋之间"①,其发展是相当迅速的。对金代文化的历史地位,从金末到元清,都有较高的评价。元好问说金源"典章法度几及汉唐"②。元人修《金史》称:"金用武得国,无以异于辽,而一代制作能自树立唐、宋之间,有非辽世所及,以文而不以武也"③。清人赵翼说:"金代文物远胜辽元"④。郭元釪说:"大定明昌承平底定,文治之胜,不减于他代。"⑤ 还有人在谈到金代文化对元代影响时说:"世多以金偏安一隅,又国祚稍促,遂谓其文不及宋元,不知有元一代文章皆自金源启之。"⑥ 于此可见,金代文化在历史上的重要地位。

第四,社会生活方面。

金人的社会生活,诸如服饰、丧葬、宗教等,既受到中原汉人影响,又对南宋和后世产生一定影响。女真人的某些服饰,在北宋故都汴京(今河南开封)乃至南宋临安(今浙江杭州)都有流行,颇受欢迎,曾遭南朝官府的明令禁止;金人的火炕,至今仍是北方一些农村居民的起居之所;北方流行的火葬虽非始自金代,但在当时得到推广;女真人中盛行的萨满教后来在清代满族中仍很流行;金代兴起的新道教——全真、大道、太一诸派到元代有了进一步发展。

第五,民族融合方面。

金国境内,除女真人外,还有汉、契丹、奚、渤海人等,由

---

① 脱脱等:《金史》卷六三《文艺传·序》,中华书局1997年版。
② 脱脱等:《金史》卷一二六本传。
③ 脱脱等:《金史》卷一二五《文艺传上》。
④ 赵翼:《廿二史札记》卷二〇,中国书店1990年版。
⑤ 《全金诗·序》,文渊阁"四库全书"本。
⑥ 谭宗浚:《金文最·序》,中华书局1990年版。

于频繁的战事以及统治者为巩固其统治秩序而采取相关措施，造成人口大量流动，在客观上促进了各民族的联系与融合。尽管金王朝没有实现中国的统一，但是在中华民族形成过程中起过很大作用。

在我国历史上，凡是民族斗争与融合的重要发展阶段，往往也是在观念上关于所谓华夷、正闰问题讨论最为活跃并在理论上有所发展的时期。金初太祖、太宗时期，称宋为"中国"，金朝自为正统的观念尚不明显；到熙宗、海陵时期，这一观念有了新的发展。海陵王反对重诸夏而夷狄及以在域内区分正统与僭伪的正统论。这种华夷狄平等的主张，固然同他的政治雄心相联系，为其统一江南制造舆论，但不可否认，他对传统观念的否定和批判是符合历史发展大势的。到世宗、章宗时期，金朝社会发展到了鼎盛阶段，统治者的正统观念也益形强烈。这一观念，对推进金代各民族融合，推动北方文化发展，以及对后世特别是元清两代产生了一定影响。金代在中华民族多元一体格局形成的实践与理论上，都向前迈进了一大步。

综上所述，在金朝统治的120年间，北部中国社会发生了一系列重大变化，取得很大进步，金朝的历史地位是不应被忽视的。

关于金朝史的著述，从元人修成《金史》到19世纪末的四五百年间，成果不多，而且基本停留在对《金史》的考订、补正、校勘及史料、诗文辑录的阶段上。及至20世纪上半叶，除在史料整理、考订、补遗上继续有所进展外，出现了用近代史学方法研究金史的论著。其中，专题研究如历史地理、民族、女真文字、宗教，宋金关系等方面都有一定进展；断代史编撰则有金毓黻著《宋辽金史》（1941年），书中提出一些至今仍值得重视的见解。如主张宋辽金"三史兼治"、"三史并重"，摒弃以宋为正统，而"斥辽金史为不足观"的"褊狭之见"；在治本期史方法上，提倡"三史互证"等。① 总的来说，金史研究薄弱，而且没有专攻金史的学者。究其原因：一方面是金代流传下来的文献不多，在客观上为深入开展研究带来难度；另一方面是辽金乃少数民族建立的王朝，许多史家受正统观念影响，视同时期的两宋为正统，斥辽金为不足观。

至20世纪下半叶，特别是七八十年代以来，金史研究状况有了较大改观，而且出版了第一部全面系统叙述金朝史的专著——张博泉著《金史简编》（1984年），以后还有其他学者撰写的断代史和专题著作相继问世。作为综合的断代史研究水准，既受著作人的才学识制约，又同那个时期专题史研究水平和主流历史观相关连的。

作者撰写这本金朝史，想在以下几个方面作些努力。

一，体例。以往的断代史著作，大体上都是以历史发展顺序为线索，叙述政治与制度、事件等，而将社会经济穿插其间，最后简要介绍文化。其优点是对历史发展大势叙述较为充分；然而其他部分，或分散割裂，或过于简要；有些内容，如社会生活则很少涉及。本书拟分金朝兴衰、社会经济、政治制度、文化科技、社会生活五编，力图全方位展现金朝历史。

二，史料。断代史研究应充分利用现存史料，金代传世文献不多，因此除官、私史书之外，还要利用碑刻、考古资料以及宋元笔记、文集等。特别是本书在文化、社会生活部分，除了使用研究者所共同关注的文献之外，注重利用诗文和考古资料等，这是"正史"和其他史书所无法替代的。

三，观念。20世纪下半叶的前二三十年，中国历史研究过

---

① 台北洪氏出版社1974年版，第2页。

分强调"五种社会形态"说及"以阶级斗争为纲",一些断代史著作也都留下了那个时代的印记。近20多年来,中国历史学进入了新的反思和探索时期。本书力求实事求是,真实反映历史的本来面目。

四,方法。本书除使用传统的历史方法之外,还试图借助其他科学,如民族学、民俗学、社会历史学等方法进行研究。

以上是作者的一些想法和愿望,至于做得如何,只能说我已尽了力而已。

是为序。

(原载《中国历史·金史》,人民出版社2006年版)

序《20世纪中国历史学回顾》

20世纪是中国社会发生巨大变革的时代，也是中国学术出现重大转折的时期。在此期间，历史学这门古老而又与时俱进的人文学科，同样经历了从传统走向现代的历程。

20世纪的中国历史学实现了从传统到近代实证史学及马克思主义史学的转变。在理论上，从进化史观到唯物史观；在方法上，从传统史学方法到新史学方法；在史料上，从单一文献到文献与地下出土资料，诸如甲骨文、金文，乃至文书、档案、墓志、碑刻、民族文字、笔记小说等资料相结合；在内容上，从注重君主和政治到关注不同人群和各个层面及探求事物的本质和规律；在体例上，从编年、纪传、纪事本末、典志等到章节体；等等。

20世纪后半叶，中国历史学的发展尤为迅速和曲折。新中国成立后，马克思主义理论确立了它在历史研究中的指导地位，极大地促进了历史学的繁荣和发展。然而，毋庸讳言，像许多领域一样，历史学界存在教条主义、简单化、公式化的倾向和"左"的弊端。及至"十年动乱"时期，这些弊端发展到了顶点。在20世纪最后20年里，随着我国社会走进改革开放的新时代，中国历史学也呈现出空前活跃的新局面，发生了喜人而深刻的变化。如史学研究者对新中国马克思主义史学存在的失误和弊端进行反思和探索，努力纠正以往简单化、公式化及"左"的倾向；借鉴和吸收西方现当代史学理论和方法；研究领域也有很大拓展，通史、断代史、专题史研究的深度和广度是过去所不曾达到的，而文化史、社会史及世界史研究更是以前所无法企及的。

综观20世纪中国历史学发展的历程，我们不难发现，历史学理论、方法的引进和更新，新史料的发现和传统史料的拓展发掘，对历史学的发展至关重要，而宽松的社会环境更是推动历史学繁荣和发展的重要前提。

正当世纪之交，认真回顾20世纪中国历史学的发展历程，总结其经验教训，对推动新世纪中国历史学的繁荣和发展，无疑具有十分重要的意义。基于这一认识，《历史研究》编辑部从90年代中期起，就酝酿开辟"20世纪中国历史学回顾"专栏。按断代史、专题史、国别史等拟定几十个题目，邀约该领域中研究有素的学者分头撰写，并于1996年第1期起正式连续刊出。该期"编者的话"说："二十世纪中国历史学回顾是我们想在今后几年里着意办好的一个新栏目……希望经过几年的积累，然后汇集成书。""此栏文章，要有述有评，力求公允。"经过编辑部同仁与作者的共同努力，至2003年年底，共刊出41篇。如今，借纪念《历史研究》创刊50周年之机，将其结集出版，算是善始善终，兑现了当初的承诺。

当本书即将出版之际，不由使我想起几任主编和诸位编辑为这个栏目和本书出版所作出的不懈努力。特别想说的是已故张亦工同志在接任主编后，曾不止一次地对我说，要把这个栏目办到底，并考虑筹款出集子，以了却我任内未竟的心愿。不料他却先我而去。如今,也算实现了他的心愿。

自从这个栏目开办以来,我们就不断收到学术界的反馈信息,予以充分肯定和鼓励。许多史学界同行说,已将回顾文章列入该专业研究生必读书目云云;也有朋友指出其不足。这些都反映了读者对此栏目的关注,使我们感到十分欣慰。

本栏目文章的结集出版的意义,我想不仅在于兑现了编辑部当初的承诺,为历史教学和研究提供了方便,而且还为编著20世纪中国学术史积累了资料。

最后,谈谈本书的不足。本书所收文章大部分来自约稿,也有少量自由投稿。题目有大有小,并不尽在一个层次之上。另外,由于种种原因,有的断代、专题和国别史,本应设置而付阙如。限于时间和刊物的安排,这个栏目要告一段落,也只好如此了。好在本书属于文章汇编而非专著,想来读者是不会苛求于我们的。况且,近年来有关20世纪学术回顾的论著接踵出版或正在运作之中,必能弥补本书的缺憾。

本书即将付梓之际,编辑部同仁命我写几句话。屡辞不获,勉强为之,权作序言。

(原载《〈历史研究〉五十年论文选》
[20世纪中国历史学回顾·上],
社会科学文献出版社)

序《金宋关系史》

10至13世纪的中国是多个民族政权并存及从分裂走向统一的时代，是我国统一多民族国家形成和发展的重要历史阶段。公元960年，北宋王朝建立，结束五代分裂局面。然而，与此同时的北方有契丹族建立的辽朝，继之是女真族建立的金朝。南宋与金朝对峙时期，双方都以中国自居，互以"南朝"、"北朝"相称。宋金之间有战有和，战少和多。无论是在兵戎相见之时，还是和平相处期间，双方的政治、经济、文化交流都未曾中断过。宋金120年间的和战、互动，在实现国家统一、民族融合的道路上前进了一大步。开展宋金关系史研究，既具学术价值，又有一定的现实意义。

关于宋金关系史，自20世纪前期即有学者关注，特别是三四十年代，面对日本帝国主义的侵华战争，一些学者以古况今，把宋金战争与当时的战争相比附。尽管这些论著多系有感而发，但其中也有颇具学术价值者，至今仍是研究这段历史者的必读文献。20世纪下半期，许多研究者就宋金战争性质、民族英雄以及与之相关的中国古代民族关系，诸如怎样理解历史上的中国、民族关系的主流等问题进行热烈讨论，把宋金关系史研究提高到一个新的水平。然而，至今尚不见一部宋金（或金宋）关系史专著问世。

赵永春教授长期从事金宋关系史研究，是金宋关系史研究者中用力最勤、成果最多的一位，撰文数十篇，并曾结集出版《金宋关系史研究》（1999年）。近年，又在以往研究基础上，写出这部专著《金宋关系史》。本书以金朝兴衰为线索，系统论述金朝对宋政策，多方钩沉金宋和战史实。同时，表达了作者对若干有争议问题的观点。是第一部内容丰赡、叙述翔实的金宋关系史。

宋金（金宋）关系史是一个重大课题，做好这个题目，要有高屋建瓴的史识，深厚的功力和宏富的史料积累。早在60多年前，金毓黻先生即倡导治辽宋金时期历史，"惟有三史兼治，乃能相得益彰"。如今，这已成许多治本时期历史者的努力方向，更是进行宋金或金宋关系史研究的前提条件。作者在这方面下了很大工夫，收到了丰硕成果。如果要说本书有何不足或给作者提点希望的话，我认为书中对金宋经济、文化交流的论述显得薄弱，还可多用一些篇幅。

几年前，本人供职部门的一位年轻同事对我说，你应写一本宋金关系史。我说，题目很好，限于功力，不敢问津。今天看到赵永春教授的新作，为之感到欣喜。作者在大作脱稿后，一再要我为此书写几句话。关于辽金史，我虽写过一点文字，然而对金宋关系史并无深入研究。拜读之后，收获良多，遂写了以上的话，聊表祝贺之意。其难中肯綮，当在意料之中，尚请作者、读者诸君批评指正。

2005年6月6日于北京

（原载赵永春著《金宋关系史》，人民出版社2005年版）

序《北京辽金史迹图志》

北京是一座充满活力、与时俱进的古都。公元前11世纪中叶商周之际修建蓟城（在今北京宣武区），为北京地区筑城之始。在以后的三千多年间，它经历了几次大的变迁。其中，辽南京、金中都在北京发展史上占有重要地位。

辽朝是北方契丹族建立的王朝，占据燕云十六州后，于938年（会同元年）升幽州为南京，后改称燕京，为辽朝五京之一。金朝是东北女真族建立的王朝，1153年（贞元元年），海陵王将都城从上京（今黑龙江阿城）迁往燕京，改称中都。它是以辽南京为基础向东、西、南扩建而成的。

10—13世纪30年代，辽金相继统治当时的北部中国，与两宋对峙。这个时期，是中国各民族文化碰撞与融合的重要阶段，北部中国社会发生了一系列重大变化。在这些变化中，既有对中原传统文化的借鉴与继承，又保留有契丹、女真以及北方区域的某些特色。辽南京、金中都就是民族文化碰撞与融合的载体。如辽南京宫殿、佛寺的主要建筑与北宋初期形制相类，"以雄朴为主，结构完固，不尚华饰"[①]，辽与北宋均上承唐制。始建于辽

---

① 见梁思成《中国建筑史》，百花文艺出版社1998年版，第151—154页。

道宗咸雍间的清水院正殿（明代重修，改称大觉寺）坐西朝东，则体现了契丹崇拜太阳的信仰和习俗。又如，金中都的城市布局与宫殿建筑多依仿北宋汴京制度。辽金两朝使中原传统文化在北部中国得到更广泛的传播。

金初的燕京，已经相当繁盛。"户口安堵，人物繁富，大康广陌，皆有条理。州宅用契丹旧内，壮丽夐绝。""僧居佛宇冠于北方"①。海陵王迁都前后，又对燕京城及宫殿进行大规模的扩建，使之更为壮观。然而，金朝中期以后，中都因火灾、兵燹等而屡遭破坏。至卫绍王时，中都的寺观、园苑、庶府、宇室已焚毁无遗。1267年（蒙古至元四年），蒙古在中都的东北兴建新城，于1272年（元至元九年）改中都为大都。以后，明清两朝也建都于此。金中都揭开了北京历史的新篇章，北京是从金中都开始成为北部中国、进而成为全国政治、文化中心的。金中都的确立，在北京乃至中国历史上都具有重要意义。

随着千百年来的战争破坏、风雨剥蚀以及现代城市建设的迅速发展，辽南京、金中都留存下来的遗迹已经不多，因此如何保护和利用这些文物古迹，充分发挥其作用乃是历史赋予我们的职责。

北京辽金城垣博物馆十多位年轻的文博工作者前后用了一年半的时间，对北京地区辽金史迹进行全面调查。他们不避酷暑严寒，走遍各个区县，对现存辽金史迹，包括建筑遗址、桥梁、塔、碑、墓志、摩崖等，逐一摄制图片，摹拓石刻，誊录碑文，登记造册，并在北京市文物局领导的关照支持下，编成此书，作为献给北京建都850周年的一份礼物。

---

① 《宣和乙巳奉使金国行程录》，《三朝北盟会编》政宣上帙二〇，上海古籍出版社1987年版。

这本书的学术价值是不言而喻的。我想至少有以下几点：

第一，可补文献之不足。

从事辽金史研究的人都有一个共同的感觉，就是文献不足。因此，充分利用文物考古资料便显得格外重要。本书所提供的辽金遗址、碑刻、佛塔、经幢等宝贵资料，对研究辽金政治、经济、典章制度、宗教民俗、历史地理等都很有价值，可补"正史"及相关文献记载的不足。

第二，可勘史乘记载之谬误。

这些文物考古资料，特别是碑文、墓志、塔铭、幢记等，均出自当时人的记述，可匡正"正史"的某些谬误。

第三，可校以往著录文字之错讹。

近代以来，辑录辽金石刻文字的著述不下一二十种，目前通行的即有《金石萃编》、《全辽文》、《辽代石刻文编》、《金文最》以及新近出版的《全辽金文》等。然而由于条件所限，其中有些录文系辑录者辗转抄来，未见原件或拓片，难免鲁鱼亥豕之虞。本书的图片源自实地拍摄或摹拓，可据以校勘上述诸书。

第四，本书所收资料真实地反映了这些史迹在当今的保存状况，为后世留下了记录。

本书的价值当不止于此。

最后，我要着重说说本书编撰者的奉献精神。当前，许多文博部门存在一种风气，就是把本单位收藏的文物考古资料视为私产，本身既无研究能力，又秘不示人，无法发挥这些资料的作用。然而辽金城垣博物馆及区县文物局的同志们在市文物局领导的协调、支持下，将他们辛苦调查得来或长期收藏的宝贵资料（其中有一部分墓志、经幢、壁画是未发表过的）公开刊布，供广大研究者使用，这种精神令人感动，是值得大大提倡的。我想，这对改变当前文博界的一些风气有示范作用。其他部门是否也可以将长期搁置或新发现的重要文物考古资料公开发表，或采取与外单位学者合作整理、研究的方式，使之尽早公布。这是利人利己、嘉惠学林的善事。

是为序。

（原载《北京辽金史迹图志》，北京燕山出版社 2003 年版）

后　记

　　编选这本自选集的过程，是对几十年学术生涯的盘点和回顾。这时我才深切地体会到，自己的能力与成绩是何其渺小，微不足道！尽管如此，今年正值我的"古稀"之年，得以将过去的学术成果筛选结集，进入"中国社会科学院学者文选"丛书的编辑出版程序，为阶段性的人生留下一点印记，还是十分欣慰的。

　　此书能够出版，我要诚挚地向相关的朋友、同志及组织致谢。

　　首先，感谢中国社会科学出版社总编室主任王浩先生。是他最先提示我，目前他们出版社承担出版"社科学术文库"和"中国社会科学院学者文选"两套丛书。前者旨在反映院内外社科学者的代表性成果，专著与文集均可，已出版或未出版不限。后者是院内老学者自选文集，须经本所、局、社推荐，院科研局批准。有王浩先生提供的信息和鼓励在先，才有本书的申报、批准、编辑、出版等后续运作。

　　其次，感谢我所在的部门中国社会科学杂志社。当我向杂志社负责同志谈及学者文选之事后，他予以热情的支持，随即吩咐有关同志查阅文件，依照程序办理此事，及时上报院科研局。

  再次，感谢院科研局。这套丛书归科研局组织、审批，在杂志社上报后的很短时间里，科研局就将批复结果通知杂志社和出版社。

  最后，还要感谢本书的责任编辑张小颐编审及录入、校对、排版等所有为之付出辛勤劳动的朋友和同志。

2007 年 12 月

主要著作目录

一 专著

《金代的社会生活》，陕西人民出版社1988年版。

《中国饮食史》（第四卷·辽金编），华夏出版社1999年版。

《中国风俗通史》（辽金卷），上海文艺出版社2001年版。

《中国历史》（隋唐辽宋金卷·金代部分），高等教育出版社2001年版。

《中国服饰通史》（辽金编），宁波出版社2002年版。

《中国考试通史》（卷二·辽金部分），首都师范大学出版社2004年版。

《辽金论稿》，湖北教育出版社2005年版。

《中国历史·金史》，人民出版社2006年版。

二 文章

《吴兆骞和他的边塞诗》，《社会科学辑刊》1980年第6期。

《也谈苏东坡的妙联》，《社会科学战线》1981年第4期。

《金代文化概述》，《历史教学》1982年第2期。

《金代女真族俗述论》，《历史研究》1982年第3期。

《近三十年辽金史若干问题研究》，《民族研究》1982年第4期。

《刘祁与〈归潜志〉》，《史学月刊》1982年第3期。

《中国封建主义研究方法论问题讨论会综述》，《历史研究》1982年第5期；《晋阳学刊》1982年第5期。

《"烧饭"琐议》，《中国史研究》1983年第2期。

《不薄名人爱新人》，《光明日报》1983年6月1日；《史坛纵论》，重庆出版社1984年版。

《〈金代的诗歌创作〉的史实订误与商榷》，《文学遗产》1985年第1期。

《谈桦木与东北古代文明》，《北方文物》1985年第3期。

《金史研究的新成果——评张博泉著〈金史简编〉》，《中国社会科学》1985年第4期。

《关于辽金史研究的几个问题》，《光明日报》1985年6月16日；《新华文摘》1985年12月。

《金代宗教简述》，《社会科学战线》1986年第1期。

《开拓研究领域 促进史学繁荣——中国社会史研讨会述评》，《历史研究》1987年第1期；《新华文摘》1987年第3期。

《金代的衣食住行》，《辽金史论集》第3辑，书目文献出版社1987年版。

《契丹汉化礼俗述略》，《辽金史论集》，上海古籍出版社1987年版。

《金章宗简论》，《民族研究》1984年第4期。

《评近年的社会史研究》，《人民日报》1989年3月31日。

《女真社会史研究的新成果——评王可宾著〈女真国俗〉》，《中国社会科学》1989年第5期。

《正统观与金代文化》，《历史研究》1990年第1期。

《谈谈史学著作的可读性》，《光明日报》1990年4月18日。

《金代女真的汉化、封建化与汉族士人的历史作用》，《宋辽金史论丛》第2辑，中华书局1991年版。

《纠正史学著作中的若干混乱现象》，《光明日报》1991年8月14日。

《〈历史研究〉四十年》，《历史研究》1994年第1期。

《金上京访古》，《中国典籍与文化》1994年第3期。

《金代社会与传统中国》，《中央民族大学学报》1995年第3期。

《辽金妇女的社会地位》，《中

国史研究》1995 年第 3 期。

《评〈金代文学学发凡〉》，《人民日报》1995 年 8 月 3 日。

《回忆陈述先生》，《陈述先生纪念集》，内蒙古教育出版社 1995 年版。

《辽朝正统观念的形成与发展》，《传统文化与现代化》1996 年第 1 期。

《绚丽多彩的民族文化画卷——评〈中国少数民族文化史〉》，《辽宁日报》1996 年 3 月 27 日。

《评近十年中国社会史研究》，《社会史研究通讯》（创刊号）1996 年 8 月。

《金代儒学述略》，《辽金史论集》第 9 辑，中州古籍出版社 1996 年版。

《新体裁　新工具　新方法　新启示——评李克的"中国史图墙"研究》，《史图通讯》1997 年第 1 期。

《佟冬与历史学》，《社会科学战线》1997 年第 4 期；《新华文摘》1997 年第 11 期。

《当前俄罗斯史学界对一些重大历史问题的看法和认识》，《对外学术交流情况》第 81 期；《学术动态》第 942 期。

《辽朝的"因俗而治"与中国社会》，《传统文化与现代化》1998 年第 2 期。

《二十世纪中国辽金史研究》，《历史研究》1998 年第 4 期。

《金代文学研究的新高度——评周惠泉著〈金代文学论〉》，《晋阳学刊》1998 年第 6 期。

《金代的学校考试和诠选考试》，《社会科学战线》1995 年第 2 期；《中国考试史专题论文集》，高等教育出版社 1999 年版。

《卢沟桥今昔》，《文史知识》1999 年第 3 期。

《十年辛苦不寻常　东北史苑添新葩——评佟冬主编〈中国东北史〉》，《中国社会科学》1999 年第 2 期。

《辽金文人与酒》，《社会科学战线》1999 年第 2 期。

《"跨鞍""捧镜"之俗源流》，《学林漫录》第 14 集，中华书局 1999 年版。

《辽代文化及其历史地位》，《文史知识》1999 年第 8 期。

《读〈金代政治制度研究〉》，《民族研究》2000 年第 2 期。

《说"本命年"》，《学林漫录》第十五集，中华书局 2000 年版。

《辽代的婚姻与家庭形态》，2000年。

《辽金文化比较研究》，《北方论丛》2000年第1期。

《金中都的历史地位》，2003年。

《双陆与民族文化的交流和融合》，《历史研究》2003年第2期。

《〈金史〉自序》，2003年。

《序〈北京辽金史迹图志〉》，《北京辽金史迹图志》，燕山出版社2003年版。

《纪念张博泉》，《辽金史论丛》，吉林人民出版社2003年版。

《构建理论体系　提高研究水平——重读胡乔木致黎澍函的联想》，《东北史地》2004年第4期。

《辽金人的忠孝观》，《史学集刊》2004年第4期。

《序〈20世纪中国历史学回顾〉》，《20世纪中国历史学回顾》，社会科学文献出版社2005年版。

《我所知道的李泰棻》，《文汇读书周报》2004年9月24日。

《金代科举制度研究》，《中国考试通史》卷二，首都师范大学出版社2004年版。

《〈夷坚志〉中的宋金关系和金代社会》，《辽金论稿》，湖北教育出版社2005年版。

《序〈金宋关系史〉》，《金宋关系史》，人民出版社2005年版。

《善疑与求实——从华罗庚对卢纶〈塞下曲〉的质疑想到的》，《历史学家茶座》第2辑，2005年11月。

《萧观音冤案与契汉文化冲突》，《光明日报》2006年2月21日。

《忆杨向奎先生》，《历史学家茶座》第5辑，2006年3月。

《称谓的嬗变及尴尬——以"同志"、"先生"、"小姐"、"师傅"为例》，《历史学家茶座》第6辑，2006年4月。

《大金覆亡辨》，《史学集刊》2007年第1期。

《读〈龙龛手镜〉札记（三则）》，《文史知识》2008年第1期。

《金源文化的历史地位》，2007年8月。

《开展女真—满族研究　促进地方经济发展》，2007年8月。

三　索引·资料汇编

《辽金史论文资料索引（1949—1982）》，收入《辽金史论文集》，辽宁人民出版社 1985 年版。

《中国考试史文献集成》（第四卷·辽金部分），高等教育出版社 2003 年版。

四 主编

《辽金史论文集》，辽宁人民出版社 1985 年版。

《辽金史论集》第四辑（与陈述等），书目文献出版社 1989 年版。

《辽金史论集》第五辑（与陈述等），文津出版社 1991 年版。

《中华文明史》（辽宋夏金卷，与张希清），河北教育出版社 1994 年版。

《历史爱好者丛书》

文化系列，广东人民出版社 1996 年版。

军事系列，华夏出版社 1996 年版。

《中国社会史论》（与周积明），湖北教育出版社 2000 年版。

作者年表

宋德金，编审。辽宁新民人，1937年生。

1937年
7月25日出生于辽宁省新民县。

1945—1951年
在新民第一完全小学读书。

1951—1957年
在新民中学读书。

1957—1962年
在东北人民大学（1958年改吉林大学）历史学系读书。

1962—1969年
东北文史研究所研究实习员。

1969—1971年
参军，任中央军委办公厅第二秘书处秘书。

1971—1975年
在中央专案组团河学习班学习、接受审查。

1975年
从军队转业到地方。

1975—1978年
长春拖拉机厂总装车间工人、宣传科干事。

1978—1979年
吉林省社会科学院助理研究员、《社会科学战线》杂志编辑。

1979年
调到中国社会科学院《历史研究》编辑部，任编辑。

1979—1997年
1980年后，《历史研究》编辑部隶属新组建的中国社会科学杂志社。先后任编辑、副编审（1986

年)、编审(1990年);编辑室主任、《中国社会科学》杂志社副总编辑(1992年)、《历史研究》杂志主编(1992年)。兼任中国社会史学会副会长,中国辽金史学会副会长、顾问等职。

从1992年起,获国务院颁发的政府特殊津贴。1994年,《中华文明史》(分卷主编)获"五个一工程"奖。1995年,《历史研究》杂志(主编)获"全国社会科学优秀期刊"提名奖;次年,被评为"中国社会科学院优秀期刊"。

1997年

退休。

2002年

《中国社会史论》(主编)获第13届中国图书奖。